财政部规划教材

全国高等院校财经类教材

社会经济调查方法与实务

主　编　杨　辉　夏凌云

副主编　王宇洋　于　洁　李　想　杨　环

赵　艳　白素香

中国财经出版传媒集团

中国财政经济出版社

图书在版编目（CIP）数据

社会经济调查方法与实务／杨辉，夏凌云主编．--北京：中国财政经济出版社，2022.8

财政部规划教材　全国高等院校财经类教材

ISBN 978－7－5223－1526－3

Ⅰ.①社…　Ⅱ.①杨…　②夏…　Ⅲ.①经济统计－调查方法－高等学校－教材　Ⅳ.①F222.1－3

中国版本图书馆 CIP 数据核字（2022）第 111459 号

责任编辑：陈　冰　　　　责任印制：张　健

封面设计：卜建辰　　　　责任校对：胡永立

社会经济调查方法与实务

SHEHUI JINGJI DIAOCHA FANGFA YU SHIWU

中国财政经济出版社 出版

URL：http：//www.cfeph.cn

E－mail：cfeph@cfeph.cn

社址：北京市海淀区阜成路甲 28 号　邮政编码：100142

营销中心电话：010－88191522

天猫网店：中国财政经济出版社旗舰店

网址：https：//zgczjjcbs.tmall.com

北京密兴印刷有限公司印刷　各地新华书店经销

成品尺寸：185mm×260mm　16 开　21 印张　472 000 字

2022 年 8 月第 1 版　2022 年 8 月北京第 1 次印刷

定价：56.00 元

ISBN 978－7－5223－1526－3

（图书出现印装问题，本社负责调换，电话：010－88190548）

本社质量投诉电话：010－88190744

打击盗版举报热线：010－88191661　QQ：2242791300

编写说明

经济社会日新月异的中国，把握社会发展的脉络，探求经济运行的规律离不开社会经济调查方法与实务。

本书是东北农业大学线上线下一流混合式课程“社会经济调查方法与实务”的配套教材。本教材翔实系统地介绍了社会经济调查的流程，指导学生怎样形成问题意识，如何开展以下工作：选择研究课题、展开初步探索、提出研究假设、进行研究设计、开展调查研究、整理分析资料、运用统计分析以及撰写调查报告。一些主流调查方法如问卷调查法、访问调查法、观察法、文献调查法及网络调查法均以一章的形式加以介绍，最后以“农村粮食补贴政策效果调查”为案例，将一次社会经济调查从前期准备到调查报告撰写过程完整地呈现出来，希望给读者带来参考和借鉴。

本书由东北农业大学杨辉副教授、夏凌云副教授主编，王宇洋（东北农业大学）、于洁（东北农业大学）、李想（哈尔滨学院）、杨环（东北农业大学）、赵艳（绥化学院）、白素香（东北农业大学）任副主编，杨辉、夏凌云主持全书编写的组织、策划及统稿工作。具体编写分工：杨辉、付尧（哈尔滨市光华中学校）负责第一、第十三章；夏凌云、王宇洋负责第二、第五章；于洁、韩静（中共齐齐哈尔市铁锋区委党校）负责第三、第四章；赵艳、张鹏鹏（东北农业大学）负责第六、第七章；杨环、张振兴（东北农业大学）负责第八章；李雪（黑龙江八一农垦大学）负责第九章；李想、邹鹏（东北农业大学）负责第十、第十一章；白素香（东北农业大学）、夏凌云负责第十二、第十四章。

本书为用书学校任课老师提供了课后习题答案和电子课件，如有需要，请以电子邮件形式向中国财政经济出版社索取（请注明：学校、全书名、版次，Email：caijingjiaocai@ 163. com），亦可登录如下网址下载：http：//jiaocai. cfeph. cn。

本书编写过程中参考了国内本领域专家学者的观点和案例，尤其引用了水延凯教授、风笑天教授、谢俊贵教授、谈雪祖教授等主编的相关教材资料。出版过程中，得到了中国财政经济出版社的大力支持。在此，编写组一并表示诚挚的谢意！

杨　辉　夏凌云

2022 年 5 月于哈尔滨马家花园

目　录

第一章 绪 论

学习目标

□ 掌握社会的定义和类型
□ 理解社会现象的特点
□ 掌握社会经济调查研究对象的特点
□ 理解社会经济调查的定义
□ 掌握社会经济调查的作用及功能
□ 了解社会经济调查史

☞ 引例

费孝通，中国著名社会学家、人类学家、民族学家。费孝通对于社会调查的这一思路产生得极早，但真正将其变成理论体系，还要从他拜入伦敦政治经济学院的马林诺夫斯基门下开始。马氏的功能主义人类学理论，大概是费孝通科学地将人类学引入社会调查的开始。在攻读博士学位阶段，严格的学术训练使费孝通可以通过专业的眼光去看待过去做过的社会调查。而一旦带着问题去调查，过去描述性的社会调查也就不再仅仅是告诉我们这个社会是什么，而是变成了一种社会学调查，也即不仅要描述一个调查对象的状况，还需要去解释调查对象何以如此。这是费孝通早年社会调查的一大转变，这一转变的分水岭大致是在云南三村调查中开始显现的。费孝通在其导师马林诺夫斯基的指导下完成了题为《江村经济》的博士论文。1939 年《江村经济》在伦敦一经出版，即成为欧洲一些学院人类学学生的必读参考书，费孝通也因此在 1981 年获得英国皇家人类学会授予的人类学界的最高奖——赫胥黎奖。

费孝通曾在一次学术讲话中提到过自己为什么要强调社会调查，他认为社会调查是一种科学地理解社会的必要途径。费孝通认为传统意义上对于社会的认识，主要来自书本与经典，所谓“秀才不出门，能知天下事”。而这一认识的哲学预设有两点：一是过去的书本里已经包含了世上所有的知识，二是过去的书中已经包含了世界上所有问题的解决方法。因为有这两条预设，才会出现“半部《论语》治天下”的认识格局。显然对于现代社会而言绝非如此，书中绝不可能包含世上所有的知识，更不可能包含所有解决问题的方法，所谓“尽信书不如无书”。实地调研因此变得重要，费孝通坚信只有深入实地，去看到社会的状况，才有可能寻找到认识社会与改造社会的方法。

费孝通的社会调查思想也被后来的学者总结为五个关键字：行、访、实、知、觉。作为一位人类学家，“行”占据了费孝通一生的绝大部分时间；“访”对于费孝通来说很重要，他将自己过去数十次的江村走访所产生的对当地的印象清空，作为一个外人重新进行调查，以便掌握最新的变化；“实”是费孝通自早年就一直贯彻的主张，实事求是也是社会调查最重要的信条，只有秉持求得社会真实的学术信念与实事求是的工作态度，才能够认识真实的中国；“知”是一个学者追求的本真，学者通过社会调查，产生对问题的理解，这本身便是知识产生的过程，所谓“行是知之始，知是行之成”；“觉”是回归到自身感知上，费孝通晚年一再提到“文化自觉”，便是建立在无数社会调查的基础上对于中国的一种认识。

社会调查，行行重行行，这便是费孝通认识中国社会的全过程。社会调查是我们了解社会、认识社会、参与社会的重要途径。作为一名社会调查研究人员，费孝通先生亲身投入社会调查活动的全过程，先后写出了多部社会学巨著，对中国社会与经济的发展做出了重大的贡献。

资料来源：周大鸣．社会调查是费孝通认识中国社会的根本路径［J］．群言，2020（10）：10－12.

第一节　社会经济调查概述

一、社会的定义和类型

（一）社会的定义

社会，是共同生活的个体通过各种各样的社会关系联合起来的集合，是在特定环境下形成的个体间的存在关系的总和。

以人类社会为例，其中形成社会的最主要的社会关系包括家庭关系、共同文化以及传统习俗。社会关系包括个体之间的关系、个体与集体的关系、个体与国家的关系，还包括群体与群体之间的关系、群体与国家之间的关系。

这里“群体”的范畴，小到民间组织，大到国家政党。这里的“国家”在实质上是一方领土之社会，即个人与国家之间的关系就是个人与社会之间的关系，而个人与世界的关系就是个人与全社会之间的关系。

社会是指以一定的人口为主体，在具体的生态环境条件中通过物质生产生活和交往而形成的渗透着特定文化成果的复杂的人类生活共同体。

社会以特定物质资料的生产活动为基础，以占据共同地域、共享某种文化的一定数量和质量的人口为主体而建立起来的，由个人、群体、组织和制度构成的较为宏大的网络，是依靠人们交互作用自我维持延续的相对独立体系。

人类的生产、消费娱乐、政治、教育等，都属于社会活动范畴，动物或其他生物社会行为也属于社会范畴。

人类生活的共同体，是以人和人群共同体为活动主体、以生产方式为基础的各种要素、各种结构按照一定方式组合而成的有机整体。

马克思说：社会不管其形式如何，都是“人们交互活动的产物”。

社会的构成要素：人口、地域、文化。

对社会的了解需要一门科学，这就是社会经济调查。

（二）社会的类型

1. 马克思分类法。卡尔·马克思以物质生产方式为依据，提出：“亚细亚的、古代的、封建的和现代资产阶级的生产方式，可以看作是社会经济形态演进的几个时代”（《马克思恩格斯选集》第2卷），并预见到共产主义社会的出现。后来马克思主义者将社会基本形态概括为五种：即原始社会、奴隶社会、封建社会、资本主义社会、共产主义社会（社会主义为其初级阶段）。

2. 伦斯基分类法。美国社会学家伦斯基（Gerhard Lenski）结合科技、信息交流和经济等几个方面，把社会分类为捕猎社会、低级农业社会、高级农业社会、工业社会。捕猎和采集为主的部落，定居下来成为农耕村镇，而村镇又会逐渐发展为城市，城市最终成为城邦或者国家。

3. 通用分类法。人类学家 Morton H. Fried 和综合理论家 Elman Service 根据社会不平等的变革和国家制度的地位，创建了人类文明通用的社会分类系统。此分类系统分为以下几个类别：

（1）捕猎采集者的组合，通常人人平等；

（2）部落或种族形式，有一定的地位权力的高低区别，有首领等权力分级形式；

（3）文明社会，拥有不同级别的政府机关和制度，复杂的组织和级别；

（4）人性社会，建立在人类本身之上的社会，包括信仰。

随着时间的推移，一些文明朝着更为复杂的组成形式发展。这种文明的发展变革对团体的模式有着深远的影响。

二、社会现象的特点

社会现象，是指所有与同物种共同体有关的活动产生、存在和发展密切联系的现象。社会现象通常具有以下几个特点：

（1）实践性。社会现象是人类的自觉活动，是主观见之于客观的东西。实践是人们交互作用的基础，是构成社会关系的桥梁，是推动社会发展的动力，是划分社会领域的依据。一切社会活动和社会现象，如经济活动和经济现象、政治活动和政治现象、文化活动和文化现象等，都是人们在有关领域从事自觉活动的反映或结果。只有弄清楚造成各种社会活动、社会现象的实践，才能揭示出它们的内在本质。

（2）目的性。与自然活动、自然现象不同，社会现象均体现出人类的主观意志，是人类有意识的、经过思虑或凭激情采取的行动。

（3）变动性。社会现象的变化速度远大于自然界。尤其是现代科学技术的迅猛发展大大加快了社会生活各个领域的发展速度。要全面、准确、及时了解瞬息万变的社会情况，正确把握社会发展变化的规律和趋势，已成为一件越来越紧迫、越来越困难的任务了。

（4）复杂性。社会生活中，任何一种社会现象的产生都是由多种多样的原因引起的；任何一种社会现象的出现，又必然会引发多种多样的结果。社会现象之间联系的复杂性，导致人们对同一社会现象的看法、对同一历史事件或历史人物的评价会出现较大差异，甚至截然相反。

（5）偶然性。在社会生活中，存在各种各样的偶然事件和偶然现象。人类行动的目的是预期的，但行动实际产生的结果未必按照预期呈现，甚至完全超出预期，存在一定的偶然性。

（6）模糊性。人们对于社会现象的性质、状态在认知方面存在不确定性、不明晰性或不完全性，使人们对于许多社会现象的认识呈现出模糊状态。现实生活中，很多社会现象受时空的限制，人们对它的认识不会一下子就清晰明了，呈现一定的模糊性。

（7）客观性。社会现象的存在是客观的、不以人们的意志而转移的，例如法律、风俗习惯、道德规范等是我们必须面对的客观存在，也是我们在出生之前就已经遗留下来的“知识库存”。社会现象的客观性存在也是社会认识能够科学化，从而使社会科学成为科学的基本条件。

（8）强制性。社会现象会对个体产生强制性的影响。例如，过马路要遵守交通规则，这是社会制定的一种需要去遵守的规则，但很多人不愿意等待绿灯而选择闯红灯。这时，社会现象就会化作一种社会压力去强制个体遵守，否则就可能会受到道德舆论的谴责甚至法律上的处罚。

三、社会经济调查的定义

何谓调查?《辞海》的释义为：“调”是计算、统计的意思；“查”是指查究、查核、考查。在《现代汉语大辞典》中，“调查”是指“为了了解情况而进行的考察（多指到现场）”。

所谓社会经济调查，就是人们有目的、有意识的，以人类认识活动中的经验、观察为基础，按照一定的程序，使用各种科学的技术和方法，接触社会经济生活，了解和认识社会经济状况，收集各种社会经济信息和资料的活动。它包含以下四层含义：

1. 社会经济调查是一种自觉认识活动

社会经济调查与日常所进行的观察和思考活动有区别，后者没有明确的目标，只是随机地收集资料以获取认识，而社会调查则是带有强烈目的性的、有意识的认识活动。

2. 社会经济调查的对象是社会现象

社会经济调查的基本目的是要把握现实社会状态及其发展变化趋势。因此，社会经济调查的对象是社会现象，社会经济调查要靠深入社会实际，通过对客观存在的社会现象的具体考察、了解、分析和研究认识客观存在的社会现象。

3. 社会经济调查要使用一定方法

社会经济调查从选题直至撰写研究报告，在整个过程中具有很强的系统性，需要运用规范的抽样方法、问卷设计方法、资料收集方法、资料分析方法等，具有特定的结构和程序，因此社会经济调查要使用一定的方法。

4. 社会经济调查有一定目的

社会调查的目的是透过现象揭示事物本质，考察事物发展变化的规律。调查的目的在于透过现象看本质，找出社会事物之间的关系、规律或存在的问题，并力图正确地认识、解释社会，为更好地改造社会奠定基础。

需要指出的是，社会经济调查和调查研究这两个概念在国外著作中的区分是十分明确的，两者之间的关系也很清晰。但在国内，这两个概念在理论上和实践中常常混淆，彼此之间的区别不够清楚，一些学者对两者之间的概念和相关关系有不同见解。本书采用的是人们普遍接受的一种观点，即社会经济调查和调查研究是一回事，只是所用的名称不同而已。

四、社会经济调查的任务

第一，认识社会现象的真实情况。由于历史时代、社会地位、认识能力等主客观条件限制，任何人都不可能绝对准确地认识社会现象。但是，任何事物都具有质的规定性和相对稳定性，人的认识能力和条件总是不断完善、提高的，因而，在相对确定、明晰、稳定的范围内正确认识社会现象是完全可能的。

第二，研究社会现象的因果联系。社会现象的发生都是有一定主观动机或愿望的。我们要做的是透过造成某种社会经济现象的动机和愿望，探索出隐藏在其背后的经济、政治等动因，并由此揭示出产生某种社会经济现象的客观的、复杂的因果联系。

第三，探索社会现象的本质及其发展规律。社会现象总是个别的、多样的、变动不居的、不可再现的，总带有某种程度的偶然性。我们要从大量个别的、复杂多变的同类社会现象中，寻找那些共同的、不断重复的、相对稳定的东西，从各种偶然现象中寻找内在的、必然的东西，从而揭示出社会经济现象内在的本质及其发展规律。

第四，寻求改造旧社会、建设新社会的道路或方法。可以说，通过社会经济调查认识社会现象，不是为调查而调查、为认识而认识。认识社会经济现象的真实情况，研究社会经济现象的因果联系，探索社会现象的本质及其发展规律，最终目的都是为了寻求改造旧社会，建设新社会的道路和方法。

▶案例：

西南石油大学本科生择业倾向的社会调查

如果我们对西南石油大学本科生的择业倾向很感兴趣，希望通过社会调查来了解他们在择业倾向方面的基本状况和分布特征，那么，首先，我们可以采取特定的概率抽样方法，从全校3万多名学生中抽取1000名（可根据实际情况增减样本）本科生作为调查样本。其次，我们应设计一份符合实际情况且与主题高度相关的标准化问卷。这份问卷由若干可以直接对调查对象进行询问和测量的具体问题构成（主要涉及学生的个人背景特征、择业认识、态度与意愿等问题）。将问卷印制好，由调查员使用个别发放法（亦可使用其他资料收集方式）发放问卷并回收。再次，将收集到的资料进行编码和录入，形成数据库，使用专门的统计分析软件（通常是SPSS）进行数据整理和分析。然后，将1000名学生的择业倾向调查结果推广到由3万多名学生构成的总体中去，来描述全校本科生在择业倾向方面的现状，描述不同专业、不同地区、不同年级、不同家庭背景的学生在择业意愿上所具有的不同特征，并分析它们之间的关系。最后，将调查结果汇总为调查报告，也可进一步在公共刊物上发表或者在会议上交流，在理论或实践方面为人们正确认识和处理这一现象提供可靠的材料和观点。

资料来源：谭祖雪，周炎炎．社会调查研究方法［M］．2版．北京：清华大学出版社，2020.

第二节 社会经济调查的作用和功能

一、社会经济调查的作用

19世纪以来，随着社会工业化和现代化的迅速发展，人们越来越迫切地感受到，只有对社会做到深刻的认识，才能有效地开展社会决策；优化社会管理，开展社会工作，才能解决社会急剧变迁所产生的系列社会问题，促进和实现社会的良性运行与协调发展。在这一要求的推动下，社会经济调查作为一种收集和处理社会信息的基本方式，作为一种认识和把握社会状态及其发展变化趋势的有效手段，基本功能迅速向现代社会众多领域延伸，形成社会经济调查的许多延伸功能，从而对现代社会领域的社会工作（包括社会管理、社会建设、社会服务等）产生许多重要的作用。社会经济调查的作用有很多种，主要包括以下几个方面：

（一）描述社会状态，为社会工作开展提供最新的社会信息

1. 描述社会状态

社会经济调查中的“描述”，是指社会经济调查可以对现实的社会状态进行客观、精

确的描述。从理论上讲，社会经济调查通过对社会现象进行系统的考察，全面地搜集各种社会信息，通过其整理、综合、归纳过程，便完全可以实现对现实社会状态的描述；从实践上看，对现实社会状态做出客观、精确的描述，是现代社会经济调查起码的任务和要求。对社会状态作描述是人们深入认识社会的基础，人们若对社会状态达不到描述的程度，就无法深入地认识社会。正是在这个意义上，社会经济调查的描述作用被视为一种极为重要的基本作用。

社会经济调查对社会状态的描述作用体现在多个方面，最主要的有：

（1）对社会现象所处状态的描述。例如，对社会中的离婚现象，通过一项社会经济调查，我们便可以较为准确地描述当前离婚现象的普遍程度、基本特点，离婚者的背景特征，离婚现象的地区差异、时段差异、民族差异，以及离婚者的年龄、文化程度、职业、婚龄等基本情况。这种描述，能提供给人们关于某一社会现象存在和变化的具体情况的完备信息。

（2）对社会系统所处状态的描述。对社会系统所处状态的描述是指对一定社会系统现实的社会状态的描述，它是一种高层次的综合性描述。这种描述通常是对社会系统的各种构成因素或影响因素进行多个分项调查后通过各种指标综合而实现的整体描述。

例如，在我国，对以地域为标准划分的社会系统所处状态的描述，就是经过对十多个项目的分项调查后，通过指标综合实现的。这些项目是：①自然环境；②人口与家庭；③劳动；④居民收入与消费；⑤劳动保险与社会福利；⑥住房与生活服务；⑦教育与培训；⑧科学研究；⑨卫生与环境保护；⑩文化与体育等。

总之，社会经济调查具有对社会状态的描述作用，它不仅具有对单一社会现象的描述作用，而且具有对复合社会现象的描述作用；不仅具有对微观社会状态的描述作用，而且具有对宏观社会状态的描述作用。

2. 为社会工作开展提供最新的社会信息

从信息学的角度讲，社会经济调查本质上是一种社会信息工作，其基本的实务就是搜集社会信息。社会经济调查对现代社会工作的基本作用，就是能为社会决策提供社会信息支持。社会信息也称为人类信息，它是人类社会各种社会现象或社会事物存在状态及运动形式的表征，是人类社会中各种社会关系的中介。社会信息的内容十分广泛，按其反映的社会事实可分为社会构成信息、社会行为信息、社会交往信息、社会流动信息、社会变迁信息、社会生活信息、社会环境信息、社会制度信息、社会问题信息等。这些社会信息内容反映人类社会各种社会现象和社会事物的存在、运动、变化、发展的具体情况，是人类认识社会、改造社会、发展社会的重要因素，也是人们从事现代社会工作的重要基础。从总体上讲，现代社会工作的每一个领域、每一个步骤、每一个环节，都需要有社会信息的支持，都需要有社会信息作为指导。在社会工作的前期，社会信息可以用来测度一定社会系统的社会状态，可以作为开展与加强社会工作的动力，可以作为制定社会建设战略、社会管理决策、社会服务策略的依据；在社会工作的实施过程中，社会信息是调控社会工作的依据；在社会工作的后期，社会信息是检测评估社会工作绩效和社会状况改善情况的依据。总之，没有社会信息，社会工作就无法顺利开展，社会工作的水平就无法有效提高，更无法实现社会工作的科学化和信息化。社会工作必须有真实、准确、全面、有效的社会信息作为支持方能正常进行，而社会经济调查正是提供这种最新社会信息支持的重要保障。

（二）发现现存社会问题，并对其产生原因做出解释

1. 发现现存社会问题

社会问题是现代社会中普遍存在、不可避免的社会事实。社会问题是一种特殊的社会情形，是一种超常的社会状态。现代社会工作的一项重要任务就是要有效地调控和化解各种社会问题，而要有效地调控和化解各种社会问题，首先必须具体发现社会问题，这就少不了开展社会经济调查。社会经济调查是具体发现社会问题的基本方式。

社会问题，从系统动力学的视角看，就是一定社会系统的现实社会状态与标准社会状态之间的差距，即“社会问题 = 标准社会状态 - 现实社会状态”。通常来讲，标准社会状态是一种期望社会状态或理想社会状态，这种标准社会状态的确定尽管受不同社会制度、文化背景、风俗习惯、社会发展水平的制约和影响，但在一定社会系统中，它应该是一个定值或一组相对稳定的指标数值，属于固定信息的范畴。因此，要具体发现社会问题，关键是要弄清楚现实社会状态。现实社会状态在社会问题的发现和确定过程中是一个重要的变量，它没有现成的资料可用，只能通过实际的社会经济调查获得。社会调查则恰恰具有描述和把握现实社会状态的功能和作用。通过社会经济调查，人们在对客观存在的社会现象进行系统考察、了解、分析和综合后，就可以切实地把握一定社会系统的现实社会状态，再通过将现实社会状态与标准社会状态进行比较，就可以具体发现一定社会系统的社会问题之所在。

在现代社会工作中，借由社会经济调查帮助社会工作者发现具体社会问题的作用，能给社会工作者提供准确及时的社会问题信息，同时也能使社会建设、社会管理、社会服务等社会工作的开展更加富有主动性和针对性。

2. 对社会问题产生原因进行解释

社会经济调查的解释作用，是指社会经济调查可以对社会现象和社会系统所处状态的形成原因进行科学的解释。任何社会现象的存在与变化都有其内在的和外在的原因；任何社会系统所处状态的形成也都有其内在的和外在的原因。人们要对社会有深入的认识，仅对社会现象和社会系统的所处状态做出客观、精确的描述，即回答社会现象“是什么”或社会系统“怎么样”这类的简单问题还是不够的，至少还应当对社会现象和社会系统所处状态的形成原因做出解释，即回答社会现象和社会系统“为什么是这样”或“为什么会如此”这样的问题。社会经济调查正是具有这样一种基本作用的深入的科学认识活动。

社会经济调查的解释作用能使我们在对社会现象或社会系统所处状态做出客观描述的时候，即在“知其然”的基础上真正实现“知其所以然”，解决对社会现象和社会系统的深层次的认识问题。社会经济调查的解释作用也是社会对社会经济调查的一种基本要求。

社会经济调查满足这一基本要求的具体做法是依据各种社会现象之间或社会系统各构成因素之间的相互联系，具体分析研究有关社会现象和社会系统，从而发现和揭示有关社会现象之间和社会系统各构成因素之间的必然的、本质的联系，找出其规律性，最终实现对有关社会现象和社会系统所处状况的形成原因做出合理的解释。

举例来说，国外社会学家在研究自杀时对自杀这一社会现象首先作了描述，如“男人比女人的自杀率高”“富人比穷人的自杀率高”“城市居民比农村居民的自杀率高”，这些就是客观存在的自杀现象的状态。但是如何解释这种社会现象呢？即：为什么不同人群会有不同的自杀率？导致自杀的主要原因是什么？社会学家通过认真调查和科学分析最终解答了这些问题。他们指出，尽管每个自杀的人都有其各自的具体原因，但作为一种社会现象的群体之间自杀率的不同，其主要原因是社会整合（或社会一体化）程度的不同。例如，穷人和妇女内部的人际关系比富人和男人更紧密。因此，前两类人的自杀率较后两类人低。这一例子说明，社会调查对社会现象或社会系统所处状态形成原因的解释已经不再停留于经验层次，而已经上升到理性认识的高度。

（三）预测社会现象发展趋势，为制定有效社会政策提供依据

1. 预测社会现象发展趋势

首先需要说明的是，这里讲的“预测”是指科学预测。所谓科学预测是指人们在已掌握的知识和信息的基础上，通过运用一定的科学方法，预先推知事物的发展趋势、预见事物的未来状态的一种特定的科学认识活动。苏联社会科学家 B. B. 科索拉波夫指出：“预见是任何发达科学不可分割的一种功能。”事实上，社会经济调查也具有这种作用，我们称之为“预测作用”。社会经济调查的预测作用可以理解为社会调查者通过开展社会经济调查，在已掌握的社会知识和社会信息的基础上，借助一定的科学预测方法，所能具体发挥出来的预先推知社会现象或社会系统的发展趋势、预见社会现象或社会系统的未来状态的作用。

预测是社会经济调查的一项重要功能。按照科学学理论，衡量一门科学的发达与成熟程度的重要尺度是其预测能力的有无和大小。社会经济调查之所以具有预测功能，是因为通过社会经济调查的具体调查环节可以搜集到有关社会现象或社会系统的诸多社会信息，再经过社会经济调查分析研究阶段对各种社会信息的深度加工，可以揭示出社会现象或社会系统存在与变化的规律，根据社会现象或社会系统存在与变化的规律，便可以对社会现象或社会系统的发展趋势和未来状态做出预先的推知和科学的预见，从而有效实现社会经济调查的预测功能。马克思、恩格斯正是通过对社会长期的考察，对人类社会的发展做出了科学的预见。

有学者认为，社会经济调查的最大价值在于预测未来社会将要发生的一切，而不是描述和报道现实社会已经确定的一切。在现代社会中，社会经济调查的预测作用日渐受到人们的重视，并且借由人们广泛开展的各种预测性的社会调研活动而得以充分显现。如今，人们可以通过人口调查进行人口预测，通过社保调查进行社保预测，通过劳动就业调查进

行劳动就业预测等。当然，由于社会现象和社会系统的影响因素是复杂多样的，社会经济调查预测作用的发挥肯定要受到许多主客观条件的制约。在通常情况下，社会领域的预测不可能像自然科学领域的预测那样精确和准确。

2. 为社会政策制定提供依据

社会政策是指一定的政府机关和社会工作部门，为有效地解决一定社会系统中存在的社会问题，确保社会系统按照一定的目标良性运行和协调发展而采取的方针、策略，以及推行这些方针、策略所采用的手段的总称。在社会生活中，人类最基本的活动是追求自身需要的满足。在这个过程中，现实的社会状态总是与人们希望能够满足自己需要的那种理想的社会状态发生矛盾，这就产生了各种各样的社会问题。面对这些社会问题，政府机关和社会工作部门会积极地采取各种措施，选择适当方法处理和解决各种社会问题。处理和解决社会问题的措施与方法很多，其中制定有效的社会政策，就是一种基本的措施和方法。而要制定有效的社会政策，便不能离开社会经济调查活动的开展。从某种意义上说，制定社会政策必须以社会经济调查的结论为依据。列宁曾经指出："马克思主义的政策是以现实的东西，而不是以可能的东西为依据的。通过社会调查，能够获得那些现实的东西。"毛泽东同志也说过："实际政策的决定，一定要根据具体情况，坐在房子里面想象的东西和看到的粗枝大叶的书面报告上写着的东西，绝不是具体的情况。倘若根据'想当然'或不切实际的报告来决定政策，那是危险的。"陈云同志更加明确地说过："领导机关制定政策，要用90%以上的时间做调查研究工作，最后讨论决定用不到10%的时间就够了。"可见，社会经济调查对于政府机关和社会管理部门制定社会政策的作用何等重大。

（四）编制合理社会规划，对社会规划实施进行评估

1. 合理编制社会规划的基础

社会规划又称社会发展计划，是关于一定社会在未来一定时期内的发展的全局性谋划。编制社会规划就是根据一定社会未来发展的需要，照顾社会各个方面和各个阶段之间以及社会的政治、经济、文化、社会、生态等各种因素之间的关系，确定社会发展的基本目标、基本方向，选定社会发展的重点范围、重点项目，制定社会发展的基本方针、基本任务，以及实现这些基本目标、基本方针、基本任务的基本步骤、基本措施和基本方法，规定社会发展中人、财、物、信息等各种资源的配置与应用等。

编制社会规划是人们能动地改造社会、促进社会良性运行与和谐发展的重要手段。正因如此，当今世界的许多国家都把编制社会规划作为其社会管理的重要内容和举措。我国对社会规划的编制也很重视。1982年，我国把"国民经济计划"改为"国民经济与社会发展计划"。至今，编制社会规划已成为我国整个社会以及各个部门、各个地区、各个劳动集体等不可忽视的一件大事。要编制合理的社会规划，绝不是通过"拍脑袋"就能实现的，也不是凭空编造出来的，它必须是建立在广泛、深入的社会经济调查基础上的。人们通过广泛、深入的社会经济调查，才能准确地把握现实社会的基本状态并预测未来社会的发展趋势。只有正确把握现实社会的基本状态并有效地预测未来社会的发展趋势，才能使

编制的社会规划做到真正合理、切实可行。基于此，我们可以说，社会经济调查在是编制合理社会规划的基础，不进行广泛深入的社会调查，就不能编制出合理的社会规划。

2. 对社会政策或规划进行评估

社会经济调查还可以了解和检验社会政策、社会干预或社会规划实施的实际效果，考查是否实现了预期目标。所谓社会干预，是指在特定社会背景下为制造某种预期效果而采取的行动。例如，某社区采取了一些干预活动来增加家庭成员之间的沟通与互动，一段时间后可以通过调查来了解这种措施对促进家庭结构稳定的效果，评估预期目标的达成情况。在现代社会中，社会调查是评估社会政策、社会干预和社会规划实施效果的一种常用方法。

第三节 社会经济调查史梳理

一、古代社会经济调查

社会经济调查是一项非常古老的研究技术，作为一种实践活动，可以追溯到数千年前。人类进入奴隶制社会之后，随着阶级、国家、战争等一系列新的社会现象的出现，统治者为了更好地控制与管理其领土及子民，开始进行以征兵和征税为目的的调查，在全国范围内或领地内对人口、土地、劳动工具等社会基本情况进行调查。

古埃及和古代中国都不乏类似的文献记载。例如，在古埃及第一、第二王朝时期，国家为确定课税，每两年左右就要清查一次全国的人口、土地、牲畜等状况。古代中国封建制度确立后，随着阶级和国家的产生，帝王到各地巡视、调查民情的记载更多。例如秦始皇、隋文帝、武则天、朱元璋、康熙、乾隆等帝王都进行过地方巡视、微服私访，这些巡视对帝王了解社会、了解民情，以便更好地统治国家、稳固江山都有重要的参考作用。当然，当时的调查方法与现在相比有很大区别，不具有科学性和规范性，但可视为社会经济调查的雏形。

（一）古代社会经济调查兴起的原因

社会经济调查与政权的建立和巩固有密切联系，在新的统治领域建立新的统治秩序离不开观政和观俗，必须进行广泛深入的社会经济调查。

第一，观政。周初统治者汲取前朝亡国之教训，一再警示自己要以殷为鉴。殷人原本“何天之休”分明是天之骄子，可是为何上天后来一改初衷，“改大邦殷之命”（《尚书顾命》），而“兴我小邦周”《尚书・诰命》，由此周人感忏到“天命靡常”，一旦失德，天命即转向他人。《尚书・大诰》说：“威不可信，民情则大可见。”天意就在民情中，民心向背可以决定天命之去向，西周于是确定了“轻鬼神、重人治”的治国方略。重视人治，就需要掌握民情，进行社会调查，了解民情，安抚民心，认识到人民群众的力量并善待人民，致力于改善并提高人民群众的生活水平。

第二，观俗。周王朝实行“尊礼尚施”的宗法礼制，《周礼》上说的“治国八则”之一即是“礼俗以驭其民”，《礼记·王制》上说：“凡民居材，必因天地寒暖燥湿，广谷大川异制，衣服异宜。”对于这殊方异俗的生民来说，周王朝治理方策是“修其教不易其俗，其政不易其宜”，亦即用礼制教导人们敬让亲和，根据不同的习俗施行相应的政令，以使生民安居乐业。惟其如此，才能达到“礼俗以驭其民”的目的。

第三，削弱神权，崇尚人治。西周以前，无论是原始部落统治时期还是殷商时期，统治者的神权意识都非常强烈，多笃信鬼神。但是随着生产力水平的不断提高，社会的进步，人们能解释的自然现象和社会现象逐日增多，科学知识也日渐丰富，神权统治削弱，官员的宗教色彩淡化。统治者重人治而轻鬼神，《礼记·表记》云：“周人尊礼尚施，事鬼敬神而远之。”西周统治者虽然也祭祀神灵和祖宗，但更加重视人治。周公曾表示：“天子不可信，我道惟宁王德延。”（《周书·君奭》）所以，他们勤于政务，谨慎于民事，如此重视人治的统治者，必然要求了解、掌握民间动态。

（二）古代社会经济调查的主要调查制度——采风制度

社会调查真正形成制度的要属西周和汉代建立的采风制度。在西周立国之初，即形成了一套严密的社会调查制度——采风制度。所谓“采风”即帝王派专人负责采集四方风俗善恶，代语歌谣。

1. 调查人员和调查方法

周王室设有不同层次的“采诗之官”，全国主管调查工作的是太师。调查是定期的、经常性的，周天子每五年要从镐京出发东巡，视察各诸侯国，所到之处都要太师把所采集的民歌拿给他看。各诸侯国内都设有专门收集民歌的官吏，称“行人”，行人作为朝廷中指定的采风官员，每年春秋两季出去收集民歌，沿途摇着木铎，让老百姓知道采诗的官吏来了，于是他们把诗歌献出来。行人收集到的诗歌再送到乐官太师那里，谱成曲子，唱给周天子听。

2. 调查结果上报方式

一是逐级上报。那些从民间提拔出来的采风人员，因礼治制度规定的身份等级，不能直接面见天子，必须将采风之所得由“乡移于邑，邑移于国，国以闻天子”（何休注《公羊传》）。即从乡野上报到城邑，由城邑上报至国都，再汇报于天子，“故王不出牖户，尽知天下所苦”（《汉书·食货志》）。

二是献给太师。因为太师是主管调查工作的，因而行人采集的民歌俗语，应“献之于太师，比其音律，以闻于天子”（《汉书·食货志》）。

三是面献天子。职位高的官员可以直接将调查情况向天子陈述，如“公卿至于列士献诗”（《国语·周语》）。

3. 采风范围、持续时间

采风作为我国古代行政管理的一大创举，可从采风范围和持续时间上看出。采风调查的范围几乎遍及周王朝整个统治区域。以《诗经》中十五《国风》（即各国的风俗民情）中可以发现调查范围涉及周南、召南、邶、鄘、卫、王、郑、齐、魏、唐、秦、陈、桧、曹、豳，相当于今天的陕西、山西、河北、河南、山东、湖北一带，主要在黄河流域也远及长江流域，可见采风范围相当广阔。《诗经》中所收民歌，其年代大致可以分为西周前期（武王孝王）、西周后期（夷王至平王东迁）和东周（平王东迁至春秋末期），采风从公元前 11 世纪延续了 500 多年，不仅盛行于整个西周，也为东周沿袭。

4. 采风的内容

从《诗经》中可以知道，采集的民情包括各方面的内容。有反映劳动人民生计艰难，贵族对他们剥削、压迫和他们的愤怒，如《七月》《硕鼠》《黄鸟》等篇；有反映人民对连年不断的战争的厌恶和战争造成的妻离子散、田园荒芜的惨景，如《何草不黄》《击鼓》《伯兮》《东山》等篇；有反映人们对统治者的仇恨，如《节南山》《正月》等；有反映统治阶级内部矛盾，如《雨无正》《巧言》《召》等篇；也有反映人民对家庭和安定生活的向往，如《氓》《十亩地》《野有蔓草》等篇。从《诗经》的来源及其主要内容看，可以说是一部社会调查材料的汇编。

（三）古代社会经济调查特点

古代的社会经济调查虽然经历了由奴隶社会初期到封建社会末期的漫长发展过程，但仍处于社会调查的初级阶段。虽然这种由国家主持的大型行政统计类调查在封建社会时期已经比较常见，它们对社会现象也有了一些比较精辟的论述和独到的见解，但其性质和应用方法并没有获得重大发展。这个时期的社会调查没有系统的理论做指导，不能揭示社会现象的本质及其发展规律，所使用的方法也十分简单，多为行政统计类调查，因而社会作用十分有限。

二、近代社会经济调查

（一）社会经济调查的第一次重大变革和近代社会经济调查的产生

1. 重大变革

在 17—19 世纪的西欧，随着资本主义社会的迅速发展，主要资本主义国家出现了大量的社会问题，资本主义生产方式的固有矛盾日趋暴露，社会生活向两个方向急剧变化：一方面，生产飞跃式发展，财富迅速积累，物质文明日益进步；另一方面，贫富差距扩大，阶级对抗加剧，失业、疾病、凶杀、吸毒、卖淫等现象泛滥，破坏机器、罢工、示威乃至武装起义不断发生。

严重的社会问题更激化了本来就较为尖锐的阶级矛盾，对社会的稳定构成了较大的威胁。因此，为了寻找医治社会的良方，探求改良或改造社会的道路，代表不同阶级利益的学者、社会活动家进行了许多社会经济调查，并在此基础上实现了社会经济调查方式、方法的第一次重大变革，逐渐形成了系统化、规范化的社会调查。19 世纪开始至 20 世纪初，是社会调查的初步发展阶段，突出表现在社会调查的范围和领域的拓展。一些媒体人敏锐地注意到了这一情况，便在新闻报道中对这类社会现象和社会问题进行揭露、批判并分析成因以期促成社会变革。例如，英国学者查尔斯·布恩从 1886 年开始，耗时 18 年，对英国伦敦的市民生活和社会概况进行了深入的实地调查，写成了 17 卷本的《伦敦居民的生活和劳动》；1890 年，美国社会学家芮斯对美国纽约的贫民窟做了大量的调查，写出了《其他一半如何生活》一书，接着又出版了《向贫民窟开战》，反映了美国工人阶级生活条件的恶劣情况；1909 年，美国的施特文斯对美国 7 个大城市公务员的腐败行为进行了调查，出版了《城市的耻辱》一书，引发了美国社会调查和揭发可耻行为的运动。在这个时期，社会经济调查所关注的现象逐渐从以往的行政统计调查领域扩大到现实社会中人们的生活条件、生活状况等社会生活领域，以及诸如贫困问题、犯罪问题等社会问题领域。

2. 近代社会经济调查的发展

20 世纪二三十年代开始至今，社会经济调查进入了迅猛发展的阶段。这种发展一方面体现在社会经济调查所涉及的领域进一步扩大，另一方面体现为新的调查方法和技术的出现及运用。首先，随着资本主义社会的迅猛发展，社会结构迅速复杂化，可研究的内容越来越多，研究的范围和领域也逐步扩大，社会经济调查在原有的基础上又进一步向民意调查、市场调查和研究性调查等领域扩展和渗透。其次，随着数学、物理学、计算机科学等自然科学技术的长足进步，一些学者逐渐将针对自然科学的研究方法运用到调查研究中来。在这个时期，无论是抽样技术、测量技术、问卷设计技术、量表制作技术还是统计分析技术、计算机应用技术等，都越来越科学化、精密化，社会经济调查方法不断地得以更新、完善，逐渐走向成熟。社会经济调查方法的规范性、程序性、标准性，使其逐渐成为一门被广为应用的专门性的科学研究方法，一些专业的社会调查机构和部门也纷纷发展起来，承担了种类繁多的调查研究任务。

（二）英美日等国的近代社会经济调查

英美日等国家的近代社会经济调查，大体上可分为三种类型：

1. 行政性社会经济调查

行政性社会经济调查主要是政府或议会为了治理国家、管理社会而进行的调查。英国议会和政府做得最为突出，它们定期指派视察员到工厂去调查经济情况，并以蓝皮书的形式向政府或议会报告调查结果，有时还向社会公布。

2. 学术性社会经济调查

学术性社会经济调查主要是统计学、经济学、社会学等方面的学者为学术研究而做的调查。例如，比利时数理统计学创始人亚道尔夫·凯特勒（1796—1874）就曾做过许多社会经济调查，由于他把概率论应用于调查研究之中，因而在人口调查和犯罪调查等方面做出过杰出贡献。

3. 应用性社会经济调查

应用性社会经济调查是由不同类型的调查主体，根据各自需要而开展的。主要有以下几种类型：

（1）社会改良调查。这类调查主要是一些社会改良家、慈善家或学者为改良社会而开展的调查。

（2）民意调查。主要是一些报刊和调研机构为了解民意而进行的调查。美国的《文学文摘》、日本的《每日新闻》等报业机构都曾进行过民意测验。民意测验由于询问问题较少、内容集中，能较快反映民意，有较高的参考价值，因而在第二次世界大战后得到了迅速发展。

（3）市场调查。主要是一些企业、商业性调研机构和政府商贸部门为了解市场行情、预测市场变化而进行的调查。例如，20 世纪初，美国柯底斯出版公司商业调查部经理派林曾到美国一百多个城市的百货商店进行访问调查，系统研究商品销售情况，大大促进了公司的销售业务。他编写出版的《销售机会》受到广泛重视，他也被推崇为市场调查的先驱。与此同时，美国哈佛大学商学院、美国西北大学商学院等纷纷建立商业调查研究所，专门从事市场调查和预测工作。为应对日益严重的经济危机，从 1929 年开始，美国政府与地方各部门配合，经常进行市场普查，为促进市场销售、调整市场结构提供了客观依据。

（三）近代德国的社会经济调查

与英法两国相比，一向以重思辨著称的德国在社会经济调查方面开始得比较晚，而且主要是受英、法两国的影响。德国近代社会经济调查的重要实践活动主要是：

1. 马克思恩格斯的社会经济调查

马克思、恩格斯为剖析资本主义社会，做了许多调查研究工作。1842 年马克思在《莱茵报》工作时，对德国摩塞尔沿岸地区酿造葡萄酒的农民的贫困状况进行了调查，并撰文抨击当时的普鲁士社会制度。1880 年，马克思在包括 11 个项目的《普遍的劳动统计大纲》（1866 年）的基础上，为法国《社会主义评论》杂志起草了《工人调查大纲》，内容包括：（1）行业名称；（2）从业工人的年龄和性别；（3）从业工人的人数；（4）雇用的条件和工资……工厂中工作日的长短……（6）吃饭的时间和对工人的态度；（7）劳动场所的情况和劳动条件……（8）工种；（9）劳动对身体的影响；（10）道德状况、教育；（11）生产情况……共设计 100 个问题，公开载于《社会主义评论》杂志上。马克思在《资本论》的写作中，收集了大量世界各国的统计资料、档案文件和文献资料，并出色地运用各种分析方法从事实资料中抽象出理论认识，如他曾借鉴凯特勒的“平均人”概念对产业工人进行分析。恩格斯在 19 岁时就调查了他家乡的资产阶级和劳动人民的生活状况，写了《乌培河谷来信》（1839 年）。这是马克思主义社会调查史上的第一篇调查报告。1842 年 11 月至 1844 年 9 月，恩格斯在曼彻斯特等地对英国进行了 21 个月的调查。他深入工厂和工人居住区进行实地调查，通过直接观察和亲身交往研究英国的无产阶级，写成了具有重大政治影响和学术影响的《英国工人阶级状况——根据亲身观察和可靠资料》（1845 年）一书。全书 22 万字，这是恩格斯的第一部专著，被誉为“世界社会主义文献中最优秀的著作之一”。

2. 恩格尔的家计调查

恩格尔受凯特勒和普累的影响，进行了家计方面的调查研究，提出了著名的“恩格尔定律”，即收入水平越低，家庭越穷，用于伙食开支的比重越高。至今，世界各国仍在用这一定律进行消费研究，并运用“恩格尔系数”衡量一个家庭的生活水准。

3. 著名社会学家、历史学家、经济学家的社会经济调查

德国 19 世纪有许多经济调查是由著名社会学家、历史学家和经济学家完成的，像斐迪南·滕尼斯、马克斯·韦伯、阿尔弗雷德·韦伯、古斯塔夫·施穆勒等人都做过社会经济调查。

（四）中国的近代社会经济调查

中国近代的社会经济调查，大体可划分为三个时期：清朝后期、民国时期、新中国初期。

1. 清朝后期的社会经济调查

清朝后期（1860—1911 年）的社会经济调查包括：来华外国人的社会经济调查、民间的社会经济调查、清朝政府的社会经济调查。在此时期，西方传教士和学者开始在中国开展调查研究活动。1878 年，美国传教士史密斯对山东省农村生活进行了调查，并著有《中国农村生活》一书；1914 年，美国传教士伯吉斯主持了“北平 305 名洋车夫生活状况调查”，并发表了英文调查报告。

2. 民国时期的社会经济调查

民国时期（1911—1949 年）的社会经济调查包括：政府的社会经济调查、学者的社会经济调查、中国共产党的社会经济调查。自 20 世纪 20 年代开始，我国社会经济调查走向本土化，出现了两个重要的从事社会经济调查的机构：一个是中华教育文化基金董事会社会调查部，后改为社会调查所；另一个是中央研究院社会科学研究所社会学组。后者以中国学者为主体，进行了许多社会调查。其中，影响较大的调查项目主要有：陶孟和的“北平生活费用之分析”（1930 年）；李景汉的“北京郊外乡村家庭”（1929 年）及“实地调查方法”；费孝通的“江村经济”（1939 年）；陈翰笙于 1927 年 7 月至 1930 年 8 月主持的对无锡、广东、保定的三次大规模农村调查，并出版了《农村地主和农民》一书。因此可以说，1926—1937 年是旧中国学术界社会经济调查最活跃、调查成果最丰富的时期。

值得关注的是，除了学术界进行的社会经济调查活动，这个时期的中国还有另一类社会经济调查来源——以毛泽东、张闻天等为代表的中国共产党人在革命斗争中所做的社会经济调查，尤其是毛泽东对发展马克思主义社会调查的实践和理论做出了杰出的贡献。毛泽东非常重视实地考察，1917 年夏至 1918 年夏，他曾三次以“游学”的方式考察了长沙附近和洞庭湖滨的广大农村，1918 年冬至 1919 年春，又曾两次到北京近郊的长辛店铁路工厂进行调查。毛泽东在从事革命活动的过程中，对中国社会各阶级特别是工人的情况及其相互关系进行了广泛、深入的社会经济调查，撰写了一大批调查报告，其中较为著名的有《中国社会各阶级的分析》（1926 年）、《湖南农民运动考察报告》（1927 年）等，并提出了“没有调查，就没有发言权”“不做正确的调查研究，同样没有发言权”的观点。

无论是学术界所进行的社会经济调查，还是中国共产党人所进行的社会经济调查，都具有一些共同的特点。从内容上看，两类调查都紧紧围绕我国社会现实状况；从方法上看，两者都以深入实地进行访问和观察为主。两类调查者都从各自的实践中，总结出比较系统同时符合中国国情的调查研究方法。

图 1－1 《民国时期社会调查丛编》封面

3. 新中国初期的社会经济调查

新中国初期（1949—1978 年）的社会经济调查包括：政治性社会经济调查、行政性社会经济调查、学术性社会经济调查。中华人民共和国成立后不久，随着高等学校院系的调整和社会学学科被取消，学术界的社会经济调查基本中断，为各级政府制定政策提供依据和材料的社会调查则在原来的框架中继续进行，直到 1979 年社会学学科得到恢复和重建，学术界的社会调查才逐渐恢复并发展起来，并汲取当时西方社会调查中已有的知识和技术。

（五）近代社会经济调查的特点

1. 调查目的多元化

不同性质的调查有不同的目的。行政性调查主要为管理社会、发展社会服务，归根到底是为巩固政权、完善现有制度服务；学术性调查主要为学术研究服务；应用性调查主要为企事业单位的业务服务。

2. 理论指导系统化

各类调查都有一定的、系统化的理论作为理论基础或指导思想。其中，经验论、实证主义、辩证唯物主义和历史唯物主义具有较大影响。

3. 调查对象多样化

调查内容方面，涉及政治、经济、文化、社会等客观情况，以及思想、情感、态度、愿望等主观领域；调查地域方面，涉及基层、区域、全国甚至跨国范围；调查规模方面，少则几十、几百个，多则几千、几万个。

4. 调查方法规范化

形成了一套比较系统、规范的调查研究方法，如观察法、访问法、问卷法、实验法、民意测验法、数理统计法等。

5. 调查机构和人员专门化

形成了一些专门的调查机构和一批专业的调查人员。如政府部门的统计局、高校的调查研究中心，以及各种商业性调查研究机构等。

三、现代社会经济调查

（一）社会经济调查的第二次重大变革和现代社会经济调查的产生

由于电子计算机和互联网的应用，社会经济调查方法和手段日益电子化、数据化，调查设计和步骤日益程序化、规范化，调查范围日益广泛化，调查对象日益多样化，调查日益高速化、精确化。

现代社会经济调查在课题选择、调查设计、程序安排、调查方法、调查成果的形式和应用，以及调查范围的确定、调查对象的选择、调查内容的取舍、调查广度和深度的要求、调查手段和工具的运用等方面，都与近代社会调查存在着很大区别。这些区别说明，应用电子计算机和互联网，已成为现代社会调查的主要标志。

（二）1978 年以来中国的社会经济调查

自 20 世纪 80 年代以来，我国的社会经济调查进入了一个崭新的发展阶段，主要表现为调查手段日益多样化、调查方法日益科学化、调查人员日益专业化、调查内容日益广泛化。国内社会经济调查研究者所采用的调查方式，事实上受到两个不同来源的影响：一个来源是毛泽东进行的农村社会调查和国内老一辈学者进行的传统的社会调查，另一个来源则是现代的西方社会调查研究方法及技术。

现代中国社会经济调查大体可分为以下四种类型：

1. 政治性社会经济调查

关于真理标准问题的讨论，突破了“两个凡是”的束缚，恢复了实事求是的思想路线，推动政治性调查取得了一系列成果：明确做出了“中国仍处于并将长期处于社会主义初级阶段”的判断，回答了在中国这样比较落后的国家如何建设社会主义、如何巩固和发展社会主义等问题。政治性社会调查的其他成果还有：平反了大量冤假错案，据不完全统计，全国有300多万名干部得到了平反昭雪，47万多名共产党员恢复了党籍，数以千万计受株连的干部、群众得到了解脱；促进了城乡经济体制改革，建立了以公有制为主体、多种所有制经济共同发展的社会主义市场经济体制；推动了文化体制改革和文化事业发展；促进了社会事业全面发展，建立了养老保障、基本医疗保障、最低生活保障等制度，人民生活持续显著改善。

2. 行政性社会经济调查

20世纪80年代以后，中央和地方各级党政机关都建立健全了各类调研咨询机构，许多部门在全国各地基层单位设置了众多的长期观察点或信息点，使党政机关调查研究工作制度化、专业化、经常化。

统计调查，是行政调查的主要组成部分。1983年，全国人大常委会通过了新中国第一部《中华人民共和国统计法》，并于1996年、2009年两次修订和完善，使统计工作走上了法制化轨道。2001年，中国加入世界贸易组织。2002年，中国加入国际货币基金组织及其“数据公布通用系统”。从此，中国统计制度向国际标准迈进了一大步。

3. 学术性社会经济调查

20世纪80年代以来，学术界出现了一批在国内外影响较大的社会调查成果。例如，以费孝通为代表的“小城镇调查”（20世纪80年代），丁伟志、陆学艺、何秉孟主持的“中国百县市经济社会调查”（1988—2001年间出版了105部专著）。

4. 应用性社会经济调查

1978年以后，应用性社会经济调查主要是民意调查和市场调查，发展非常迅速。

（1）民意调查。1979年9月，北京日报内参部在北京维尼纶厂进行了改革开放后的第一次民意调查。1982年，中国社会科学院新闻研究所等在北京做新闻受众调查。此外，许多高等院校、社会科学研究院所、部分党校干校、某些新闻单位，以及党政机关的一些部门，大都根据各自业务工作需要做过一些民意调查。

（2）市场调查。1988年，我国第一个市场研究公司——广州市场研究公司成立。此后，市场调查公司如雨后春笋般在各地涌现，仅北京一地，1992—1993年就新增二百多家。1992年开始营业的北京零点调查公司发展迅速，很快成为中国市场调查北派的领军机构。为了加强行业自律，促进健康发展，1998年，全国市场研究协会筹备委员会成立。2001年2月，经民政部批准，中国信息协会市场研究业分会成立。

（三）现代社会经济调查的特点

1. 广泛化

调查主体日益广泛、调查内容日益多样、调查范围日益扩大。

2. 科学化

调查方法日益程序化、规范化、数据化和精确化。

3. 现代化

随着电子计算机、互联网、卫星定位系统、云计算、大数据以及移动通信、远程摄影、无人机等技术的发展和普及，社会调查进入了一个新的发展阶段。

4. 专业化

社会经济调查专业化是社会调查广泛化、科学化和现代化的客观要求和必然结果。

（四）现代社会经济调查与传统社会经济调查的区别

1. 调查主体日益广泛

在现代社会，社会调查的主体已扩大到党政群团、工农商学等各种行业、各种单位、各种实际工作者和理论工作者。

2. 调查内容日益多样

现代社会的每一个领域，以及人们生活的每一个方面，都已成为社会调查的重要内容。

3. 调查范围日益扩大

现代社会调查特别是抽样调查，往往在整个地区（县、市、省）、整个部门的范围内进行，有时还做跨地区、跨部门的调查。至于人口、单位、工业、农业、第三产业等基本国情普查，更往往在全国以至国际范围内进行。

关键概念

社会　社会经济现象　社会经济调查

复习思考题

1. 什么叫社会经济调查？如何多角度地理解社会经济调查？
2. 试述社会经济调查的基本作用及其在社会工作中的功能。
3. 怎样认识社会经济调查的作用？除本书介绍的作用外，你还认为有哪些作用？一个不科学的经济调查，会给社会带来什么危害？
4. 现代社会经济调查的主要特征是什么？与传统社会经济调查有哪些区别？
5. 社会经济调查在社会研究中具有怎样的位置？

第二章　社会经济调查的程序与准备

学习目标

□ 了解一项完整的社会经济调查需经历的各个步骤

□ 掌握社会经济调查课题的来源及选题的原则

□ 理解调查课题初步探索的任务，掌握初步探索的主要方法

□ 理解研究假设形成的必要条件，掌握研究假设表达方式

☞ 引例

大学生社会经济调查选题

以下是一些大学生进行社会经济调查的选题：

一、农村问题

1. 农村义务教育开展情况调查
2. 农村新型合作医疗覆盖问题
3. 农村最低生活保障制度问题
4. 失地农民的生存状况问题

二、服务经济建设

1. 中国企业家队伍成长与发展的调查与分析
2. 民营企业的老板素养问题
3. 中国家庭企业问题调查研究

三、教育教学研究实践

1. 我国远程教育发展调查与研究
2. 我国农村师资队伍状况调查
3. 高等学校人文素质教育的调查研究

四、服务大学生发展

1. 当代大学生价值取向和心理素质的调查分析
2. 大学生创业意向调查分析
3. 大学生参与体育锻炼及身体健康状况调查

资料来源：大学生社会调查选题推荐．https：//www.doc88.com/p-7314957571443.html?r = 1，有删改.

思考：作为一名在校大学生，以上选题哪一个最吸引你？当你选定了一个题目后，将怎样展开这项调查？

第一节 社会经济调查的一般程序与原则

社会经济调查是进行社会管理等工作的前提和基础，科学规范地开展社会经济调查，关系到各类社会管理工作的成效。为此，对社会经济调查工作的开展应有总体的把握，并且遵循相应的调查原则。

一、社会经济调查的一般程序

社会经济调查的展开是按照人对客观事物的认识过程和认识规律，由若干具有严密内在逻辑的不同阶段组成的。

（一）准备阶段

《论语》有云："工欲善其事，必先利其器。"一项调查想要顺利开展并得到预期的成果，准备工作必须十分充分。充分的准备工作在很大程度上决定整个社会经济调查工作的质量和效率。在这一阶段中，有五项具体工作需要进行：

1. 选择调查课题

选题是社会经济调查准备阶段的第一项工作，它决定着整个调查活动的目标和方向。选题阶段主要工作包括以下三个方面：

（1）选择调查主题。现实社会中存在大量的社会经济现象，一些热点焦点问题，我们可以根据研究兴趣、研究特长，经过可行性证，选择一个比较有价值的、有创新的调查主题，例如老人养老问题、农民工问题、大学生就业问题等。

（2）将调查主题进一步具体化为研究课题。进一步明确研究的范围、集中研究的焦点，将最初比较含糊、比较笼统、比较宽泛的研究领域具体化、精确化。例如"农民工"问题是一个十分宽泛的社会问题，我们要研究农民工进城后遇到的哪些问题呢？是农民工工资拖欠问题，还是农民工子女教育问题？这些问题还可以细化，例如农民工子女教育问题还可以细化为留守儿童教育问题和子女在城市里的教育公平问题。在选题阶段，我们要细化到非常具体的问题上，如选择将"留守儿童教育问题"作为调查研究的课题。

（3）对所选择的调查课题进行重要性、可行性、创新性方面的论证。我们仍以研究留守儿童教育问题为例，随着我国九年义务教育保障机制改革的不断完善，农村已经普及义务教育，"人人有学上，人人上得起学"的目标正逐步成为现实，但义务教育质量提升问题还须引起高度重视。这其中，留守儿童教育正成为农村学校教育质量提升的重点。解决留守儿童教育问题，已是我国新农村教育发展的迫切需要，是社会和谐发展的奠基石。这就是对农村留守儿童教育问题调查的重要性认证。以农村留守儿童教育问题为调查选题，调查成员最好可以联系到农村的基层行政管理者，以提高调查中的应答率。当然，有一些课题，即使具有重大的理论意义和现实意义，创新性也有保证，但主观条件不具备，例如未掌握相应的研究方法或客观上人力、物力条件达不到，也很难保证调查研究的质量，这类选题就不具备可行性。

2. 对选题进行初步探索

准备阶段要进行的第二项工作是进行初步探索。通过查阅相关文献资料、向专家咨询、深入实地考察等方法，对所要调查的对象有着更为深入的了解，对后续调查研究工作有一个初步的轮廓。

3. 提出研究假设

准备阶段要进行的第三项工作是提出研究假设。简单来讲，研究假设是对未知的社会经济现象或社会经济现象之间的关系所做的假定性设想，这一设想需要经过一定的科学方法去证实或证伪。例如留守儿童教育问题，我们通过初步探索，提出“父母外出对留守儿童学业表现具有一定影响”这样一个研究假设，那么这个研究假设是否成立，需要我们通过进一步的调查研究工作去证实它。当然，并不是所有的社会经济调查都必须提出研究假设。通常来讲，解释性调查必须在准备阶段提出研究假设，而描述性调查更倾向于通过客观描述来了解调查对象的实际情况。

4. 设计调查方案

准备阶段要进行的第四项工作是设计调查方案。我们要对整个调查研究工作进行周密的规划，具体包括：

（1）设计调查指标。调查课题选定后，应进一步分解出反映调查对象的类别、规模、水平、速度等特性的项目，构建调查指标体系，并明确各个项目的内在含义、时空界限和计算方法，为后续调查提纲的拟定、调查问卷的设计奠定基础。

（2）调查方案设计。明确调查的目标对象、采取的调查方法、调查时间安排、调查组织形式、调查研究经费筹措及物质准备等问题。

（3）对调查方案可行性进行研究。调查方案制订完成后，应通过查阅资料、咨询相关专家、实地探查等方式，对调查方案是否可行进行研究，包括对调查方案与调查对象的客观实际是否符合，调查能否得到预期效果，调查实施过程中的可操作性等进行分析和研究。

5. 组建调查队伍

准备阶段要进行的第五项工作是组建调查队伍。包括调查人员的组成、调查员的选择和培训，大型调查还需要组建调查管理机构，制定有关调查工作的制度等。

准备阶段是整个社会经济调查的基础工作。明确的选题是搞好社会经济调查的前提；

科学合理的调查方案，是社会经济调查工作获得成功的关键环节；搭配合理的调查队伍是调查工作顺利完成的基本保证。一些大型的社会经济调查工作，例如全国人口普查的准备工作往往需要一两年甚至更长的时间，而真正实施调查的时间可能仅仅一个月。若社会经济调查准备不充分，则可能出现偏差，无法取得预期的效果。而盲目地开展社会经济调查，不仅会造成人力、财力、物力的浪费，还会使整个调查工作失去科学意义。因此，必须认真做好社会经济调查的准备工作。

（二）调查阶段

调查阶段主要工作是按照准备阶段设计的调查方案进行资料的搜集。

如果采用实地观察法或口头访问法之类的直接调查法，调查者与被调查者直接接触的阶段，受外部因素影响最大，甚至是无法控制的。要顺利完成调查任务，调查的领导者或组织者应特别注意做好这个阶段的外部协调和内部指导工作。

这种情况下，我们一方面可以依靠被调查地区或单位的组织，争取他们的支持和帮助，尽可能在不影响或少影响他们正常工作的前提下，合理安排调查工作；另一方面，我们也应密切联系调查对象，争取他们的理解和合作，不做有损于他们利益或感情的事，在可能情况下给予他们必要的帮助。例如，我们要进行留守儿童教育问题的调查，一方面可以请当地村干部及学校领导老师来帮助组织协调，同时尽量争取留守儿童及其家人的理解，交流过程中不伤害到他们的感情。直接调查过程中，还可以通过熟人朋友介绍与被调查者接触，也可以通过自我介绍。无论采取哪一种形式，都必须真诚、客观地向被调查者说明调查的目的、调查内容和调查方法，争取取得被调查者的支持和配合。

直接调查阶段，调查人员的工作是分散进行的，为了保证调查人员按照统一设计的方案完成调查工作，内部指导也十分重要。调查工作初期，应注重调查人员的实战训练和质量控制，帮助他们尽快打开工作局面；调查工作中期，应注重总结交流调查工作经验，及时发现和解决调查工作中出现的问题；调查工作后期，要重视调查收尾工作，严格检查和初步整理调查资料，及时发现问题并就地解决问题。

如果采用文献调查、网络调查等间接调查法，调查的领导者或组织者也应做好协调工作。例如调查需要查阅最为全面的外文参考文献，这些文献只在某个高校或科研机构的图书馆才能查到，此时领导者或组织者应做好与这些单位的协调工作，取得他们的支持和帮助；另外，调查工作的组织者和领导者还应组织调查人员做好有关资料的摘录、下载，以及网络问卷的发放和回收等工作。

无论采取哪一种方法，都应在调查过程中做好记录，利用一切机会发现调查问题产生和发展的脉络。同时，对调查资料进行及时的整理、储存、审核工作，以便随时发现问题，及时进行调查工作的修正以及调查资料的补充。

（三）研究阶段

研究阶段的主要工作任务是审查整理资料、对资料进行统计分析和开展理论研究。

1. 资料的审查整理

审查资料，就是对调查的文字资料和数字资料进行全面复核，消除资料中存在的虚假信息，对于缺失信息过多的样本也应剔除，以保证资料的真实、准确和完整。整理资料，是对审核后的资料进行初步加工，使之条理化、系统化，并以一种集中、简明的方式反映调查对象的总体情况。

2. 数据统计分析

统计分析，是运用统计学原理和方法研究社会经济现象的数量关系，揭示事物发展的规律、水平和结构，说明事物发展的方向和速度等。通过统计分析，可以证明或推翻原有的研究假设，为理论研究提供切实可行的数据资料，说明调查对象的发展现实和未来发展趋势。为了提高统计分析的精准度和效度，这一过程一般利用计算机和统计软件来完成。

3. 开展理论研究

对调查资料开展理论研究，需要运用逻辑思维以及与社会经济调查相关的各学科的科学理论，对经过审查、整理、统计分析后的数据，进行科学的思维加工，目的是揭示调查对象的内在本质，说明调查对象发生发展的前因后果，预测调查对象未来的发展趋势，做出对调查对象的理论说明，并在此基础上提出具体的、有针对性的工作建议。

研究阶段是整个调查工作中最为“烧脑”的阶段，因为它是社会经济调查的深化、提高阶段，也是从感性认识向理性认识飞跃的阶段。如何运用、处理、解读这些数据，整个社会经济调查工作能不能出成果以及成果质量的高低，在很大程度上都取决于这一阶段。因此，社会经济调查工作的领导者和组织者，要花更多的时间和精力，抓好研究阶段的工作。

（四）总结阶段

总结阶段的主要任务是撰写调查报告，对调查工作进行总结以及对调查结果进行评估。

1. 撰写调查报告

调查报告是调查研究成果的集中体现，是对社会经济调查工作质量及其成果的最重要总结。一般来讲，每一项社会经济调查课题都应该有相应的调查报告。调查报告中应对调查过程、调查方法、调查结果等进行系统的叙述和说明，并侧重说明调查或研究的结论是什么，最终还要提出政策性的建议和解决实际问题的方式和方法，使调查报告在理论层面和实际工作中发挥其应有的价值。

2. 总结调查工作

调查工作的总结主要是对整个社会经济调查过程进行回顾，包括整个调查工作的开展情况以及每个参与者的工作贡献等。总结的目的一是要积累调查成功的经验，二是吸取失败的教训，为今后进行类似社会经济调查工作提供参考和借鉴。

3. 评估调查成果

调查成果评估一般从两个方面展开：一是调查的学术成果评估，主要对本项社会经济调查所使用的调查方法、得出的事实和数据资料、总结的理论观点做出客观的评价；二是调查的社会成果评估，主要对本项社会经济调查结论的采用率、转引率和对实际工作的指导作用，做出实事求是的评估。两类评估均须以实践为基础，在实践中应用调查结论和检验调查结论。

总结阶段是一项社会经济调查的最后阶段，做好调查工作的总结，对提高领导者和参与者的调查研究能力、深化对社会的认识，制定解决社会问题的方针、政策和措施，都具有十分重要的意义。

在实际调查中，以上五个阶段是互相连接的，有时还会互相交错进行，它们共同构成社会经济调查的完整过程。一项完整的社会经济调查可以用图 2－1 来表示。

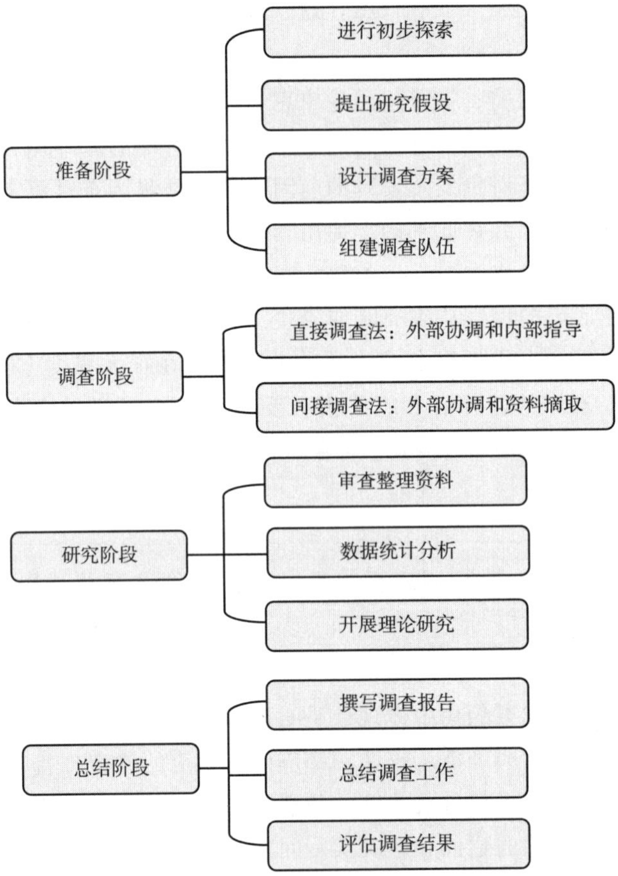

图 2－1　社会经济调查过程

二、社会经济调查工作原则

社会经济调查的目的是通过考察社会经济现象，把握社会现实状态及发展变化趋势的科学认识活动。这一活动的开展，必须遵循一定的原则以获取真实、准确、有效的数据信息，唯有这样的数据信息才能够成为进行社会管理和决策的坚实基础。

（一）实事求是原则

社会的运行和发展是不以人的主观意志为转移的特殊物质运动形式。要正确认识社会经济运行的现状及发展规律，必须从实际出发，坚持实事求是的观点去进行调查。为此，在社会经济调查开展过程中，必须做到：

（1）深入实际开展调查研究。从社会经济调查选题开始，立足社会经济发展实际，探寻其中有价值、可行的问题进行方案设计和实际调查。单纯通过文件、报告进行的“调查”不能真正反映社会经济发展的实际情况，由此得到的数据资料缺乏坚实的基础，得出的调查结论更加缺乏可靠性。

（2）以事实为依据，用数据说话。社会经济发展是客观的、具体的，研究者提出的观点必须以客观事实作为最终检验标准，调查结论只能在调查研究之后提出。只有以事实为依据，让数据说话，才能真正做到实事求是，得出对社会经济现象符合实际的结论。

（3）排除主观干扰，忠实反映客观实际。社会经济调查过程中的主观因素包括被调查者的主观因素、调查者的主观因素、上级领导的主观因素等。在开展社会经济调查过程中，必须做到“不唯上，不唯书，不唯己”，不为迎合上级领导或某些利益群体的意图去歪曲事实；不拘泥于书本固有观点和结论而忽视客观实际；不从自身利益或主观好恶出发去挑选数据资料得出“想要的”结论。

（二）科学性原则

社会经济调查应坚持科学的态度，以科学的理论为指导，采用科学的方法开展，其结论则应建立在系统的观察、全面的事实依据和正确的逻辑推理之上，而不是以片面的、个别的、偶然的事实直接推导出调查结论。

（1）坚持科学的态度。坚持科学的态度开展社会经济调查工作，要求调查者遵循事物发生发展的客观规律，按照客观规律办事，探寻事物发展过程中的内在必然联系或趋势。

（2）以科学的理论为指导。社会经济调查是一门方法科学而不是理论科学，但并不等于社会经济调查就没有理论的指导。正相反，调查研究的整个过程必须以理论知识为指导。因为，任何社会经济调查课题的提出都必须以一定的理论知识为前提，否则不可能提出具有较高理论价值和应用价值的研究课题，也不可能使整个调查研究沿着科学的方向进行。

（3）以科学的方法开展调查研究。在调查资料的收集和统计分析过程中，研究者只有具备一定的理论知识才能对材料进行科学的取舍，并对研究数据做出科学的解释。同时，社会经济调查的目的不仅仅是对社会现象进行简单的展示，而是要通过社会现象去揭示内在的本质联系，从而达到认识社会发展规律的目的。当然，社会经济调查并不都是以解决理论任务为前提，但从感性认识上升到理性认识是开展社会经济调查的基本目的，即使是应用性调查也不例外。

（三）定性研究与定量研究相结合原则

定性研究是指按照唯物辩证法基本原理，在事物的联系和运动中全面考察事物，从总体上认识事物特性的一种研究方法。由于人们认识社会经济现象的能力和手段还没有达到自然科学研究那样的程度，加之社会现象的纷繁复杂性、偶然性和模糊性，运用定量研究比较困难。而运用比较分析、类型分析等定性研究方法来认识社会现象的性质、特点、结构、功能更加便利和可行。但定性研究也存在认识事物比较笼统、缺乏精准性的不足，因此有必要将定性研究与定量研究相结合。

定量研究是指运用统计学的原理与方法，收集并处理社会经济现象中的数据和资料，从中找出社会经济现象之间相互关系的一种统计分析方法。这种研究方法的优点在于：首先，它可以使调查者更准确地认识事物的本质及其差别。例如，可以通过适龄儿童入学率来比较地区间义务教育的普及情况。其次，它可以避免调查者的先入为主、以个别事例推及全体的偏差。例如，在大学生就业情况调查中，仅以某一班或某一专业的就业情况去推论整个学校甚至整个城市的应届毕业生就业情况，在定量分析中是不会发生的。最后，定量调查法可以使科学的社会预测成为可能。例如就业趋势预测必须以科学的统计分析方法来进行。正是因为定量研究方法更客观、更具说服力的优点，在社会经济调查中越来越受到人们的重视并被广泛使用。

但定量研究方法也存在一定的不足。首先，它不能提供社会经济调查所必需的概念体系，概念体系必须通过定性研究才能建构起来。例如，什么是城市化、现代化等。其次，定量研究方法不能对调查对象进行科学的分类，分类问题必须依靠定性研究方法。如影响家庭可支配收入的因素，有家庭成员构成、有赚钱能力的成员数量、成员收入等，这种分类问题定量研究方法本身并不能加以解决。最后，定量研究方法不能解决调查研究方法的确定问题。在社会经济调查开展过程中，调查者会根据自身所掌握的理论知识，结合一定的经验判断资料的收集方法、资料的取舍问题，这些问题定量研究本身不能解决。因此，社会经济调查只有将定性研究与定量研究相结合展开，才能更加科学和高效。

（四）时效性原则

社会经济的发展状态不是静止不变的，尤其当代社会的高速发展，面临转型时期，社会形态的复杂多变要求社会经济调查讲究时间效益，调查者应积极主动、迅速及时地开展调查工作，不失时机地为社会管理相关部门提供调查成果和社会信息。

社会经济调查讲求的时间效益，要求要用尽可能短的时间、尽可能快的速度，及时搜集各种社会经济信息，准确地把握现实社会经济发展状态及其发展变化趋势。例如，一项关于农村失地农民生存状态问题的调查，如果长时间不能完成，它就可能失去了决策咨询的作用。正因为如此，从国家到省级的各类社会科学基金项目，都有研究时间的要求。

第二节　选择调查课题

要充分发挥社会经济调查在实践中的作用，让它进行得有意义，选择确定一个调查课题是整个调查研究中的关键环节。

一、选题的意义

1. 选题决定调查的总方向、总水平

爱因斯坦曾经说过：提出一个问题往往比解决一个问题更为重要，因为解决一个问题也许只是一个数学上或实验上的技能而已，而提出新的问题、新的可能性，从新的角度去看旧的问题，却需要创造性的想象力，而且标志着科学的真正进步。爱因斯坦的这一论断，对于社会经济调查完全适用。选择调查课题，实质上是决定社会经济调查总方向、总水平的一个根本性问题。

2. 选题决定社会经济调查的方案设计，制约着社会经济调查的全过程

选题不同，调查的范围、对象、内容、方法就不相同，调查人员的选择、调查队伍的组建、调查工作的安排也不相同。例如，“东北农业大学本科生参与社会实践情况调查”和“哈尔滨市农村金融状况”这两个选题的调查方案完全不同，调查方法和过程也必然有很大差异。前者以东北农业大学在校本科生为调查对象，主要调查大学生参与社会实践的意愿、参与项目的数量、参与成果等内容，涉及的内容并不多，在资料收集方法上，采用线上线下相结合的自填式问卷即可。因此调查所需要的人员、经费都比较少，调查需要的时间也不长，管理任务并不重。后者则不同，它以哈尔滨市辖农村地区居民借贷情况进行调查，主要调查农村居民家庭结构和规模、经济状况、是否有借贷情况、借贷来源、借贷用途、借贷额度及还贷情况等，涉及的调查内容相对更多；在资料收集方法上，考虑到调查对象中有一定数量的农民和老年人，考虑到他们在受教育程度及阅读能力方面的限制，虽然也可以采用自填式问卷，但显然访问调查法更为合适。但这一调查方法也决定了该调查需要更多的调查人员、更长的调查周期、更高的调查经费调入和更复杂的组织管理。

3. 选题决定着社会经济调查的成败和调查成果的社会价值

一个具有现实性和时代感的调查课题，如果取得成功，其调查成果可能产生巨大的理论价值和应用价值。而一个陈旧的或脱离实际的调查课题，不管调查工作花费了多大精力、调查资料如何翔实、数据分析如何系统、精确，不也可能产生良好的社会效益。所以说，选题对于社会经济调查的结果及其社会价值具有很大的制约作用。

二、课题分类

（一）按课题性质进行分类

1. 理论性课题

理论性课题侧重于检验或发展某些理论或假设，它的主要目的是解答社会科学和社会实践各个领域中的理论问题，以揭示社会现象的本质及其发展规律，如“社会主义初级阶段城市化的基本特点及其发展趋势”就是一个典型的理论课题。

2. 应用性课题

应用性课题是以认识和解决现实社会问题为目的的课题，主要目标是提出解决社会实际问题的方案和对策，以满足社会实践的需要。如“高校扩招背景下大学生就业问题的研究”就是一个应用性问题。

理论性课题与应用性课题比较之下，哪一类对于社会经济调查的初学者更容易把握呢？一般来说，理论性课题的研究需要有比较深厚的理论基础和学术积淀，而应用性研究相对来说对于初学者更好把握。

（二）按课题来源进行分类

1. 委托性课题

委托性课题也叫委派性课题，是由有关的机构、部门、企事业单位或个人根据他们的某种需要确定下来，并委托或委派给研究者进行调查的课题。对于研究者来说，这类课题的确定没有决定权，特别是上级委派的课题，研究者甚至没有选择权，研究者要做的就是按照委托或委派单位的要求去完成课题。

2. 招标性课题

即基金性课题或某些机构面向社会或专业人员广泛征求申请者并择优录取提供资助的课题，例如国家自然基金、国家社科基金课题等。这些招标性课题一般设有课题指南，由于是指南，说明所列出的题目都比较大、内容比较宽泛，研究者可以在指南所提供的框架内，从内涵或外延上缩小范围，根据自己的研究兴趣和专长来确定一个具体的课题，具有一定的自主性和灵活性。

3. 自选性课题

研究者根据兴趣或专长选择的课题，如从事儿童教育的人，根据自己的学术兴趣或实践需要，对我国开放二孩以后的儿童家庭教育问题进行研究。

三、课题的选题来源

1. 从社会现实中来

我们所生活的现实社会，蕴含着丰富的课题来源，但由于我们身处其中，习以为常，不易找到选题。这时候如果我们多问几个“为什么”，可能就会找到值得去做的选题。例如，哈尔滨是老牌的冰雪旅游城市，但是近年来夏季游客也是络绎不绝。这是为什么呢？哈尔滨是我国最北的一个省会城市，又是沿着松花江江岸而建，太阳岛的美名早已流传在外，为什么以前夏季旅游者没有那么多呢？原来哈尔滨近年又建起数量不少的湿地公园，并多次举办湿地推介会（见案例），力图将湿地旅游打造成为哈尔滨夏季旅游的又一张名片。由于湿地旅游是一个新兴事物，开展得好不好，游客来到湿地公园之后感受怎样，这些都值得去研究。从中，我们就可以找出一个选题方向：哈尔滨湿地旅游研究。

▶案例：

2021哈尔滨湿地旅游推介会：呈精美文旅大餐“圈粉”八方驴友

6月5日，在2021“迷人的哈尔滨之夏”文化旅游活动启动当天，哈尔滨市文化广电和旅游局主办，以“领略松江风光，感受夏都魅力”为主题的2021哈尔滨湿地旅游推介会在松北香格里拉酒店举行。黑龙江省文化和旅游厅副厅长何大为，哈尔滨市委宣传部副部长、哈尔滨市文化广电和旅游局党组书记、局长兰峰，中国旅游报社副社长胥波，世界旅游城市联合会市场合作部总监张硕等领导及来宾共计150余人参会。现场全面展示了冰城夏季旅游的魅力，为与会嘉宾呈现了一道文旅大餐，“圈粉”无数八方驴友。

推介活动在一曲悠扬的弦乐重奏《太阳岛上》正式拉开序幕。兰峰在致辞中称，哈尔滨积极践行习近平总书记“绿水青山就是金山银山，冰天雪地也是金山银山”的发展理念，大力推进全域旅游建设，成功打造了冬季冰雪、夏季避暑等一批“必到必游”产品和享誉海内外的“金字招牌”。今夏，依托湿地、森林、文化和时尚等资源优势，围绕绿水青山万顷松江湿地，梳理了观光类、休闲类、体验式、功能型旅游精品，创新打造出专属于哈尔滨的“爆款”和“玩法”，竭诚为广大游客奉上一个分外迷人的“哈尔滨之夏”。

带着对哈尔滨旅游的向往，与会嘉宾共同观看了《哈尔滨欢迎您》城市旅游宣传片。推介内容充分整合了各区县（市）丰富的自然风光、文化历史、乡村风情等旅游资源，展现哈尔滨夏季旅游的独特魅力。来自太阳岛风景区、伏尔加庄园、滨江湿地、白渔泡湿地等文旅企业通过“湿地风光 天鹅项下的万顷松江湿地”“湿地艺术 世界的瑰宝”“湿地休闲 畅爽秘境寻清凉”“湿地美食 舌尖上的回味”等四大篇章，将湿地与城市休闲、艺术、美食等元素深度融合，全方位展现哈尔滨湿地之美，将一份包罗美景与美食，尽显时尚与浪漫的邀请函送到省内外游客手中。哈尔滨雪乡国际旅行社还向大家展示了跟随影片《悬崖之上》踏访哈尔滨“走进东方谍战之都”的红色旅游线路，引起媒体和众多旅行达人的极大兴趣。

推介会上，哈尔滨极地公园、波塞冬旅游度假区、融创文旅城、伏尔加庄园等哈尔滨市重点景区与携程集团、美团、同程集团、上海喜马拉雅科技等重点在线旅游平台及新媒体平台进行签约；黑龙江天马国际旅行社集团有限公司、哈尔滨江山国际旅行社有限公司和哈尔滨青年国际旅行社等与北京六人游国际旅行社股份有限公司、北京吉祥国际旅游有限公司、四川省中国国际旅行社有限公司等省外重点客源地旅行社进行签约。据悉，双方将以此为契机，进一步加强文旅合作，引导更多游客走进迷人的哈尔滨，体验哈尔滨的多元文化、欧陆风情与人文魅力，感受冰城的凉爽与浪漫。（记者　张晓磊）

资料来源：2021 哈尔滨湿地旅游推介会：呈精美文旅大餐“圈粉”八方驴友，https：//baijiahao.baidu. com/s?id = 1701735130702465682&wfr = spider&for = pc.

2. 从个人经历中来

现实生活中，每个人的生长环境、成长道路、个人经历不同，对于社会现实的感受和认识也不同，从而形成了观察、理解社会经济现象的基本视角和出发点。这种不同经历、体验、观察和感受，常常是社会经济调查课题的最初来源，许多有价值、有创造性、切实可行的课题，最初都源于研究者某种特定的人生体验。例如，很多的大学生都有做兼职的经历，这一过程可以说酸甜苦辣，有的人从中收获了金钱上的回报或经历上的成长；也有人因为花费了太多时间在兼职上，导致学业亮起红灯；还有的人因此上当受骗。有过相关经历的人可能就想，大学生兼职的意义是什么？读书时要不要做兼职？是利大于弊，还是弊大于利呢？关于“大学生要不要兼职，兼职过程中的收获与成长”就可以成为一个社会经济调查的选题方向。

从某种意义上说，从个人经历中寻找课题十分简单实用，一个人对自己的经历进行静静的思考和体会，可能就会找到十分有趣又值得探讨的课题。

▶案例：

如今，大学生在读期间兼职已成为一种普遍现象。据我国“中国大学毕业生跟踪调查”研究发现：59%的大学生在读期间有过兼职经历。澳大利亚大学生财务调查数据显示，2017 年在校大学生兼职的比例达到 82%，其中近 1/3 的全日制学生每周工作时间超过 20 小时，超过 10%的学生每周工作时间超过 30 小时。美国国家教育统计中心最新的数据也表明，43%的全日制本科生在校期间兼职，其中 17%的人每周兼职时间在 20 ~ 34 小时，10% 的人每周工作时长甚至超过 35 小时。还有研究指出，兼职并非低收入阶层学生的专属，没有经济负担的学生踏入兼职行列的比例也在不断攀升。伴随着兼职日渐普遍化，学者们开始关注兼职对学生发展尤其是对学业成绩的影响。目前有兼职与学业成绩对立冲突、协同促进和非线性关系三种理论观点，且分别得到了不同理论和实证研究的支持。结论的不一致以及单项研究结论推广的局限性给兼职的价值定位和实际效用带来了困扰。鉴于此，本研究拟通过元分析（Meta-analysis）循证方法探讨兼职对学业成绩影响的真实效度及可能的调节变量，希冀能为大学生兼职指导提供有价值的启示。

运用元分析循证方法，我们获得的更为普适性的结论是：

第一，兼职和学业成绩之间存在较弱冲突效应是绝大多数学生群体的真实写照。我们通过进一步分析该研究样本的兼职时长发现，近乎 2/3 样本中的学生群体每周兼职时长超过 10 小时，1/5 样本中的学生群体每周兼职时长超过了 20 小时。根据时间博弈假说和零和模型，这一结果表明兼职可能挤占了本该用于学习或保障学习活动的时间和精力，进而导致了学业成绩下滑。不过，两者的对立冲突效应在我国大学生群体中略微缓和，这可能与我国学费制度有关。与域外其他国家相比，我国学费制度特点在更大程度上可能缓解了个体为了求学不得不兼职及过度兼职的困境。

第二，重视最佳阈值和兼职类型是实现两者协同互促的关键。大学阶段是个体获取知识、探索自我、历练人格、实现成人角色转换的关键期，作为促进学生发展的重要途径，兼职与学习并不是矛盾对立的两极，而应该是相互融合、相互促进的关系。但如何实现两者平衡？我们的研究结果提供了一种思路。兼职类型和时长的分析发现：少部分学生群体在“打工者”与“学习者”双重角色冲突中找到了平衡，实现了两者关系的协同互促。他们具备如下特点：兼职类型与自身专业高度相关，兼职时长控制在每周 10 小时之内。

第三，在理论争论方面，本研究结果从侧面也明晰了理论的情境适用性。本研究的另一个重要发现是明晰了理论的情境适用性。具体而言，时间博弈假说和零和模型在解释过度兼职时颇具效力，在我们的研究中，这一阈值为每周兼职时长 10 小时，超过此阈值，两者关系呈线性负相关。而调和理论所主张的两者协同互促更适用于每周兼职 1 ~ 10 小时这一适度区间。角色关联模型假设提出的兼职工作特征（兼职类型和时长）是两者关系的重要调节变量在我们的研究中也得到了证实。上述结果为高校构建兼职与学习紧密联结的保障机制提供了实证依据。首先，在兼职日益普遍的情况下，高校应重视大学生的兼职，可以考虑明确限定学生在校就读期间的兼职时间。其次，开展生涯规划教育，鼓励学生结合自身专业及职业发展需求选择与自身所学相关的高质量兼职，高校也应在拓宽兼职渠道、加强校企合作上加大努力，进而保障兼职质量。最后，加强对过度兼职群体的关注，通过相应的信息收集了解这类学生群体兼职的原因（经济困难、早期的工作取向等），并提供相应的干预措施。

资料来源：熊艳青，牛新春．大学生兼职影响其学业成绩吗？——来自元分析的证据［J］．复旦教育论坛，2022，20（01）：62 - 70.

3. 从研读文献中来

做好社会经济调查一定要善于研读文献。这些文献可以是《中国社会科学》这样的社会学期刊，也可以是一些非专业的、综合性的报刊、杂志。学术著作，各类期刊报纸、教科书乃至各种广告，都可能成为我们发现与提出社会调查课题的源泉。例如《蚁族——大学生聚居村实录》的主编廉思，在 2007 年夏天一个偶然的机会，看到了《中国新闻周刊》上的报道：“向下的青春”，讲述的是一名大学毕业生在北京生活、工作的真实经历。廉思写到：“长期学术训练的敏感性告诉我，这是一个需要被关注和关心的群体，这是一个亟须研究的重大社会问题！”于是廉思亲自到聚居村考察，回来后组织了第一次大型的调查，写出了调查报告，得到了中央领导同志的高度重视。

可以说，文献研读不仅对选题具有重要作用，而且在整个调查研究过程中都离不开文献的搜集与研读。

▶案例：

本期封面故事是向下的青春。

太阳一往西移，唐家岭就开始拥挤不堪。保持着几分钟一趟的速度，一辆辆公交车，犹如卸货一般，将满车厢的乘客吐了出来。本来就只够两辆车并行的街道上，瞬间便全是人。路边的摊贩开始起劲地叫卖在浑浊的空气里已经无法分辨出味道的熟食来。这是北京市海淀区最靠边的一个村子，隶属西北旺镇，是典型的城乡接合部。再往西一点，就是昌平区的地界。在离唐家岭车站站台大概三四百米的距离，一溜铁皮架子搭建的平房，靠边的一间，是李竟的住所。

他已经在这里住了整整一年。

一年前的7月1日，从中国农业大学毕业，卷着4年前入学时学校发的一床被褥，一个脸盆，一个揉巴着几件衣服的皮箱，几捆舍不得丢的书，李竟来到这里……

在唐家岭，像李竟这样刚走出校门就失业的青年，在社会学上被命名为“新失业群体”。他们越来越庞大，并且在北京的周边地区逐渐形成一个个群落，这里弥漫着消沉和无奈的情绪。这是本刊记者在“高知”贫民村调查最深的感受，而社会要做的是，如何让他们看到未来。

资料来源：中国新闻周刊，向下的青春，http：//news. sohu. com/20070803/n251394431. shtml.

大学生“蚁族”的聚居村

挤公交车的大学生“蚁族”

四、选题的原则与思路

事实上，选题的过程是一个不断自我提问的过程，如图2－2所示。

图2－2 选题的思考过程

要正确解决这些问题，选题过程中必须遵循以下几项原则：

1. 适宜性原则——选择最适合自己的题目

这是从主观条件上考察选题的适宜性。那么什么样的选题是适合自己的呢？

首先，要看你对这个选题是否感兴趣，完成这项调研题目过程中，你是把它当成任务还是一项追求？兴趣可以促使人们去克服研究过程中的困难，也能调动研究者的积极性，容易在大脑皮层形成相应的优势兴奋中心，从而为思维的飞跃、灵感的出现做好准备。

其次，还要看这个选题是否是你所熟悉的，自己的知识结构、研究能力是否达到了完成该项调研所要求具备的水平，该项调研能否发挥自身在相关方面的优势？如果存在知识结构上的欠缺，能否在短期内快速地加以弥补？

最后，还要考虑自己能够投入的精力、时间能否满足调研的需求？如果要组建课题组，那么成员的知识结构是否适应课题需要，他们有多少时间和精力投入到课题中来？

2. 可行性原则——选择具备客观条件的题目

这是从客观条件上考察选题的可行性。

美国科学家莫顿曾指出：选择题目不能草率，如果根本没有实现的可能，选题就等于零。审视选题的可行性，主要考虑调查进行过程中是否存在来自外在环境或条件的限制。例如调查时间紧，调查经费不足，相关文献资料无法获取，调查涉及的对象、部门或机构不能给予必要的支持和合作，调查课题违反国家有关政策法令、违反社会伦理道德，或者与被调查者生活习惯、宗教信仰相违背等，这些都会导致调查无法进行下去。例如“家庭暴力的原因”是一项具有现实意义、值得去做的课题，但是如果研究者不能取得相关部门的支持和配合，就无法接触到调查对象群体，自然无法收集资料，调查也难以进行下去。

3. 必要性原则——选择有价值的题目

这是从价值取向上考察选题的意义。

必要性指调查课题必须根据社会实际需要来进行选择，具有一定的现实意义和理论意义。

首先，选题应对社会实践具有现实意义。所选择的课题应针对当前社会发展中急需解决的重大问题及社会上普遍关注的热点话题，紧密结合社会发展的客观需要，如适应制定政策的需要、探讨对策的需要、制定发展规划的需要等。人们常说：言当其时，一字千金；言背其时，一钱不值。只有把握时机，研究具有现实意义，调查成果才有价值。

其次，选题应具有理论意义。有些问题虽然不是现实问题，但为了使社会健康地向前发展，有必要在理论上进行探讨，这些选题会对社会长期可持续发展产生一定影响。例如，我国已经进入老龄化社会，老年学研究引起了广泛关注。所以，像“农村养老保障政策与农村养老模式研究”“空巢和独居老年妇女的社会保障状况研究”等课题均进入了《2013 年全国社会科学研究指南》当中。

4. 创新性原则——选择有新意的题目

这也是从价值取向方面考察选题的意义。

我们应尽量选择别人没有做过的课题，或者虽然有人提出来了，但没有解决或没有完全解决的课题，这样的课题才有新意。对于别人已经做过的课题，如果我们也要做，则必须从新的视角来研究，采用不同的理论依据、不同的研究方法，或不同的研究框架、不同的研究地点。

选题路线如图2－3所示。

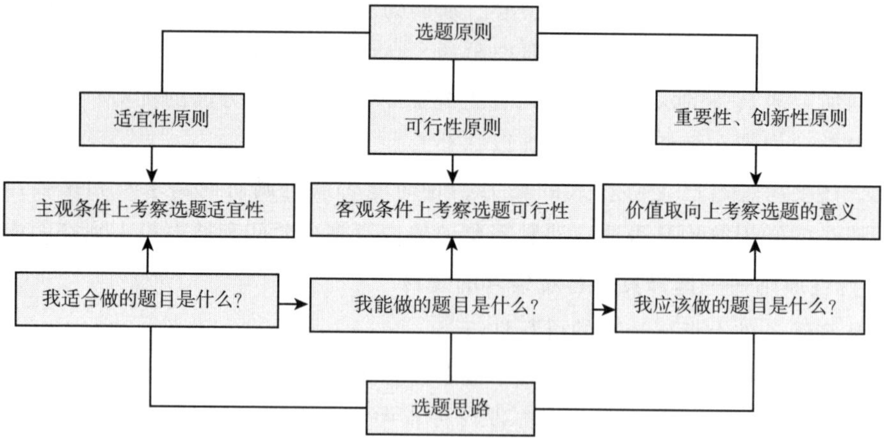

图2－3 选题路线图

第三节 初步探索与课题的明确化

进行初步探索并对课题明确化是选定调查课题之后、制订调查方案之前必须进行的一项工作。初步探索的主要目的不是直接回答课题所要解决的问题，而是为正确解决调查课题探寻可供选择的方向和道路；课题的明确化是让选定的课题不断具体化、明确化的过程，这一过程可以成为设计调查方案主要依据。

一、初步探索

（一）初步探索的基本任务

初步探索的首要任务，是确定调查研究的起点和重点。起点太高，容易脱离实际，导致难以完成调查任务；起点太低，重复别人已经做过的调查，或反映人所共知的事实就失去了调查的意义。同样，重点不突出，将难以设计出高质量的调查方案，也就不可能取得具有重大意义的调查成果。

那么怎样确定调查研究的起点和重点呢？我们应该弄清楚其他人对于类似的课题已经做过哪些调查研究，搜集了哪些资料，解决了哪些问题，还有哪些问题没有解决或者没有完全解决，特别要着重了解当前与本课题相关的各种新情况和新变化是怎样的。只有弄清了这些情况，才能正确选择调查研究的起点和重点。

初步探索的第二项任务，是基本形成解决调查课题的研究假设。当我们把前人的研究成果进行了梳理，又了解了与本课题相关的新情况和新变化后，就可以根据客观实际对这些新情况、新问题做出自己的判断，形成自己解决调查课题的基本观点和看法。我们以研究假设的形式提出来，就可以作为自己调查研究的理论前提。

初步探索的第三项任务，就是研究社会指标、调查指标、调查方法和调查工作的步骤和安排。初步探索中，我们应注意了解他人是在什么条件下调查的、他们使用过哪些社会指标和调查指标、他们采用过哪些调查方法、有哪些经验和教训；特别是注意当前主客观条件发生的哪些变化，为了适应这些变化，这些指标、方法、步骤设计上应做出哪些新的考虑和安排。只有搞清这些问题，才能根据新的情况，设计出更科学、更符合实际的调查方案。

（二）进行初步调查的主要方法

1. 查阅文献

初步探索通常是从查阅文献开始的。可是现代社会各种文献浩如烟海，怎样才能筛选到高质量的参考文献呢？一般我们可以遵循以下几条衡量标准：一是考虑研究的相关性，即所选择的文献和调查课题的相关度如何；二是发表时间，相对而言，相关文献出版或发表时间越近，其参考价值越高，对于应用性研究来说尤其如此；三是作者的学术地位，相对而言，作者的学术地位越高，文献的影响力、权威性越大，可信度也越高；四是刊物的级别，一般来讲刊物的级别越高，论文的质量相对也越高。

查阅文献的目的是了解与选题相关的文献中都提出了哪些主要观点，使用的什么研究方法，遵循怎样的研究思路，研究了哪些内容。这些观点、方法、思路、内容一方面可以让调查者了解到选题相关的研究现状，另一方面也可以通过一定数量的文献查阅与总结，找出目前研究存在的局限和不足，由此找到自身研究的创新点和突破点。由此可见，通过查阅文献进行的初步探索过程，对文献的数量有一定的要求，同时还要求调查者对文献进行整理、分类、总结。整理与分类相当于“述”，总结则是“评”，“述”“评”结合会让调查者对于选题相关的研究现状有比较清晰的认识。

▶案例：

文献的“述”与“评”

一、文献的“述”

新发展格局下激活经济增长动力，重点是扩大内需，而扩大内需的关键是挖掘农村消费市场。2020 年 7 月 30 日，中央政治局会议明确指出要“加快形成以国内大循环为主体、国内国际双循环相互促进的新发展格局”。以国内大循环为主体，重在打通生产、分配、流通、消费环节，激活经济的内生动力，关键是促进居民消费，尤其是充分挖掘教育、医疗、养老、体育、托幼等服务消费，形成更多新的增长点、增长极。扩大内需的关键是开辟农村消费市场。早在1998年有学者便明确指出3亿多城镇人口的消费升级需求难以实现中国经济稳定地、持续地增长，9亿多农村人口的消费对经济增长的拉动效应将是巨大的（韩俊，1998）。林毅夫（1999）也对农村消费市场的巨大潜力给予了认可；张雯丽等（2013）也指出挖掘农村内需潜力，不仅有助于经济结构的优化，也对发展现代农业具有极强的现实意义。以促进消费为主要内容的扩大内需，是"双循环"新发展格局的重要抓手。朱信凯（2011）指出：扩大农村内需关键是开发农村消费市场潜力，这不仅是一个时代命题，更是一个放眼未来的发展命题。基于此，朱信凯等（2011）指出："启动农村消费市场已经成为拉动内需、形成良性经济循环的必要条件。"周建等（2013）更是直接指出，中国消费不足的最大短板是农村居民消费不足，在"双循环"新发展格局下，5亿多农村居民稳定增收尤为关键，扩大农村内需是增加农村居民福祉、满足城乡居民美好生活需求的关键。

虽然中国经济呈现快速增长，但是农村居民消费占居民总消费的比重快速下降，农村居民家庭消费始终处于"启而不动"的状态（王小华等，2016）。无论从理论上还是实证上，都有研究表明存在诸多因素制约着农村居民的消费情况（朱信凯等，2000；Zhang等，2004；方松海等，2011；王小华等，2020）。从理论上看，凯恩斯的"绝对收入假说"指出个人消费与自身绝对收入相关；杜森贝利的"相对收入假说"则指出，由于消费行为的示范效应，个人消费与其所处环境的相对收入有关，因此消费受消费环境影响；而莫迪利安尼的"生命周期假说"以及弗里德曼的"持久收入假说"则从动态角度考虑，认为个人会根据长期持久收入甚至自己一生做出消费决策，因此消费不仅受当下影响，也会受到更长时期乃至一生的保障情况影响。从实证上看，王小华等（2020）指出，农民收入稳定性不足、不确定性较高，城乡劳动力市场的分割等都是制约农村消费的重要因素。

二、文献的"评"

随着经济社会的发展，中国社会主要矛盾发生转变，农村居民消费结构也相应地发生变化，然而当前针对农村居民消费结构的长周期、系统性分析还较为薄弱，尤其是鲜有基于农户微观层面数据对农村居民家庭消费现状进行系统性研究，难以准确地明晰当前农村居民消费现状。针对现有研究存在的不足，本研究采用2009—2017年全国农村固定观察点微观农户数据和国家统计局相关数据，借鉴已有研究将农村居民消费结构划分为生存型消费、发展型消费和享受型消费三种，考察农村居民消费情况并与收入情况进行对比分析，厘清制约当前农村居民消费的主要因素，以期为扩大农村内需提供实践经验。

资料来源：唐博文，郭军．如何扩大农村内需：基于农村居民家庭消费的视角［J/OL］．农业经济问题：1－15. DOI：10. 13246/j. cnki. iae. 20220301. 001.

2. 咨询

咨询是初步探索的第二种方法。文献是被记录下来的过去的知识，但是许多过去的知识并没有被记录下来，并且记录在文献里的知识也不都是真实可靠的，特别是大量发生着的、变化着的事实还没有被记录下来。因此，初步探索时，绝不能埋头在故纸堆里或停留在网络上，而必须走入现实社会，向一切内行的人去征询、请教和学习。

那么向谁去咨询，又该怎样去咨询呢？咨询的对象应该尽量广泛，例如课题相关领域的专家学者、有丰富经验的实践工作者、上级机关工作人员、基层干部群众都可以是咨询对象。应尽量选择处于不同地位、持有不同观点的人咨询，力求全面了解他人对研究课题的看法或想法。为了取得良好的咨询效果，最好是事先列出一个咨询的提纲，针对要咨询的对象列出合适的问题。由于咨询对象学术成就、观察问题的视角、知识结构、价值取向、思维方式等方面存在差异，对于同一问题可能给出不同的甚至是截然相反的看法，调查者应虚心去听取这些观点，做出客观的评价和判断，不要妄加褒贬。

3. 实地考察

实地考察是进行初步探索最基本、最重要的方法。因为，查阅文献是了解过去的知识，咨询是了解别人掌握的知识，所有这些都是经过文献撰写者和受咨询者大脑剪裁或改造过的间接的东西，它们与客观现实之间总会有某些差异。初步探索要形成新的观点、提出新的建议，决不能仅仅依靠这些第二手、第三手材料，而必须深入实地做现场考察。

实地考察时应注意什么问题呢？首先，去进行实地考察的人不宜太多，但社会经济调查的领导者、组织者，特别是调查方案的设计者必须亲自参加。其次，实地考察的对象和范围不宜太广，尽可能选择那些具有代表性的地区、单位或个人作为考察重点。最后，在进行实地考察过程中，要努力把调查与研究结合起来，把提出问题和研究解决问题的方案结合起来。因为只有这样，才能逐渐形成自己的观点和研究假设，并逐步设计出自己的调查方案。

总之，查阅文献、咨询和实地考察，是进行初步探索的三种主要方法，在实际工作中，它们往往是结合使用的，并且实地考察具有特别重要的意义，它是初步探索中不可缺少的最基本的方法。

二、课题的明确化

当我们在生活中、个人经历中或研究文献中找到了感兴趣的研究课题后，拟定的选题有时会过于宽泛和笼统，甚至是某一类社会现象或社会问题。例如“我国社会中的青少年犯罪问题调查研究”，这是选题在研究的理论意义和实践意义上是没有问题的，但是其开展起来的复杂度很高，可行性也很差。主要原因就在于这是一个十分宽泛的问题，没有集中的研究焦点，从学生角度来讲，很难通过一次调查就把问题了解清楚。毕竟青少年犯罪问题包括许多的方面，比如初次犯罪的原因、群体犯罪的心理、犯罪的严重程度等。所以，有了意向性的研究目标后，还要对课题进行明确化。

调查课题的明确化，是指通过对调查课题进行某种界定，给予明确的陈述，从而使最初比较含糊的研究意向，变成某一领域的调查主题，将比较笼统、宽泛的调查主题，变成特定领域、特定现象中的特定问题。由此可知，所谓调查课题的明确化就是一个从宽泛到具体、从笼统到明确的过程，是一个逐渐“收敛化”“聚焦化”的过程。

课题明确化的具体方法包括：

（一）缩小调查问题的范围

将宽泛的问题转化为狭窄的问题，将一般性问题转化为特定的问题。一项具体的社会经济调查，通常只能选择问题领域中的某一个方面。以“我国社会中的青少年犯罪问题调查研究”为例，“我国”的范围太大，如果以此为名的话将来调查过程中的取样范围和规模必然很大，不好掌握。我们可以限制和缩小内容范围，把调查范围缩到一省或一市之内；“犯罪问题”也是一个比较宽泛的概念，包括犯罪原因、犯罪形式、犯罪心理、犯罪恶劣程度等很多方面，我们可以把它缩小到某一个具体的方面，比如具体到“犯罪原因调查”。通过以上缩小调查问题范围的操作，原来的“我国社会中的青少年犯罪问题研究”就被具体化为“××市青少年犯罪原因调查研究”。课题在调查范围方面比原有的选题要小得多，可行性也更强。

（二）清楚明确地陈述调查课题

对课题进行陈述时，一要注重问题陈述是否清楚明白，最好能运用变量的语言，采用提问的形式，如变量 A 与变量 B 之间存在什么关系，前面提到的“××市青少年犯罪原因调查研究”就可以再次转化为“家庭关系与青少年犯罪”“青少年初次犯罪的原因分析”等。

当我们选择了一项有理论意义或实践意义的社会经济调查的主题后，通过初步探索与课题明确化过程，会让选定的主题更加具有可操作性，思路也更加明晰。在此基础上进行调查方案的设计，将会让整个社会经济调查的过程更加顺利和高效。缺少初步探索和课题明确化过程，虽然不是不行，但却不是高效的，还可能会做许多无用功，甚至失去本项调查的最佳时机。

第四节　提出研究假设

在理论性或解释性的社会经济调查中，往往需要事先提出研究假设，然后通过资料收集与统计分析，对这些研究假设进行检验。

一、研究假设的含义

社会经济调查中的研究假设，是对所要研究的社会经济现象的特征以及社会经济现象之间的相互关系所做出的推测性判断或设想，是对所提出的研究问题的尝试性解答。由于是还未获得充分证据，因此需要在社会经济调查中加以检验。例如，“湿地公园游客环境行为倾向的影响因素”这一研究课题，研究者需要回答湿地公园游客积极环境行为倾向的影响因素是什么？生态教育对游客环境行为倾向产生怎样的影响？针对这些问题，研究者提出“湿地公园游客的环境知识对其环境态度有显著正向影响”“湿地公园游客环境态度对其环境行为倾向有显著正向影响”等研究假设。

是不是所有的社会经济调查都需要在准备阶段提出研究假设呢？答案是否定的。通常来讲，探索性调查的目的是了解社会领域的客观情况，并从中发现研究问题，因此通常不需要事先提出研究假设。描述性调查和大部分应用性调查，是对社会经济现象的一般状态和主要特征进行描述和概括，通常也不需要提出明确的研究假设。解释性调查和理论性调查在准备阶段必须提出研究假设。原因就在于，此类调查的目的就是寻找社会经济现象之间的因果关系，发现社会经济现象存在与发展的一般规律。

二、研究假设在社会经济调查中的作用

1. 研究假设是设计调查方案的指南

整个调查方案的设计，包括调查对象、调查内容、调查方法和调查过程等都会因为研究假设的不同而不同。以前述的“湿地公园游客环境行为倾向的影响因素”研究课题为例，假设中涉及了湿地公园游客的湿地环境知识、湿地环境态度及在湿地旅游过程中的环境行为倾向这样几个方面，那么调查对象确定了，调查内容基本也确定了，但是考虑到游客到湿地公园是为了观景、休闲、放松的，那么这个过程的感受对游客的环境行为倾向会不会产生影响呢？而游客对于湿地知识的了解情况对于他们观赏湿地景观是不是也会产生影响呢？对此，我们再提出两个假设，即“湿地公园游客环境知识对其景观感知有显著正向影响”“湿地公园游客景观感知对其环境行为倾向有显著正向影响”。这样一来，对于游客在湿地公园游玩感受的调查内容必然要设计进来。由此可见，假设的提出对于调查方案设计具有显著的指导作用。

2. 研究假设是搜集社会经济信息的向导

我们以观察为例，对于同一观察对象，假如我们脑海里秉持的研究假设不同，我们观察的侧重点就会不同，观察所获得的感性材料也会有所不同。例如，同样是观察集贸市场的发展状况，如果研究假设不同，有的人可能会重点观察前往集贸市场的人群规模和构成，有的人可能会重点观察商品的种类和结构，还有的人可能会重点观察商品交换的价格和成交规模。这些差异往往都是受研究假设的影响。

3. 研究假设是探索客观真理的桥梁

恩格斯指出：只要自然科学运用思维，它的发展形式就是假说。这一论断，对于社会经济调查来说也完全适用。因为，人们通过社会经济调查掌握的客观事实，是检验研究假设的最重要依据。在检验过程中，原有的研究假设可能被证实，也可能被证伪，在更多的情况下，是被修改、补充和完善。而这一过程使人们的认识就越来越接近客观实际，直到

最后发现真理或发展真理。这说明，在探索客观真理的道路上，研究假设是不可缺少的工具和桥梁。

提出研究假设，是社会经济调查的关键环节。从一定意义上说，此前的各项工作都是为了建立研究假设，此后的各项工作都是为了证实、证伪或修改、补充和完善研究假设。一切解释性调查和理论性调查，都应在拟订调查方案之前提出明确的研究假设，否则就不可能设计出科学的调查方案来。

三、形成研究假设的必要条件

1. 丰富的实践经验是形成研究假设的首要条件

经验从实践中来，虽然具有一定的感性成分，但它的内容是客观的，往往反映着事物的本质及其发展规律。因此，我们只要客观地认识了形成经验的具体历史条件，掌握了研究对象内在矛盾和外部条件的新情况、新变化，就有可能从过去经验中推断出具有一定客观性的研究假设来。例如，要了解大学生创业意向与哪些因素有关，调查者可以根据以往的实践经验，提出一系列的研究假设，如男性大学生的创业意向更强烈；来自大学生的家人、朋友支持程度越高，创业意向越强烈。

2. 科学的世界观、方法论和与调查课题有关的科学理论，是形成科学假设的另一必要条件

我们所具有的经验毕竟具有一定的局限性，对于探索性的、开创性的调查课题来说，还必须求助于科学理论。科学理论是对客观事物本质及其发展规律的正确反映，它对于人们正确认识新事物具有指导意义。因此，在寻求探索性、开创性调查课题的答案时，只要自觉地以科学的世界观、方法论和与调查课题相关的科学理论为指导，并努力把这些理论与实际结合起来，就有可能从现有科学原理中推导出具有一定科学性的研究假设来。例如，在研究湿地公园游客积极环境行为倾向的影响因素时，可以根据现有的计划行为理论中关于“态度影响行为”这一理论，提出“湿地公园游客的环境知识对其环境态度具有正向影响”，以及“湿地公园游客环境态度对其环境行为倾向具有正向影响”这样的研究假设。

3. 通过实地考察等方法掌握调查对象客观的实际情况，是形成科学假设的又一必要条件

调查课题之所以成为需要调查研究的课题，就在于它本身是以往经验和现有理论不能完全回答的问题，是一定时间、地点、条件下的带有某种特殊性的问题。因此，决不能仅仅在过去经验和现有理论的狭小天地里兜圈子，而必须到实践中去，通过实地考察或其他途径，掌握研究对象的特殊情况、最新信息。只要善于把过去的经验、现有的理论与实地考察的最新成果结合起来，就有可能概括出具有一定独创性的研究假设来。例如在研究湿地公园游客环境行为倾向影响因素过程中，调查者通过对湿地公园的实地考察，发现优美的湿地景观可以让人心旷神怡，那么美好的旅游体验对于游客积极环境行为是否会产生影响呢？于是，提出“游客对湿地公园景观感知对其环境行为倾向具有正向影响”这一研究假设。

4. 形成科学的研究假设还需要一定的想象力

想象是一种特殊的创造性思维活动，是人的主观能动性的突出表现。但科学的想象不是胡思乱想，而是以过去的经验、现有的理论和客观事实为依据的合乎逻辑的联想和推测。科学想象在形成具有创造性的研究假设中，特别是在寻求从未接触过的调查课题的答案中，具有特别重要的意义。仍以湿地公园游客环境行为倾向影响因素研究为例，调查者在提出“游客对湿地公园景观感知对其环境行为倾向具有正向影响”这一研究假设后，考虑到人类审美的功利性特点，设想游客在了解了湿地生态系统对于人类生产生活的重大意义后，是否会觉得景观更加优美呢？于是提出“湿地公园游客生态知识对其景观感知具有正向影响”这一研究假设。

▶案例：

“湿地公园游客环境行为倾向的影响因素”研究假设提出

国外环境行为研究早于我国，学者们从不同角度来指称这一概念，如环境责任行为、积极环境行为、具有环境意义的行为等，其基本内涵均强调个体行为对环境的危害最小化，关注环境保护问题甚至主动参与有益于环境的活动。动机理论（Motivational Theories）为人类行为研究尤其是环境行为研究提供了广泛的研究框架，如期望价值理论（Expectancy-Value-Theory，EVT）认为，个体通过评价特定目标相关的属性形成对该目标的信念，该信念统归在“态度”这一框架下，而态度是实际行为的基本决定因素。脱胎于 EVT 理论的计划行为理论（Theory of Planned Behavior，TPB）认为，一个人的行为倾向是其实际行为的重要预测因素，而行为倾向受到对该行为的知识掌握和所持态度的影响。TPB 理论广泛地应用于预测人类行为，尤其是旅游行为。

1. 环境知识、环境态度与环境行为倾向的关系

人类行为的改变主要有获取知识、产生信念及形成行为 3 个连续过程。信息策略是干预环境行为的重要策略之一。信息可以丰富行为者的知识，提高其对环境问题及其行为对环境造成危害的认识，并增加其对替代行为的了解。新的知识会导致态度的转变，并进而影响行为。总体上，信息传播很少直接导致行为改变，但对行为改变显示出明显的促动作用。如 Clem 认为，解说是建立人与场所联系的关键，环境知识可以改变环境态度。Aise 和 Betty 根据环境态度得分对旅游者进行的分组比较结果表明，两组旅游者在社会人口特征和环境行为上都存在显著差异，应针对持不同环境态度的旅游者提供相应的解说内容，以提高旅游地管理效率。文首文、吴章文及李文明以 KAP（Knowledge-Attitude-Practice）干预技术对生态教育干预成效进行了测量和评价，结果表明干预前后，旅游者的知识、意识、行为之间有显著差异，生态教育干预有实际意义和应用价值。

综观国内外既有文献，大多是对环境态度、环境行为的概括研究，而一般环境态度预测一般环境行为，特定环境态度预测特定环境行为。湿地旅游在我国仍是新兴事物，湿地生态知识与湿地环境态度是否对湿地旅游者环境行为倾向产生影响，相关研究还相对薄

弱，因此本研究提出以下假设：

假设1：湿地公园游客的湿地知识对其环境态度有显著正向影响。

假设2：湿地公园游客环境态度对其环境行为倾向有显著正向影响。

2. 环境知识、景观感知与环境行为倾向的关系

在生态旅游过程中，旅游者通过对旅游产品属性的理解和体验形成对产品的感受，积极的感受代表在产品中受益，并形成对产品的积极态度；若对产品不满意就会导致负面态度的形成。游客的综合体验影响其对生态旅游地的态度并进而影响其环境行为。旅游者对生态旅游产品属性的理解有时要借助于解说系统。如Meredith从美学视角研究了公众对干旱湿地、开放湿地与树林湿地的喜好，结果表明干旱湿地不利于公众美学欣赏，但它有自己的生态功能，管理者有必要就此向游客进行解释。René等研究了游客对鹿类栖息地林下植被的感知与偏好，结果表明人们的偏好总体上是不稳定的，在为其提供相关生态知识后，超过一半的受试者调整了他们的偏好。Kathryn和John则认为景观感知与个人环境行为倾向密切相关，对景观生态特性的深刻理解有助于人们保护行为的形成。

综合以上学者的研究，游客景观感知是基于旅游体验形成的景观态度，这种态度在接受景观相关信息传递后可能产生变化，并且对其后续的环境行为倾向产生影响。基于此，本研究提出如下假设：

假设3：湿地公园游客湿地知识对其景观感知有显著正向影响。

假设4：湿地公园游客景观感知对其环境行为倾向有显著正向影响。

根据以上文献综述及假设，本研究构建了湿地公园生态教育对游客环境行为倾向影响的概念模型，如下图所示。

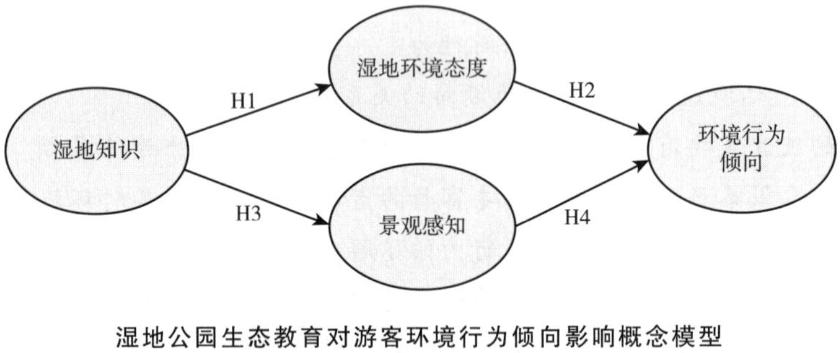

湿地公园生态教育对游客环境行为倾向影响概念模型

资料来源：夏凌云，于洪贤，王洪成，鞠永富．湿地公园生态教育对游客环境行为倾向的影响——以哈尔滨市5个湿地公园为例［J］．湿地科学，2016，14（01）：72－81.

四、研究假设的类型与表达形式

（一）研究假设的类型

假设是对某种社会经济现象的推测性说明，通常是通过对两个或两个以上概念之间的

关系来表达，因此假设的类型一般可分为：

1. 一元假设

一元假设指仅对某一个社会经济现象进行单一的判断。例如，“大学生中近视的比例超过80%”这一假设中，仅对大学生近视的比例问题进行了单一的判断。

2. 二元假设

二元假设指对一个社会经济现象与另一个社会经济现象之间的关系进行判断。例如，“个体学历越高，患近视的可能性越大”这一假设中，有“个体学历”和“近视可能性”两个社会现象，并对两者的关系进行了判断。

二元假设在社会经济调查中使用比较多。对于两个社会经济现象之间的关系判断一般有以下几种：

（1）相关关系。即如果变量X发生变化，则变量Y也随之变化，反之亦然。此时就可以说两个变量之间存在相关关系（X↔Y）。例如，“人的社会地位与人的社会声望有关”，在这个假设当中，我们无法区别社会地位与社会声望之间哪一个是自变量，哪一个是因变量，它们出现的时间也难以分辨先后，因此它们之间存在正相关关系。与此对应的，两个变量之间也可以是负相关关系。

（2）因果关系。即如果变量X发生变化，则变量Y也随之变化，但反过来则不然，此时就可以说两个变量之间存在因果关系（X↔Y），其中X称为“自变量”，Y称为“因变量”。例如，“湿地公园游客的环境态度影响其环境行为倾向”这一假设中，游客的环境态度是自变量，游客的环境行为倾向是因变量。因果关系当中的两个变量之间，其发生的先后是明显的，自变量环境态度出现在前，因变量环境行为倾向出现在后。

（3）虚无关系。即两个变量之间不存在必然联系，变量X的变化不会引起变量Y的变化，反之亦然，此时我们称两个变量之间不相关，是一种虚无关系。例如，“收入高低与是否有同情心无关”“智商高低与性别无关”，都是虚无关系。此类变量之间的关系是一种特殊的关系，也是一种有意义的关系。

3. 多元假设

多元假设指对某一社会经济现象与另外两个或更多的社会经济现象之间的关系进行判断。例如，个体患近视的原因，主要有遗传因素、读书时间过长、缺少室外锻炼等。

（二）研究假设的表达形式

1. 条件式表述

条件式表述用以说明两个变量之间的因果关系，有时也说明两个变量之间的相关关系。在说明两个变量之间的因果关系时，一般表述为：在一定条件下，如果有X，则有Y。例如，“高受教育程度倾向于低生育率”。在这里，受教育程度高是低生育率的形成条件，自变量X为受教育程度，因变量Y为生育率。

在说明两个变量之间的因果关系时，需要明确因果关系存在的三个条件：（1）两变量之间存在相关关系；（2）两变量之间的关系不是因其他因素而形成的；（3）两变量的出现在时间上具有明显的先后之分，一个变量的变化是由另一个变量的变化引发起的。

2. 差异式表述

差异式陈述的基本形式之一为：“X 与 Y 在变量 Y 上有（或无）显著差异”，其中 X 和 Y 表示某一变量的不同类别或不同的组。例如，游客来源地不同，在冰雪旅游产品满意度上的感知不同。差异式陈述的另外一种形式为：“在一定条件下，X 和 Y 之间存在差异”，例如，年龄不同的人，生活方式也不同，在这里，自变量 X 为年龄，因变量 Y 为生活方式。

3. 函数式表述

在一定条件下，随着 X 的改变，Y 将作某种方式的变化。例如，“小学生在利用多媒体教学软件进行学习时，随着学习时间的增加，学生的注意保持率将逐渐下降。”在这项假设中，自变量 X 为“使用软件进行学习的时间”，因变量 Y 为“学生在学习中的注意保持率”。

当然，在调查研究有，我们很少用数学公式去表示两个事实之间的关系，通常是以“本调查的目的在于探讨 X 与 Y 之间的关系”这样的说法来代替。

五、研究假设表达的要求

1. 科学性

尽管假设是有待验证的猜测，但这并不意味着可以毫无事实根据地推测和主观臆断。假设的提出要有一定的科学依据，建立在明确的概念、已有的科学理论和科学事实的基础上。

2. 解释性

假设应当对调查对象做出初步解释，说明现象之间的因果关系。尽管调查对象内部关系可能十分复杂，但作为研究假设，必须对现象间的因果关系做出明确解释。

3. 清晰性

假设的语言必须明晰，不能含混不清，模棱两可。它既要明确表达研究者对有关问题的假定性判断，又要使别人清楚地知道调查所要回答的问题的内容和性质。

4. 可检验性

提出的研究假设必须是可以检验的，也就是说，必须是既可以证实，又可以证伪的，而不能是一个无法检验的胡乱设想或推测。

关键概念

理论性课题　应用性课题　委托性课题　招标性课题　研究假设

复习思考题

1. 一项社会经济调查一般要经过哪几个阶段？你能概括出每一阶段的主要活动内容吗？

2. 社会经济调查的选题有哪些意义？对于“好的选题等于成功了一半”，你是怎么理解的？

3. 社会经济调查的选题来源都有哪些？

4. 在社会经济调查选题过程中应遵循哪些原则？如果对这些原则排序，你认为应如何排序？

5. 社会经济调查的初步探索要完成哪些基本任务，如果不进行初步探索直接开展调查，可能引发哪些后果？

6. 课题的明确化可以采取哪些方法？请举例说明。

7. 是否所有的调查类型都需要提出研究假设？请就“大学生就业倾向影响因素研究”提出三个以上的研究假设。

8. 研究假设的表达要达到哪些要求？

第三章　社会经济调查主要类型

学习目标

□ 理解社会经济调查的一般分类
□ 掌握普遍调查的涵义、优点及局限性
□ 掌握典型调查、重点调查和个案调查的内涵
□ 掌握抽样调查的特点和一般程序
□ 理解非随机抽样与随机抽样的常用方法

☞ 引例

第七次全国人口普查工作流程

人口是社会生产方式、社会生活和社会生产行为的主体，也是经济社会发展的基础。我们推动经济社会发展，其出发点和落脚点也是人。人口状况是一个国家最基本的国情。完整、详尽的人口信息，是规划好经济社会发展、满足人民日益增长的美好生活需要、实现“两个一百年”奋斗目标最重要的资源和保障。第七次全国人口普查，就是在日新月异的发展变化背景下对人口基本国情国力信息的及时采集。它将为完善人口发展战略、促进人口长期均衡发展、制定国民经济和社会发展规划，提供最全面、准确和科学的统计信息支持。

此次全国人口普查工作主要通过六个步骤完成：

一是准备工作（2020 年 6 月—10 月 10 日），包括四项内容：区划绘图、收集整理部分行政记录备考规划、配发普查物资备考规划、熟悉电子采集设备使用。

二是摸底工作（2020 年 10 月 11 日—10 月 31 日），包括三项内容：打印普查小区底图（实地勘察地接，确定区域范围→核实建筑物新增、删除与修改→标注住房单元数量居住用、非居住用、全部住房单元数、有人居住住房单元数）、入户编制“户主姓名底册”（发放“一封信”→编辑建筑物名称、地址、用途、住房单元数等→普查员按顺序新增住房单元，填写住房单元地址、编号自动生成，并在住房单元内录入户主姓名底册→打印“户主姓名底册”→复查议查）、询问住户是否自主填报（是，提供账号信息、二维码、自主填报码和初始密码；否，入户询问，当场填报）。

三是登记工作（2020 年 11 月 1 日—11 月 30 日），包括三项内容：佩戴普查证件及携带部门行政记录资料（按照事先计划的登记时间和顺序入户询问，当场填报）、生成短表（由普查员完成住户项目、个人项目及港澳台居民或外籍人员普查表，登记年度内发生死亡数，填写死亡人口调查表，检查核实无误→普查对象签字→联网实时上报）、生成长表（由普查指导员完成国家统一按普查区抽取 10% 短表登记户，再次入户，当场直接带入询问，当场填报不可自主填报→短表中相同住户、个人项目由短表直接代入并确认；其他项目住房、生育就业等当场填报→审核签字上报）。

四是比对复查工作（2020 年 11 月 16 日—12 月 10 日），包括三项内容：比对反馈数据（现有人口错填漏报内部逻辑问题→出生人口错填漏报低龄人口问题→户籍人口错填漏报）；现场核查数据（内部逻辑比对问题：包括户籍地核查和居住地核查。户籍人口漏报错填问题：错填，直接反馈；漏报，通过户籍地核查和居住地核查，反馈至县级、县级线下分解至普查员；低龄人口漏报错填问题，直接反馈）和大数据筛查。

五是质量控制工作（2020—2022 年），包括三项内容：现场检查阶段（普查区域划分及绘图→部门数据整理→两员选聘及培训→普查摸底→登记复查阶段→事后质量抽查阶段→行职业编码阶段→普查数据汇总→普查数据评估与发布→普查资料开发→普查总结）；数据审核摸底以及登记复查阶段（途径是行政记录比对和平台；方法是发现问题返回核实并据实修改；内容是大数据审核及行为分析）；现场验收（摸底阶段→登记阶段→编码阶段）。

六是现场验收（2020 年 10 月 28 日—2021 年 1 月 5 日），包括三项内容：摸底阶段（无须入户，利用部门行政记录→准备资料→现场抽查→计算差错→确认结果→上报结果）；登记阶段（发放资料→现场抽查→输出结果→确认结果→上报结果）；编码阶段（重新编码→输出结果→确认结果，双方签字，现场确认验收结果）。

资料来源：根据国家统计局《第七次全国人口普查方案（摘要）》整理。

案例思考：上述调查属于社会经济调查的哪种类型？尝试评价一下此种调查方法。如果未来你参与了类似调查工作，需要掌握哪些调查技巧？

第一节　社会经济调查的一般分类

在社会研究中，调查研究是最常用的方法，适合调查研究的对象五花八门，与此相对应，调查研究的形式也是多种多样的。为了在调查时能正确选择满足对象要求的调查形式，有必要依据一些标准，对当下流行的各种调查形式加以分类。

我们要设计一个调查方案，首先要明确这项调查属于哪一类型。广义的社会经济调查可以分为“走马观花”和“下马看花”两大类。“走马观花”原意是指骑在马上看花，比喻对事物做粗浅大略的观察。这种调查简便易行，费时不多，能够了解到许多真实的情况，增加感性认识，有时还可以发现问题、提出问题。但走马观花时，如果缰绳掌握在别人手里，被别人引导着看别人想让你看的，或者“坐在车子里转转，隔着玻璃看看”，那么最多只能看到一些表面现象，而且往往带有一些偶然性和片面性，甚至看到一些虚假的现象。毛泽东曾说过："大略的调查和研究可以发现问题，提出问题，但是还不能解决问题。要解决问题，还须作系统的、周密的调查工作和研究工作。"而这一类调查研究工作，就是"下马看花"。我们本节所做的社会经济调查分类以及后面章节中讲述的所有调查方法，都是就"下马看花"式的狭义的调查而言的。

按照不同的标准，我们可以把社会经济调查做出如下的分类：

一、按调查范围分类

社会经济调查按范围可以分为全面调查和非全面调查。

（一）全面调查

全面调查也称为"普遍调查"，指对调查对象总体全部单位无一例外逐个进行调查。各种普查和多数定期统计报表都属于全面调查。例如要掌握全国人口总数及构成情况，就需要对全国每一户居民进行调查；新型冠状病毒肺炎肆虐形势下，为坚决阻断疫情传播，应检尽检、不漏一户、不漏一人的全民核酸检测也属于全面调查。全面调查需要耗费较多的人力、物力、财力和时间，因此通常只用来反映最基本最重要的社会经济现象资料。因此，调查内容不宜太多，一般应限于必须掌握的、能够为编制与检查国民经济和社会发展计划所必需的全社会的基本情况的指标。全面调查这种方法所得资料较为全面可靠，但鉴于其调查花费的人力、物力、财力较多，且调查时间较长，在一般的企业调查中不太适合。全面调查只在产品销售范围很窄或用户很少的情况下可以采用；对品种多、产量大、销售范围广的产品，就不适用全面调查。

（二）非全面调查

非全面调查，是指对调查对象总体中的一部分进行的调查。这种调查方式所涉及的调查单位少，可以节省人力、物力和财力，缩短调查期限，调查到较多的内容，搜集到较深入、细致的情况和资料，从而能提高统计资料的时效性。通过非全面调查可以了解客观事物的详细情况及其发展变化的原因。但由于它未包括总体范围内的全部单位，因此常常需要与全面调查结合起来运用。例如典型调查、重点调查、个案调查、抽样调查等都属于非全面调查。

1. 典型调查

典型调查是指根据调查目的和要求，在对调查对象进行初步分析的基础上，有意识地选取少量具有代表性的典型单位进行深入细致的调查研究，借以认识同类事物的发展变化规律及本质的一种非全面调查。该种调查法较为细致，适用于对新情况、新问题的调研。采用典型调查法时须注意所选的对象要具有代表性，能够集中有力地体现问题和情况的主要方面。典型调查法具有省时、省力的优点，但也有不够准确的缺点。典型调查一般用于调查样本太大，而调查者又对总体情况比较了解，同时又能比较准确地选择有代表性对象的情况。

2. 个案调查

个案调查是指选择某一具体调查对象，就某种社会现象或问题对其进行深入调查研究，以求解释现象，探明原因，解决问题。个案调查能深入细致地研究调查对象，有利于具体问题的解决，但个案调查一般需要花费较长的时间，投入较大的精力，调查结论也不一定有广泛的适用性。但是在医学领域对于有些特殊病例，特别是原因不明的病例，有时虽然只是一两例，往往需要进行个案调查，调查特殊病例发病的“来龙去脉”，从而采取紧急措施，防止或减少类似病例的发生。例如 1859 年冬，德国医生 Zenker 诊治了一位“伤寒”病人，该患者 20 岁、女性，旅馆服务员，圣诞节发病，元旦即卧病不起，1 月 20 日到医院就诊，一周后不治身亡。尸检时 Zenker 在病人的肌肉里发现许多旋毛虫，他即到该女服务员工作的旅馆调查，发现该旅店老板娘几乎与女服务员同时发病。详细询问得知，1859 年 12 月 21 日该店曾宰杀过一头猪。Zenker 从剩下的猪肉取样检查，发现许多旋毛虫囊。进一步调查发现，旅馆老板和屠宰者后来也发生了同样的疾病。这样，Zenker 从一个病例的调查开始，通过其流行病学实践，首先发现了人是怎样感染上旋毛虫的，为医学做出了贡献。

3. 抽样调查

抽样调查是指从全部调查研究对象中，根据随机的原则从总体中抽取部分实际数据进行调查，并运用概率估计方法，根据样本数据推算总体相应的数量指标的一种调查方法。抽样调查虽然是非全面调查，但它的目的却在于取得反映总体情况的信息资料，因而，也可起到全面调查的作用。

二、按调查内容分类

社会经济调查按内容可以分为政治性调查、行政性调查、学术性调查和应用调查等。更具体些，例如经济调查、教育调查、心理调查、犯罪调查、就业与失业调查、生活状况调查等。

例如，中国教育追踪调查（CEPS）是由中国人民大学中国调查与数据中心（NSRC）设计与实施的大型追踪调查项目，在全国范围内抽取 112 所学校、438 个班级、约 2 万名学生作为调查样本，调查对象包括学生、家长、教师及校领导。CEPS 以问卷调查为主要手段，对全体被调查学生及其家长或监护人、班主任老师、主课任课老师以及学校负责人进行问卷调查。问卷的内容包括：学生的基本信息、户籍与流动、成长经历、身心健康、亲子互动、在校学习、课外活动、与老师/同学的关系、社会行为发展、教育期望，家庭成员基本信息、家长的基本信息、生活习惯、亲子互动、家庭教育环境、家庭教育投入、社区环境、对学校教育的看法、与老师的互动、对孩子的教育期望，班主任老师对学生行为的评价、与学生家长的互动、对本地与外地户籍学生的比较，包括班主任在内的任课老师的个人基本信息、教育理念、日常教学工作、工作压力与满意度，学校负责人基本信息、教育理念，学校的基本信息、教学设施、招生入学、在校师生情况以及日常教学管理等。CEPS 旨在揭示家庭、学校、社区以及宏观社会结构对于个人教育产出的影响，并进一步探究教育产出在个人生命历程中发生作用的过程，为相关学术研究及政策制定提供具有全国代表性的多层次基础数据支持。

三、按调查范式分类

社会经济调查按调查范式可以分为定量研究、定性研究、定量与定性相结合的研究三个类型。

定量研究也称量化研究，是社会科学领域的一种基本研究范式，也是科学研究的重要步骤和方法之一。定量研究是对事物“量”的属性进行的研究，就是将问题与现象用数量来表示，进而去分析、考察、解释，从而获得意义的研究方法和过程。定量，就是以数字化符号为基础去测量。定量研究通过对研究对象的特征按某种标准做“量”的比较来测定对象特征数值，或求出某些因素间的量的变化规律。在社会经济调查中，统计调查例如普遍调查、抽样调查都属于定量研究范式。

定性研究是与定量研究相对的概念，也称质化研究，是对事物的“质”的属性进行探寻。定性研究通过发掘问题、理解事件现象、分析人类的行为与观点以及回答提问来获取调研成果。实地调查例如通过观察、座谈、非结构式访谈等方法收集资料的调查则属于定性研究范式。

定量研究和定性研究各有其优势和不足，因此在实践中应视情况正确使用，将定量分析与定性分析相结合是非常必要的。

四、按调查目的分类

社会经济调查按照调查目的，可以分为描述性调查、解释性调查和探索性调查。

（一）描述性调查

描述性调查是一类应用范围比较广泛的调查，这类调查是为了探明并客观地、准确地描述社会已发生的现象，回答所发生的社会经济现象“是什么”的一类调查。这类调查不仅要提供有关现实的资料，而且要通过对现象的属性及各类相关事物的相互关系的分析，发现一些新现象和新问题。

▶案例：

艾滋病患者的社会支持状况研究

一、调查摘要

1. 调查项目类型：以描述性为主的调查。

2. 调查对象：湖北省××市36位艾滋病患者和有关机构。

3. 调研时间：2005年6月至2006年12月。

4. 抽样方式：由于本研究的特殊性和敏感性，采用非随机的滚雪球方式选择调查对象。

5. 调查方法：以深度访谈为主，结合使用文献调查法、集体访谈法和实地观察法。

6. 研究方法：质性研究的互动模式和类属分析法。

7. 信度检验：三角测量、参与者检验和收集原始资料等方法。

8. 调研结论：只提供描述性陈述、分析和对策性建议，不强求赋予它具有普遍意义。

二、调查重点

1. 调查意义：直接的、狭义的意义和间接的、广义的意义。

2. 访谈提纲：内容简繁、线条粗细、访谈的重点和结构等。

3. 调查方法：深度访谈与实地观察的结合。

4. 调查报告：调查报告与访谈提纲的关系、调查报告不同部分论述层次的关系，以及论点与论据的关系。

5. 社会支持：内涵和外延，理论和应用。

三、探讨问题

1. 滚雪球选样方式的利弊和适用范围。

2. 如何起草访谈提纲？应该注意哪些问题？

3. 怎样进行深度访谈？

4. 如何撰写调查报告？应该注意什么问题？

5. 怎样认识社会支持的本质及其规律？

资料来源：水延凯．社会调查案例教程［M］．4版．北京：中国人民大学出版社，2008.

（二）解释性调查

解释性调查是为了进一步对社会现象产生的原因、机制和过程做出解释或说明而进行的调查。它所要回答的是“为什么”和“怎么样”的问题，也就是说，它要对某种社会经济现象的发生、发展和变化的原因做出解释。因此，这类调查不仅需要通过问卷对数据进行定量分析，建立因果关系模型，而且要运用定性研究方法，探索引起事物变化的内因和外因。这类调查在社会科学研究中也得到了比较广泛的应用。

▶案例：

个人所得税调查

调查背景：

十届全国人大常委会第三十一次会议表决通过了关于修改个人所得税法的决定。根据决定，2008年3月1日起，我国个税起征点上调至2000元/月。在2008年两会即将召开之际，针对此话题，和讯网委托专业公众调研机构锐智阳光咨询公司进行了针对京沪穗三地市民的问卷调查。

调查技术说明：

调查时间：2008 年 2 月 20 日—2 月 23 日

调查方法：整群抽样街头拦截式访问

调查对象：北京、上海、广州三地市民，年龄 18 ~ 65 岁，性别配额 1∶1

调查样本：643 个

调查统筹：贺永强　易佳

调查结果：

1. 43.6% 的受访者认为个税起征点提高到 2000 元不合理

调查显示：京沪穗三地 43.6% 的受访者认为个税起征点提高到 2000 元仍然是“一刀切”，不合理，三地中持此种观点的人群在北京所占比例最高（51.3%），上海和广州受访者中持此种看法的人群所占比例都在四成左右，具体比例分别为 39.5% 和 40.8%。而认为“个税起征点提高到 2000 元合理”的受访者比例达到 56.4%。

2. 38.2% 的受访者认为个人所得税起征点应该再次提高

调查显示：京沪穗三地 38.2% 的受访者认为个税起征点应再次提高，三地中持此种观点的人群在北京所占比例最高（47.5%），上海受访者中持此种看法的人群也有 43.2%，广州受访者持这种看法的人相对较少（26.5%）。45.2% 的受访者认为“不用提，现在我刚好不用交”，16.6% 的受访者对此表示无所谓。

3. 40.5% 的受访者认为个人所得税起征点在 3000 元最合适

三地调查显示，四成（40.5%）的受访者认为个人所得税起征点在 3000 元最合适，其中一半的北京受访者持此种观点。38.2% 的受访者认为个人所得税起征点在 2000 元最合适，持此种观点比例最高的人群是上海的受访者，达到 44.4%，18.9% 的受访者认为个人所得税起征点在 5000 元最合适，三地中持此种观点的人群在广州所占比例最高（26.5%）。

4. 38.6% 的受访者认为个人所得税应该按工资数额来征收

调查显示：京沪穗三地 38.6% 的受访者认为个人所得税应该按工资数额来征收，其中广州受访者持此种观点的比例最高（48.0%），北京、上海持这种观点的受访者比例相对较少，分别为 36.3% 和 29.6%。三地受访者中 29.3% 的群体认为个人所得税应该按物价涨跌征收，18.9% 的受访者认为应该按地域不同有所区分地征收，13.1% 的受访者认为应该按家庭人数和工资总数征收个人所得税。

5. 62.9% 的受访者认为现在税负不重

调查显示：京沪穗三地 62.9% 的受访者认为现在的税负不重，三地中持此种观点的人群在广州所占比例最高（78.6%），上海受访者中持此种看法的人群所占比例也高达 64.2%；在北京，这类人群没有达到半数（42.5%），而认为税负“有些重，影响了我的生活质量”的受访者比例达到 57.5%。

6. 50.8%的受访者赞同炒股、炒基金交税

问及是否赞同炒股、炒基金应该交税时，调查表明：京沪穗三地受访者赞同应该交税的比例刚好超过半数（50.8%），三地比例分别是：北京（32.9%）、上海（40.7%）、广州（73.5%）。总体上有33.7%的受访者不赞成交税，这类人群在上海所占比例最高（51.9%）而广州最低（7.1%），北京的比例为48.1%。此外，有15.5%的人对此没有明确表态。

7. 30.5%的受访者认为开征资本利得税将对个人炒股带来影响

“如果国家对基金股票开征资本利得税，对您炒股会有影响吗?”调查显示：三地有约三成人（30.5%）认为此举会对自己带来影响，三地持这种看法的人群比例比较接近。认为不会对自己造成影响的比例只有22.4%，27.4%因为没有炒股或炒基金而表达了无所谓的态度，有接近两成（19.7%）受访者表示“看情况，如果税负对受益影响较大就退出”。

8. 41.3%的受访者认为股票转让所得须申报是开征资本利得税的先兆

2008年1月1日起，年所得12万元以上的纳税人，在自行纳税申报时，除了要申报总体的财产转让所得，还须分别申报其中的股票转让所得和个人房屋转让所得。这是否是开征资本利得税的先兆呢？调查显示：京沪穗三地41.3%的受访者做了肯定的回答，北京和上海持这种看法的人群比例较为接近，分别是43.8%和43.2%，广州的比例略低（37.8%）；三地受访者认为这不是开征资本利得税的先兆的比例只有11.6%，另有比例高达47.1%的人对此不置可否。

9. 54.8%的受访者支持年收入超12万元主动申报股票转让所得

“如果您的年所得在12万元以上，您会主动申报股票转让所得吗?”调查显示：超过半数（54.8%）受访者表示自己会主动申报，三地中以广州态度积极的受访者比例最高，达到60.2%，而上海较低（46.9%），北京这一人群比例也高达56.3%。三地同样也有33.2%的人表示不会主动申报，京沪穗三地分别有42.5%、48.1%和13.3%持这种态度，另外有12.0%表示会在“有严重惩罚或税务部门找上门来时再去申报”。

资料来源：http：//news. hexun. com/2008/diaochageshui/.

（三）探索性调查

探索性调查是为了进一步推测社会现象的发展趋势而做的调查，它所要回答的问题是“将会怎样”，具有预测的性质。但同时，探索性调查有时也用在调查的最初阶段，对于抽样调查，为了设计一份高质量的调查问卷，往往在问卷设计过程中要进行探索性调查。

▶案例：

2008—2010年西部园丁项目调查评估

行业名称：公益项目调查。

调查目的：通过对西部园丁项目的目标受众的研究，对西部园丁项目的优势、实施效

果、社会影响力进行判定和评价；检查西部园丁项目的执行质量，找出实施过程中遇到的困难和问题，探寻项目的局限点和可改进之处。

调查方法：

1. 深度访谈和焦点小组座谈会，深入挖掘西部5省区15个学校的校长和教师受训情况和效果；

2. 通过CATI电话访问和邮寄自填问卷两种方式，采用半结构式问卷，对632位受训教师和校长进行访问。

调查成果展示：本次调查评估采用柯克帕特里克四级别培训评估方法，对西部园丁项目的实施过程及效果进行了调查评估。调查评估结果显示，西部园丁项目是一项针对西部乡村教师的特色专业培训项目，满足了西部乡村教育者对教育新理念新方法的追求，提升了西部乡村实际教育水平，在一定范围内提升了区域教育水平的发展。

资料来源：根据百度文库资料整理，https：//wenku. baidu. com/.

尽管人们按照目的对将社会经济调查分为以上三类，但实际上大部分调查都包含了这三个目的，只是侧重点不同而已。例如，要进行一项我国内地居民奢侈品消费问题的调查，不仅要描述单位时间内居民购买奢侈品的种类、数量、购买途径以及花费的额度等客观问题，还可能要分析比较不同人群对于奢侈品消费的态度，未来奢侈品消费的趋势等问题。

五、按调查方法分类

社会经济调查按调查方法分类，可以分为直接调查与间接调查（见表3-1）。

直接调查，是指调查者与被调查者直接接触的调查。例如，采用实地观察法、口头访问法等进行的调查（见表3-1）。

间接调查法，是指调查者通过某种中介对调查者进行的调查，例如文献调查法，通过电话、通信、网络等方式进行的问卷调查法，都属于间接调查法。

表3-1 社会经济调查方法分类

分类标准	调查方法
调查范围	全面调查；非全面调查（典型调查、重点调查、个案调查、抽样调查）
调查内容	政治调查、行政调查、学术性调查、应用调查
调查范式	定量调查、定性调查、定量与定性相结合调查
调查目的	描述性调查、解释性调查、探索性调查
调查方法	直接调查（实地观察、口头访问）；间接调查（文献调查、电话调查、通信调查、网络调查）

第二节　普遍调查

一、普遍调查的概念和意义

普遍调查简称普查，是指对调查对象总体的全部单位无一例外地逐个进行的调查。传统的普查有两种方式，第一种是填报表，由上级制定普查表，由下级根据已经掌握的资料填报，例如国家各系统、企业各部门实施的月报、季报或年报。第二种是直接登记，组织普查机构和人员，对调查对象的全部单位直接登记，如人口普查、土地普查等。进入大数据时代，出现了一种新的普查方式，即以身份证、信用卡、医保卡以及各种电子档案、电子记录为调查对象进行的普查。

普查有什么重要意义呢？从国家层面上来说，普查是对某些重大国情国力进行的调查。我国目前保留下来的全国普查有三项，分别是人口普查、经济普查和农业普查。这些普查对正确认识国情，规划经济社会发展，应对环境变化，搞好社会管理具有重要意义。例如，我们国家历次的人口普查得出的人口数据，都是中国发展历史上重要的资料，为当时的相关决策提供了科学依据（见图 3－1）。

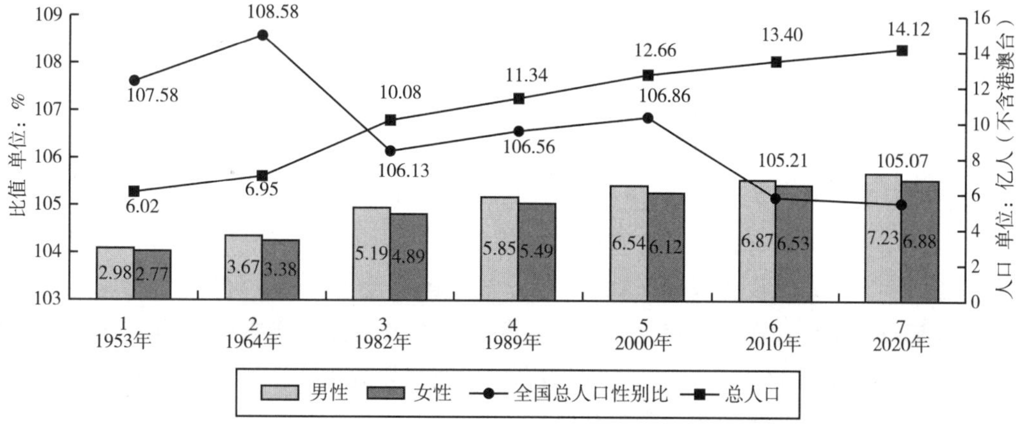

图 3－1　我国历次人口普查统计数据比较

从一个区域、一个行业或一个单位层面上来说，普查则是正确认识本区域、本行业、本单位基本情况，科学规划未来的一项基础性工作。

二、普查原则

1. 普查项目必须简明

由于普查人员多，调查对象广，组织工作异常复杂，为了保证调查的准确性及便于统计分析，调查项目必须简明。我们2010年所进行的第六次人口普查，尽管比以往在项目上有所增加，但也主要调查人口和住户的基本情况，内容仅包括性别、年龄、民族、受教育程度、行业、职业、迁移流动、社会保障、婚姻生育、死亡、住房情况等。

2. 普查时间必须统一

为了保证普查结果的准确性，调查时间必须统一。例如，全国第三次经济普查规定，普查标准时间为2013年12月31日，普查时期资料为2013年年度资料；第六次人口普查以2010年11月1日0时为标准时间，出生人数则为从2009年11月1日0点到2010年10月31日24点之间出生的人数（见图3－2）。

图3－2 人口普查标准时点

3. 普查现场登记时间必须恰当

普查现场登记时间，一般应选在普查对象流动较少和便于现场登记的时间。例如，全国人口普查原来选择在7月上旬进行现场登记，因为这半个月人口流动相对较小，普查工作安排上也是上半年进行普查人员培训等准备工作，下半年进行统计、汇总，年底就可以公布普查结果。但是几次普查后，发现7月上旬全国多数地区处于防汛、抗洪救灾的紧张时期，现场登记工作往往受到很大冲击。后来，经专家论证，从2000年第五次人口普查起，将普查时间改为11月上旬进行。因为，这时全国多数地区秋高气爽，自然灾害不多，人口流动相对较少，是现场登记的最佳时间。

4. 普查现场登记应尽快完成，否则容易造成巨大的误差

例如，2012年，全国平均每天出生4.47万人，死亡2.64万人，人口普查时间相差一天，就有可能造成1.83万人的误差。因此，第六次人口普查从2010年11月1日开始到11月10日结束，总计用了10天时间，这样短时间内登记了13.4亿人口，背后是现场调查前的大量准备工作，为的就是尽快完成普查任务，减少误差。

5. 普查尽可能按周期进行

因为只有按一定周期普查，才便于对历次普查资料进行对比研究，才有利于发现有关社会现象的发展趋势及规律。

以人口普查为例，我国第六次人口普查数据显示，全国总人口为1339724852人，与2000年第五次人口普查相比，10年增加7390万人，增长5.84%，年平均增长0.57%；与1990—2000年的年平均增长率1.07%相比，下降了0.5个百分点。数据表明，我国人口增长处于低生育水平阶段。2016年1月1日起，我国全面放开二孩政策正式施行，这10年中人口增长率又会是什么样的变化呢？只有通过再一次的人口普查才能得出相对准确的数据。2020年的第七次人口普查数据显示，我国总人口为141178万人，与2010年（第六次全国人口普查数据）的133972万人相比，增加7206万人，增长5.38%，年平均增长率为0.53%，比2000年到2010年的年平均增长率0.57%下降0.04个百分点。数据表明，我国人口10年来继续保持低速增长态势。此次人口普查具有多方面的特殊意义：首先，新冠肺炎疫情引发国民对于共同命运的一致关注，而人口结构的变化直接影响公众对于我国长期发展的信心；其次，我国在过去10年中颁布全面放开二孩、放宽城市落户等多项人口政策，适时进行政策评估有助于回答人口政策的未来走向，翔实准确的人口数据也是其他政府部门配置教育、医疗、交通等公共资源的决策依据；更为重要的是，人口资源是我国实施人才强国、乡村振兴、区域协调发展等国家战略的基石，是民族生生不息的命脉。在第七次人口普查结果发布的20天后，2021年5月31日中共中央政治局会议表示，中国将实施一对夫妻可以生育三个子女政策及配套支持措施。

关于人口普查周期问题，国务院规定，我国人口普查每10年进行一次，在逢10的整年年份中进行。联合国也建议各国在逢10的整年或接近整年进行普查，目的就在于方便在世界范围内对各国人口变化情况进行横向对比研究和纵横交错对比研究。

三、普查的优点和局限性

普查的最大优点是调查资料的全面性和准确性。因为，普查是对全部调查对象逐个进行的调查，与其他类型的调查比较起来，它所搜集的资料最全面，误差最小，精确度最高。因此，普查是了解国情、省情、市情、县情最重要的方法。

普查的局限主要表现在两个方面：一是工作量大、花费大，组织工作复杂，时效性差。例如2010年第六次人口普查，动用普查员600万人，全国所用经费大约80亿元，直到2011年4月底才公布主要数据。二是调查内容有限，只能调查一些最基本、最重要的项目，很难对有关问题进行深入研究。因此，普查的应用范围比较狭窄，适应性较小，它只适用于某些全局性的基本情况。

知识窗

中国普查制度的变化

为了适应经济社会发展的需要，1994年国务院批准建立了5项国家普查项目，其中人口、农业、工业和第三产业每10年普查一次，分别在逢0、3、5、7的年份实施；基本单位每5年普查一次，分别在逢1、6的年份实施。这些普查取得了很大成绩，一是摸清了“家底”，深化了对国情国力的认识；二是掌握了丰富资料，为科学决策提供了重要依据；三是为把提高国民经济核算质量、改革统计调查体系、与国际统计规则接轨奠定了坚实的基础。

但是，普查中也暴露出一些问题：一是普查项目过多，10年内6次普查，给基层造成较重负担；二是普查周期与国家编制的中长期规划脱节，无法提供同一时期的可比性数据；三是普查项目不全面，没有包括建筑业；四是普查立法滞后，组织实施难度越来越大。

2003年，国务院调整了国家普查的项目和周期，调整后的普查减为3项：

一是人口普查，普查对象是在中国境内居住的全部自然人。2010年11月第六次人口普查，是调整后的第一次人口普查，普查内容包括性别、年龄、民族、受教育程度、行业、职业、迁移流动、社会保障、婚姻、生育、死亡、住房等，普查标准时点是2010年11月1日0点。今后，每10年普查一次，在逢0的年份实施。

二是经济普查。普查对象是在中国境内从事第二、三产业的全部法人单位、产业活动单位和个体经营户。2005年开展了第一次全国经济普查，普查内容是单位的基本属性、从业人员、财务状况、生产经营情况、生产能力、原材料和能源消耗、科技活动等，普查标准时点是2004年12月31日，时期为2004年度。2009年开展了第二次全国经济普查。今后，每10年普查两次，分别在逢3、8的年份实施。

三是农业普查。普查对象是中国境内从事第一产业活动的单位和农户。1997年、2007年进行了两次。2007年农业普查的内容：(1) 从事第一产业活动单位和农户的生产经营情况；(2) 乡（镇）、村委会及社区环境；(3) 农业土地利用；(4) 农业和农村固定资产投资；(5) 农村劳动力比例及流动情况；(6) 农民生活质量。普查标准时点是2006年12月31日，时期为2005年度，今后，每10年普查一次，在逢6的年份实施。

这次调整，是国家普查制度的重大改革，它对于推进统计调查体系和国民经济核算的综合配套改革，对于制定国民经济和社会发展的科学规划，具有重大意义。

资料来源：国家统计局，国家发改委，财政部．关于调整国家普查项目和周期安排的通知［Z］．（国统字［2003］44号），2003-08-11，根据水延凯．社会调查教程［M］．6版．有改动．

第三节 典型调查、重点调查与个案调查

一、典型调查

1. 典型调查的含义

典型调查是指根据调查研究的目的和要求，在对所要了解的社会经济现象或问题有了总体的初步认识、划分类别基础上，有意识地选择一些有代表性的典型单位（个人、团

体、组织、社区、事件等)，进行深入细致的调查，由此及彼地认识同类社会经济现象的本质及发展规律，并总结出有价值的经验或教训的一种调查研究方法。

典型单位是指对所研究的同类事物具有代表性的单位，即最能体现同类事物的本质属性或特征的单位。典型调查虽选取单位不能排除主观性，推断总体只能是近似值，但选取单位数量少、取得资料快、调查效率高，特别适用于了解新情况、解决新问题的调查。

客观事物总是处于普遍联系之中，任何事物都是个性与共性、个别与一般的统一。人类对客观事物的认识可以从认识个别的特殊事物开始，然后逐步地扩大到认识一般事物。典型调查认识和研究社会现象遵循了这一原则。

2. 典型调查的特点

(1) 典型调查是选择同类事物中有代表性的单位作为调查对象，因此典型调查中的典型单位是有意识地选取的。

(2) 典型调查主要是定性调查。

(3) 典型调查的方式是面对面的直接调查。

(4) 典型调查比较灵活方便。

3. 典型调查的步骤

典型调查的一般步骤如下:

(1) 确定调查题目。

(2) 一般性了解。

(3) 选择调查对象。

(4) 进点调查。

(5) 整理分析资料。

(6) 撰写调查报告。

4. 选择典型的原则

(1) 准确性原则。即选择典型，一定要对所要了解的客观现象有个大略的调查分析，从中找出具有普遍指导意义的典型来作为进一步调查的基础。

(2) 目的性原则，即根据调查的目的来选择典型。

(3) 代表性原则，即选择典型要考虑被调查事物本身的特点，注意典型的代表性。必须着眼于全局，从“森林”中找出“树木”，找出那些具有代表性的个别事物，并不是任何个别事物都可以作为典型的。

5. 选择典型的方法

(1) 择优选点，也称择高选点。它是以总结先进经验为主要目的，其做法是选择先进个人、单位或地区为典型。

(2) 择平选点，也称择中选点。它以了解一般情况为主要目的，其做法是选择反映同类事物一般水平的个人、单位或地区为典型。

(3) 择劣选点，也称择低选点。它以总结教训和寻找原因为主要目的，其做法是选择那些后进或落后的个人、单位或地区为典型。

6. 典型调查中应注意的问题

（1）要正确选择典型。选择典型调查对象时，应注意选择具有代表性的对象。那么什么样的调查对象最具有代表性呢？有人认为，越突出、越奇特也就越典型，其实这是不正确的。事实上，越突出、越奇特的事物，代表性越小；相反，越是平凡、普通的事物，代表性越高，典型性越强。

（2）要把调查与研究结合起来。典型调查多是定性调查，不仅要全面了解调查对象各方面的情况，还要研究造成有关现象的原因，揭示事物的本质及其发展规律，探索解决问题的途径和方法。因此，典型调查不能仅满足于搜集社会经济信息，而且必须加强对所搜集信息的整理和分析，努力把调查和研究结合起来，把认识问题和探索解决问题的方法结合起来。

（3）要慎重对待典型调查的结论。典型虽是同类事物中具有代表性的单位，但它毕竟是共性中的个性，一般中的个别。因此，我们必须慎重对待典型调查中的结论，必须严格区分哪些是代表同类事物的具有普遍意义的东西，哪些是由典型对象自身特殊条件、特殊环境形成的，只具有特殊意义的东西。必须对这两部分的适用范围做出科学说明，不能把典型调查的全部结论到处生搬硬套。

7. 典型调查的优点和局限性

（1）典型调查的优点。第一，典型调查是面对面的直接调查，能够获得丰富的第一手资料。第二，它是一种系统、周密的调查，可采用多种方法做反复、深入的调查，能获得比较真实、可靠的资料。第三，它便于把调查和研究结合起来，有利于提示社会经济现象间的因果关系，探索解决问题的道路和方法。第四，它是对个别或少数单位的调查，花费的人力、物力、财力较少。第五，它适应性强，在社会生活中具有广泛用途。典型调查的上述优点是普遍调查和抽样调查所不具备的，因此也是一种不可替代的调查类型。

（2）典型调查的局限性。第一，典型的选择，容易受调查者主观意志左右，很难完全避免主观随意性。第二，典型调查的对象是个别或少数单位，其代表性总是有限的。第三，典型调查的质量在很大程度上取决于调查者的态度和能力，调查者的态度和能力不同，得出的结论也可能不同。第四，典型调查结论中，哪些具有共性，哪些只是个性，它们的适应范围如何，往往难以用科学手段加以准确地区分和测定。第五，典型调查主要是一种定性调查，很难对调查对象的总体进行定量研究。这些局限性又说明，典型调查不能代替普遍调查和抽样调查。

二、重点调查

1. 重点调查的概念与特点

重点调查是指对某种社会经济现象比较集中的、对全局具有决定作用的一个或几个重点单位进行的调查。所谓的重点单位，就是在所研究现象的总量中占有较大比重，能够反映整个研究对象基本情况，并对全局具有决定性作用的单位。例如，通过对全国大中型城市零售物价的调查，就可以了解全国城市零售物价变动的大体趋势。想要了解某地区高级知识分子对于某个问题的态度，哪些是重点单位呢？当然是这个地区的高校和科研院所。

重点调查的调查单位不多，花费力量不大，却能了解到对全局具有决定性影响的基本情况。这些特点说明，重点调查是一种具有广泛用途的调查类型。

2. 重点调查与典型调查的区别

重点调查与典型调查有些类似，但其实它们之间是有区别的。两者之间的区别主要表现在以下几个方面（见表3－2）：

表3－2　　重点调查与典型调查的区别

区别＼项目	重点调查	典型调查
调查的主要内容和目的	对某种社会经济现象总体数量状况做出估计，定量调查	认识同类事物的本质及发展规律，定性调查
选择标准	同类现象中具有集中性的单位	同类事物中具有代表性的单位
调查方法	直接调查，间接调查	直接调查

一是调查的主要内容和目的不同。典型调查的主要目的是认识同类事物的本质及其发展规律，主要是定性调查；重点调查的主要目的是对某种社会经济现象总体的数量状况做出基本估计，主要是定量调查。

二是调查对象的选择标准不同。典型调查是选择同类事物中具有代表性的单位作为调查对象，重点调查则是选择同类社会经济现象中具有集中性的单位作为调查对象。

三是调查的具体方法不同。典型调查只能是面对面的直接调查；重点调查则可以是直接调查，也可以是通过电话、网络等方式进行间接调查。

三、个案调查

个案调查也称个别调查，是指为某个特定目的、对某个特定对象（如个人、家庭、单位或事件）进行调查。个案调查能深入细致地研究调查对象，有利于具体问题的解决。

个案调查的特点是，调查对象是个别的，调查方法是直接的，在这一点上与典型调查有相似之处。但个案调查与典型调查也有着明显的区别：一是调查对象的特点不同，个案调查的调查对象都是特定的、不可替代的，不存在选择的问题；二是调查主要目的不同，个案调查的主要目的一般是就事论事，解决特定对象的具体问题，不存在探索同类事物的本质和规律等问题。

第四节 抽样调查

抽样调查，是在现代统计学和概率论基础上发展起来的一种调查方法，是对普遍调查和典型调查的逻辑补充和发展。

一、抽样概述

（一）抽样的概念

抽样调查，就是先将调查对象编制成抽样框，然后按照一定规则从抽样框中抽取一部分单位作为样本，并以对样本调查的结果来推断总体的调查方法。

（二）抽样的逻辑

一般来说，若调查对象总体是一个庞大的数字，在社会经济调查中针对每一个个体进行的直接调查往往是无法实现的。因此，为了节约人力、物力和时间，调查者要通过一定的程序，从总体中挑选出作为直接观察的对象，这些对象的总和就是样本。例如，北京大学医学部总共有 4 万名学生，如若针对该校学生进行一次学校满意度调查，可按照一定的方式从中抽取 1000 名学生进行调查，这 1000 名学生就是 4 万名学生总体中的样本。

有些调查对象无须或无法通过抽样进行调查。例如，假设调查对象是某型号手机的重量，或者教室里课桌的高度，调查者不需要调查每一个手机或者每一张桌子，任选一个该型号的手机或者一张桌子就可以。这是因为手机、桌子都是流水线制造业产品，这种产品的特征就是同一批次、同一型号的产品在外观等方面都是相同的。因此，调查只需掌握一个手机的重量、一张课桌的高度即可。在这种情况下，抽样就是没有必要的。

然而，在社会测量当中，研究对象通常是非常复杂的。例如，针对某高校大学生的就业观调查，每个大学生的成长经历知识背景、价值观都很不一样，因此，一个大学生的就业观完全不能代表该高校的所有学生。这时候就需要精心选择调查对象，谨慎抽样，把样本从总体中抽取出来作为观察对象。

（三）与抽样相关的基本概念

1. 总体

总体是指构成它的所有元素的集合，而元素是指社会经济调查中每一个具体的研究对象，全体研究对象被统称为总体，通常我们用 N 来表示。例如，我们要对某省高校应届毕业生就业状况进行调查，那么该省所有高校毕业生就是这次调查的总体，而每一个应届毕业生则是本次调查的一个元素。

2. 样本

样本是从总体中按一定规则抽取的一部分元素的集合，通常我们用 n 来表示。例如，我们在某省高校应届毕业生中抽取 3000 人进行就业状况调查，那么这 3000 名应届毕业生就构成了本次调查的样本。

3. 抽样

抽样是从欲研究的总体中按一定方式选择和抽取一部分样本元素的过程。其基本要求是要保证所抽取的样本元素对总体具有充分的代表性。抽样的目的是从被抽取元素的分析、研究结果来估计和推断总体特性，是科学实验、质量检验、社会调查普遍采用的一种经济有效的工作和研究方法。例如我们要研究某城市居民的生活方式问题，那么整个城市居民都是我们的研究对象。但限于研究条件等原因，我们难以对每一个居民进行调查研究，而只能采用一定的方法选取其中的部分居民作为调查研究的对象，这种选择调查研究对象的过程就是抽样。

4. 抽样单位

抽样单位是指一次直接抽样时所使用的基本单位。它可以是总体中的一个研究对象，也可以是研究对象的某个集合体。抽样单位和抽样方案有着密切的联系，在一次具体的社会经济调查中，可以只有一个抽样单位，也可以有两个或两个以上抽样单位，这都是由抽样方案来决定的。例如，某年份某高校应届毕业生就业状况调查中，可以设计下述不同的抽样方案：

第一套方案：直接从该省份全体应届毕业生中按机械抽样的方法抽取出 3000 人组成样本。在这套方案中，抽样单位只有一个，就是“应届毕业生”。

第二套方案：先在该省高校中抽取 10 所高校，然后在这 10 所高校中抽取 10 个学院，再从每个学院中抽取 30 名应届毕业生，组成一个 3000 人的样本。在这个方案中，第一个阶段的抽样单位是“高校”，第二个抽样单位是“学院”，第三个抽样单位是“应届毕业生”。

5. 抽样框

抽样框也称为抽样范围，指的是一次直接抽样时总体中所有抽样单位的名单。在一次具体的社会经济调查中，抽样框可以有一个，也可以有多个，这也是与抽样方案密切相连的。例如，“某年度某省高校应届毕业生就业状况调查”这个例子中：

第一套抽样方案：抽样单位只有一个，就是“应届毕业生”，抽样框也只有一个，是“该年度该省高校所有应届毕业生的名单”。

第二套抽样方案：第一阶段抽样单位是高校，抽样框就是“该省所有高校的名单”；第二个阶段的抽样单位是学院，抽样框就是“被抽中高校的所有学院名单”；第三个阶段的抽样单位是应届毕业生，抽样框就是“所有被抽中学院的全体应届毕业生名单”。

6. 总体值

总体值也叫参数值，指的是关于总体某种特征的综合数量表现。总体值得出的是总体的情况。如若要了解某年度某高校应届毕业生就业状况的总体情况，则此时某年度某高校的应届毕业生是总体，如经统计某年度某高校应届毕业生全员5500人，已明确就业去向的有5000人，尚未确定的有500人，这里的5500就是总体值。

7. 样本值

样本值也叫统计值，指的是关于样本某种特征的综合数量表现。我们可以通过抽取某年度某高校应届毕业生中的3000名毕业生作为样本（这3000即为样本值），通过收集样本中个体的信息，去估计和判断该年度该省高校应届毕业生总体就业情况，这也是抽样的重要目的之一。因此，在抽样中，应尽量保证所抽取的样本的估计值尽可能地接近总体值。

知识窗

抽样的历史

在社会调查研究中，现代意义的抽样源于美国，与大选民意测验的发展齐头并进，抽样的发展历史可以大致划分为三个阶段。

一、抽样产生时期（19世纪末至20世纪初）

这个时期比较有名的是新闻杂志《文摘》与美国大选民意调查之间的关系。1890年至1938年，《文摘》在美国颇为流行，它是最早使用抽样方法在美国开展民意测验的机构之一。1920年，《文摘》的编辑向6个州的选民邮寄了明信片，询问他们在即将来临的总统大选中，会投华伦·哈丁的票还是投詹姆斯·考克斯的票。参加这个民意测验的人是从电话簿和车牌登记名单中选出的。根据反馈的明信片，《文摘》准确地预测了哈丁将在选举中获胜。在此之后的1924年、1928年与1932年的大选中，《文摘》扩大了调查数量，都做出了准确的预测。《文摘》由此声名大噪，发行量也大增。

有了前面的成功作为基础，1936年，《文摘》进行了一次最具规模的民意测验活动：将选票寄给了从电话簿与车牌登记名单中挑选的1000万人，并收到了200万人的回复。结果显示，有57%的人支持共和党候选人阿尔夫·兰登，而当时在任的总统富兰克林·罗斯福的支持率为43%。《文摘》的编辑把这个结果发表出来，结果两个星期之后，投票结果显示，罗斯福以史上最大优势——61%的得票率获得了连任。《文摘》的编辑对于这次的失败深感困惑，并进行了思考："为何整个芝加哥地区仅有1/5的选民愿意将我们寄出的选票寄回？为什么大部分回函都来自共和党党员？"可见他们将失利的原因归结为回收率。但事实上，问题的关键在于《文摘》所采用的抽样框——电话用户和汽车拥有者。这种设计只选择了不成比例的富人样本，尤其当时美国还处在最严重的经济萧条后期，这一抽样框的设定基本排除了穷人，而几乎所有的穷人都支持罗斯福的新经济政策。自此事件后，《文摘》声誉扫地，不久就关门了，同时也宣告了这种抽样方法的失败。

二、抽样发展时期（20世纪初至20世纪中叶）

1936年的总统大选将《文摘》拉下神坛，同时成就了另一位年轻的调查者——乔治·盖洛普。与《文摘》相反，乔治·盖洛普准确地预测了罗斯福将会击败兰登。盖洛普的成功，归因于他采用了配额抽样的方法，这种方法以对抽样总体特征的把握为基础，根据总体的特征来选择各类样本。例如，选择和总体同比例的富人、黑人、都市女性等，这些配额是按照与研究最为相关的变量设定的。通过充分了解全国各收入阶层的民众总数，盖洛普就能保证从各个收入阶层中选择的样本人数具有正确的比例分布。当然，这种对总体特征的把握是以美国人口普查数据资料为基础的。

此后，配额抽样方法开始流行，成为各种调查机构开展抽样调查的首选方法。盖洛普和美国民意测验中心利用配额抽样方法，在1936年、1940年与1944年成功地预测了当年的总统当选人。到了1948年，事情发生了转折，盖洛普与其他许多大选民意测验机构一样，预测纽约市长杜威能击败当时在位的哈利·杜鲁门而当选总统。1948年的预测失败包含多种因素，例如，许多预测者在10月初就停止了民意测验工作，而这时杜鲁门获得的支持率仍呈稳定上升趋势，有不少选民在竞选阶段保持尚未决定的态度，他们大部分是在竞选结束前才决定投杜鲁门的票。更重要的是，配额抽样的样本不具代表性。

配额抽样技术要求研究者必须对总体的情况有所了解。对于全国性大选的民意调查而言，这类信息主要来自人口普查资料。然而，到1948年，第二次世界大战促成了大量农村人口涌入城市，在很高程度上改变了1940年人口普查资料显示的人口特征，而这一资料正是当时民意测验机构依据的基础资料。因此，选出来的样本自然不具有代表性。

三、抽样成熟时期（20世纪中叶至今）

从1948年开始，由于配额抽样法的失败，许多学者试图发展新的抽样方法，他们将概率论引入抽样基础，发展出多种多样的概率抽样方法。目前，概率抽样仍然是社会科学研究选取大型和具有代表性样本的主要方式，这种方法的抽样结果比配额抽样要精确得多，它被广泛地应用于各个领域，发挥了重要作用。

（四）抽样的意义与作用

由于对调查总体中的每一个个体进行研究不太现实，所以需要选择能够代表总体的个体以达到对某一现象或问题进行整体反映的目的，这成为社会调查必须面对和解决的问题。经过长期的探索和实践，在现代社会统计学和概率论的基础上发展起来的现代抽样理论和技术，使这一问题得以有效解决。抽样实际上是研究者选择对象的方法，与其他社会调查中的其他议题相比较，有关抽样的知识、技术更为严谨和精确。

从抽样的定义中不难看出，抽样主要涉及和处理有关总体与部分之间的关系问题。抽样作为人们通过部分认识整体这一过程的关键环节，其基本作用是向人们提供一种实现“由部分认识总体”这一目标的途径和手段。在社会调查中，我们的研究对象常常是社会中的人，人是非常复杂且异质性强的个体，如果想要了解总体的情况，普查无疑是很好的选择，但实际上绝大多数研究者在时间、经费、人力等方面存在困难，从而不得不在庞大的总体与有限的时间、人力、经费之间寻求平衡。可以说，抽样方法是搭建在研究者十分有限的条件与庞杂、纷繁、多变的社会现象之间的一座桥梁。有了它的帮助，研究者可以方便地通过较小的部分了解很大的整体。这是抽样的首要意义与作用。

抽样的第二个意义与作用，就是解决了对象的选取问题，即如何从总体中选出一部分对象作为总体的代表的问题。例如，有的人在进商场时遇到过诸如对某化妆品的态度、对某电子产品的意见等的调查，在这类调查中，抽样选取的对象是否具有代表性呢？答案是否定的。因为如果按照这种抽样方式，当时没有逛那家商场的人是不可能被抽中的，或者说特定调查对象被抽中只是一种非常偶然的情况，因此抽取的样本也不能很好地构成总体的缩影。因此，抽样对象的选取标准在抽样的过程中至关重要，这是一种精确而科学的过程。按照科学的抽样原则抽取的样本，才能很好地保证其对总体的代表性，使样本成为总体的缩影。

二、抽样调查的特点与一般程序

（一）抽样调查的特点

与普查和典型调查、重点调查及个案调查相比较，抽样调查的特点主要表现在如下几方面：

（1）调查对象只是样本，既不是全部调查对象，也不是个别或少数调查对象。

（2）调查样本一般按照随机原则从总体中抽取，而不是由调查者主观确定。在随机抽样过程中，每一个调查对象都有被抽中的同等概率，样本对总体具有较强代表性。

（3）调查的目的，不只是为了调查样本，而是为了从样本上推断调查总体。

（4）样本数量和抽样误差可以准确计算，可以把样本数量控制在合理范围之内，也可以把抽样误差控制在最小范围内。

（5）调查规模较小，有利于对调查员进行严格训练和有效督导，有利于节约调查成本、提高调查质量。

（二）抽样调查的一般程序

抽样调查的一般程序如图 3 - 3 所示。

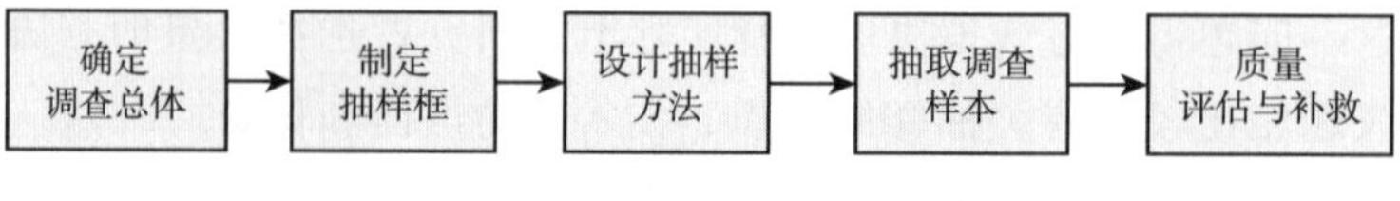

图 3 - 3　抽样调查的一般程序

1. 确定调查总体

在进行抽样调查时，首先要根据调查目的确定研究总体。研究总体是理论上明确界定的具有某种特征的个体的集合。但是，在实际抽样过程中，并不是研究总体中的每一个个体都能有机会被选入样本，为此我们把那些有机会被抽到的个体构成的集合称为“调查总体”或“目标总体”。例如，要进行一项以未成年人为研究总体的调查，这个研究总体应该是年龄未满18周岁的所有人。但是，考虑到需要由调查对象填写问卷，所以调查对象被限定为年龄在7～18周岁之间的未成年人，这些人就是我们研究的调查总体，样本将从调查总体中被抽取出来。

2. 制定抽样框

抽样框是在一次直接抽样时，调查总体中的所有抽样单位排列的清单。这里的“抽样单位”可以是单个的人，也可以是组织、社区等。编制这种目录性清单的目的是为了方便抽样。抽样框编制过程中，要求把全部抽样单位进行编制，既不能遗漏，也不能重叠。如果抽样是分阶段、分层次进行，那么每一个阶段、每一层次都要编制相应的抽样框。

3. 选择抽样方法

抽样方法分为概率抽样和非概率抽样。概率抽样也称为随机抽样，是指按照随机原则从总体中抽取一定数目的个体作为样本，总体中的每一个个体都按相同的概率被选入样本。非概率抽样是从方便的角度出发或根据研究者主观的判断来抽取样本。实践中，应该根据每一类抽样方法的优点和运用条件，结合调查对象的特点和要求，选择合适的抽样方法。

4. 抽取调查样本

抽取调查样本就是按照设计的抽样方法从抽样框中抽取调查样本。抽取方式一般有两种，一是在实施调查之前，根据抽样方案，从抽样框中一个个地去抽取，构成调查样本。例如，某年度某省大学毕业生就业状况调查要抽取3000个样本，第一步调查者可先将该年度该省各高校进行编号，采用抽签的方法抽出10所高校；第二步将被抽到学校的每个学院进行编号，再分别抽出10个学院；第三步将每个被抽到学院的应届毕业生花名册中的总人数除以30，假设某学院所得的商是5，那么就每5人抽取1人，如取5号，10号，15号，20号，这样依次抽取下去，直到抽取出30名毕业生。这是在实施调查之前初始样本就确定了。在进入调查现场后，很可能被抽中的某名学生因某种原因不能参与调查，这时就将位于这位学生编号前或后的学生补充到样本中，调整原来的样本。

另一种方式是与实施调查同步进行抽样。例如在街头拦访行人进行交通状况调查、商场进行的顾客满意度调查等等都属于这一类事先并不确定样本，而是到达调查现场时再行抽取样本的方式。

5. 评估样本质量

评估样本质量就是对样本主要特征的分布情况与调查总体主要特征的分布情况进行对比和评估。总体与样本的基本资料之间差别越小，样本的代表性越强，样本的质量也就越高。在抽样之后，调查之前进行评估，称为前评估，这时如果发现样本质量不高，可以采取重新抽样等方法来提高样本质量；在调查之后进行评估称为后评估，此时虽然不能再改进样本质量，但可以使调查者判断样本与总体之间的差异，从而对正确评价调查结果具有重要意义。

三、非随机抽样的常用方法

非随机抽样是从方便出发或根据研究者主观判断来抽取样本的过程。这类抽样方法往往产生较大的误差，总体中的每一个个体成为样本的概率是未知的，难以保证样本的代表性，因此，不能用样本的特征来推断总体的特征。但这并不能说明，非随机抽样就没有意义，有时调查的目的是要用概括的方式描述一群人的特点、对某一事件的态度，或者是做一些探索性调查，出于操作的方便以及经费、精力上的原因，往往采取非随机抽样的方法来获取资料。

非随机抽样的方法主要包括以下几种：

（一）偶遇抽样

偶遇抽样又称为方便抽样或便利抽样，是指调查者根据现实情况，以自己方便的形式抽取偶然遇到的人作为调查对象，或者仅仅是选择那些离得最近、最容易找到的人作为调查对象。例如商场、剧院、街边的拦截式调查都属于这种。这种方法看似随机，但样本代表性差，有很大的偶然性。例如，若想针对来访哈尔滨这座城市的旅游者进行社会调查，由于旅游业季节性强，调查者可能无法确定一定周期内前来哈尔滨的旅游者总量；旅游者流动性又很大，用随机抽样的方式每隔多少人去选取一个人作为调查对象也具有一定的难度，所以就可以选择便利抽样法。当然由于是便利抽样，在调查过程中会存在未必得到全体被抽样者的充分配合现象。尽管偶遇抽样法有这样一些缺点，但它也具有简单方便、省时省力这样一些优点。

（二）判断抽样

判断抽样又叫目的抽样或立意抽样。它是凭着调查者的主观意愿、经验和知识，从总体中选择具有代表性的抽样单位作为样本的一种抽样方法。我们在社会经济调查分类中，曾介绍过典型调查和重点调查，选择谁来作为调查的典型或者重点，完全是凭调查者主观的判断来完成，所以它们的取样方法都属于判断抽样。

判断抽样质量的高低主要取决于调查者的判断能力和对调查对象的了解程度。当调查者对典型或重点把握得比较准确，样本容量比较小时，调查的精度较高，甚至会比通过概率抽样得到的结果精度更高。但是，当调查者的经验、判断和专业性没有达到一定水平或对调查对象不甚了解时，所选择的典型很可能不具有真正的代表性，特别是调查者有意把有利于获得“理想”结果的调查对象选入样本时，样本就会存在很大的偏差。所以，搞好判断抽样的关键是调查者本身的素质。

（三）配额抽样

配额抽样又叫定额抽样，是指调查者首先将总体中所有抽样单位按一定的标准进行分类，然后根据已确定的样本量，按一定的比例给各个类别分配样本容量，最后在每个类别中用偶遇抽样或判断抽样的方法抽取样本。采用配额抽样，事先要对总体的结构有所了解，掌握不同属性特征的个体在总体中所占的比例，如样本的年龄、性别、职业、文化程度等，这样才能按这些属性特征对总体进行分类。例如，要对某大学大一学生在食堂用餐情况进行调查，假如全校大一新生有 1000 人，男生 550 人，女生 450 人，现在要抽出 100 人作为样本，那么就要抽男生 55 名，女生 45 名。在具体抽样时，可以在一个学院当中选取，也可以在全校范围内随意抽取。

与偶遇抽样和判断抽样相比，配额抽样抽取的样本分布要均衡一些，代表性要高一些，但工作量也要大一些。

（四）滚雪球抽样

滚雪球抽样是指先从几个适合的调查对象开始，然后再通过他们得到更多的调查对象，像滚雪球一样，一步步扩大样本的范围，直到达到预定的样本量。例如，对球迷、戏迷、流浪乞讨人员等特殊人群的调查，由于调查总体模糊不清，调查对象变动不定，难以制定总体抽样框时，采取滚雪球方式选取样本比较合适。

这种方法的优点是便于有针对性地找到调查对象，增加了快速找到调查对象的可能性，所需要的经费也比较低。但它有一个前提，那就是总体内部有一定联系，他们愿意为调查者提供下一轮调查对象的信息，并且后者愿意接受调查。用滚雪球法得到的样本有时会有较大的偏差，花费的时间也比较多，通常用于探索性研究，在定性的实地调查中也会经常被运用到。

四、随机抽样的常用方法

随机抽样也叫概率抽样，是以概率论为基础，按随机原则抽取样本的方法。所谓随机原则，又称为机会均等原则，也就是说抽样框中每一个抽样单位都有被抽取为样本的同等机会。根据抽取样本是一次完成还是多次完成的，可将随机抽样分为一阶段概率抽样和多阶段概率抽样。

（一）一阶段概率抽样

1. 简单随机抽样

这是最简单、最基本的抽样方法。日常生活中经常看到的幸运抽奖的方式就是简单随机抽样，例如有 10 个一等奖，被抽中的 10 个人就是一个简单随机样本，用这样的方法产生的获奖者，大家获奖的机会是一样的。

简单随机抽样的具体方法主要有以下几种：

（1）直接抽样法。即直接从抽样框中随机抽取若干单位作为调查样本的方法，例如，直接从课堂学生中随机选择若干学生作为调查样本的方法。

（2）抽签法。即先将抽样框里的全部单位编号，然后把这些编号做成签放在容器中充分搅匀，最后再从中抽取想要的样本量。

（3）随机数表法。随机数表中的数由 0～9 的数码组成，数码和排列都是随机形成的，没有任何规律性。假如组织者要发起一项调查，调查内容为某高校毕业生的就业状况，要在 5000 名大学生中抽取 500 人作为样本进行调查，使用随机数表法抽取样本的操作步骤如下：

第一步：编制抽样框，给每一名毕业生一个 1～5000 当中的一个编号，人与号码一一对应。

第二步：选用随机数表，由于本抽样框编号长度为 4 位数，那我们就选用有 4 位数的随机数表作为工具。表 3－3 为随机数表中所截取的一部分。

表 3－3　随机数表（部分）

7807	6982	6157	3413	9180	9526	4092	4098	7371	8079	7653
4167	9093	0623	0856	6376	2427	6328	3940	3537	7804	0849
5417	6764	5543	6273	6303	3204	3692	3575	5730	1930	5320
0327	9534	4430	9816	1734	2488	8298	7131	9013	3600	7840
1472	3534	0175	9464	8728	6580	4372	3560	1298	8653	6238
1501	1536	2011	1048	8164	9164	6179	1414	2590	6207	2096
1085	1276	5182	5129	7452	1630	6075	9214	4942	5390	7096
6742	3539	3126	1483	2413	5974	9251	9473	8926	6364	3591

第三步，抽取第一个号码，按随机原则在随机数表上抽取任意列、任意行的 4 个数字作为第一个号码，假定为第 3 列、第 2 行的 0623，它所代表的就是第一个样本。

第四步，抽取调查样本，在随机数表上按照一定的规则抽取样本。假定依照惯例，按从上到下的规则抽取样本，那么抽样框中所有小于 5000 的号码，都是抽中的样本，例如 4430、0175、2011 等，所有大于 5000 和重复的号码则被淘汰。按照这个规则和方法，直到抽满 500 个样本为止。这就是随机数表法抽取样本的过程。

（4）计算机抽取法。目前，许多统计软件都有产生随机数的程序，因而可以采用这种简便、快捷的方法来随机抽取样本。

简单随机抽样是随机抽样中最简单、最基本的方法，是其他随机抽样方法的基础。它的优点是：抽样过程完全排除了主观因素的干扰，简单、易行，只要有抽样单位名单就可进行。它的缺点是：只适用于调查对象不多的调查总体，如果调查对象数量过大，编制抽样框就十分复杂，甚至无法编制；调查样本代表性较差，抽样误差较大；抽取出来的样本可能过于分散或集中，这都不利于调查工作的开展或调查质量的提高。

2. 等距随机抽样

等距随机抽样也称为机械随机抽样或系统随机抽样，就是按照随机原则在抽样框中等距离抽取部分单位作为调查样本的抽样方法。例如，调查打算在 100 人中抽取 20 人，将他们编好号后，首尾相接，于是可以从任何一个号码开始，只要每隔 4 个人抽取一个，就会得到一个包含 20 个人的样本。

一般地说，假设抽样框内的抽样单位共有 N 个，要随机抽取 n 个抽样单位时：

首先按某个标志将抽样单位排列、编号并首尾相接；

然后计算抽样间距：$K = N/n$，当所得到的 n 不是整数时，例如 5.3，就取 6 为间距；

最后，随机从某个编号 m 开始抽样，每隔 K 个抽样单位抽一个，直到抽完 n 个样本为止。

在进行等距随机抽样时，有两种情况要格外注意：一是非整数抽样间距，二是总体元素的排列次序。

（1）非整数抽样间距。当总体元素 N 不是样本量 n 的整数倍，也就是说抽样间距 K 不是整数时怎么办？因为调查对象人数是不存在小数的，在这种情况下，可以使用循环等距抽样法进行抽样，也就是把元素编号首尾相连来解决这个问题。例如，从 100 人抽取 18 人，这时抽样间距 K 约等于 5.6，如果间距为 6，并且不把元素编号首尾相连，那么只能抽取 16 人，剩余 4 人；如果间距取为 5，又会抽取 20 人，均不符合要求。首尾相连后，就排除了这种困境，例如从 1 号开始，取间距为 6，则编号为 1、7、13、19……96，以及 2 号就构成了所要的样本。

（2）总体元素排列次序。等距离抽样法潜藏了一个危机，如果名单中元素的排列自身有就和调查关键变量相关的顺序排列或周期排列，那么就有可能抽取一个有重大偏差的样本。例如在一个有关第二次世界大战的经典研究中，研究人员从名册中每隔 10 个士兵抽取一个来进行研究，而士兵的名册是按组织方式进行排序的：首先是中士，接着是下士，再后面是 8 个二等兵，按上下级的顺序，一个班一个班挨着排列，每个班是 10 人，而取样间距恰好也是 10，也就是说随机取样的起点如果是中士，那么所有抽取出来的样本将全部是中士；同样的，如果随机取样的起点是二等兵，那么所有的样本也将都是二等兵。在这种情况下，样本的代表性就不大。因此，在进行等距随机抽样时，首先要检查一下总体元素的排列情况，如果排序标准和研究的主要变量密切相关，最好打乱顺序再行编码、抽样。

3. 分类随机抽样

在实践中，简单随机抽样或等距随机抽样法会遇到不少问题，首先，把总体的所有个体进行编号，不仅麻烦，而且有时是不可能的；其次，即使编好号码也不容易组织调查；再次，从抽样效果看，这样抽取的样本对总体来说不一定有很好的代表性，特别是总体中个体差异比较大的时候。所以，对于一个规模比较大的总体，通常采用分类随机抽样或整群随机抽样。

分类随机抽样法也叫类型随机抽样、分层随机抽样，就是按照随机原则在抽样框中根据抽样单位的类型或层次抽取样本的抽样方法。例如，某企业有职工 8000 人，假定要抽取 800 人做职工业务培训情况调查，具体操作方法就是：

第一步，分类并编号，即按一定标准把抽样框中的全部单位分为若干类，假定按职业把全部职工分为工人、专业技术人员和管理人员三类，其中工人5600人，专业技术人员和管理人员均为1200人，然后分别编号。

第二步，确定各类抽取样本的数量，如果根据种类抽样单位在抽样框总数中的比例确定种类抽取样本的数量，那么上述三类人员在职工总数中的比例是：工人70%，专业技术人员和管理人员各15%。据此，确定各类人员抽取样本的数量是：工人560人，专业技术人员和管理人员各120人。

第三步，抽取调查样本，可按照简单随机抽样或等距随机抽样方法从三类人员中分别抽取相应数量的样本。

做好分类随机抽样的关键，是分类标准要科学、符合实际情况。许多复杂社会现象还应按照多种标准进行分类，例如按行业、性别、年龄等进行综合分类。科学的、符合实际的分类标准，应该符合以下要求：

（1）同类抽样单位之间同质性最大，不同类抽样单位之间异质性最大。

（2）每一个抽样单位都应明确归属于某一类，而不允许既属于这一类，又属于那一类，也就是说不允许出现交叉或重叠。

（3）分类后，各类抽样单位数量之和，必须等于抽样框内抽样单位总数，而不允许大于或小于这个总数。

分类随机抽样适用于抽样单位总数较多、异质性较大、分布较悬殊的调查总体。由于通过分类把同质性较大的抽样单位集合为一类，把异质性较大的抽样单位区分为不同的类，提高了样本的代表性。与简单随机抽样和等距随机抽样相比，在样本数量相同情况下，它的抽样误差较小；在抽样误差要求相同的情况下，它所需的样本数量较少。

采用分类随机抽样必须对调查总体各单位情况有较多了解，否则就无法科学分类，而这一点在实际调查前又往往难以做到。

4. 整群随机抽样

整群随机抽样是将总体依照某种标准划分为一些互不重叠的子群，每个子群视为一个大的抽样单位，用随机的方法从总体中抽若干个子群，将被抽出的子群中所有抽样单位合起来作为总体的样本。

整群抽样和分类抽样的第一步看似一样，都是将总体按一定标准分为若干类，但分类的标准是不同的。分类抽样要求类与类之间异质性要高，类别之内异质性低；整群抽样正相反，分类时着眼点是群与群之间异质性要低，群内的异质性要高。整群抽样的第二步，是将抽到的群体的所有抽样单位全部都放到样本当中。例如，要调查某市中学的教师健康状况，可以将全市35所不同的中学作为子群，从这35所中学中随机抽取4所中学，将这4所中学的所有教师都放到样本中成为样本总体，对这4所中学的所有教师进行体检。

整群随机抽样法与分类随机抽样法相比，由于调查对象相对集中，在组织实施调查上比较方便，也可以降低调查成本。同时，整群抽样不仅可以了解总体的情况，也可以对各个群体进行分析。但在同样的样本容量下，整群抽样的抽样误差会比其他抽样方式大，为减少抽样误差，可以将样本容量增加一些，或者将总体的群类分得细一些，以减少群之间的异质性。

（二）多阶段概率抽样

通过抽样调查程序部分的学习我们知道，获得概率样本的重要前提是有完整、准确的抽样框，但在一般的社会经济调查中，特别是全国性的调查，往往很难获得全部调查对象完整、准确的抽样名单。主要原因是建立这样的抽样框会使抽样成本过高，有时也没有必要。例如在整群抽样中，如果被抽中的群内含有很多的次级单位，调查的工作量就太大了，特别是群内差异不大时，就更没有必要全部调查。因此，在具体抽样过程中，一般会采用多阶段抽样，以此来确保在抽样科学的基础上降低抽样成本。

多阶段随机抽样也叫多级随机抽样或分段随机抽样，就是按照随机原则把从抽样框中抽取样本的过程分成两个或以上的阶段进行的抽样方法。操作步骤是：

第一步，确定抽样单位。先将抽样框中的单位按一定标准分成若干群体，作为第一级抽样单位。然后，将第一级抽样单位分成若干小群体，作为第二级抽样单位，依此类推。

第二步，抽取各级样本。依照随机原则先在第一级抽样单位中抽出若干群体作为第一级样本，然后，再在第一级样本中抽出第二级样本。依此类推。

第三步，对最后抽出的样本单位逐个进行调查。

我们仍以中学教师健康调查为例：

第一阶段：从所有的35所中学中抽取4所中学，并确定在这4所学校中各抽取30人；

第二阶段：在抽取的4所学校中，将教师按年龄分为老、中、青三群，然后每个学校根据各群人数的比例，将样本容量30进行分解。得到每一群应抽取的人数，最后对每一群进行简单随机抽样或等距随机抽样，得到最终的样本。

从中学教师健康检查这个例子中，我们会发现，整群随机抽样与多阶段随机抽样在第一阶段的步骤是基本相同的，在35所中学中随机抽取4所；第二步中，整群随机抽样是将抽出来的4所中学所有教师组合在一起，成为调查样本；而多阶段随机抽样则是在抽出的4所学校中继续分群，然后按比例在每一群中随机抽取样本，所以我们可以把多阶段随机抽样看成是整群随机抽样的发展。

表3-4是几种随机抽样方法的比较。

表3-4　随机抽样方法的比较

	适用范围	优点	缺点	注意事项
简单随机抽样	总体规模不大，总体内个体差异程度不高	方便、易理解	抽样框不易建立，费用高，精度低，不一定保证代表性	需保证抽样框的质量
等距随机抽样	总体规模不大，总体内个体差异程度不高	比简单随机抽样易操作，一般情况下代表性有所提高	抽样间距与调查对象本身的周期性节奏重合时，产生偏向性误差，降低了代表性	检查抽样框中调查对象的排列有无某种周期性，合理确定抽样间距；当抽样间距不为整数时，要把元素编号首尾相连

续表

	适用范围	优点	缺点	注意事项
分类随机抽样	总体规模较大，内部结构复杂，差异较大	与简单随机抽样、系统随机抽样相比，样本容量相同条件下，抽样误差较小，代表性较好，精度高	有时不易分类，为此使用的统计分析方法要求比较高，费用高	类别之间异质性要大，类别之内异质性要小
整群随机抽样	总体分布广泛，规模较大，群之间差异较小，群内差异较大	群的抽样框编制简单，易操作，样本比较集中，成本合理	样本分布不够均匀，样本容量不定，抽样误差大于简单随机抽样	划分群时，群之间差异尽可能小，群内差异尽可能大
多阶段随机抽样	调查总体范围大、调查对象单位多、复杂的情况	将各随机抽样方法的优点加以综合利用，节省人财物力；对调查总体各单位情况了解程度要求低，只对下层单位有所了解即可	抽样程序复杂，抽样阶段越多误差越大	分段抽样次数尽可能少，以控制抽样误差范围

总体上，与普遍调查、典型调查等调查类型相比较，抽样调查有如下一些优点：

（1）有利于提高调查的客观性和真实性。抽样调查大多按照随机原则抽取样本，可以从根本上排除调查者主观因素的干扰，保证样本的代表性和客观性，为调查结果的真实性、可靠性奠定了坚实的基础。

（2）有利于对调查结果进行定量研究。抽样调查的基础是概率论和大数定律，抽样误差不仅可以准确计算，而且可以适当控制。因此，抽样调查是对调查总体进行定量研究的有效方法，它对调查总体的推断比较准确。

（3）有利于提高调查效率、降低调查成本。抽样调查虽然只是对部分样本单位进行的调查，获得的却是关于调查总体的推断。因此，与普查、典型调查方法相比较，它的调查成本低得多，调查效率高得多，调查时效也快得多。

（4）有利于广泛应用。现代社会具有多元化、快速变动等特点，抽样调查是对高度异质性、高速流动性社会现象进行调查的有效方法。在现代社会，它具有越来越广泛的用途，且随着科学技术进步和经济社会发展，抽样调查将得到越来越快的发展。

但是抽样调查也存在着一定的局限性：

（1）抽样调查主要适宜于做定量研究。

（2）与典型调查、个案调查相比，抽样调查的实施比较复杂，样本单位较多，调查时间较短，因而调查的广度和深度往往受到很大限制。

（3）适用范围有一定的局限性。例如，调查总体规模过小、异质性过大、边界不明晰的调查对象，一些新生事物或者隐秘的社会现象，就不适合使用或无法使用抽样调查方法。

关键概念

描述性调查　解释性调查　探索性调查　普遍调查　典型调查　重点调查　个案调查　抽样调查　总体　样本　抽样　抽样单位　抽样框　总体值　样本值　偶遇抽样　判断抽样　配额抽样　滚雪球抽样　简单随机抽样　等距随机抽样　分类随机抽样　整群随机抽样　多阶段随机抽样

复习思考题

1. 简述普遍调查的意义及应注意的问题。
2. 普遍调查有哪些优点和局限性？
3. 典型调查的特点有哪些？
4. 典型调查中选择典型的原则和方法是怎样的？
5. 论述典型调查的优点和局限性。
6. 重点调查与典型调查有哪些区别？
7. 个案调查与典型调查有哪些区别？
8. 抽样的意义与作用有哪些？
9. 抽样调查有哪些特点、优势与不足？
10. 抽样调查的一般程序是怎样的？
11. 简单随机抽样有哪些具体的方法？
12. 等距随机抽样时，如何处理非整数抽样间距问题以及总体元素的排列次序问题？
13. 分类随机抽样的操作步骤是怎样的，分类应符合哪些要求？
14. 分类随机抽样有哪些优点和不足？
15. 整群随机抽样和分类随机抽样之间有哪些区别？
16. 多阶段随机抽样的操作步骤是怎样的？

第四章　社会指标和社会测量

学习目标

□ 理解社会指标的内涵与类型

□ 掌握社会指标的设计原则与步骤

□ 掌握社会指标体系的内涵与特点

□ 掌握社会测量的内涵及其层次划分

□ 理解各种抽象社会指标测量的主要工具

☞ 引例

一图读懂"十四五"时期经济社会发展主要指标

2022 年 3 月 5 日，《中华人民共和国国民经济和社会发展第十四个五年规划和 2035 年远景目标纲要（草案)》发布。

《规划纲要草案》提出:"十四五"时期是我国全面建成小康社会、实现第一个百年奋斗目标之后，乘势而上开启全面建设社会主义现代化国家新征程、向第二个百年奋斗目标进军的第一个五年。

围绕"十四五"时期经济社会发展主要目标，《规划纲要草案》设置了 5 个类别 20 项主要指标。其中，经济发展方面有 3 个指标，创新驱动方面有 3 个指标，民生福祉方面有 7 个指标，绿色生态方面有 5 个指标；另外，在安全保障方面，首次设置粮食安全和能源安全指标。

澎湃新闻（www. thepaper. cn）注意到，上述主要指标中，8 个指标为约束性指标，包括 5 个绿色生态指标、2 个安全保障指标，外加民生福祉类别中的"劳动年龄人口平均受教育年限"。

"十四五"时期经济社会发展主要指标

类别	指标	2020 年	2025 年	年均/累计	属性
经济发展	1. 国内生产总值（GDP）增长（%）	2.3	—	保持在合理区间、各年度视情提出	预期性
	2. 全员劳动生产率增长（%）	2.5	—	高于 GDP 增长	预期性
	3. 常住人口城镇化率（%）	60.6*	65	—	预期性

续表

类别	指标	2020年	2025年	年均/累计	属性
创新驱动	4. 全社会研发经费投入增长（%）	—	—	>7. 力争投入强度高于“十三五”时期实际	预期性
	5. 每万人口高价值发明专利拥有量（件）	6.3	12	—	预期性
	6. 数字经济核心产业增加值占GDP比重（%）	7.8	10	—	预期性
民生福祉	7. 居民人均可支配收入增长（%）	2.1	—	与GDP增长基本同步	预期性
	8. 城镇调查失业率（%）	5.2	—	<5.5	预期性
	9. 劳动年龄人口平均受教育年限（年）	10.8	11.3	—	约束性
	10. 每千人口拥有执业（助理）医师数（人）	2.9	3.2	—	预期性
	11. 基本养老保险参保率（%）	91	95	—	预期性
	12. 每千人口拥有3岁以下婴幼儿托位数（个）	1.8	4.5	—	预期性
	13. 人均预期寿命（岁）	77.3*	—	〔1〕	预期性
绿色生态	14. 单位GDP能源消耗降低（%）	—	—	〔13.5〕	约束性
	15. 单位GDP二氧化碳排放降低（%）	—	—	〔18〕	约束性
	16. 地级及以上城市空气质量优良天数比率（%）	87	87.5	—	约束性
	17. 地表水达到或好于Ⅲ类水体比例（%）	83.4	85	—	约束性
	18. 森林覆盖率（%）	23.2*	24.1	—	约束性
安全保障	19. 粮食综合生产能力（亿吨）	—	>6.5	—	约束性
	20. 能源综合生产能力（亿吨标准煤）	—	>46	—	约束性

注：①〔〕内为5年累计数。②带*的为2019年数据。③能源综合生产能力指煤炭、石油、天然气、非化石能源生产能力之和。④2020年地级及以上城市空气质量优良天数比率和地表水达到或好于Ⅲ类水体比例指标值受新冠肺炎疫情等因素影响，明显高于正常年份。⑤2020年全员劳动生产率增长2.5%为预计数。

当天，国家发展和改革委员会主任何立峰在十三届全国人大四次会议首场“部长通道”上表示，“十四五”规划纲要已经提请全国“两会”审查讨论，将根据代表委员们提出的修改意见，抓紧修改完善，按程序批准之后印发实施。

资料来源：川观新闻，https：//cbgc. scol. com. cn/news/942066.

案例思考：“十四五”时期社会经济发展在哪些方面进行了指标选择？尝试分析下原因。

社会调查的对象是社会现象，社会调查者在根据一定的原则确定调查课题之后，不只是简单地、被动地了解调查对象的有关信息，而是主动地、有计划地获取有关社会现象的资料，并对这些资料进行鉴别、比较、分析，以判断社会现象的属性及特征。然而，在大多数情况下，社会现象是混沌的，研究课题也是一个抽象的分析构想。要把社会现象变成清晰的可测量对象，要把抽象的分析构想变成具体的问题，就必须借助社会调查工具发挥作用。社会调查工具包括：社会指标选择、社会指标体系设计、社会测量以及社会指标测量工具设计与选取。

第一节 社会指标与社会指标体系

社会指标选择与设计是社会调查科学运作过程中的重要环节。在社会调查过程中，当明确了调查课题研究假设、研究内容及调查对象之后，一项重要的工作就是进行社会指标选择与设计。社会指标的选择与设计关乎社会调查的整个过程，它不仅要求社会调查者具备较丰富的社会经验，而且要求在设计工作中遵循一定的基本原则，按照一定的规范程序进行，才能设计出有利于搜集真实、准确、全面、有用的社会信息的社会指标并进行社会调查。

一、社会指标的基本含义

社会指标是相对于自然指标而言的，自然现象中例如风力、温度、湿度等都可以通过相应的工具进行衡量，那么社会物质生活和精神生活领域的现象也可以通过社会指标来反映。所以，社会指标是指反映社会现象的质量、数量、类别、状态、等级、程度等客观情况，以及反映社会成员的感受、愿望、倾向、态度、评价等主观状态的类别或项目。社会指标可以反映社会现象诸种属性和特征，是体现社会信息的基本条框。例如，性别、年龄、文化程度、国内生产总值、人均收入以及职业满意度、同意或反对某些观点等，都是常用的社会指标体系。

需要注意的是，社会指标与调查指标之间的联系与区别。

社会指标是反映社会现象的类型、数量、质量、状态及其他特征的项目，调查指标是具体化和数字化的科学范畴。它们二者之间的联系在于：社会指标需要具体化为调查指标才能进入社会调查的实际操作过程，调查指标的设计也必须以一定的社会指标为依据。社会指标与调查指标的区别主要表现为：社会指标相对于调查指标而言，一般会抽象一些、笼统一些，更侧重于体现调查的目的，反映某方面更具代表性的特征或问题，调查指标相对具体、简洁一些，更侧重于调查过程中的实际操作，用简单实用的测量方式获取有关社会调查对象的可靠信息，以具体反映社会现象的真实状态。

例如，“城市人口比重”“非农就业人口比重”等属于反映社会结构特征的社会指标，这两个社会指标在现实中并非一目了然，那么就可将其数量化，即将“城市人口比重”这一社会指标通过一个国家或地区的“城市人口总数”和“人口总数”两个调查指标实施调查；将“非农就业人口比重”这一社会指标通过一个国家或地区的“非农就业人口数”和“就业人口总数”两个调查指标具体反映。在这项调查中，“城市人口总数”“人口总数”“非农就业人口数”“就业人口总数”这些调查指标在实际生活中更易获取数据资料，被调查者也更易理解和作答。而这些调查指标的设计显然离不开“城市人口比重”“非农就业人口比重”等社会指标的指引。

二、社会指标的类型划分

（一）描述性指标与评价性指标

不同的社会指标有不同的功用，按照社会指标的基本功用，可以将社会指标分为描述性指标和评价性指标两种。

1. 描述性指标

描述性指标是指对社会现象的真实情况进行具体描写和叙述的社会指标体系，一般用于反映社会经济现象总体客观状况，反映社会经济活动的条件、过程和结果的统计指标。这种社会指标一般不与某种特定的理论、模型、目标相联系，它仅仅反映社会现象本身，而不能明确说明其价值的状况。其中反映社会经济活动条件的指标，如各种自然资源拥有量指标、土地面积指标、劳动力资源指标、科技力量指标等；反映社会经济活动过程和结果的指标，如社会总产值、国民收入、国民生产总值、固定资产、进出口贸易额、财政收入与支出等；反映社会物质文化生活状况的指标，如居民平均收入与支出、居民文化程度、在校学生数、医疗机构及床位数、文化娱乐设施等指标。

总体而言，描述性指标提供对社会经济活动状况的基本认识，是统计信息的主体。描述性指标虽说只是一般的统计数字，但它却是评价性指标的基础，是反映社会现象的原始数据。

2. 评价性指标

评价性指标也称为分析性指标或诊断性指标。它是指能够用来反映社会现象的水平、良莠、影响和变化取向等的指标。这种指标通常是人们按照某种目的将两种或两种以上的社会现象做比较获得的，它能揭示两种或两种以上的社会现象之间的关系，具有说明社会现象的水平、程度、变化速率、发展方向的功能。例如，恩格尔系数就属于评价性指标。恩格尔系数是指食品支出总额占个人消费支出总额的比重。对一个国家而言，一个国家越穷，每个国民平均支出中用于购买食物费用所占比例就越大。有学者认为，只有具体的评价性指标才能称得上是合格的社会测量指标。

（二）经济指标与非经济指标

1. 经济指标

经济指标是反映一定社会经济现象数量方面的名称及其数值。经济现象的名称用经济范畴表述，经济范畴的数量方面则通过数值反映。例如，社会总产品和国民收入是经济范畴，表现这些经济范畴数量方面的名称及其数值，如“2021 年上半年中国国内生产总值 532167 亿元”（数据来源：国家统计局）、“2021 年国民总收入 1133518 亿元”（数据来源：国家统计局）就是经济指标。经济指标在反映经济现象及其发展规律的数量表现时，是以理论经济学所确定的经济范畴的涵义为依据。

2. 非经济指标

非经济指标是指反映经济领域之外的社会生活情况的指标。在实际调查中，有些指标很难区分它是经济指标还是非经济指标。如：第三产业在业人数占总在业人数的比重、人均教育经费、农民人均纯收入、食品支出占生活消费品支出的比例等，它们有时可作为经济指标使用，有时也可作为非经济指标使用。20 世纪 60 年代以来，非经济指标已受到世界各国越来越多的重视，但经济仍是社会的基础，经济指标所反映的社会情况仍是理解其他社会指标所反映的社会情况的关键。因此，为了全面了解国情，世界上已有越来越多的国家把经济指标和非经济指标结合起来作为社会指标的两大组成部分。

（三）客观指标与主观指标

社会指标都是人们选择与设计出来的，因而还可以根据其反映的内容是否渗透人的主观意识分为客观指标和主观指标两种。

1. 客观指标

客观指标是指反映客观存在的社会现象的属性和特征的指标。如某地区残疾人占总人口的比例、残疾人社会工作机构数、从事残疾人社会工作的人员数。这类指标直接反映社会现象存在与变化的具体情况，而不掺杂人们的主观意识。一般来说，在社会调查中，那些通过对社会现象及其相互之间的联系状况的观察、记录获得的统计数字都可以视为客观指标。客观指标是社会调查的基本指标。

2. 主观指标

主观指标是指人们对客观存在的社会现象的感受，反映的是人们的认知、情感、意愿、满足等。如消费者对产品特色的要求、残疾人对助残志愿者的认知与评价、老年人对养老院服务行为的满意程度。在社会调查中，主观指标是一类十分重要的指标，以致社会学界有的学者这样指出：社会是否良性运行取决于社会成员的亲身感受及其所做出的满意评价。这从一个侧面说明了主观指标在社会调查中的重要性。

（四）其他指标类型的区分

社会指标除上述几种划分方法外，还可从不同的角度按其他标准进行区分。如按说明的社会现象内容的不同，可将社会指标分为数量指标和质量指标；按表现形式和具体作用的不同，可分为总量指标、平均指标、相对指标；按调查指标的数值特性的不同，可分为常量指标和变量指标。

总之，社会调查的指标类型是多种多样的。在社会调查中，不仅要认识社会指标的这种复杂多样性，而且要认识只有借助于多种多样的社会指标，构成社会指标体系，才能多方向、多角度、多层次地准确把握社会现象的基本属性、存在状态和运动方式。

三、社会指标的选择原则

社会指标的选择是一项科学性和专业性非常强的高智力劳动，也是影响社会经济调查能否顺利进行的关键一环。社会经济调查不仅要按科学的理论及规范化的程序进行，而且在选择与设计过程中还要严格遵循若干基本准则。

（一）科学性原则

科学性原则是指社会指标的选择必须遵循科学的理论、科学的程序，必须符合社会实际情况以及社会发展规律，不能脱离正确理论的指导、不能违背客观规律行事、不能主观任意罗列指标。例如，要设计社会发展指标体系，就离不开社会发展理论。传统的发展理论只是强调经济的发展，现代的发展理论强调社会的全面发展与进步，其中不仅包括经济的发展，而且包括人文、环境等方面的发展。如果还是按照传统的发展理论设计社会指标并进行调查，那么只会选取诸如国内生产总值、财政收入、经济增长速度之类的社会指标，而不涉及环境、国民教育程度等方面的指标，这样就会与社会发展大趋势不相符，反映不了社会发展的真实情况。

（二）完整性原则

完整性原则是指社会指标的选择要全面反映调查对象的整体特征，不能遗漏某些重要的方面或特征。例如，在社会发展指标的选择与设计中，对于指标的选取要特别注意其完备性，因为社会发展本身涉及社会的方方面面，社会发展状况可以从人口素质、社会结构、经济效益、居民生活质量、社会稳定与社会秩序等方面考察，不论社会指标的选择与设计忽视了哪方面，都不能全面地反映社会发展状况。

再例如，对学生质量的评定是学生管理的一项基础性工作，而学生质量的测评关键在于制定一套科学的综合指标体系。在我国全日制学校中，比较通行的综合测评体系一般都会包括学生德育、智育、体育发展水平三大方面，缺少哪一方面都会发生偏差。当然，德、智、体三方面还可细分出许多项目，德育方面可以选择学生政治态度、思想觉悟及表现、品德修养、社会公德意识、法纪观念等相关指标；智育方面可以选取专业课程加权平均分数、智力竞赛及学术活动的相关指标；体育方面可以选取身体基本素质、体育理论考核成绩、课外体育锻炼状况、体育竞赛成绩等相关指标。这样，学生质量综合测评指标系统才会具备完整性，以此为基础开展测评工作，才可能使测评结果全面、准确、合理、可信。

（三）通用性原则

通用性原则是指在适用范围方面社会指标的选取要统一规范，并且能被调查对象理解与接受。社会经济调查通常要在不同的社会区域、针对不同文化程度的对象进行，社会指标的选择与设计就要事先充分考虑各种不同因素的影响，选取能为各方所接受的指标，这样才可能保证调查的顺利实施。

例如，现代化是衡量一个社会发展水平的重要标志，但不同国家、不同民族、不同人群对其认识存在较大差异。为了解决这一问题，美国斯坦福大学英克尔斯教授做了很好的工作。他将“现代化”分为10项指标，即人均国民收入、农业增加值比例、服务业增加值比例、农业劳动力比重、识字人口比重、适龄青年接受高等教育者比重、城市人口比重、每个医生平均服务人口数、平均预期寿命和人口自然增长率。这10项指标较好地避免了人们在现代化问题上的意识形态与价值观念之争，成为众多国家与地区通用的现代化评价指标内容。

表4－1　第一次现代化评价指标的标准值（1960年工业化国家指标平均值）

指标、单位和指标编号		标准	备注
经济指标	1. 人均国民收入（人均GNI），美元	逐年计算	正指标
	2. 农业增加值比例（农业增加值占国内生产总值比例），%	15%以下	逆指标
	3. 服务业增加值比例（服务业增加值占国内生产总值比例），%	45%以上	正指标
	4. 农业劳动力比例（农业劳动力占总劳动力比例），%	30%以下	逆指标
社会指标	5. 城市人口比例（城市人口占总人口比例），%	50%以上	正指标
	6. 城市医生比例（每千人口中的医生人数），‰	1‰以上	正指标
	7. 婴儿存活率，%（或婴儿死亡率），‰	97%以上 （30‰以下）	正指标 （逆指标）
	8. 预期寿命（出生时平均预期寿命），岁	70岁以上	正指标
知识指标	9. 成人识字率，%	80%以上	正指标
	10. 大学普及率（在校大学生占20～24岁人口比例），%	15%以上	正指标

注：参考英克尔斯教授的评价指标。（1）以1960年19个市场化工业国家人均国民收入平均值1280美元为基准值，以后逐年根据美元通货膨胀率计算标准值。例如，1960年标准值为1280美元，1970年为1702美元，1980年为3411美元，1990年为5147美元，2000年为6399美元，2008年为7814美元。（2）正指标，评价对象数值等于或大于标准值时，表示它达到或超过经典现代化标准；逆指标，评价对象数值等于或小于标准值时，表示它达到或超过经典现代化标准。（3）“婴儿死亡率”用作评价指标不符合中国文化，用“婴儿存活率”代替；婴儿存活率＝1－婴儿死亡率；实际评价时，仍然用婴儿死亡率的数据进行评价，按逆指标计算方法进行评价。

资料来源：何传启．中国现代化报告2011——现代化科学概论［M］．北京：北京大学出版社，2011：280.

另外，在选择与设计社会指标过程中，还要注意数量单位及测量标准的统一。例如，在“人均月工资收入”这一调查项目中，外企职员与国企职员都可能填写“2000”这个数字，但很可能对外企雇员来说“元”是美元，国企职员的“元”是人民币元，两者相差很大。设计指标时如果不注意这些问题，或未事先做出必要说明，势必影响社会调查的真实性与可靠程度。

（四）简明性原则

简明性原则是指社会经济调查在社会指标的选择与设计过程中，在保证能说明或反映问题的基础上，社会指标选取个数尽量精而少，指标的表述尽量简单明了。有些调查者在设计社会指标时，罗列了相当多的项目，以为这样就能保证调查效果的提高。而事实上，在社会经济调查中，社会指标选取的越多越好的看法是一种误解，社会指标过多不仅可能带来调查实施以及数据处理时工作量的大量增加，增大人力、物力、财力消耗，而且可能多个指标之间出现重复或交叉，使某一方面的信息占据较多份额，从而掩盖了一些真实的信息或使某些特征得不到足够的重视。例如，某研究单位在制定社会发展指标系统时，预选的指标有67项之多，后来通过专家咨询与科学分析，从中挑选出40项有代表性的指标构成社会发展指标体系。这样，指标项目少了，工作量减少了，代表性、典型性反而增强了。

另外，社会指标的表述要简明扼要，便于调查对象理解与回答。有些调查者把调查项目设计得很繁杂、很“专业”，认为这样才能体现社会调查者或设计者的水平。实际上，社会经济调查工作主要是针对调查对象，要以调查对象的态度取舍，如果文字太长、语义难以理解、难以被调查对象认同或者只是调查者自我感觉良好，则这种社会指标的选择与设计缺乏实用价值，事实上是人力、物力、财力等方面的浪费。

（五）可行性原则

可行性原则是指社会经济调查实践中选取的社会指标是可以实施测量的、是能够反映被调查对象基本情况的。社会调查活动实践性强，受人力、物力、财力以及环境等诸多因素的制约，所以在社会指标的选择与设计过程中，不仅要考虑指标系统整体的科学性与完整性，而且要考虑运用各社会指标的条件是否具备。如果缺乏调查的条件，不论社会指标的选择与设计如何完美，都达不到预期目标。

例如，一项针对农民家庭养殖情况的调查，如果要调查的内容是农民养了多少头猪、多少只羊，这个比较方便回答，但要调查养了多少只虾，就很难办到。又或者，有针对企事业单位卫生情况的调查，询问诸如“有多少个卫生死角”“有多少只老鼠”之类的问题，亦不可行。

同时，社会指标的选择与设计要充分考虑调查对象的心理反应。在匿名情况下，大多数人乐于与调查者合作，提供真实情况，但如果调查项目涉及调查对象的利益或隐私问题，很可能产生防御心理。例如，有些调查问卷中设计这样一些问题：“你们单位是否设有‘小金库’”“你是否偷漏过税”“你是否有婚外恋”等，对于这些问题，被调查者很难提供真实情况。所以，社会经济调查指标的设计者要尽量回避一些敏感的隐私问题。如果调查活动必须涉及这类问题，就要十分谨慎地选取，并且通过委婉的间接的方式测量，以保证整个调查的有效性。

四、社会指标体系

在社会经济调查过程中，对于调查结果意义重大的各类社会指标不是一个一个孤立存在的，它总是作为一个体系建立并发挥作用。社会指标体系是指根据一定目的，以一定理论为指导设计出来的，反映某一特定社会经济现象的一组社会指标。我们以中国现代化战略研究课题组设计的第二次现代化评价指标体系为例（见表4－2）。

表4－2　第二次现代化评价指标

二级指标	三级指标和指标编号	指标解释和单位
知识创新	1. 知识创新经费投入	研究与发展经费占国内生产总值比例（R&D经费/GDP），%
	2. 知识创新人员投入	从事研究与发展活动的研究人员/万人，人/万人
	3. 知识创新专利产出	居民申请国内发明专利数/万人，项/万人
知识传播	4. 中学普及率	在校中学生人数占适龄人口（一般为12～17岁）的比例，%
	5. 大学普及率	在校大学生人数占适龄人口（一般为20～24岁）的比例，%
	6. 电视普及率	家庭电视普及率，%
	7. 互联网普及率	每百人中的互联网用户，%
生活质量	8. 城镇人口比例	城镇人口占总人口比例，%
	9. 医生比例	每千人中的医生数，‰
	10. 婴儿死亡率	每千例活产婴儿在1岁内的死亡率，‰
	11. 预期寿命	新生儿平均预期寿命，岁
	12. 人均能源消费	人均商业能源消费，千克石油当量
经济质量	13. 人均国民收入	人均国民收入（人均GNI），美元
	14. 人均购买力	按购买力平价PPP计算的人均国民收入（人均PPP），美元
	15. 物质产业增加值比重	农业和工业增加值占国内生产总值的比例，%
	16. 物质产业劳动力比重	农业和工业劳动力占总劳动力的比例，%

资料来源：何传启．中国现代化报告2011——现代化科学概论［M］．北京：北京大学出版社，2011：283.

从社会指标体系的定义和举例中，我们可以看出，社会指标体系有以下几个特点：

1. 目的性

设计社会指标体系是为一定社会需要服务的。中国现代化战略研究课题组设计的第二次现代化评价指标体系的目的，就是为衡量一个国家或地区现代化实现程度提供一种尺度和标准。有了这个尺度和标准，就可以确定我们现代化的进程。

2. 理论性

设计社会指标体系必须以一定理论做指导。例如，中国现代化战略研究课题组认为，不能单纯以经济指标来衡量现代化，现代化应分为两个阶段，工业时代的现代化是第一次现代化，经济发展居于第一位；知识时代的现代化是第二次现代化，科技文化发展居于第一位。所以在第二次现代化指标体系构建中，以知识创新、知识传播、生活质量、经济质量来评估现代化的实现程度。所以说，没有科学的、自觉的理论指导，就不会设计出科学的社会指标体系。

3. 科学性

设计社会指标体系必须符合客观实际，符合科学原理。例如第二次现代化评价指标体系中的若干指标，是依据第二次现代化国家或地区的客观实际和发展趋势而设计的。

4. 代表性

设计社会指标体系，必须选择那些最具有代表性的重要指标来组成指标体系。例如第二次现代化评价指标体系中，在知识经济时代衡量一个国家或地区知识创新、知识传播、生活质量、经济质量，就具有很强的代表性。

5. 系统性

设计社会指标体系，必须使各个社会指标之间具有内在联系，形成一个完整系统。例如第二次现代化评价指标体系中，二级指标“知识创新”之下的几个三级指标：“经费投入”“人员投入”与“专利产出”之间具有密切的联系，它们共同体现出一个国家或地区的知识创新程度。而“知识创新”与“知识传播”两个二级指标之间以及它们与另外两个二级指标“生活质量”“经济质量”都有着密切的联系，共同构成一个系统的指标体系。

6. 可行性

设计社会指标体系，必须考虑是否可以获得连续的、具有较高权威性的统计数据。例如联合国机构、世界银行、各国政府的统计数据等。由那些可以连续获得具有高权威性统计资料的指标组成的体系，才是有实际意义的、具有可行性的社会指标体系。

五、社会指标体系的设计步骤

社会经济调查过程中，社会指标体系设计是一个周密思考与权衡的过程。这个过程是一个由抽象到具体、由宏观到微观、由整体到部分、由大项到细目的不断深入与分解的过程，通常来讲，社会指标体系设计的运作过程，一般要经历以下三个基本步骤：

1. 理解和把握理论与研究假设

社会经济调查中，社会指标体系设计首先要从一定的理论或研究假设出发，虽然理论的选取与假设的提出已在社会调查项目策划中完成，但这一工作是整个调查活动的前提与基础，调查指标的设计还要以其为指导，忽视理论的指导，就可能导致社会经济调查活动偏离调查的目的与宗旨。

2. 提出或者借用社会指标体系

提出或者借用社会指标体系，即在理论与研究假设的基础上自行提出一套符合社会客观实际的社会指标体系，或借用一套前人已经编制的符合社会客观实际的社会指标体系。这里的社会指标体系实际上是由一系列的社会指标组成的指标系统，这些社会指标应围绕调查课题提出和选用。

3. 将社会指标转化为调查指标

将社会指标转化为调查指标，即把选定的每一项社会指标细分为若干个调查指标，也即将每一个社会指标细化为具体的便于社会调查和社会测量的调查指标。这里，一个社会指标对应若干个调查指标，整个社会指标体系的设计过程实际上是提出并确定一个多层次的调查指标体系的过程。

综合来看，社会指标体系的设计过程是由理论与假设到社会指标体系、再到调查指标体系的逐步分解过程。

以国民素质研究为例，国民素质反映的是一个国家或地区人口发展的基本状况，是国家或地区竞争力、凝聚力的重要体现。关于国民素质的研究很多，争议也不少。争议的关键在于国民素质的内部构成问题上，有的学者认为国民素质就是人口素质，包括人口身体素质与科学文化素质；有的学者认为国民素质主要包括人口身体素质、科学文化素质、道德素质等；有的学者认为国民素质不仅包括身体素质、科学文化素质，还包括人格素质、道德素质、角色素质等。尽管人们各有主张，但有一点是共同的，就是国民素质包含身体素质与科学文化素质。事实上，思想道德素质、人格素质等在研究中难以量化处理。这样，可以选取国民身体素质与国民智力素质作为国民基本素质指标进行调查。

国民身体素质反映的是一个国家或地区人口的健康状况及身体发育水平。它又可分为三大类社会指标：反映先天性健康状况的指标、反映生长发育状况的指标、反映死亡水平的指标。这三大类指标涉及范围仍很广泛，需要细分并挑选出一些有代表性的社会指标作为调查指标。反映生长发育状况可选取青少年的身高、体重及成人重症人口比重作为调查指标；反映死亡水平可选取平均预期寿命、婴儿死亡率作为调查指标；反映先天性健康状况从正向指标的角度难以划分，可以从逆向指标的角度，挑选诸如先天性残疾人口比重、遗传性疾病人口比重、先天性低智人口比重（社会发展指标研究中一般将这类指标称为逆向指标）作为该项目的调查指标。

国民智力素质反映的是一个国家或地区人口科学文化及技能的基本状况。它也可以分为三大类指标：反映人口文化程度的指标、反映人口科学素养的指标、反映人口技能素质的指标。其中，人口文化程度又可细分为成人识字率、适龄儿童入学率、接受过高等教育人口的比重等调查指标；人口科学素养可细分为总人口中科技人员比例、对科学知识了解程度等调查指标；人口技能素质分为熟练技工在工人总数中的比例、就业人口年人均接受职业技能培训次数等调查指标。这样，从国民素质的基本理论出发，先是提出国民基本素质社会指标体系，然后依据这个社会指标体系，经过指标的转化，又细分出一个涉及范围广泛的、多层次的社合调查指标体系。

第二节 社会测量及其层次

在日常生活中，我们随时随地都在进行着测量，例如我们用尺子测量小孩的身高，吃过饭站到体重称上看看重了多少斤。这些尺子、体重称等工具的发明极大地提高了人们测量的水平。我们用人口普查的方法来测量国家的人口数量与人口结构，用问卷调查法测量某景区的游客满意度等，这类测量主要针对人的社会行为、态度、观点或社会现象、社会问题等，虽然和对自然现象或物质的测量有区别，但其本质是一样的。

一、测量

美国心理学家史蒂文斯（Stevens）曾说："就其广义来讲，测量是按照法则给事物指派数字。"简单地说，测量就是依据一定的法则用数字对事物加以确定。该定义包括三个元素：

1. 事物

事物指的是社会经济调查中要测量的对象，更准确地说，就是引起调查者兴趣的事物的属性或特征（心理能力、人格特点等）。

2. 数字

数字是代表某事物或事物某一属性的量。这些数值具有自然数的特点，如区分性，即 1 就是 1，2 就是 2；数也有序列性或等级性，如 $1<2<3$；数也具有等距性，1 和 2、2 和 3 之间的差的绝对值总是相等的。

3. 法则

法则是测量所依据的规则和方法。例如，用秤去测量物体的重量，依据的是杠杆的原理；用温度计测量物体的温度，依据的是热胀冷缩规律；用尺子测量物体的长度，是以相等的小单位构成刻度，把尺子的零点对准物体的一端，看物体的另一端所对应的刻度，即得出长度。人的心理特征的测量，如智力测验，就是根据智力理论编制，以得分多少衡量智力水平。法则有好坏之分，使用较好的法则可以得到比较理想的结果，而较差的法则所获得的结果则不令人满意。心理现象难以测量，是因为我们很难设计清晰而良好的法则。随着人类认识的不断深入，测量法则不断完善，测量也就越来越精确。

二、社会测量及社会测量量表

（一）社会测量

社会测量是与自然科学中的测量相对的一种活动。社会测量是指按照一定的法则，对社会现象的基本属性、存在状态和运动方式进行测定，并以一定的数字或符号表示出来的过程。

（二）社会测量量表

1. 社会测量量表的基本概念

社会经济调查研究中，通常需要对一些抽象层次较高或主观性较强的社会现象进行测量。由于这些社会现象往往具有潜在性和复杂性特征，因而一般很难用单一的指标和问题进行固定。为此，国内外学者不仅创立了一整套社会测量的理论与方法，而且设计了量表这样一种新的测量工具，用以对具有潜在性和复杂性的社会现象进行测量。

关于社会测量量表的概念，学术界没有十分统一的定义。一般认为，社会测量量表是由一组问题所构成的用以精确测量社会现象中人们的主观态度和行为倾向的调查工具。从目的看，社会测量量表是为精确地测量人们的主观态度和行为倾向而设计的一种特殊的调查表格；从形式看，量表是一种有结构强度顺序的复合测量，即全部陈述或项目都是按一定的结构顺序来安排，以反映出所测量的概念或态度具有的各种不同的程度。①

社会测量量表的基本作用在于精确测量社会现象中人们的主观态度和行为倾向。社会测量量表与社会调查问卷不同，其显著区别就是量表是围绕某问题以多个十分细致的提问，来测量某一社会现象的概念（或变量）的综合指标。如果我们把社会调查问卷比作是化学工业中的“普通化工”，那么社会测量量表则是“精细化工”。

在社会经济调查中，社会测量量表因其适应于对作为一种亲历感受和亲身体验活动的社会现象的测量，而成为社会调查的重要工具。社会测量量表在社会经济调查中主要用于以下几方面：（1）测量人们的社会意识；（2）测量人们的社会意愿；（3）测量人们的社会偏好；（4）测量人们的社会认同；（5）测量人们的社会感受；（6）测量人们对社会群体、社会组织、社会产品、社会服务、社会管理等的印象与看法。

2. 社会测量量表的类型划分

尽管国外已经有了某些定型的社会测量量表，但从总的方面看，社会测量量表并不是一种定式化了的社会测量工具，而是对一大类内容复杂、形式多样、功能各异的社会测量工具的统称。因此，根据社会测量量表的内容、功能、设计方式和表现形式的不同，可以将其分为不同的类型。

从内容方面区分，可以将社会测量量表分为态度量表、智力量表、人格量表、情感量表、信念量表、能力量表等。每一类型的量表又包含多种具体的量表，如情感量包括自尊量表、自卑感量表、幸福感量表、生活量表、社交量表、孤独感量表、文化分离感量表。在这些社会测量量表中，有一部分量表已经模式化、标准化，如智力量表、自尊量表、生活态度量表。

从功能方面区分，社会测量量表可以分为调查量表与测验量表。调查量表是用以把握测量对象总体情况的量表，其基本功能在于了解总体状况；测验量表则要精确地观测被测验者的基本特征。两者不仅精确程度要求不同，而且量表设计方面也有所区别。举例来说，如果在问卷调查中使用“职业选择量表”，则只是了解调查对象对于各种职业的评价、喜爱程度等；而如果使用“职业倾向性量表”测量某个人的职业倾向，则要求观测此人的知识、能力状况以及他适合于从事何种职业。显然，两者是存在明显区别的。

从设计方式和形式上区分，社会测量量表可以分为总加量表（利克特量表）、古德曼累积量表、梯形量表、奥斯古德语义差异量表、鲍格达斯社会距离量表等。

---

① 风笑天. 社会学研究方法［M］. 北京：中国人民大学出版社，2001：96.

三、社会测量的层次

（一）类别尺度

类别尺度的测量也叫定类测量、分类测量，是针对被观察者的某种现象或特质，评估所属类型种类，并赋予一个特定的数值。例如对性别、婚姻状况的测量。由类别尺度测量得到的变量称为类别变量。测量中的数字分配，仅仅是用于识别不同对象或对这些对象进行分类的标记。

例如，在一个调研项目中，回答者可能勾选“男性”或“女性”表示性别，在编码时可能给男性分配数字代码“0”，给女性分配数字代码“1”。在这个例子中，数字并非代表数量，仅仅是“男性”和“女性”类别的代码，不代表任何数量的数据值，也不能做加、减、乘、除等数学运算，其测量结果只能用数学符号“＝”或“≠”来表示。在社会研究中，类别尺度常用来标识不同的受访者、不同的性别、不同的职业、不同的班级、不同类型的企业等。

对类别尺度中的数字，只能计算发生频度以及和频率有关的一些统计量，如百分比、众数、卡方检验、二次检验等，计算平均数是没有任何意义的。

（二）顺序尺度

顺序尺度的测量又叫定序测量或等级测量，这是用分配给调查对象的数字来表示调查对象具有某种等级或顺序的相对程度。顺序尺度测量可以让我们确定一个调查对象是否比另一个调查对象具有较多（较强）或较少（较弱）的某种特征，例如，对文化水平、产品质量、满意程度等内含高低、强弱、先后、大小等差异的社会现象的测量，以文化水平为例，我们可以对文化水平用小学、初中、高中、大学等来表示等级或顺序的词来加以区别。顺序尺度的数量化程度比定类测量高一个层次，它已具有数量差别的含义，其测量结果可以用数学符号“>”或“<”来表示，但是此种测量并不能确定多多少或少多少，顺序尺度只是规定了调查对象的相对位置，但没有确定调查对象间差距的大小。排在第1位的调查对象比排在第2位的调查对象具有多的某种特征，但是只多一点儿还是多了很多则无从得知。由顺序尺度测量所得到的变量称为顺序变量。例如，比赛的名次、教育程度、职位的等级、社会经济地位等都属于顺序变量。

顺序变量可以进行频率分布、比例关系等数量统计，但还不能进行加减运算，不能测量出不同等级、顺序的社会现象在数量上的具体差距。同时顺序变量除了计算频度，还可以用来计算百分位数、四分位数、中位数、秩次数等。

（三）等距尺度

等距尺度的测量又叫定距测量或区间测量，是对调查对象之间数量差别或间隔距离的测量。在等距尺度的测量中，相等的数字距离代表所测量的变量相等的数量差值。例如，对初婚年龄等可以用某种基本单位表示数量差别的社会现象的测量，就属于定距测量，其测量结果可以用具体数字来反映。如平均初婚年龄，城市为26岁，农村为22岁，城市比农村大4岁。

等距尺度包含顺序测量提供的一切信息，并且可以让我们比较调查对象间的差别，它就等于量表上对应数字之差。因此等距尺度不仅能反映社会现象的类别和顺序，而且能反映社会经济现象的数量状况，计算出它们之间的距离，测量的结果可以用具体的数字表示，并可以做加减法运算，因此，其数量化程度比定序测量又高一个层次。

等距测量中相邻数值之间的差距是相等的，1和2之间的差距就等于2和3之间的差距，也等于5和6之间的差距。有关等距变量最典型的例子是温度计，还有如智商、考试成绩等。由等距尺度测量得到的变量称为等距变量。在社会问题研究中，利用评价量表得到的心理态度数据等经常作为等距变量来处理。

等距测量中原点不是固定的（没有绝对0），测量单位也是人为确定的。对于等距变量可采用类别变量和顺序变量适用的一切统计方法。此外，还可以计算算术平均值、标准方差以及其他有关的统计量。

（四）等比尺度

等比尺度测量又叫定比测量，是对测量对象之间比例关系的测量，例如对出生率、死亡率、性别比等反映两个数值之间比例关系的社会经济现象的测量。此种测量具有类别尺度、顺序尺度、等距尺度的一切特性，并有固定的原点（有绝对0），测量值之间的比值也是有意义的。不仅“2”和“5”的差别与“10”和“13”的差别相等，并且“10”是“5”的2倍，身高、体重、年龄、收入等都是以等比尺度来测量得到的等比变量。

等比尺度其测量结果一般用百分比表示，也可以用绝对数值来反映。例如，甲地出生率为20‰，乙地出生率为10‰，我们可以说甲地出生比率比乙地出生率高10‰，也可以说甲地出生比率是乙地出生比率的2倍。定比测量的结果不仅能做加减运算，还可以做乘除运算，并可做各种较复杂的统计分析，因此，等比尺度测量的数量化程度比等距尺度又高了一个层次。

总之，类别尺度、顺序尺度、等距尺度、等比尺度构成了社会测量的层次，四个测量层次的数学特性比较见表4－3。这四种测量层次等级逐级增高而且次序不可逆。换句话说，处于高一等级上的测量不仅可以测量低等级测量可以度量的东西，而且还可以度量低等级测量所无法度量的东西。

表4－3　四种测量层次的数学特性比较

项目	定类测量	定序测量	定距测量	定比测量
类别尺度	=、≠	=、≠	=、≠	=、≠
顺序尺度		>、<	>、<	>、<
等距尺度			+、−	+、−
等比尺度				×、÷

从对四个测量层次数学特性的比较中可以看出，后一种测量包含着前一种测量的反映功能和运算功能。例如，就反映功能来说，类别尺度仅能用于分类；顺序尺度除分类外，还可用于排序；等距尺度除分类、排序外，还可用于测距；等比尺度更进一步，可以用于反映两个数值之间的比例关系。同样的，运算功能也是累积叠加的。

那么在社会经济调查中如何应用测量层次呢？这首先取决于调查对象自身的性质和特征，其次取决于调查的目的和要求。例如，性别、民族等按性质分类的指标只能选用类别尺度。而像利润这样的数量指标，如果只要求将企业分为有无利润，那么类别尺度就可以；如果要求将赢利企业分为利润 10 万元以下、10 万 ~100 万元、100 万元以上等几个档次，则需要选择顺序尺度；如果要求弄清各类企业利润的具体差距，或进一步要求计算利润与资产总额的比例关系，则应选择等距尺度或等比尺度。

第三节　抽象社会指标测量的主要工具

由于在社会经济调查过程中，一些社会指标是可以直接测量的，例如人口数量、国内生产总值等，但也有一些社会指标却无法直接测量，如人的情感、意向、态度等主观社会现象，以及社会属性、社会关系等抽象社会现象的测量，这是社会测量的重点和难点。测量抽象社会指标体系有多种方式，其中填答问卷或量表是最常用的方法。

人们对抽象社会指标体系的反应，一般存在两个方面的差异，一个是方向或性质上的差异，另一个是程度或等级上的差异。因此，抽象社会指标体系测量工具的设计，应该包括两个方面的回答：一是反映方向或性质方面的回答，如满意或不满意；二是反映等级或程度方面的回答，如非常满意、比较满意、一般、不太满意、很不满意等。

因此在社会经济的调查中，对于抽象社会指标体系的测量必须借助专业测量工具，以下五种社会测量量表便是专业的测量工具，分别是：总加量表（利克特量表）、古德曼累积量表、梯形量表、奥斯古德语义差异量表和鲍格达斯社会距离量表。

一、总加量表

总加量表又称为利克特总加量表或利克特量表，由一组对事物的态度或看法的陈述组成，是对早期的指数测量方法的一种改进。在最初的指数测量中，设计者只设计“同意”与“不同意”两种备选答案。1932 年，利克特对指数测量做了改进，将答案设计为“非常同意”“同意”“不一定”“不同意”“非常不同意”或“非常符合”“比较符合”“一般”“不太符合”“很不符合”这样的 5 个类别，各种答案分别计为 1、2、3、4、5 分。被测量者按要求从中选择一种答案，得到一个分数，而被测量者对每道题的回答所得分数加起来就得到一个总分，调查者依据得分情况分析被测量者的态度或行为倾向。

总加量表在答案上的划分，能表现出人们对于某事物态度或看法在程度上的强弱，更能体现出不同的人在对待某事物态度或看法上的差异性。总加量表是社会经济调查中常见的量表形式。实践中，可以根据需要将答案设计为从弱到强的5级，这样的量表称为“利克特5级量表”，也可以将答案设计为从弱到强的7级，称为“利克特7级量表”。

表4－4所做的是关于“社区归属感”的测量。

表4－4 请说明下列陈述与您的符合度

	非常符合	比较符合	一般	不太符合	很不符合
1. 我觉得自己不属于所住社区的一分子	1	2	3	4	5
2. 如果有人提起我所在的社区，我会注意听	5	4	3	2	1
3. 如果我要搬走会感到很伤心	5	4	3	2	1
4. 我不关心我所居住的社区的变化	1	2	3	4	5
5. 如果我离开家一段时间，会叫邻居帮忙照看一下	5	4	3	2	1
6. 社区里的大多数人是可以信任的	5	4	3	2	1
7. 我很少与社区其他人交谈	1	2	3	4	5

这个关于“社区归属感”的测量，7个题项当中，有4个正向问题，分别是第2、第3、第5、第6项，对于这样符合社区归属感表现的，按从“非常符合”到“很不符合”分别赋予5、4、3、2、1分；还有3个反向问题，分别是第1、第4、第7题，对于这样没有社区归属感表现的，按从“非常符合”到“很不符合”分别赋予1、2、3、4、5分。将被调查者在这7个选项中得分加总在一起，就构成一个累计的分数，得分越高说明其社区归属感越强。

总加量表的设计是有效运用总加量表进行社会测量的一项十分重要的研究性活动。通常来讲，总加量表的设计有两种方法：（1）选用设计，即选择中外学者已经制作好的总加量表直接使用，或者根据情况做一定调整后使用；（2）自行设计，即根据调研课题的需要自行设计总加量表进行社会测量。

自行设计总加量表一般包括以下几个步骤：

（一）根据调查课题收集相关问题

一般社会测量量表都会针对某一特定主题设计，而主题的确定依据是研究课题的需要。假设需要制作一份社会参与意愿量表来进行有关人们社会参与意愿的调查，就要先期收集有关人们的社会参与意愿方面的问题30～50个，这些问题可以通过文献研究和非结构式访谈获得。限于篇幅，我们只选取其中12个，由这些问题构成一个社会参与意愿量表的初稿（见表4－5）。

表4－5 社会参与意愿量表

您是否同意下列说法，请在合适的回答栏中打“√”：

提问项目	非常同意	同意	不一定	不同意	非常不同意
1. 我对社会活动特有兴趣	5	4	3	2	1
2. 我对走向社会饶有兴致	5	4	3	2	1

续表

提问项目	非常同意	同意	不一定	不同意	非常不同意
3. 我对社会活动很少关心*	1	2	3	4	5
4. 我最害怕出头露面*	1	2	3	4	5
5. 我喜欢亲身参与社区事务	5	4	3	2	1
6. 我对参与社区事务有一种恐惧感*	1	2	3	4	5
7. 我积极参加单位的社会活动	5	4	3	2	1
8. 我觉得还是管好自己的事情好*	1	2	3	4	5
9. 我不愿意花时间去管别人的事*	1	2	3	4	5
10. 我有了时间就会去做社会考察	5	4	3	2	1
11. 我想天天出去参加活动才够味	5	4	3	2	1
12. 我宁愿在家休息也不出去活动*	1	2	3	4	5

资料来源：谢俊贵．社会调查理论与实务［M］．北京：清华大学出版社，2014：157－158.

（二）量表题项的取舍

上述第一步主要是围绕要测量的态度或看法，以正向或反向的方式写出若干条与之相关的陈述，可以尽量多设计一些以便取舍。对于总加量表法，题目项数越多，越有可能涵盖所要测量的潜在变量。但是，题目也不是越多越好，在实际应用中，可能由于受试者时间有限或没有耐心造成不用心做答的后果。为此，需要对题项进行取舍。具体做法是，从中初步筛选出一组问题，数量宜在 10～30 个，个别的调查可以更多一些，有的多达六七十个问题。例如，我们要测量人们对女性的偏见，可能设计出 10 条题项，每一条都反映对女性的偏见，诸如“女性不应该外出工作”“男性比女性更能胜任政府工作”“女性的开车技术普遍不好”等，每一条都给予答案“非常同意、比较同意、无所谓、不太同意、很不同意”，并根据陈述的方向赋以相应的分数。

（三）确定问题的类别和计分标准

在总加量表中，问题类别可根据问题的性质分为正向问题和负向问题两种。例如，在社会参与意愿问题上，正向问题表明社会参与意愿强，负向问题表明社会参与意愿弱。正向问题、负向问题有时用“＋”“－”分别标示，有时在题后加“＊”注明。在表 4－5 量表初稿中，第 3、第 4、第 6、第 8、第 9、第 12 题均为负向问题，故以“＊”标出。当然，为了不致影响被测量者选择填答，量表中也可不明显标示。计分标准的确定要依据问题的正负方向及回答类别制定。有的回答类别设计为 2 个等级，有的为 3 个等级，有的为 5 个等级，还有的为 7 个等级。表 4－4 和 4－5 都是 5 个等级，可分别用 1～5 计分，也可用 0～4 或其他标准来计分。在两个量表中，正向问题从强至弱分别计“5”到“1”分，而负向问题正好相反，从强至弱分别计“1”到“5”分（见表 4－4、4－5）。

（四）试测量与提问的妥当性检验

将问题与计分标准初步确定后，一个初步的量表便构成了。当然，这还不是正式量表，设计者可以把初步量表打印几十份，从测量对象中找几十个人进行试测量。

这是设计过程中重要的实践性环节，不能省略。试测量结束后，要对设计的问题进行妥当性分析。对问题进行妥当性分析，主要是发现量表设计中的问题，尤其是要计算每一个问题的分辨力。所谓分辨力，是指量表中某问题区分被测量者不同态度的程度或等级的能力。

总加量表的分辨力计算公式为：

$$F = a - b \quad (4-1)$$

式中，F 为某题的分辨力；a 为试测量中总得分最高的 25% 的被测者在该题得分的平均值；b 为试测量中总得分最低的 25% 的被测者在该题得分的平均值。

计算分辨力数值时，首先是算出，每份测量量表（初稿）的总分，然后排出得分最高 25% 的量表与得分最低 25% 的量表，分别计算它们得分的平均值，再把各题的两个平均值相减得出各题的分辨力数值。根据分辨力数值，删除那些分辨力不高的问题，保留分辨力较高的问题。一般来讲，如果某一问题的分辨力数值低于 1，则说明它的分辨力低，因而可以删除。

知识窗

分辨力系数的计算表

被调查者 \ 题项		1	2	3	4	5	6	7	8	9	10	个人总分
总分最高的 25%	工人 1	5	5	4	4	3	5	4	4	3	2	39
	工人 2	4	4	5	5	5	4	3	2	5	1	38
	工人 3	4	4	3	3	5	5	4	3	4	2	37
	工人 4	5	5	3	2	4	4	3	4	5	2	37
	工人 5	5	4	4	4	4	3	3	3	4	1	35
总分最低的 25%	工人 16	1	2	4	2	3	3	2	2	4	2	25
	工人 17	2	2	2	3	4	2	4	1	3	2	25
	工人 18	2	3	2	4	1	3	3	1	1	2	22
	工人 19	1	1	2	2	2	3	2	3	4	1	21
	工人 20	1	1	1	2	1	2	1	2	3	2	16
总分最高的 25% 人的平均分		4.6	4.4	3.8	3.6	4.2	4.2	3.4	3.2	4.2	1.6	
总分最低的 25% 人的平均分		1.4	1.8	2.2	2.6	2.2	2.6	2.4	1.8	3.0	1.8	
分辨力系数		3.2	2.6	1.6	1.0	2.0	1.6	1.0	1.4	1.2	-0.2	

首先：计算全体受测对象所得的总分，进行从高到低的排序。

第二步：选取总分最高的人和总分最低的人，我们各选取占被调查者总数的25%，在这个案例中各选取了5个人，并计算这两部分人在每一条题项中所得到的平均分。例如对于题项1，得分最高的5人平均分为4.6，得分最低的5人平均分为1.4。

第三步：将这两个平均分相减，所得到的值就是这一陈述题项的分辨力系数，题项1的分辨力系数就是3.2，其他题项的分辨力系数也依此类推。

第四步：判断分辨力系数的绝对值越大，说明这条陈述的分辨力越高，反之则越低。对于分辨力系数过低的题项我们予以删除，保留分辨力系数高的陈述题项，组成正式的量表。这个表格中，我们发现题项10的分辨力系数绝对值为-0.2，我们可以考虑删除它，而其余的9个题项能够更好地反映量表问题。

资料来源：水延凯．社会调查教程［M］．6版．北京：中国人民大学出版社，2014：98-99.

（五）缺失值的处理

无论调查者采用多么规范的方法收集资料，都无法避免资料缺失情况的发生。那么怎么降低数值缺失对测量结果的影响呢？我们应该视情况采取如下措施：

1. 删除样本

如果缺失资料的样本较少，调查者可以考虑删除这些样本，但这样处理有两个前提：一是保证删除这些样本后，剩下的数据资料还能满足进行统计分析的需要；二是确定删除含有缺失值的样本后，是否会使样本的代表性产生偏差，从而影响分析结果。因此，在样本规模较小的时候，不适合采用这种处理方法。

2. 平均值法

在总体规模较少、删除含有缺失值的样本对资料数据和样本代表性有较大影响时，可以采取根据现有资料的回答来处理缺失值的方法，例如平均值法。我们以对女性偏见的调查为例，正式调查发现“女性的开车技术普遍不好”这一题项存在2份缺失值的现象，就是说有2名被调查者对于这一项并没有给出自己的答案。那么，我们可以将这一项上其他被调查者的平均分计算出来，填写在这个缺失的位置上。要注意的是，当陈述题项较少的时候，最好不要使用平均值法，以免给分析结果带来较大的误差。

3. 随机选值法

如果样本规模比较大，同时陈述题项也比较多时，还可以使用随机方法来处理缺失值。即以随机的方法选定分值，填补到缺失的数据中去。虽然从个体的角度而言，这种随机指派可能和真实情况有较大出入，但相对于一个大样本来说，这种无序的偏差基本上会自我抵消，不会对结果产生太大的影响。

二、古德曼累积量表

古德曼累积量表一般称为古德曼量表或累积量表。它是由心理学家刘易斯·古德曼于

1944 年提出并设计制作的一种量表。古德曼累积量表在形式上是由一组表明态度的语句或项目组成的，这些语句和项目能够按照某种次序递进排列，具体而言，就是能够按照语句或项目代表的态度层次进行递进式的依次排列。被测量者回答问题就像上台阶，必须拾级而上，不能跳级。若对一个问题做了肯定的判断，就可登上一级，否则就不能升级；每登上一级就可以得到 1 分，被测量者的累积得分，便代表他们的态度层次或强度。

古德曼累积量表的设计通常要经历以下三个步骤：

（一）编写态度语句或项目

古德曼累积量表是由一组表明态度的语句或项目组成，所以首先必须编写态度语句或项目。编写态度语句或项目的第一要务是搜集人们对某个主题或对象的各种态度反应与倾向，以及人们对某个对象的感觉、认识、看法和意见。通常需要搜集 10 ~ 20 条态度反应与意见；第二要务是根据搜集到的态度反映与意见编写态度语句或项目，为设计量表打基础。

（二）封闭答案并进行编码

古德曼累积量表的答案是封闭式的，因此，编写了态度语句和项目后，就要设计态度语句的封闭式答案。一般来讲，答案可分为 5 个反应等级，如“非常希望”“希望”“一般”“不希望”“很不希望”。答案封闭之后，要对答案进行编码。古德曼累积量表答案的编码一般采用二进制编码，即通过的答案计作“1”，没通过的答案计作“0”。通过编码，就可以给被测量者对每一语句或项目的回答或反应打分，并可以将被测量者在全部语句或项目上的累积得分作为其态度取值。被测者的累积得分越高，说明其所持的肯定态度越强烈。

（三）对量表作妥当性检验

古德曼累积量表的妥当性检验是基于试测量基础上的妥当性检验，即通过试测量来区分哪些态度语句或项目是合适的，哪些态度语句或项目是不合适的。一般来讲，通过试测量，凡属 80% 以上的被试测者都表示同意或都表示不同意的语句或项目，就是分辨力差的语句或项目，这些语句或项目是不合适的语句或项目，应当予以删除。

此外，对古德曼累积量表的妥当性检验还要做尺度分析，以便对态度语句或项目的一致性进行检查。

古德曼累积量表的一致性检查是经由对试测量中的反常回答数的分析进行的。人们对量表中问题的回答有正常回答与反常回答之分，正常回答是指通过了的项目之间前后意见方向、同意强度一致的回答，反常回答是通过了的项目之间前后意见方向、同意强度不一致的回答。如果反常回答的数量过多，就说明所编制的古德曼累积量表是不妥当的。古德曼紧积量表的一致性检查通常用一致性系数表示，一致性系数大，说明设计的量表具有较强的妥当性；反之，则表明设计不够妥当。

一致性系数的计算公式为：

$$c = 1 - \frac{b}{a} \tag{4-2}$$

式中，c 为一致性系数，a 为总回答数，b 为反常回答数。总回答数是试测量中的总回答项目数，即有效项目数 × 被测者人数，反常回答数则是试测量中的反常回答的项目总数。

知识窗

参与惊险项目恐惧感累积量表

你在参与惊险项目活动中发生过以下情况吗？					
	经常	有时	一次	从未	不回答
1. 胃有下沉感受	—	—	—	—	—
2. 心跳加快	—	—	—	—	—
3. 全身摇动或颤抖	—	—	—	—	—
4. 胃感觉难受	—	—	—	—	—
5. 肌肉感到僵硬	—	—	—	—	—
6. 感觉虚弱、头晕	—	—	—	—	—
7. 呕吐	—	—	—	—	—
8. 尿在裤子里	—	—	—	—	—

资料来源：谢俊贵．社会调查理论与实务［M］．北京：清华大学出版社，2014：160.

三、奥斯古德语义差异量表

奥斯古德语义差异量表又称为奥斯古德量表、语义差异量表或语义分化量表。这种量表最早是由美国心理学家 C. 奥斯古德等人研制的。

奥斯古德语义差异量表主要研究概念对于不同的人所具有的含义，其应用领域包括文化的比较研究、个人及群体间差异的比较研究，以及人们对周围环境或事物的态度、看法的研究等。

奥斯古德语义差异量表的设计与测量的步骤是：

（一）确定测量概念

确定测量概念是指确定某一概念（或事物/问题/现象）作为测量的对象。这些概念可以是一个国家、地区、组织、团队、群体，也可以是一种现象、观念、见解、理论、角色，还可以是一种文物、景观、景区等。

（二）设计量表初稿

设计量表初稿主要是设计语义差异量表主体部分的提问或回答项目。具体内容是，选择对某一对象进行评价的要素，并用形容词对这些要素进行评价。在每一个形容词的两极之间区分7个等级（也可以区分为其他数量的等级），并自左至右赋予7、6、5、4、3、2、1的分值，或赋予+3、+2、+1、0、-1、-2、-3的分值，以供被测者作为对评价对象的评价选项。

（三）检查设计情况

检查设计情况就是检查设计的语义差异量表的完整性和妥当性。主要检查内容包括：（1）要素的选择是否符合测量对象的实际情况，要素是否完备、得当；（2）对要素进行评价的形容词选择是否得当；（3）各要素之间的排列是否具有逻辑性；（4）获得的资料是否便于统计分析。

（四）结果汇总显示

在测量结束后，都要对资料进行汇总显示。汇总显示的基本做法是将所有量表中的数据汇总于一张量表中，以使人们有直观的感觉。资料汇总后，还可以根据各要素在对研究对象进行评价中的实际作用赋予一定的权重，进行加权评分统计分析，计算最终得分。

知识窗

社会工作机构形象语义差异量表

分值	7	6	5	4	3	2	1	
基本方针：正直	—	—	—	—	—	—	—	不正直
机构规模：大	—	—	—	—	—	—	—	小
业务水平：高	—	—	—	—	—	—	—	低
服务态度：诚恳	—	—	—	—	—	—	—	不诚恳
办事效率：高	—	—	—	—	—	—	—	低
外部影响：大	—	—	—	—	—	—	—	小

资料来源：谢俊贵．社会调查理论与实务［M］．北京：清华大学出版社，2014：162.

四、梯形量表

梯形量表是用于测量两端具有成对相反意义的问题。即根据测量的问题调查者设计出从“很满足”“满足”“马马虎虎”“不满足”“很不满足”和“无可奉告”6个等级，画成梯形图。

制作使用步骤如下：

第一步，制作梯形量表。即根据测量的问题，调查者设计出 6 个等级，并画成梯形图，梯形图旁从下至上标明 0～5 号，其中“5”代表很满意，为最高状态；“1”代表很不满意，为最低状态，“0”为无可奉告。

表 4－6 梯形量表

等级	指标值	选项
很满意	5	□
满意	4	□
马马虎虎	3	□
不满意	2	□
很不满意	1	□
无可奉告	0	□

第二步，进行实际测量。测量前，要先告诉被调查者，在回答每个问题时，请将自己觉得很满意的状况看作“5”，最不满意的状况看作“1”。然后再请他在自己所处的位置上打“√”，认为自己处于中间状态（即马马虎虎），就在“3”的方框内打“√”。

第三步，评估测量结果。即对各类被测量者对各问题所做的回答进行统计分析，并对统计结果做出评价或解释。

梯形量表简便易行，应用面广，它对于测量人们对各类问题的主观感受、满意程度、个人期望和意愿等等都很适用，因此，它已成为测量主观社会指标的一种重要方法。

五、鲍格达斯社会距离量表

在社会调查研究中，有时我们希望了解人们之间相互交往的紧密程度和人们对外人或其他人的接纳程度，这时就可以考虑采用鲍格达斯社会距离量表进行测量。鲍格达斯社会距离量表又称为鲍格达斯量表或社会距离量表，它是用以测量人们之间相互交往和相互关系的密切程度，以及对某一群体所持的态度和所保持的心理距离或社会距离的一种量表。

鲍格达斯社会距离量表从内容上看是由具有某种趋强或趋紧特征的逻辑结构的一系列陈述构成的，不同的陈述代表人们在态度反应上的不同程度；从形式看，该表的结构比较简单，无论是总体结构还是问题答案结构都不是太复杂，通常只有几个问题，并配以“两极”的答案，人们在回答问题时可以实现快速作业。

鲍格达斯社会距离量表的设计重点在于提问的设计及其逻辑构成方面，一般的做法是：首先，依据一定的社会调查课题要求搜集有关的提问，并通过一定表达方式表述；其次，整理这些提问，并按照某种趋强或趋紧的逻辑结构顺序依次排列；最后，给这些提问配以一定的可供选择的答案，通常是“愿意”“不愿意”表明两极态度的两个简要答案。

知识窗

边远地区居民与城市人社会距离量表（初稿）

愿意	不愿意	
□	□	1. 你愿意让城市人来你们乡镇考察吗？
□	□	2. 你愿意让城市人来你们村社考察吗？
□	□	3. 你愿意让城市人来你们小组考察吗？
□	□	4. 你愿意让城市人来你们家里访问吗？
□	□	5. 你愿意让城市人在你们家里用餐吗？
□	□	6. 你愿意让城市人在你们家里住宿吗？
□	□	7. 你愿意和城市人交朋友吗？

资料来源：谢俊贵. 社会调查理论与实务［M］. 北京：清华大学出版社，2014：162。

关键概念

社会指标　社会指标体系　社会测量　社会测量的层次

复习思考题

1. 社会指标的概念是什么？如何理解其内涵？

2. 社会指标的基本类型有哪些？

3. 社会指标的选择原则有哪些？所有原则中，比较难做到的是哪一条？

4. 社会指标体系的设计特点与步骤是什么？请以“××地区义务教育水平”这一社会指标为例，对其进行指标体系的设计。

5. 社会测量有哪些层次？以下变量可划分到哪一层次下：智商、本科、男性、工人、硕士、冠军、考试成绩、教师、失业率？

6. 在社会经济调查过程中，抽象的社会指标有哪些工具可以进行测量？你认为比较常见的测量工具是什么？

第五章　社会经济调查方案的设计

学习目标

□ 掌握社会经济调查方案的一般内容

□ 理解社会经济调查方案设计的原则

□ 掌握调查指标设计的过程和要求

□ 理解调查信度与调查效度之间的关系

□ 掌握提高调查信度与调查效度的途径与方法

☞ 引例

“抱起砖头就没法抱你，放下砖头就没法养你”

中国是一个人口基数非常庞大的国家，中国的人口数量位居世界的前列。庞大的人口数量有力地推动了中国社会经济的发展，但是也引发一系列社会问题，比如留守儿童问题。

留守儿童，这是一个十分沉重并且令人悲伤的话题。

那么，中国有多少留守儿童呢？

根据2018年的农村留守儿童数据，中国农村留守儿童达697万余人。近700万留守儿童，指的是父母均外出打工或一方外出务工、另一方无监护能力的，年龄在16岁以下的孩子。如果是父母中有一人外出打工，这样的留守儿童数量将超过6000万！

“搬起砖头就没法抱你，放下砖头就没法养你”。这句话，是多少外出务工父母内心的挣扎。被人口流动裹挟着的打工潮，父母为了赚钱养家，为了给孩子以后更好的生活，不必承受像自己现在所受的苦，选择远离家乡外出务工似乎也是无奈之举。这些孩子的家长们通常都会去到在大城市里面进行一些非常辛苦的工作，有的在流水线上，有的在工地上，他们都是为了摆脱在农村或者说贫困城市艰难的生活现状，而选择去大城市里面寻找更多的机遇。因为大城市的生活，日常消费额度是非常的高的，他们没有办法用自己微薄的工资来支撑起孩子的教育问题，所以最好的办法就是自己去城市里打拼，然后把孩子留在自己原来的地方接受教育。

由于留守儿童的父母长期在外，没有办法照顾孩子，绝大多数孩子是由年迈的祖父母、外祖父母等祖辈来照顾，也有一小部分由其他的亲戚来照看。因多方面原因，在教育方面对留守儿童的监管不力甚至根本不管。此外，留守儿童由于长期没有家长的陪同及约束，又缺乏好的学习环境，在学校的学习成绩普遍偏低。从而导致学习成绩不好的留守儿童形成了破罐子破摔的心理。同时由于教师的教学任务和家务负担都很繁重，他们没有更多的精力和时间去特别关照那些留守儿童。

资料来源：根据网络资料整理，https：//www. liuxue86. com/k_ 浅谈农村留守儿童教育/；https：//baijiahao. baidu. com/s?id = 1637182667133359115.

案例思考：如果以“留守儿童教育问题”作为社会经济调查的主题，应如何设计调查方案，怎样设计具体的调查指标？选择哪一种调查方法更为合适？

第一节 设计调查方案的内容和原则

在开始社会经济调查研究之前，要依据对该项研究进展的了解、以往的研究经验及目前所具备的主客观条件，对如何开展课题研究从总体上进行方案设计。方案设计的主要内容包括：要做什么样的调查；研究对象是什么；调查包含哪些内容；如何进行这项调查，等等。

一、调查方案的内容

一项完整的调查方案应至少包括以下几个方面的内容：

（一）调查目的

首先，要明确开展社会经济调查的目的是什么，从事此项调查在理论上或实践上有什么价值。其次，要具体确定本项调查要探讨和解答什么社会经济问题，以及解决问题的程度。最后，要准确表述本项调查要描述或解释何种社会现象。

一般来说，对于某个新的研究内容或研究领域进行调查时，以探索为目的比较适宜；想要系统地了解社会问题、社会现象的状况及其发展过程，希望通过对现状准确、全面的描述，反映总体的特征及其分布情况时，比较适合开展描述性调查；想要了解社会经济现象发生的原因、未来发展趋势，提示社会经济现象之间的因果关系时，比较适合开展解释性调查。调查目的确定，一方面可以使参加调查的人员统一认识、协同工作；另一方面又可使被调查者能够自觉主动地与调查者密切配合。

（二）调查类型

在调查类型选择上，要明确是进行普遍调查、典型调查、重点调查、个案调查还是抽样调查呢，如果采用抽样调查，要确定是非随机抽样还是随机抽样；如果是非随机抽样，则要确定是偶遇抽样、判断抽样、配额抽样还是滚雪球抽样；如果是随机抽样，则要确定是简单随机抽样，还是等距随机抽样、分类随机抽样、整群随机抽样或者多阶段随机抽样（见图 5－1）。调查类型、抽样类型不同，调查方案的设计就会大不相同。

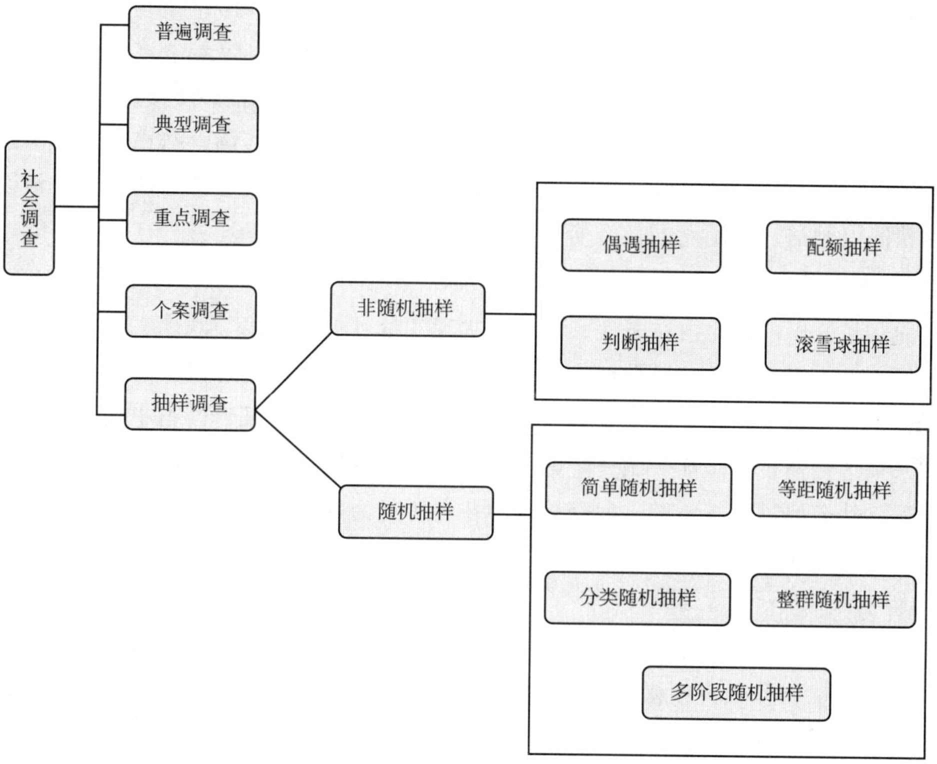

图 5－1　社会经济调查类型选择示意图

例如，组织者选定了“大学生择业倾向”的调查课题，并准备以抽样调查方式开展调查，则应事先明确以下事项：(1) 确定研究总体，是以全国的大学生为研究总体，还是以某地区/省份的大学生为研究总体，抑或是某一类高校的大学生为研究总体；(2) 确定调查总体是什么，是在全国所有省份的高校中进行调查，还是在某几个省份的高校中进行调查；(3) 确定抽样方式；(4) 确定抽取的样本数量。此外，还要考虑抽样中可能遇到的各种问题，如抽样的可行性、抽样误差等。

（三）调查内容和工具

确定调查内容是社会经济调查方案设计的核心。调查方案设计者应根据调查课题的目标和任务，做好调查内容的设计工作。调查内容的设计主要涉及以下几个方面：依据调查目标和任务提出研究问题，并提出用于问题研究的概念工具，即所要研究的变量有哪些；构建变量与变量之间的关系，即提出研究假设；通过基本概念的操作转换和研究假设的操作转换，确定所要调查的项目和指标；依据这些指标和项目具体设计调查问卷、观察表格或调查提纲。

一项社会经济调查具体的调查内容可以分为三大类：

1. 特征

特征，即分析单位的社会背景。如果分析单位是个人，其特征就是人口统计方面的内容：性别、年龄、学历、职业、收入、婚姻状况等；如果分析单位是企业，其特征包括企业的员工规模、注册资金、产量、产值、利润和组织结构等。在一项具体的调查活动中，要根据调查研究的假设选择某些针对性的指标，例如对大学生的调查除性别、年龄外，还会包括年级、专业、成绩排名、生源地等；对老年人的调查可以包括退休时间、健康状况及居住状况（独居、与子女同住）等。

2. 意向

意向，是分析单位的内在属性，是一种主观变量，包括态度、观念、信仰、个性、动机和爱好等。作为个人具有意向性，作为群体、组织、社区等也可以有意向，例如企业的价值观、信念、行为倾向等。由于意向是内隐的，不能直接测量，调查中往往以问卷题目的形式来描述被调查者对某一调查主题的主观倾向与意愿程度。对意向性的描述往往用于对不同群体特征的描述与比较，解释分析单位各种行为的内在原因，因而一般在解释性调查中，意向性是作为自变量出现的。

3. 行为

行为是一种可以直接观察到的社会行为和社会活动，分析单位为“做了什么”“怎么做的”等方面的情况，它受被调查者状态和意向性变量的影响，通常在进行统计分析时，作为因变量出现。

调查工具包括两大类：一类是文书性的调查工具，如调查提纲、调查表格、调查问卷以及各种量表等。社会指标和调查指标最后都必须通过此类调查工具表现出来。因此，设计调查指标的过程，实际上就是设计反映这些社会指标、调查指标的调查提纲、表格、问卷及各种量表的过程。另一类是器具性的调查工具，如调查中要用到的各种照相机、录音笔、摄像机、计算机、交通工具等。

（四）调查地域

调查地域指社会经济调查要在什么地域进行，是城市还是乡村，在多大范围内进行，是社区、街道还是一市、一省、全国或者跨国。调查地域的选择主要取决于调查内容的客观需要和调查主体的实现可能。一般地说，要先确定一个恰当的范围，再选择那些有代表性的单位进行调查，并尽可能使调查地区相对集中一些，以便于调查工作的开展，并节省人、财、物力。

（五）调查时间

调查时间包括两个方面，即调查时段和调查时点。调查时段指调查工作什么时间开始，什么时间结束；调查时点指调查哪一确定时间的具体情况。社会经济调查应根据选题确定最佳的调查时段或调查时点，选题不同则最佳调查时间不同。例如，旅游市场调查的最佳时间，是旅游业的旺季；人口调查的最佳时间，是人口流动最小、各种干扰最少、实施现场登记最方便的时期。

调查方法和规模不同，调查工作的周期也不相同，一般来说，调查规模越大、调查地域越广，所需要的时间也越长；统计性调查所需时间一般较短，而实地调查所需时间较长。

（六）调查对象

调查对象指实施现场调查的基本单位及其数量。实施现场调查的基本单位可以是个人、家庭、群体、组织、部门、小区，也可以是各种社会事物，如住宅、耐用消费品等，还可以是社会现象，如教育、医疗等。调查数量可以是个别的（如开展典型调查和个案调查），也可以是部分的（如抽样调查），还可以是全部的（如普查）。在设计调查方案时，对调查对象的基本单位、数量及选取方法，都应根据需要和可能做出具体安排。

（七）调查方法

调查方法指收集社会经济信息的方法。一般可以采用文献调查法、访谈法、观察法、问卷调查法、网络调查法等诸多方法进行信息的收集。一般来讲，调查方法的选择主要取决于调查课题和调查内容的客观需要。例如，要探索一个社会经济现象背后的原因所在，那么访谈法可能是一个比较合适的方法。同一调查课题往往可以采取不同的调查方法，例如关于城乡教育资源公平问题，可以采用访谈法，收集教育主管部门、学生家长等利益相关方对于这些问题的看法，但这样所得到的主要是定性的数据，研究范围有限；还可以采取问卷调查法，让更多的研究对象参与进来，这样得到的数据可以进行定量分析，并且研究对象的范围会相对扩大。同样的，同一调查方法也往往适用于不同的调查课题。在这种情况下，选择哪一种调查方法，就主要取决于调查主体的现实条件和主观选择了。

（八）调查队伍

除了个人单独进行的社会经济调查外，一般较大规模的社会调查都会组建一支专门的调查队伍。调查队伍的组织工作包括如何选择、培训调查人员，如何提高调查人员素质，如何正确使用、有效督导调查人员，以及如何形成合理的组织结构等。

（九）调查经费

任何调查都需要使用一定的经费。招标性课题和委托性课题，往往都有调查经费的支持；自选性课题往往需要调查者自己去筹集经费。如何筹集、管理和使用经费，怎样用最低的调查成本获得最好的调查成果，是设计调查方案中不可缺少的重要内容。

（十）调查工作安排

调查工作安排主要是调查任务和调查时间的安排。调查任务的安排要力求合理、平衡，符合调查人员的实际能力；调查时间的安排，既要有紧张的节奏，又要留有余地，以应付可能发生的意外。

二、设计调查方案的基本原则

社会经济调查方案的编制，是社会经济调查项目策划的重要环节，也是整个社会经济调查过程中必不可少的一项内容。设计调查方案，应遵循以下一些原则：

（一）科学性原则

社会经济调查方案的编制必须遵循客观规律和科学规范进行，科学性体现为两个方面：一是实证性；二是逻辑性。它要求社会经济调查方案的编制必须建立在已有的科学理论、可能的经验观察和严密的逻辑推理基础之上。因此，在编制方案时，设计者一方面要在已有的科学理论指导下开展必要的探索性调查研究工作，使社会经济调查方案真正符合客观规律；另一方面还要使研究问题和研究假设的提出、分析单位和研究内容的确定以及基本概念和研究假设的操作转换真正符合科学逻辑。

（二）实用性原则

实用性原则要求社会经济调查方案的编制必须从社会实际情况出发，充分考虑社会经济调查过程中的主客观条件，制定可以实施的行动纲领。调查目标的设定很大程度上取决于参与调研人员的素质。如果参与调查的人员主要是在校的大学生，那么解决实际问题的研究目标就不能定得太高；如果调查人员主要是文化程度偏低的基层工作者，则理论研究的目标就应适当降低。另外，调查范围的大小、调查对象的多少，在很大程度上也取决于调查人员的多少和调查时间的长短。在社会经济调查方案的编制中，也必须从实际出发加以确定。

（三）时效性原则

设计调查方案必须充分考虑时间效果，特别是应用性调查课题往往有很强的时间性。例如有机农产品市场需求调查，必须赶在市场需求发生重大变化之前拿出调查成果，否则就失去的调查的意义。关于社会规划、社会政策制定的课题，应具有更强烈的时间意识，过于拖延可能会影响政府决策。当然，强调时效性也不是越快越好，对于一些学术性强的课题，往往需要进行深入、持久、反复的调查，才能取得良好的成果，因而此类课题的研究周期安排一般较长。

（四）经济性原则

设计调查方案应力争用最少的时间、人力、物力和经费的投入，取得最大的调查成果。所以，在调查的抽样、资料收集、资料整理与分析各环节设计上都需要遵循这一原则。例如，在调查类型选择上，能安排抽样调查的就不必安排普遍调查，能安排典型调查的就不必安排抽样调查；在调查方法选择上，能通过文献调查有效解决的问题，就不必进行实地调查；能通过观察、访问达到研究目标的，就不必开展实验调查。

（五）弹性原则

在实际调查中，难免遇到意想不到的新情况，因此，调查工作的安排节奏方面，要有一个上下左右的调整幅度，保持一定弹性，以应对突发的状况。这是因为：（1）任何社会经济调查方案都是一种事前的设想，它与实际运作之间总会存在一定距离；（2）任何社会调查方案都要在一定环境中实施，而环境变化往往难以预计。所以具有一定弹性的调查方案才是真正实用的方案。实践中，一些重大、复杂的调查课题，往往需要设计出几套不同的调查方案，以便随着调查现场实施情况的变化及时调整方案，或者根据实际情况在不同的地区采用不同的实施方案进行现场调查。

▶案例：

蒙汉通婚研究

“蒙汉通婚研究”是北京大学社会学研究所“边区开发”课题组于1985年开展的一项社会调查。其调查方案设计摘录如下：

1. 调查题目：赤峰地区农牧区蒙族与汉族的通婚研究。

调查目的：通过对影响蒙汉通婚的各种因素的分析，探寻民族通婚的一般模式，建立一种理论模型说明中国的民族通婚问题。这一研究对于认识目前的民族关系、制定民族政策有一定的参考价值。

理论构架：本研究的基本设想是，影响蒙汉通婚的主要因素有六类：一是经济活动；二是居住特点；三是人口迁移；四是语言文化；五是历史因素；六是政策因素。其中后两种因素起独立的影响作用。通过对前四类因素的界定、分解和操作定义，筛选出10个影响民族通婚的变量：①某一民族在一个村的总户数的比重；②居民的平均文化水平；③户主的年龄；④户主的文化水平；⑤职业；⑥户口类型；⑦是否移民；⑧掌握另一民族语言的能力；⑨领导中另一民族成员的多少；⑩与另一民族成员的交友情况。将这些自变量与因变量（民族通婚的程度）联系起来，建立一组研究假设和一个复杂的因果模型。

2. 研究类型：解释性研究、横剖研究、抽样调查。

调查方式：统计调查为主，结合实地观察。

调查方法：问卷法为主，结合访问法、观察法。

资料分析方法：统计分析（包括相关分析、回归分析和路径分析），结合理论分析。

3. 调查范围：内蒙古赤峰地区。

分析单位：个人。

抽样单位：家庭（户）。

4. 抽样方案：研究总和是赤峰地区的居民。根据地区特点选择4个有典型意义的旗（县），在这4个旗（县）中选择5个有代表性的乡，再在这5个乡中各选择2—3个村，共选出12个村。这12个村共3200户，从中随机抽取（每4户中选3户）2439户。在每户调查户主1人，共2439人。

5. 调查内容：户主的主要特征（自变量③—⑩），各特征组的民族通婚程度，户主所在村、乡、旗的历史状况与现状，民族政策的历史变化。

调查问卷：调查指标和项目包括雇主的年龄、文化水平、职业变动、婚姻史、配偶情况、生育史、语言能力、社会交往、领导情况、个人收入、个人对居住地满意程度等，它们是对自变量③～⑩的测量。对每一指标或项目设计一个或几个问题了解。以上是主要问卷。此外，还设计两个辅助问卷，一个是了解家庭情况，另一个是了解迁移情况。了解村、乡、旗的历史与现状是根据事先设计的调查提纲。

6. 调查时间：1985年6月至1985年8月。

调查时点：1985年6月1日。在6月1日以后迁入的户主不在调查范围内，6月1日以后结婚的不做统计。

调查场所：直接进入家庭访问，填写问卷。

调查时间计划：准备阶段为1985年2月至1985年5月，查阅文献，到赤峰地区（市）、旗（县）的政府有关部门了解情况，到调查地区实地初步考察，除了问卷调查外，还需要考察这5个乡其他41个村的概况。

研究阶段：1985年9月至1985年11月，资料整理、数据处理、输入计算机汇总分析，打印统计表格、计算相关系数等。

总结与应用阶段：1985年12月至1986年3月，结合资料的统计分析和理论分析撰写调查研究报告。

7. 调查经费和物质手段（略）。

8. 调查员培训、组织：课题组共5人，其中3人是调查员，由2名研究人员带队，示范并负责检查、核对工作。

资料来源：袁方．社会研究方法教程［M］．北京：北京大学出版社，1997.

第二节　概念操作化及指标的设计

一、概念与变量

（一）概念

概念是对现象的抽象，是一类事物的属性在人们主观上的反映。因为，人类在交流的时候，会对一些事物使用具有共识性的术语，用以表达该事物在人们头脑中的反映。例如，说到“食物”，人们会想到米饭、面条、肉、蛋、奶等，形态虽然不同，但它们都有共同的特征：可以为身体补充能量和营养。“食物”的概念，就是对这些具体的、各不相同的食物的抽象。概念由定义构成，定义通常以语言、数字或符号的形式来指明和限定概念所指称的现象。只有在做出定义之后，概念才有意义，才可以用来表示社会现实中各种有形的事物或现象，如“服装”“书本”等；概念也可以用来表示社会经济现实中许多无形的、客观存在的事物或现象，如“文化”“态度”等。

概念包括内涵和外延，内涵指其含义，外延则是其适用范围。由于现实世界中事物和现象的类型、结构不同，复杂程度不同，概念的内涵和外延的复杂程度也不相同。比较之下，“文化”的概念要比“书本”的概念抽象得多。抽象层次越高，概念涵盖的面就越广，特征也越含糊；抽象层次越低，概念涵盖的面就越小，特征也越清晰。抽象层次高的概念往往包含诸多抽象层次低的概念。既然概念有大小之分，对于多个概念，应首先明确其大小以及层级，还要明确概念之间的相互关系，是并列关系还是包含关系，这样才能更好地理解概念。

（二）变量

变量是没有固定取值的概念。一个变量可以有两个及以上的取值，不是固定不变的，如“性别”，有“男性”和“女性”两个取值。而有固定不变的值的概念，通常被称为常量，如“太阳”“月亮”和“星星”，它们通常不是社会经济调查所关注的事物。变量包括若干范畴、属性或亚概念，它们能够反映概念所指称的现象在类别、规模、数量、程度等方面的变异情况。例如，“企业规模”这一概念包括特大型、大型、中型、小型、微型等类别，表达出企业在规模上的差异。

根据变量取值的性质，可以把变量分为类别变量、顺序变量、间距变量和比率变量。相应地，它们的测量层次分别是定类测量、定序测量、定距测量和定比测量。

根据变量之间的关系，可以把变量分为自变量、因变量及中介变量。自变量指引起其他变量变化的变量。因变量是指由于其他变量的变化而导致自身发生变化的变量。当一个变量的变化引起或导致另一个变量发生变化时，两者就形成了因果关系。例如“环境知识的获取会影响个体的环境态度”，这里环境知识就是自变量，环境态度即为因变量。但是，社会现象是纷繁复杂的，事物之间的关系并非是一对一的。在一个关系中的因变量，可能会是另一个关系里的自变量。例如“个体的环境态度会影响其环境行为倾向”的论述中，环境态度是自变量，环境行为倾向是因变量。联系到上一条论述，环境态度也是环境知识的因变量。当我们把两条因果关系链连接到一起会发现，环境态度处于这条关系链的中间，既是自变量，也是因变量，此时我们称环境态度为环境知识与环境行为倾向之间的中介变量。

社会经济调查中对于变量有两个要求。第一，变量的取值要做到穷尽，即每个被调查者的情况都应归于某个取值中。如，对于文化程度这一变量中只设置了初中毕业、高中毕业、大学本科毕业三个取值，这样的变量就不是穷尽的。因为，它没有涵盖所有文化程度方面的属性，比如中专、大专、研究生等学历不能归于这三类中的某一类。第二，变量的取值必须是互斥的，即每一个被调查者的情况仅属于某一个取值，而不能同时属于两个或多个取值。如，文化程度的取值中，即设置了中学毕业，又设置了初中毕业，那么两个取值之间就存在包含关系，不是互斥的。

（三）抽象定义与操作定义

当我们对调查对象进行调查时，会涉及许多变量。有些变量比较容易测定，例如调查对象的年龄、性别、职业等，可以直接填写，但有些变量则较难测量，例如“环境态度”“消费满意度”等，这些变量往往是抽象的，无法直接进行测量，使之与“数”联系起来以做后续的统计。这些无法直接测量的概念我们称之为“抽象定义”，而与抽象定义相对应的是“操作定义”。

1. 抽象定义

抽象定义，是对调查指标共同本质的概括。抽象定义的作用在于揭示调查指标的内涵，概括事物的本质。但是一切抽象定义在现实生活中都可以找到与之对应的经验层次的替代物。人的内在本质存在于人们的各种社会关系中，思想观念存在于人们的交往活动中，政治立场存在于各种政治活动中，于是就可以将许多直接的、自然的经验材料作为抽象定义的测量指标。例如，“社会地位”是一个抽象定义，指的是“社会成员在社会关系及其体系中所处的位置”。

2. 操作定义

所谓概念的操作定义，就是用可感知、可量度的事物、现象和方法对抽象定义所做的界定或说明。例如，要调查一个人的社会地位情况，可以考察其家庭背景、民族、性别、年龄等先赋性因素，以及文化程度、职业、财产、职务、社会声望等自致性因素，当把这些有关社会地位的替代物归结到一起时，就有了测量一个人是不是具有社会地位的“尺子”，这把“尺子”就是通常所说的对“社会地位”这一抽象定义的操作定义。

概念的操作化，就是集中处理抽象与具体、普遍与特殊、精确与模糊三对矛盾的过程。通俗地讲，就是将抽象定义的特征具体化，给出用什么样的“尺子”去测量及怎样测量的规定或方法，是将理论的东西变成可测量的东西的第一步。概念的操作定义有的是通过计算给出，有的是通过可观察、可操作的描述性语言给出。通常，我们将表示一个概念或变量含义的一组可观察到的事物，称作这一概念或变量的一组指标。在社会经济调查中，操作定义的作用就在于界定调查指标的外延，解决调查过程中如何操作、如何收集资料的问题。

这说明，抽象定义和操作定义都是对同一调查指标所下的定义，只是定义的内容、方法和着重点有所不同。抽象定义决定着操作定义的本质内容，操作定义则是抽象定义在调查过程中实际操作的具体方法。

二、维度与指标

（一）维度

社会经济调查的实际研究过程中，研究者可能已经对概念进行了明确的界定，但仍可能会引发他人在理解上的不一致。这是因为，概念或变量的表现形式常常是多种类型的。例如，“文化差异”这一概念，霍夫斯坦德将其划分为“权力距离”“不确定性的规避”“个人主义/集体主义”“男性化与女性化”“长期取向与短期取向”“自身放纵与约束”六个方面。研究者在调查中设置变量时，必须首先弄清楚变量的分类情况，这里的“分类”或者不同的“方面”就是维度，即概念或变量可以指明的方面。通过对概念不同维度的划分，我们可以对概念或变量有更深的了解。在实际工作中，列出概念或变量的维度，对于概念的操作化、指标的设定、问卷的制作及综合分析都具有十分重要的意义。

（二）指标

1. 社会指标与调查指标

社会经济调查的内容主要是通过社会指标和调查指标反映出来的。社会指标是指反映社会现象的质量、数量、类别、状态、等级、程度等客观情况，以及反映社会成员的感受、愿望、倾向、态度、评价等主观状态的类别或项目。调查指标是指，调查过程中用来反映或衡量调查对象的特征、属性或状态的项目。

社会指标的设计主要着眼于反映一定理论假设，力求用最具有代表性的一组社会指标来说明研究假设所要说明的问题；调查指标的设计则主要着眼于反映调查对象的实际情况，力求用最简明的项目、最简单的方法来反映调查对象的真实情况。

调查指标的设计必须具备以下几个特点：

（1）可感知性或具体性。调查指标不是抽象的概念或变量，而是具体的或可被观察、被感知的事物。例如，“性别”“月收入”等指标都是非常具体的项目，“消费满意度”“职业倦怠感”等反映人的主观感受的指标虽不是十分具体，但也是可以被感知的。

（2）可计量性。调查指标不能是数量不清、界限不明的概念或变量，而应是可以用数字或符号进行度量的事物。例如，“就业率”“出生率”等指标都是可以用数字计量的事物，“消费满意度”也可以用数字或不同等级符号来衡量。

（3）代表性或重要性。调查指标的设定必须能够说明一定问题，是能够反映某种社会经济现象的具有关键意义或代表性的项目。例如，就“人口素质”设定调查指标，则平均预期寿命、人均教育经费、每万人口中科技人员所占比重、每万人口中医生所占比重等指标就具有关键意义；相对来讲，人口数量、人口密度等指标的代表性和重要性则次之。

（4）时间性或地域性。调查指标的设定要考虑时间和地域的限定。例如，“毕业生就业率”这个调查指标必须指明是哪一年或哪几年的数据，同时还要说明是在哪一个区域的毕业生就业率。

三、概念的操作化

1. 概念操作化的定义

概念的操作化就是将抽象的概念转化为可观察的具体指标的过程。例如，调查“公司福利”，需要将“公司福利”这个概念进行界定并具体化为“绩效奖惩”“加班补偿”“工作津贴”等，这样就将“公司福利”这一抽象概念转化为可观察、可直接测量的一组具体指标，来反映公司的福利情况。

2. 概念操作化的意义

一般需要采用定量分析方法进行的社会经济调查课题，必须构建概念的操作定义。概念的操作化具有以下的意义：

（1）概念的操作化是定性分析与定量分析的桥梁。在采用定量研究方法进行的社会经济调查中，一般会有从选题到设定变量再到提出研究假设等工作程序，至此还属于定性分析阶段。此时，必须将抽象定义转化为操作定义，使研究的变量得以进行测量，完成研究从定性分析向定量分析的转换。例如，研究假设“随着工业化的发展，亲属关系会趋向淡化”，其中，“工业化”“亲属关系淡化”这两个概念是比较抽象的，在实际调查中不便于测量，必须对这两个概念进行解释和界定：“工业化”的标准指工业产值在总产值中所占比重达到某一数值；“亲属关系淡化”以亲属间一定时间内来往次数来衡量。只有对这两个概念做出具体解释，才可能进行实际的操作。所以，概念操作化是定性分析向定量分析转化的桥梁，是整个研究工作的重要基础。

（2）概念的操作化有利于研究问题的深入。社会科学与自然科学研究的一个很大区别是，社会科学所涉及的概念容易产生歧义，概念的操作化可以避免人们对同一概念的不同理解而发生的误解。例如，对于“月收入”这一概念，有的人将它理解为基本工资，有的人将它理解为包括基本工资、公积金、年终奖金在内的所有收入。由于理解不同，在有关月收入的情况调查中，就会出现不同的调查结果，因此必须加以明确的解释和界定。

（3）概念的操作化能够进一步明确调查对象的调查范围。如在对有关家庭问题的调查中，对“家庭”这一概念所涉及的范围必须做出明确而具体的解释：如户口落在工作单位的“集体户”算不算家庭？有独立户口但是单身算不算家庭？只有对这些界限做出明确的规定，调查的对象及其范围才能确定下来。

3. 概念操作化的步骤

（1）对概念进行界定。精确地指出概念包括什么、排斥什么，为资料分析和组织提供指导性框架，避免人们对同一概念有不同认识情况的发生。具体操作时，首先，要弄清楚概念的范围。在采用或给出具体定义之前，先总结其他研究者对这一概念所下的定义是怎样的。了解到有关这一概念的不同定义后，可以对这些定义进行分类，形成对这个概念的总体把握。其次，选择或决定一个定义。研究者可以直接采用一个现成的、符合自身研究需求的定义，也可以根据研究需要在现有定义基础上自己界定一个新的定义。

（2）描述概念的维度。一个抽象的概念往往对应现实生活中一组复杂的现象，所以要明确概念的维度以及本项研究需要哪些维度。毕竟有些概念包括多项维度，研究者必须事先确定自己需要的维度，否则可能出现本来要测量某一维度而实际测量的却是另一维度的情况。例如，“员工对企业激励策略的感知”这一概念，可以包括公司的福利措施、健全的企业组织、专业成长等不同维度，研究者可以根据研究实际或自身兴趣选择其中一或两个维度去进行研究，也可以是全部维度。

（3）发展具体指标。对于一些简单的概念来说，建立一个测量指标是很容易的，例如“职业”“文化程度”“年龄”等。但是，对于一些比较复杂的、抽象程度比较高的概念来说，发展测量指标则不那么容易。对于这样的概念，研究者可以采取两种途径建立测量指标：第一是收集和利用前人已有的指标，有一些指标经过前人运用、修改和丰富，具有一定的普遍适用性，具有较高的参考价值，可以借鉴。第二是自己建立指标。有一些研究，没有可以借鉴的指标，研究者可以先进行一段时间的探索性研究，通过对相关文献的收集、专家咨询、实地探索等，对研究对象或问题形成一个大致的认识，在此基础上发展出符合测量概念和实际情况的具体指标。

当然，在实际的研究工作中，具体指标的设定往往是这两种方法的结合。研究者一般不会完全照搬前人已有的指标，而是根据研究对象和问题的实际，在借鉴前人基础上再发展出一些符合研究实际的新指标。

4. 调查指标设定的方法

将抽象的概念、社会指标转化为可观察、可测量、便于实际操作的具体指标，一般可采用三种方法：

（1）用客观存在的具体事物来设计调查指标。例如，劳动力人口年龄的操作定义，可以设计为男 16 ~ 60 周岁和女 16 ~ 55 周岁，也可以设计成男 18 ~ 65 周岁和女 18 ~ 60 周岁。

（2）用看得见、摸得着的社会现象来设计调查指标。例如，对于学生的“纪律性”这个抽象定义，可以用缺勤率，迟到、早退次数，旷课次数等可感知的社会现象来考查。

（3）用社会测量的方法设计调查指标。这部分内容在“社会指标与社会测量”一章中已经做出了讲解，这里就不再赘述。

总之，设计具体指标不管采用哪种方法，都应严格遵守对称性原则，设计出来的指标必须与抽象定义的内涵和外延相对称，而不能过宽或过窄。操作定义的设计用看得见、摸得着的具体事物来界定调查指标，提高了调查的客观性；以明确的操作定义进行调查，使调查具有了统一的标准、方法和公式，提高了调查的统一性；这些统一的标准、方法和公式也提高了调查的横向及纵向可比性。

四、设计调查指标的过程

调查指标的设计过程，实际上是一个从研究假设到社会指标、再到调查指标的分解过程（见图5－2）。

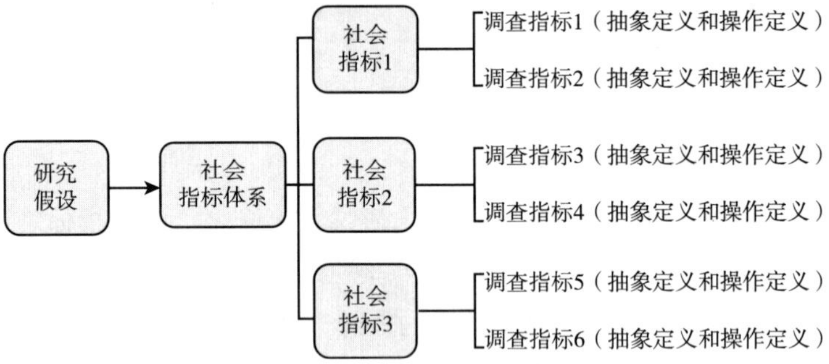

图5－2　调查指标分解过程

从这个分解过程图中可以看出，设计调查指标要符合如下几个基本要求：

1. 以一定的研究假设为指导

以中国现代化战略研究课题组设计的第二次现代化评价指标为例（表5－1），第二次现代化的研究假设是知识化和信息化，因而设计的主要是与知识化和信息化有关的社会指标。如知识化方面，包括知识创新和知识传播两个二级指标，而知识创新方面又进一步细化为知识创新经费投入、知识创新人员和知识创新专利产出三个三级指标。可以说，每一层指标的设立都以上一层指标为指导，而最终归结为受研究假设的指导。

表5－1　第二次现代化评价指标（节选）

二级指标	三级指标和指标编号	指标解释和单位
知识创新	1. 知识创新经费投入	研究与发展经费占国内生产总值比例（R&D经费/GDP），%
	2. 知识创新人员投入	从事研究与发展活动的研究人员/万人，人/万人
	3. 知识创新专利产出	居民申请国内发明专利数/万人，项/万人
知识传播	4. 中学普及率	在校中学生人数占适龄人口（一般为12—17岁）的比例，%
	5. 大学普及率	在校大学生人数占适龄人口（一般为20—24岁）的比例，%
	6. 电视普及率	家庭电视普及率，%
	7. 互联网普及率	每百人中的互联网用户，%

资料来源：何传启．中国现代化报告2011——现代化科学概论［M］．北京，北京大学出版社，2011：283.

2. 以一定的社会指标为依据

第二次现代化评价指标体系中，知识创新二级指标下共有知识创新经费投入、知识创新人员投入、知识创新专利产生三个三级指标，以这三个三级社会指标为依据，设计了一系列的调查指标，包括研究与发展经费、GDP（即国内生产总值）、从事研究与发展活动的全时当量人数、总人口数、居民申请国内发明专利数等。所以说，那种脱离社会指标，任意设计调查指标的做法，或者游离于社会指标之外，另行设计调查指标的做法都是不科学、不正确的。

3. 与社会指标相匹配、相对称

与社会指标相匹配、相对称这一点要求设计的调查指标必须与社会指标具有同层次性和完整性。例如，设计的社会指标是“第一、二、三产业的劳动力比重”，设计的调查指标却是农业劳动力人数、制造业劳动力人数和商务服务业劳动力人数和劳动力总数。这样设置的调查指标显然不具有完整性。在这个例子中，农业劳动力数量并不能够代表第一产业的劳动力数，因为第一产业还有林业、畜牧业和渔业；同样的，第二产业中除了制造业还有采矿业、建筑业等其他门类，而商务服务业仅仅是第三产业中的“第72大类”，根本不能代表第三产业从业总人数。

4. 符合调查对象的实际情况

设计的调查指标既要以社会指标为依据，又要以调查对象的实际情况为基础。例如，依据“农民纯收入”这个社会指标设计调查指标，2006年以前必须设计“缴纳农业税”这一调查指标，因为计算农民家庭纯收入时，必须从总收入中扣除缴纳农业税部分；2006年后全国免除农业税后，这一调查指标也就不需要了。

5. 有获取相关资料的可能性

这包含两个方面：一是被调查者是否可能准确知道你要调查的情况。例如，有的调查表中设计这样的调查指标：“在互联网上你结识了多少位网友”，或“你获得了多少条信息”，这一类定义模糊的、难以计量的问题，让被调查者很难做出准确回答。二是被调查者是否愿意回答你要提出的问题。例如，“您今年参与赌博多少次”或者“您炒股赚了多少钱”，对于这类敏感性的问题，被调查者即使明白也不会回答你。

6. 设计出明确的抽象定义和操作定义

抽象定义必须明确，才能概括出调查指标的共同本质；操作定义必须明确，才能使抽象的社会指标与具体的社会现象联系起来。例如，“农村留守儿童”的抽象定义是“父母双方或一方外出务工经商、而自己留在农村生活的孩子”，为了把这一抽象定义与具体社会现象联系起来，就应设计出明确的操作定义：（1）父母双方或一方外出务工或经商；（2）父母外出时间达半年及半年以上；（3）年龄小于16周岁的孩子。

第三节　信度和效度的统一

对于任何社会测量工具或测量手段，都面临以下一些问题：测量所得的数据或资料是否与研究对象的特征有关？测量所得的结果是否是研究者所希望得到的结果？当测量的时间、地点、操作者发生改变时，测量的结果是否也会发生改变？这些问题均与社会测量的信度与效度有关。社会测量必须做到信度与效度的统一，这是科学进行社会经济调查的基本要求。影响信度和效度的因素很多，它不仅涉及社会测量问题，而且涉及社会经济调查的各个环节，其中调查方案的设计具有关键性意义。因此，在设计调查方案过程中，特别是在设计社会指标和调查指标过程中，应充分考虑信度和效度问题。

一、信度、效度及其相互关系

（一）信度

信度也称为可靠性，是指调查结果反映调查对象实际情况的一致性或可信性程度。意即，对同一个事物进行重复测量时，所得结果一致性程度。一致性程度越高，信度就越高；一致性程度越低，信度就越低。例如，我们用同一份问卷调查一群人的职业倦怠问题，如果前后两次测量的结果差异性不大，就说明这次调查的信度高；如果几次测出的结果差异很大，说明调查的信度低。

1. 信度的估计

一般地说，有以下几种信度系数用来估计测量工具的信度，即：

（1）再测信度。即设计一种调查工具，对同一调查对象先后进行多次调查，根据多次调查结果计算相关系数，以此来评估测量信度。再测信度考察的是被调查者是否正确地理解了测量工具中的项目组，并做出了真实稳定的回答。如果两次测量结果出入较大，相关度低，表明测量结果不稳定；如果两次测量结果出入不大，相关度高，说明测量结果稳定，测量工具具有可信度。再测信度特别适合于对事实进行调查的测量工具，因为一些基本的客观事实或人的兴趣、习惯等都是相对稳定的，在短时间内不会有显著的改变。

再测的过程考虑了不同的条件（如环境、人）带来的测量结果的误差，这种误差与两次施测的情境相关联。因为在前后两种情境中施测的是同一个测验，所以重测系数不能反映测验题目样本不同所带来的误差。此外，两次施测的条件也和时间间隔有关，时间间隔越长，误差变异越大。因此，当第一次施测和第二次施测的时间间隔相对较短时（几天或几周），重测的稳定性系数会较大；反之，当第一次施测和第二次施测的时间间隔较长时（几个月或几年），该系数就会偏小。

用再测法估计信度的优点是能提供有关测验结果是否随时间而改变的资料，可作为预测受测者将来行为表现的依据。

用再测法估计信度也具有一定局限性。再测信度易受练习和记忆的影响，前后两次施测间隔的长短务必适宜。如果相隔时间太短，则记忆犹新，练习的影响较大；如果相隔时间太长，则身心的发展与学习经验的累积等均足以改变测验分数而使相关降低。另外，第一次测试所发现的错误也可能导致第二次反应的变化而增加误差变异。因此，再测信度更适用于测量那些不会随时间的变化而改变的特质。

▶案例：

“危害健康的评估调查”再测信度

萨克斯、克鲁希特和纽曼开展了一项有关危害健康的评估调查。该调查是预防性药物研究的一部分，目的是研究患者的背景和生活方式等因素与健康的关联性，研究结果将提供给医生，以备论断时参考。通过了解患者的生活情况，医生可以为患者了解自己的潜在体能和改善健康状况提供建议。当然，这项研究目的的实现完全依赖于每个受试者提供资料的可靠性。

为了测试资料的信度，萨克斯和他的同事一起对207个调查对象进行了一项基本问卷调查，问卷的内容是有关调查对象特征及其行为的描述。三个月之后，他们又对同样的调查对象发出完全相同的问卷，最后把两次问卷的结果进行比较。结果显示，只有15%的被调查者在两次问卷中提供了一致的资料。萨克斯和他的同事在报告中指出：将近10%的被调查者在第二次问卷中填答的身高不同于第一次，1/3的人填答的双亲年龄不同于第一次，甚至有一个被调查者的父母在三个月内年龄多了20岁！在有抽烟和喝酒习惯的人中，有1/5的被调查者已不能明确地回想起过去抽烟和喝酒的方式。有些调查对象甚至在第二次填答问卷时，将前一次据实写出的个人病史、越轨记录和自杀的想法都隐瞒了起来。例如，有一位被调查者，第一次填写问卷时说母亲已经去世，而在第二次填写时却说母亲健在；另一位被调查者，在第一次填写问卷时说自己失去了卵巢，但在第二次填写时又说自己有卵巢；还有一位受访者，第一次填写时说自己已55岁，三个月后却成了50岁。想想看，这样的资料如何为医生诊断提供依据？显然，这次测量所获得的资料并不可靠，没有再测信度。

资料来源：艾尔·巴比．社会研究方法［M］．邱泽奇，译．北京：华夏出版社，2012.

（2）复本信度。复本信度又称等值性系数，指将一套测量工具设计成两个（或以上）等价的复本，以这两套复本分别对同一研究对象进行测量，然后求得被试者在两个测验上得分的相关系数。

复本测验有两种方式：一种是在同一时间里连续进行测验，另一种是间隔一段时间后再进行测试。前者可以判断两次测验内容之间是否等值，因此用这种方法得到的信度系数也被称为等值系数；后者不仅可以判断两次测验之间内容的等值状况，而且可以反映出时间因素对被试者潜在属性的影响程度，因此用这种方法得到的信度系数也被称为等值稳定系数，并且对测验进行的评估最严格。

复本信度的优点包括：

① 一个测验有两个或多个复本，这意味着对于同一种属性的测量有两个或几个行为样本。由于测题数目的增加，对于与所欲测量的属性相联系的行为总体的代表性增强。因此，一个测验的两个复本在两三天至一周对同一组被试者施测时，获得的复本信度系数是

相当准确的。

② 测验的两个复本，如果在不同的时间使用，其信度既可以反映在不同时间的稳定性，又可以反映对于不同测题的一致性。它反映了两个层面的信度。

③ 两个复本在同时连续使用时，可以避免再测信度的一些缺点，如首测对再测在记忆、练习效果的影响，间隔期间获得新知识的影响，两次施测的环境不同和被试者主观状态不同的影响，以及为了应付测验所做训练的影响等。

复本信度的缺点包括：

① 编制两个完全相等的测验是很困难的。如果两个复本过分相似，则变成再测的形式；而过分不相似，又使等值的条件不存在，两个复本测验有可能在某种程度上测量了不同的性质，这就会低估测验的信度。

② 被试者连续接受性质相似的两个测验，可能减少完成测验的积极性。

③ 虽然两个复本测验的题目材料不同，但被试者一旦掌握了解题的某一模式，就能触类旁通，有可能失去复本的意义。

无论从测验的理论上来说，还是从实验研究的观点来看，复本信度是考察测验可靠性的最好方法。复本信度不仅适用于难度测验，也是估计速度测验信度的最好方法。在做追踪研究或探讨某些影响测验成绩的因素时，大多使用复本测验。

(3) 折半信度。即设计一种调查问题按单双编号的调查工具，其中单号与双号题在内容、难度等方面都具有相等性质，在对调查对象进行调查后，把单号题与双号题的答案进行比较，并求出信度系数。

折半信度是一个综合性信度指标。受题目之间的一致性、施测、记分、受测者状态等多种因素的影响，可以较好地反映一份测验受随机误差影响的程度。态度式测量工具比较适合用折半信度，因为这类测量工具往往使用利克特量表，对每个主题设计多个正向及逆向题目，因此可以将每个维度的题目按奇偶数分为两个部分来考察折半信度；这种方法一般不适用于事实式问卷（如年龄与性别无法相比），以及评估速度测验的信度。

(4) 克朗巴哈 α（Cronbach's α）系数。这是描述调查工具内部一致性的信度系数，是最常用的信度测量方法，最先被美国教育学家 Lee Cronbach 在 1951 年命名。它反映了问卷中项目之间的相互关联程度，在社会科学研究领域中，克朗巴哈 α 系数是计算利克特量表信度的最常用方法。

这一信度统计方法在使用中应注意：

① Cronbach's α 系数的一个重要特性是它们的值会随着量表项目的增加而增加，因此，Cronbach's α 系数可能由于量表中包含多余的测量项目而被人为地、不适当地提高。

② 如果测量工具或量表是由多个维度构成的，应该分别计算各个维度的 α 系数。

③ 通常 Cronbach's α 系数的值在 0 ~ 1 之间。如果 α 系数不超过 0.6，一般认为内部一致信度不足；达到 0.7 ~ 0.8 时表示量表具有相当的信度；达 0.8 ~ 0.9 时说明量表信度非常好。

2. 影响信度的因素

在标准化程度较高的测量中，信度主要受随机误差的影响。随机误差在抽样调查中不可避免，每次对观测值的影响也不一致，因而会影响观测值的稳定性。随机误差的存在又受以下几个因素的影响：

（1）被调查者。被调查者在接受测量的时候是否认真、耐心地配合调查，有没有太大的情绪波动？如果是短期内接受了两次以上的调查，这期间其观念是否发生了变化？这些因素都会影响随机误差的产生，从而影响测量结果的稳定性。

（2）调查时间。一般来说，一次调查的时间越长、问题越多，越容易引起调查对象的畏难心理，从而影响他们答题的态度，进而影响随机误差的大小。

（3）调查人员。调查人员在调查过程中是否认真专业，是否能够按照规定的操作流程开展测量，尽量避免由人际互动和主观因素产生的偏差，都会影响随机误差的大小，进而影响测量的信度。

（4）测量工具。问卷设计得是否合理，问题的难易程度是否适中，措辞是否严谨等，都会影响被调查者在测量过程中的心态，进而影响随机误差的大小和测量结果的稳定性。

（5）在非结构式、非标准化测量中，还会受一些偶然因素和主观因素的影响，进而使测量结果的稳定性发生变化。

（二）效度

效度也称为测量的有效度或准确度，是指测量工具是否测出了研究者想要测量的东西，所测量的结果是否能正确、有效地说明所要研究的现象。当一项测量所测的正是它所希望测量的事物时，说明这一测量具有效度，或者说是一项有效的测量。例如，要测量小学生的数学能力，却用英语出题，那么，当学生看不懂时就不可能给出正确答案，这项测验所得的分数考察的并不是小学生的数学能力，而是他们的英文能力（所测量到的并不是我们所希望测量的东西），这样的试卷就不具有效度。所以，当查阅或设计一份问卷时，首先要考虑的是测量工具的效度。

效度的测量包括以下几个方面：

1. 内容效度

内容效度又称逻辑效度，指调查内容的代表性，即调查内容对所要调查的问题的覆盖程度，也可以指项目对欲测的内容或行为范围取样的适当程度。如，教师为了了解学生在某一学科或某一课题上对知识的掌握情况，不可能进行一个全面的考试、包含所有有关的内容，通常会从这一范围总体中选出样本，也就是从可能的题目中取样来测验，根据测验分数推论学生在该范围总体的知识掌握程度。若测验题目是这个范围的好样本，则推论将有效；若选题有偏差，则推论将无效。由于这种测验的效度主要与测验内容有关，所以叫内容效度。

对于内容效度的评价，可以在施测之前请专家或有实践经验的人依据一定的理论来进行判断。

作为一种方法，内容效度适合于评价教育成就测验和职业选拔测验。在这种测验中，测验内容应是知识、技能和实际工作的代表性样本。内容效度不仅是评价教育成就测验和职业选拔测验的较好方法，而且也是编制任何测验都应加以考虑的基本方面。内容效度对能力倾向测验和人格测验并不合适，因为它们要测量的往往是较抽象的特质，其范围难以明确界定，没有明确的内容范围，就无法考证测验项目是否具有代表性。由于其缺乏理想的数量指标，因而内容效度也妨碍了信息交流和各测验的相互比较。

2. 效标关联效度

效标关联效度也称效标效度，是指测验分数与效标的相关程度。所谓效标，就是检验测验有效性的一种参照标准。即选择某些权威性的理论、数据或基准作为评价效度的标准，然后将调查结果与之相比较，并做出有效程度和正确程度的结论。这实际上就是用一种已知的且认为其“有效”的测验结果去检验另一个新测验的有效性。之所以不直接用效标测验去代替新测验，往往是因为新测验可能比效标测验更为简单、易行。因此，效标关联效度是一种属于事后统计分析的效度检验法，因此也称为实证效度或统计效度。

例如，在高中教学中，常用学生的实际高考成绩与模拟高考试题得分之间的相关性来检验高考模拟试题的有效性。这里应用的就是效标效度的检测方法，高考成绩就成了模拟考试成绩的效标。

3. 结构效度

结构效度指调查工具或量表能够测量出其内在结构的程度，或者说它是检验理论与实验之间的一致性，实验是否真正测量到假设（构造）的理论，因此也称为构想效度或建构效度。例如，我们设计了一种测量“婚姻满意度”的工具，并提出相关理论假设：婚姻满意度与主动做家务的行为有关，且婚姻满意度越高，越主动承担家务。测量结果表明，婚姻满意度与承担家务方面的结果具有一致性，说明测量具有结构效度；如果婚姻满意度不同的研究对象在承担家务上的行为却是一样的，那么说明测量的结构效度有问题。

因此，结构效度就是要考察所编制的问卷是否符合构想。考察的过程中，首先对量表的设计进行理论上的逻辑分析；其次根据实际所测得的数据通过逻辑或统计分析（如因子分析）来检验理论的正确性，因而更加客观。结构效度最大的贡献是可以用来提出和验证假设，主要用于智力测验、人格测验等一些心理测验方面。

以上效度测量的三种类型，从内容效度到效标关联效度，再到结构效度，可以视为一个累进的过程，后面的每一个类型都包括前面类型的成分，并且有某些新的特征。相较于内容效度，效标关联效度需要更多的信息；相较于效标关联效度，结构效度需要更多的信息。因此，在效度分析中，结构效度是最为理想的方法。

（三）信度与效度的关系

信度与效度之间的关系是怎样的呢？可以用打靶来比喻两者之间的关系。假设靶心是要测量的对象，信度就是子弹打在靶上的密集程度，弹着点越密集，代表信度越高；效度就是弹着点在靶心周围的密集程度，越接近靶心代表效度越高。信度与效度之间的关系就会出现以下几种情形，见图5－3。

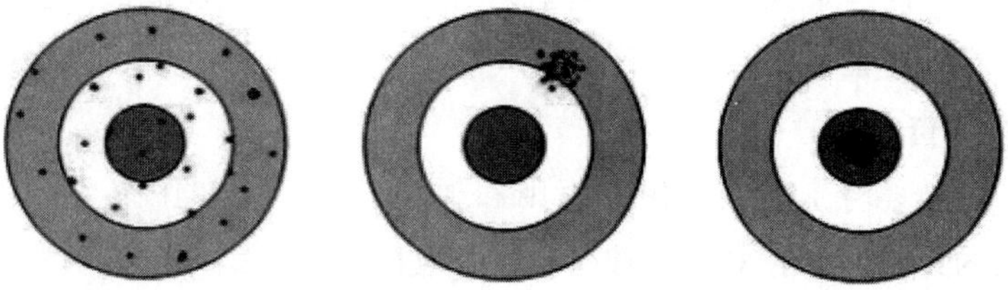

（1）低信度、低效度　（2）高信度、低效度　（3）高信度、高效度

图5－3　信度与效度的关系

（1）第一种，信度低，效度也低。弹着点很分散，即信度不高，显然弹着点集聚到靶心的程度就不高，即信度低导致效度低。也就是说，调查结果反映调查对象实际情况的可信度低，它就必然不能有效说明调查所要说明的问题。例如，有一项针对某一城市居民进行地下赌球的调查，调查内容包括在哪些足球比赛期间进行过赌球，每年进行多少次赌球活动，在赌球活动中大约花费多少钱等。稍有社会经验的人都知道，这类调查可信度不会太高，因为毕竟赌博是一项违法活动，参与者不会讲真话。一项不可信的设计就不可能有可信的调查，更不可能有效说明调查所要说明的问题。

（2）第二种，信度高，但效度低。弹着点比较集中，说明测量值是稳定的，但弹着点离靶心比较远。也就是说，调查结果反映调查对象实际情况的可信度高，但对于调查所要说明的问题来说，它的有效性程度却很低。例如，调查粮食生产水平，如果设计的调查指标是粮食作物产量，而且调查资料可信，那么它就有效说明粮食生产的实际水平。如果设计的调查指标是粮食作物的播种面积、投入粮食生产的劳力、资金和物资等项目，那么即使调查资料可信，对于说明粮食生产水平来说，其效度仍然很低。因为，说明粮食生产水平的有效指标不是做了哪些生产投入，而是得到了什么样的产出。

（3）第三种，信度高，效度也高。弹着点比较集中，说明测量结果是稳定的，并且集中于靶心周围。也就是说，调查结果能有效说明调查所要说明的问题，那么它所反映的调查对象的实际情况也必然是可信的。

总之，信度是效度的基础，是效度的必要条件而不是充分条件；效度则是信度的目的和归宿，没有效度的信度就失去了调查的意义。任何社会经济调查，只有做到信度和效度的统一，才算是真正科学的社会经济调查。

二、提高信度和效度的主要途径

1. 科学设计调查指标

在设计调查指标中，如果能够严格按照“慎重提出研究假设，根据研究假设设计出能正确说明调查主题的社会指标体系，依据社会指标体系设计出相对称的调查指标，对每一个调查指标设计出明确的抽象定义和操作定义”这样的操作步骤来进行，将会有效地提高测量工具的信度和效度。

在设计指标体系时，如果只选择有利于说明某一方面成绩、而回避说明全面情况的调查指标的设计，是不可能有很高的效度的。

2. 合理安排调查方案

调查方案的设计要特别强调实用性原则和弹性原则。例如调查目标的确定，调查内容、工具和方法的设计，调查对象的选择等，都应根据调查工作的主客观条件来设计，强调实用性。对于调查工作的具体安排，则应保持一定弹性，以适应调查现场可能出现的种种问题。实践证明，调查方案违背了这两项原则，必然会损害调查工作的信度和效度。

3. 认真教育调查人员和调查对象

应加强对调查人员的教育，严格管理并有效监督。如果调查人员不负责任，缺乏必要的调查方法和技能，那么调查信度会大打折扣，调查效度也必然下降。同样，调查对象的合作程度、认知状况，对问题的理解能力和回答能力等，对调查的信度和效度也会产生巨大影响。因此，认真做好调查对象的教育工作具有特别重要的意义。

4. 切实做好各个环节、各个阶段的工作

社会经济调查的各个环节、各个阶段的工作，都会对信度和效度产生直接或间接的影响。例如，操作定义设计不当，抽样缺乏代表性，调查方法使用不妥当，对调查问题发生误解，填写问卷的字迹不清，记录或录入发生差错，整理、统计资料出现遗漏等，都会降低调查的信度和效度。因此，有必要切实抓好各个环节和阶段的工作，防止和纠正一切可能出现的差错，才能保证调查结果具有较高的信度和效度。

▶案例：

杭州市城区公共健身设施建设成效及居民满意度的社会调查

如果我们对杭州市城区公共健身设施建设成效及居民满意度感兴趣，希望通过社会调查来了解杭州市城区公共健身设施建设成效及居民满意度，那么我们可以通过问卷调查了解居民对公共健身设施的满意度，找出居民对器材满意度、场地满意度和感受满意度等方面差异，最后针对不同地区和整个杭州的公共健身设施提出有针对性对策，来提高杭州市公共健身设施的建设水平。

该调查以杭州市江干区、西湖区和上城区三区公共健身设施体育健身场（馆）、中心、场地、设备（器材）等的建设成效及居民满意度作为研究对象。本研究主要有“杭州市公共健身设施锻炼成效及行为调查问卷”“杭州市公共健身设施满意度调查问卷”，对杭州市江干区、上城区和西湖区三区的一般社区居民共计发放850份，回收807份，其中男性412人，女性395人，回收率94.9%，回收的807份答卷符合数据要求，其有效率100%。

在进行问卷信度与效度分析之前，需要对问卷中的满意度进行项目分析，以此来判断各题目的合理性以及鉴别度，通过删除鉴别度低的题目，从而增加问卷的合理性及效度。现针对杭州市居民对公共健身设施的满意度，将总体满意度与12个不同选项分别进行相关性分析。

问卷的信度，即指调查问卷结果的稳定性和一致性。高质量的问卷是问卷调查成功的关键。为了保证问卷具有较高的可靠性和有效性，采用 Cronbach's α 系数对问卷进行信度检验。当信度系数在 0.9 以上时，则问卷的信度非常好；当信度系数在 0.8 到 0.9 之间时，该问卷可以接受；当信度系数在 0.7 与 0.8 之间时，则需对问卷进行较大修改；当低于 0.7 时，应该放弃问卷。本次研究中，将满意度的指标分为三大维度：器材满意度、场地满意度、感受满意度。依次对三大维度以及 12 个指标分别进行了信度分析。

问卷效度，指的是问卷的有效性，即问卷实际测出与研究者想要测量的东西之间的比较差异，对所测得的结果是否正确、多大程度地说明所要研究的现象。将从问卷的内容、结构两个方面进行效度检验。问卷的结构效度指的是问卷数据能体现出来的某种结构与测量值之间的对应程度。运用 SPSS20.0 统计软件对问卷的结构进行简单的结构效度分析。城市的公共健身设施是否使广大居民满意是衡量公共体育服务供给能力的重要标准。鉴于此，在问卷的满意度收集结果的基础上，将结合验证性因子分析和层次分析（AHP）建立合理有效的公共健身设施满意度评估体系，从中寻找关键的影响因素，从而对健身设施的完善工作提出更有针对性的建议。

最后，将调查结果汇总成调查报告，也可进一步在公共刊物上进行发表或者在会议上交流，在理论或实践方面为人们正确认识和处理这一现象提供可靠的材料和观点。

资料来源：杭州市城区公共健身设施建设成效及居民满意度调查分析［D］. 杭州师范大学，2021.

关键概念

概念　变量　维度　抽象定义　操作定义　社会指标　调查指标　概念的操作化　信度　再测信度　复本信度　折半信度　效度　内容效度　效标关联效度　结构效度

复习思考题

1. 一项社会经济调查方案设计中，一般都包含哪些内容？
2. 在进行社会经济调查方案设计时，应遵循哪些原则？
3. 概念操作化有什么意义？
4. 概念操作化的步骤与方法是怎样的？
5. 调查指标设计的过程和要求有哪些？
6. 调查信度与调查效度之间关系是怎样的？
7. 如何提高调查的信度与调查的效度？

第六章 文献调查法

学习目标

- □ 了解文献调查法的概念、优势与局限、功能
- □ 理解文献收集的基本要求、途径与方法
- □ 掌握文献信息的摘取原则、一般程序与记录方法

☞ 引例

铁人报道追踪出的商机

中国20世纪60年代开发大庆油田初期，日本为了确定能否和中国做成炼油设备的交易，迫切需要知道大庆油田的情报，但是油田的位置、规模和加工能力对外是严格保密的。而当时出于鼓舞人心等政治需要，中国各种报刊常常有宣传“大庆精神”的报道，其中有“石油工人一声吼，地球也要抖三抖”的口号，以及以肉身搅拌混凝土的“铁人”王进喜的事迹等。就是这些看似寻常的报道，却在不经意间泄漏了重大的商机，日本人就是从中国刊物的公开报道中分析出了大庆油田的位置、规模和加工能力。

1. 大庆油田的位置

日本情报机构从1964年的《人民日报》上看到了题为“大庆精神大庆人”的报道，从而判断出中国的大庆油田确有其事。以此为线索，日本情报机构开始全面搜集中国报纸、杂志上有关大庆的报道。

在1966年的一期《中国画报》上，日本情报机构看到了王进喜站在钻机旁的那张著名照片，他们根据照片上王进喜的服装确定，只有在北纬46°至48°的区域内冬季才有可能穿这样的衣服，因此大庆油田可能在冬季气温为－30℃的齐齐哈尔与哈尔滨之间的东北北部地区。之后，来中国的日本人坐火车时发现，来往的油罐车上有很厚的一层土，从土的颜色和厚度日本情报机构得出了“大庆油田在东北三省偏北”的结论。

日本情报机构又对1966年10月《人民中国》杂志上发表的王进喜的事迹介绍进行了详细的分析，从中知道了“最早钻井是在北安附近着手的”，并从人拉肩扛钻井设备的运输情况中判明：井场离火车站不会太远。在王进喜的事迹报道中有这样一段话：王进喜一到马家窑看到大片荒野说：“好大的油海！我们要把石油工业落后的帽子丢到太平洋去”。

于是日本情报机构从旧地图上查到：马家窑是位于黑龙江海伦县东南的一个村子，在北安铁路上一个小车站东边十多公里处。经过对大量有关信息严格的定性与定量分析，日本情报机构终于得到了大庆油田位置的准确情报。

2. 大庆油田的规模

为了弄清楚大庆油田的规模，日本情报机构对王进喜的事迹做了进一步的分析。报道说："王进喜是玉门油矿的工人，是 1959 年到北京参加国庆之后志愿去大庆的。"日本情报机构由此断定：大庆油田在 1959 年以前就开钻了。对于大庆油田的规模，日本情报机构分析后认为：马家窑是大庆油田的北端，即北起海伦的庆安，西南穿过哈尔滨与齐齐哈尔之间的安达附近，包括公主岭西南的大资，南北四百公里的范围。估计从东北北部到松辽油田统称为"大庆"。

3. 大庆油田的加工能力

为了弄清楚大庆炼油厂的加工能力，日本情报机构从 1966 年的一期《中国画报》上找到了一张炼油厂反应塔照片，从反应塔上的扶手栏杆（一般为一米多）与塔的相对比例推知塔直径约五米，从而计算出大庆炼油厂年加工原油能力约为 100 万吨，而在 1966 年大庆已有 820 口井出油，年产 360 万吨，估计到 1971 年大庆年产量可增至 1200 万吨。

通过对大庆油田位置、规模和加工能力的情报分析后，日本决策机构推断："中国在近几年中必然会感到炼油设备不足，买日本的轻油裂解设备是完全可能的，所要买的设备规模和数量要满足每天炼油一万吨需要。"

掌握了这些准确情报之后，日本人迅速设计出适合大庆油田开采用的石油设备。不久之后，当中国政府向世界各国征求开采大庆油田的设计方案时，日本人一举中标。

资料来源：佚名．文献调查著名案例 1：铁人报道追踪出的商机［EB/OL］．搜狐博客网站，http：//qhling. blog. sohu. com/113968399. html，2009/04/08.

案例思考：根据以上案例思考在实际调查中如何运用文献调查法。

第一节 文献调查法概述

社会调查的方法很多，主要有文献调查法、实地观察法、访问调查法、问卷调查法、网络调查法和实验调查法等。其中，文献调查法是一般社会调查的基础和前导。

一、文献调查法的定义

文献调查法又称资料查阅寻找法、间接调查法、资料分析法或室内研究法，是搜集、利用组织内部和外部现有的各种历史和现实的信息、情报资料，从中摘取与社会调查主题有关的，从而达对调查内容进行分析研究的一种调查方法。文献调查不直接与研究对象打交道，而是间接地通过查阅各种文献获得信息，即二手资料。二手资料指经过他人收集、记录、整理所积累的各种数据和资料。

二、文献调查法的功能

在调查中，文献调查有着特殊地位。它作为对信息搜集的重要手段，一直得到世界各国研究者的重视。文献调查的功能表现在以下几个方面：

（1）文献调查可以为决策者提供重要参考。根据调查的实践经验，文献调查常被作为调查的首选方式。几乎所有的调查都可始于搜集现有资料，只有当现有资料不能提供足够的证据时，才进行实地调查。因此，文献调查可以作为一种独立的调查方法加以采用。

（2）文献调查可以为实地调查创造条件。通过文献调查，可以初步了解调查的性质、范围、内容和重点等，并能提供实地调查无法或难以取得的市场环境等宏观条件，便于进一步开展和组织实地调查。文献调查所收集的资料还可用来考证各种调查假设，即可通过对以往类似调查资料的研究来指导实地调查的设计，用文献调查资料与实地调查资料进行对比，鉴别和估算实地调查结果的准确性和可靠性。利用文献调查资料，可以用来帮助探讨引起现象发生的各种原因并进行说明。如有必要进行实地调查，文献调查可为实地调查提供经验和大量背景资料。

（3）文献调查可用于经常性的调查。实地调查更费时费力，操作起来比较困难，而文献调查如果经调查人员精心策划，具有较强的机动灵活性，能随时根据需要，收集、整理和分析各种调查信息。

（4）有助于调研项目的总体设计。通过对二手资料的分析，有助于深刻理解调研项目的背景和特点，提出较为切合实际的调研方案，避免设计失误和时间与经费的浪费。

（5）有助于正确理解和使用原始资料。对于实地调研所得的原始资料，如果仅靠调研者的经验来解释，就可能被曲解，特别是当调研者对本调研领域不熟悉时更有可能如此。这时，与调研课题近似、相关的二手资料可以对原始资料起到解释、验证的作用。

三、文献调查法的优势与局限

1. 文献调查法的优势

一是不受时空的限制。文献调查法可以克服时空条件的限制，既可以获得现实资料，还可以获得实地调查所无法取得的历史资料；既能获得本地域范围内的资料，还可以借助于报刊、杂志及互联网等媒介物，搜集其他地区的资料。

二是搜集容易，成本低。调查人员只需花费较少的费用和时间就可以获得有用的信息资料。与实地调查比较而言，文献调查实施起来更为方便、自由，只要找到文献资料就可查阅，成本较低。

三是文献调查搜集到的情报资料可靠性和准确性较强。二手资料一般都是以文字、图表等书面形式表现的，因此不受调查人员和调查对象主观因素的干扰，且都是经过他人验证过的，反映的信息内容较为真实、客观。

2. 文献调查法的局限

一是对文献调查获得资料的加工、审核工作较难。这种方法依据的主要是历史资料，过时资料比较多，需要一定的加工过程，往往需要对其历史背景进行分析，并依据当前的情况进行调整，但许多资料经人多次传抄引证，已经成为第三手、第四手资料，使用时难以考察其时代背景；有的被人故意歪曲事实，其真实性、可靠性则令人怀疑。

二是资料适应性差。一方面由于受各种客观条件的限制，很难掌握所需要的全部文献资料；另一方面，搜集、整理的资料和调查目的往往不能很好地契合，对解决问题不能完全适用。

因此，文献调查要求更多的专业知识、实践经验和技巧，需要具有一定文化水平的人才能胜任，否则难以取得令人满意的调查结果。

第二节　文献的获取

文献调查，首先是从广泛搜集文献开始的。要广泛搜集文献，既要遵循一些基本要求，又要掌握一些具体方法。

一、文献搜集的基本要求

文献资料浩如烟海，搜集文献要按照一定要求，有目的、有计划地进行。总的说来，文献的搜集应尽可能全面、多样。但是，在当代文献数量激增、分布极广、“信息污染”严重、质量明显下降的情况下，与其求全，不如求精，一般应以满足搜集文献的要求为原则。搜集文献的基本要求是：

1. 有用性

有用性是指紧密围绕调查课题搜集有用的文献资料。与调查课题无关的资料，不具备有用性，因而就失去了搜集的意义。这是搜集文献第一位的、最基本的要求。

2. 可信性

可信性主要是指作者的可信性和内容的真实性。搜集文献时，要考察文献作者是否有可能掌握有关事实，文献内容是否真实反映了客观事实，以及有无别的资料印证这一文献的可信性。因为，作者的客观地位、主观态度、当时的立场和兴趣等因素，往往使文献带有一定的倾向性，而这种倾向性常常会使文献偏离其所描述或反映的客观事实。

3. 代表性

代表性主要是指作者的代表性和文献的代表性。选择各类有代表性的作者、各类有代表性的文献，才能全面、准确地反映当时的情况。

4. 全面性

全面性是指所搜集的文献内容应尽可能全面，既要有历史文献，又要有最新文献；既要有国内文献，又要有国外文献；既要有典型资料，又要有综合资料；既要有本学科专业文献，又要有相关专业文献；既要有正面材料，又要有反面材料；既要搜集与自己观点一致的文献，又要搜集与自己观点相矛盾的文献。

5. 多样性

搜集文献的形式应尽可能多样，凡是与调查课题有关的各种形式的文献，都应千方百计地搜集。

6. 连续性

围绕调查课题搜集的文献，在时序上要有连续性和累积性，尽可能不要中断。否则，搜集的资料就可能残缺不全，无法反映调查对象发展过程的全貌。

7. 时效性

对于与调查课题有关的各种新资料、新信息，要及时了解、搜集、研究、利用，以提高调查研究的时效性和调查成果的实用价值。

总之，文献搜集工作只有满足了上述基本要求，才能为后续的信息摘取工作提供丰富、完整的文献资料。

二、文献搜集的途径和方法

（一）文献搜集的途径

1. 期刊

期刊中的文献往往反映了学科发展的最新动态和研究热点，在社会经济调查的文献搜集过程中，使频率相对较高。在选择期刊中的参考文献时，研究者应对国内的核心期刊、国外的 SCI 及 SSCI 期刊有大致的了解，并尽量选择比较权威的期刊作为参考文献，一般性期刊中的论文资料尽量少引用。

2. 学位论文

硕士论文和博士论文是重要的原始研究成果，具有较大的参考价值。

3. 报纸

报纸文献具有周期短、时效性强等特点，可以动态地反映最新的研究动向。引用时应注意选择正规的、权威的报纸。

4. 图书

图书种类繁多，要引用科学类的图书，如专著、教材、论文集、辞典、百科全书等，不要引用通俗性读物中的内容。

5. 重要学术会议

学术会议往往代表了某一领域的最新研究动向和研究成果，重要的学术会议更代表了国内外在该领域的最新学术发展水平。学术会议中发布的论文、学术会议结束后形成的论文集都是重要的会议文献。

6. 网络

在信息化时代，前述的诸多文献实际上都可以通过网络来获取。具体的收集途径包括：

（1）通过搜索引擎查询。搜索引擎通过使用某些程序，把互联网上的所有信息进行归类，使用者可以通过输入“关键词”来检索到自己想要的信息。常用字的搜索引擎包括百度、谷歌、新浪爱问、搜狐网、人民网等。还有一些常用的学术性搜索引擎，包括谷歌学术搜索、中国科技论文在线、Science 周刊、Nature 杂志等。此外，维基百科也是一个信息量非常大的网站。

（2）各类部门官网。一些专业性强的数据可以到相关专业性网站上去查找，例如宏观经济指标数据可以到国家统计局官网或地方统计局官网上去查寻；各级各类政府部门的官网信息，也可以成为重要的参考文献来源。

（3）图书馆和数据资源的专业查询。在校的大学生可以登录本校图书馆网站，进入中、英文数据库查询页面，查询所需要的各类期刊数据库。例如：中国知网（中国知识资源总库）、超星数字图书馆、万方数据资源系统、中国科学引文数据库、中文社会科学引文索引、人大复印资料数据库、Science Citation Index-Expanded（SCIE）、ScienceDirect、Ei Compendex 等。非在校生可以登录“中国国家图书馆”网站进行网络查询。

（二）文献搜集的方法

要搜集文献，必须先查找文献。现代社会，除私人文献外，绝大部分文献都集中在图书馆和互联网上。

查找文献是为了获取文献。获取文献的方法多种多样，对于纸质文献和网络文献应分别采用不同的获取方法（见图 6－1）。

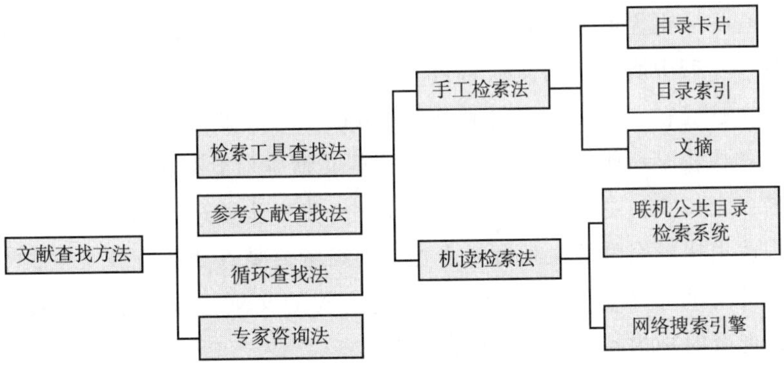

图 6－1　文献搜集方法汇总

1. 检索工具查找法

即利用已有检索工具查找文献的方法。它分为两类：一是手工检索法，二是机读检索法。

手工检索法，即用手工翻阅检索工具书（如各种目录卡片、目录索引、文摘等）来查找文献的方法。一般地说，图书馆的藏书、期刊都有目录索引，通过其目录可以找到相关的著作、论文、报道、评论等，还可通过每月出版的《全国报刊资料索引》（哲学社会科学版）、中国人民大学书报资料中心编辑出版的各门社会科学的《报刊复印资料》及其索引来查找。另外，《新华文摘》《中国社会科学文摘》《高等学校文科学报文摘》等也兼有检索功能。

利用检索工具查找文献，可以采用顺查法，也可以采用倒查法。顺查法，即由远到近，逐年逐月按顺序查找；倒查法，即由近到远，回溯而上，按时间顺序往前查找。一般地说，顺查法有利于了解有关问题发展过程全貌，但要花费较多时间和精力；倒查法可以节省时间和精力，能够较快了解到有关问题最新动态，但查找的文献可能不系统、不全面。无论是顺查还是倒查，都应按照调查课题的时间跨度来决定查找文献的时间跨度。

机读检索法又称计算机检索法。机读检索工具，按其信息指向可分为两类，即图书馆联机公共目录检索系统（Online Public Access Catalog，OPAC）和网络搜索引擎。使用图书馆联机公共目录检索系统，只要输入要查询的“书名”“作者”“主题词”“索引号”等就可以进行检索和查询。在互联网中，图书馆目录发展为联机公共目录检索系统，人们使用时，通过目标图书馆目录的 URL（Uniform Resources Locator，统一联网地址），就可查询世界各大学图书馆、公共图书馆、专业图书馆的馆藏。使用网络搜索引擎查询就更为简单，只要上网后在专门搜索工具（如 Google、百度等）的主页上，输入要查询的主题或关键词，或进一步根据条件设置输入要查询的题目、摘要、作者、发表时间等，就可以获得相当多的文献条目。打开文献条目后，可以从比较大的范围里搜索，然后逐步缩小搜索范围，也可以在与研究课题有关的几个不同主题范围内进行搜索。

2. 参考文献查找法

参考文献查找法也称追溯查找法，即根据作者在文章、专著中所开列的参考文献目录，或在文章、专著中所引用的文献名目，追踪查找有关文献资料的方法。具体做法是，从已经掌握的文献资料开始，根据文献中所开列的参考文献目录和所引用、所介绍的文献名目，直接去查找较早一些的文献；再利用较早文献中所开列的参考文献目录和所引用、介绍的文献名目，去查找更早一些的文献。如此一步一步通过“滚雪球”的方式向前追溯查找，直到查找出比较完整的文献资料为止。用参考文献查找法查找文献，不如用检索工具查找法所得的文献那样全面和广泛，但是它查找的文献比较集中，有效率也相对高一些，而且往往能及时捕捉到一些最新研究成果。

3. 循环查找法

循环查找法也称为分段查找法，即将检索工具查找法和参考文献查找法结合起来交替使用，循环查找的方法。该方法可先采用检索工具查找法查找出有用的文献资料，然后再根据这些文献中所开列、引用的参考文献名目，去查找更早一些的文献；也可先采用参考文献查找法，查找出更早一些的文献，然后再采用检索工具查找法去扩大查找文献的线索。如此分阶段交替使用两种查找文献方法，直到查找出自己所需要的文献为止。

4. 专家咨询法

专家咨询法即向有关专家说明自己的调研方案、所需文献的类别、范围等，请他们指点门径的方法。比如，咨询熟悉调研课题或熟悉调研对象的专家，向他们说明自己的调研方案和所需要文献的类别或范围，力求得到他们对于搜集文献的指导，从而达到事半功倍的效果。又如，咨询图书馆专业人员，就自己所需要的信息进行交流，了解哪些资源可以利用、如何获取有关文献等。

以上方法各有优缺点，在查找文献中究竟采用哪种方法，应根据查找文献要求、学科特点、检索工具等情况具体选择。但是，无论采用哪种方法，最终大都要到图书馆去查找文献。图书馆是汇集百科知识的宝库，是查找文献与情报资料的最重要渠道。为了充分利用图书馆的文献，必须熟悉图书馆的检索系统，特别是学会通过各种目录查找文献的方法。

应该指出，查阅目录是一项基本功。目录是一种题录性检索工具，一般只列出文献的题目、作者、出处及文种等。目录的种类很多，目前我国图书情报机构一般采用四种卡片式目录，即分类目录、书名目录、著者目录和主题目录，它们是查找文献的向导。如果是中文图书的目录，在排列顺序上又有不同的方法，包括音序法、笔画法、部首法。如果是外文图书，则应注意各语种独有的排列方法。例如，西文与俄文目录是按原文字母顺序排列的，日文目录是按五十音图顺序排列的。掌握了这些具体方法，查找文献目录就会十分方便。

第三节　文献信息的摘取

搜集文献的目的，是摘取与调查课题有关的信息。因此，摘取信息的主要原则、一般程序和记录信息的方法，是文献调查法的另一重要内容。

一、信息摘取的原则

摘取信息应遵循以下几条原则：

（1）定向性。要紧紧围绕调查研究课题，有针对性地摘取信息，以节省时间和精力。

（2）准确性。要对摘取的信息反复核实、检验，力求摘取的信息准确、无误。

（3）规范性。要规范摘取信息，对数据资料、重要观点、特色语句应原文抄录。凡原文抄录应加上引号，并在撰写调查报告时准确标出文献出处。

（4）评述性。要融入自己的思考，及时记下自己对资料的理解、困惑、提问和评估，使资料“活”起来。

（5）有效管理。对摘录的信息，要通过列出主题、标出关键词等方式建立索引和交叉参考文献，进行有效管理，以便使用时能很快找到自己所做的笔记、引文和评论。

二、文献信息摘取的一般程序

摘取信息的一般程序是：浏览、筛选、阅读和记录。实施这些程序的要点如下。

（一）迅速浏览

浏览，就是将搜集到的文献资料普遍地、粗略地翻阅一遍。通过浏览，使自己对搜集的文献有个初步认识或大致了解，为下一步筛选打下基础。

浏览要有明确目的，即大致了解文献内容，初步判明文献价值。浏览时，要坚持博览与专注相结合。所谓博览，就是要粗略地普遍翻阅一遍，只求了解文献大概内容；所谓专注，就是对与调查课题有关的信息，应相对专注地认真阅读，并初步判明它的大体价值。

浏览要抓重点。浏览的重点是，该书的著者、提要、目录、前言（序）、后记（跋），以及注释、图表、参考文献、索引等，使自己对全书的框架和内容有一个概略印象。浏览论文或其他体例文献，重点是看它的长度、层次、大小标题、主要观点、论证和数据等。只要抓住了这些重点，就能了解文献概况，并对文献价值做出初步判断。

浏览速度要快。普通阅读速度是平均每秒钟 6～7 个字，每分钟 300～400 字，20 分钟 7000 字左右，即 16 开本的 6 个页码。浏览则快得多，20 分钟可翻完一大本书。其方法有两种：一是“扫描式”，视线像雷达扫描一样“一目十行”地读，迅速了解文献全貌；二是“跳跃式”，视线从这里跳到那里，把文献中无关紧要的引文、推理过程等整页地翻过去，抓住文献的“筋骨脉络”，重点掌握文献的观点和有关数据。

快速浏览的要领是：一要坚持视读，不要音读；二要不断调整阅读速度，当快则快，当慢则慢；三要上下联系，了解作者基本思路；四要脑眼配合，做到眼到脑到；五要加强训练，多练多用。掌握了这几个要点，就可逐步提高浏览的速度和质量。

（二）慎重筛选

所谓筛选，就是在浏览基础上，根据调查课题的需要，将搜集的文献分为必用、应用、可用（或备用）、不用等几个部分。

筛选的依据是文献中有用信息的数量和质量。筛选的关键在于比较。在时间上，要选用那些不同时期的代表作，特别是要注意选用那些最先论述某一问题的“祖本”和最近论述这一问题的“新本”；在内容上，要选择那些引用不同事实、阐述不同观点的代表作。此外，还应注意选择那些比较权威的编辑出版单位、比较权威的作者的著作。

筛选文献，应该分层次进行。筛选的顺序是，先从大量文献中筛选出可用文献，再从可用文献中筛选出应用文献，最后从应用文献中筛选出必用文献；也可从大量文献中先选取必用文献，再扩大范围选取应用文献，然后再扩大范围选取可用文献，最后剩下的就是不用文献。通过逐层筛选，就能做到各类文献层次分明，为下一步阅读做好准备。

（三）认真阅读

阅读是摘取信息的前提。阅读一般包括认读、理解、联想、评价四个方面。阅读可分为粗读和精读两个阶段，它们在认读、理解、联想、评价等方面都有不同要求。

粗读是一种鸟瞰式阅读。粗读在认读方面，要着重搜寻文献的基本观点和主要事实、数据；在理解方面，要居高临下，大而化之，力求抓住文献主旨和脉络；在联想方面，主要是把文献中的观点与观点、观点与事实、事实与事实之间的关系联系起来思考；在评价方面，主要是对文献的基本观点和论证做出初步评判。粗读的目的是，掌握文献基本内容，明确该文献与调查课题的关系，以决定是否需要进一步精读。

精读是一种深入探究、得其精髓的读书方法。精读时，要根据文献的重要性、复杂性和有用程度，有的要全读，有的要选读，有的要反复读，有的要对比着读。精读在认读方面，要咬文嚼字，一丝不苟，逐字、逐句、逐段地循序渐进，不允许错认和漏读；在理解方面，要深入思考和分析文献的每一个概念、判断和推理，以及整个文献的逻辑结构，认真把握文献的全部思想；在联想方面，要把文献所引用的事实、所阐述的观点与客观事实、与其他文献联系起来反复对比和研究；在评价方面，要对文献所引用的事实、阐述的思想与调查课题之间的关系做出客观判断和全面评价。总之。精读是摘取信息过程中最关键的一步。通过精读，不仅要全面掌握文献的实质内容，而且要明确挑选出有价值的信息。

（四）及时记录

记录就是把通过阅读寻找到的有价值信息记录下来，供进一步分析研究之用。许多人阅读文献都曾有过这样的教训，即只注意阅读而忽视了及时记录，这样阅读过程中发现的许多有用信息、产生的灵感，到用的时候却找不到了。记录是摘取信息的一道重要工序，文献调查的直接结果应该通过这一道工序表现出来。

三、文献信息记录的方法

1. 标记

标记就是在书上做记号。记号有许多种，最常见的是在文字下面加圆点或画线。所加圆点，也称着重点。加点的字句就是全句或全段中最重要的部分。画线，目的与加着重点一样，只是字数少时加点，字数多或成句时就画线。画线有直线、曲线、单线、双线、上下夹线等，还可画叉，打问号、惊叹号，或做其他符号。需要注意的是，无论圈点还是画线，都不宜过多过密。过多过密，反而找不到重点了。图 6－2 是常用的几种标记方法。

着重号	……	表示关键性的字或句
直线	——	表示比较重要的内容
曲线	～～～	表示特别重要的内容
夹线	⫫	定义或经典论述
惊叹号	！	对某些内容表示欣赏
问号	？	对某些观点表示疑问
三角号	△	提示一段文字中并列的几个观点
双圈号	◎	表示一段重要内容的结束

图 6－2　常见的文献信息标记符号

此外，还可根据自己的习惯做标记，如打"√"、打"×"、画方框（□）等。标记这种方法简便、省时，可一边阅读一边标记，用起来非常方便。

2. 眉批

眉批就是在页眉或页脚（图书、期刊正文上面的空白边叫"页眉"，也称"天头"；下面的空白边叫"页脚"，也称"地脚"），写上阅读文献时的简要心得、体会、评语、疑问或订误、校文、音注等。这种记录形式和标记一样，简单、方便，随读随写，不受约束。

3. 抄录

抄录就是把文献中有价值的信息抄下来。抄录有全录和摘录两种方式。全录，就是一字不漏，全文照抄；摘录，就是只将有价值的、自己需要的信息摘要抄录下来。摘录有两种：一是摘录原文，即整段整句地摘录，连标点符号也与原文一样；二是摘录原意，即根据自己需要，用自己语言，把原文的基本观点、主要事实和数据简要抄录下来。这种摘录，实际上就是缩写，它已具有加工、整理的性质。

抄录信息一般应抄录在活页或卡片上，或输入到电脑设置的有关文档或文件夹里。抄录时，一定要注明出处（作者、书名或篇名、卷次、页码、出版单位、出版日期等）。有的人只注意抄录文献内容，而忽略注明出处，结果使用时却找不到文献出处，再去查找就很麻烦。如果用卡片抄录信息，应该一条信息一张卡片，并注明题目，指出信息属于什么主题；如果用电脑输入信息，应该一条信息一个文档，一类信息一个文件夹，并注明题目，指出信息属于什么主题。只有这样，整理资料时才便于按照卡片或文档、文件夹题目归类。

4. 提纲

提纲就是把整本书或整篇文章的内容要点，用简括语句和条目的形式依次记载下来。这样写提纲的好处是，便于掌握全书或全文的内容和逻辑结构，加深对原文献思想脉络的认识。写提纲前，要仔细研究全书或全文，从总的指导思想到各部分内容都要弄得十分清楚。提纲要力求全面、系统，叙述要简明，真正反映出原文献概貌。

5. 札记

阅读文献后，把心得、感想、批评、疑点、意见等记下来，就是札记。札记已带有初步研究性质，它是一种高级记录形式。札记应包括两方面内容，一是陈述文献的主要内容，说明从中能知道什么；二是评价它的长处和短处，说明它从专业角度能提供什么信息。

关键概念

文献调查 文献信息 文献整理 检索工具查找 信息记录

复习思考题

1. 什么是文献调查法？其优势与局限有哪些？
2. 文献调查在社会调查研究中有何功能？
3. 搜集文献有哪些基本要求？
4. 查找文献有哪些方法？
5. 摘取信息的一般程序是什么？

第七章　实地观察法

学习目标

□ 了解实地观察法的概念与分类
□ 掌握实地观察法操作步骤
□ 理解实地观察法误差处理途径与方法

☞ 引例

观察的效力

《美国文摘》曾经报道，恩维罗塞尔市场调查公司有个叫帕科·昂得希尔的人，是著名的商业密探。在进行调查时，他一般会坐在商店的对面，静静地观察来来往往的行人，与此同时，他的同事正在商店里进行着调查工作，他们负责跟踪在商品架前徘徊的顾客，主要调查目的是要找出商店生意好坏的原因，了解顾客走出商店以后如何行动，以及为什么许多顾客在对商品进行长时间挑选后还是失望地离开。通过他们的调查工作，使许多商店在日常经营过程中做出了多项实际的改进措施。有一家音像商店由于地处学校附近，大量青少年经常光顾。恩维罗塞尔市场调查公司通过调查发现，这家商店把磁带放置过高，身材矮的孩子们往往拿不到，从而影响了销售。昂得希尔提议把商品降低18英寸放置，结果销售量大大增加。伍尔沃思公司发现商店后边区域的销售额远远低于其他部分，昂得希尔通过观察并拍摄现场揭开了这个谜：在销售高峰期，现金收款机前顾客排着长长的队伍，一直延伸到商店的另一端，妨碍了顾客从商店的前面走到后面。针对这一情况，商店专门安排了结账区，结果使商店后边区域的销售额迅速增长。

资料来源：人人文库网，https：//www. renrendoc. com/p－32126917. html.

案例思考：（1）上述案例中的市场调查公司采取的是哪种调查方法？有什么特点？（2）你能说出现实市场调查中常用的方法吗？

第一节　实地观察法概述

一、实地观察法的概念

所谓“观”，是指看，“察”是指详审、细看和考究。“观察”，主要是一种视觉感知活动。实地观察法，就是观察者有目的、有计划地运用自己的感觉器官或借助科学观察工具，能动地了解处于原始状态下的社会现象的方法。人们在日常生活中经常观察，但是，作为社会调查基本方法的实地观察法却不同于日常生活中的观察，它具有如下一些特点：

（一）实地观察法是观察者有目的、有计划的认识活动

人类观察可分为两个层次；一是自发观察，如人们在大街上观察高楼大厦、车水马龙等景象，消费者在超市中浏览商品等。二是自觉观察，如交通观测员对汽车流量、流向的观察，考古人员对出土文物的观察，刑事侦查员对犯罪现场的观察，社会科学工作者对社会现象的观察等。前者主要是一种自发的感性观察活动，后者则是以一定理性为指导的自觉观察活动。作为社会调查基本方法的实地观察法，是一种有目的、有计划的自觉观察。

（二）实地观察法运用两类观察工具进行观察

实地观察法运用的两类观察工具，一是人的感觉器官，其中最主要的是视觉器官——眼睛。据心理学家研究，人们关于外部世界的信息90%是通过眼睛获得的。因此，人的眼睛是最重要的观察器官。此外，人们还通过耳、鼻、舌、身等感觉器官直接感知外部事物。二是科学观察工具，如照相机、摄像机、望远镜、显微镜、录音机、探测器、人造卫星，以及观察表格、卡片等。这些观察仪器和记录工具，实质上是人的感觉器官的放大或延长，它们往往对观察结果产生重大影响。人们日常的自发性观察一般只使用第一类观察工具，即人的感觉器官；实地观察法则往往使用两类观察工具。

（三）实地观察法的观察过程是一个积极的、能动的、带有一定主观色彩的反映过程

人对外部世界的观察，与摄像机对拍摄对象的摄影有本质区别。摄影过程，是一个纯客观的光学、化学反应过程。人的观察过程，不仅是人的感觉器官对观察对象的感知过程，而且是人的大脑积极思维的过程。实践证明，人们在观察中看到了什么，一方面取决于观察对象的客观状况，另一方面取决于观察者的态度、能力、经验和感情色彩等主观因素。这就是说，实地观察过程，不是人的感觉器官对观察对象消极的纯客观的扫描过程，而是人的认识系统对观察对象的积极的、能动的、带有一定主观色彩的反映过程。

（四）实地观察法的观察对象应该是处于自然状态下的社会现象

实地观察法所观察的社会现象，应该是它的自然状态。如果观察的社会现象不是处于自然状态，而是人为的、故意制造的“盆景”“标本”或“样板间”，那么，这种观察尽管也能说明某些问题，但却失去了实地观察的原有意义，甚至有可能得出错误的观察结论。

二、实地观察法的种类

（一）参与观察与非参与观察

根据观察者是否参与被观察者的活动，实地观察法可分为参与观察和非参与观察。

1. 参与观察

参与观察就是观察者参与到被观察群体中，通过与被观察者的共同活动，从内部观察。按照参与程度的不同，参与观察可分为完全参与观察和不完全参与观察。

完全参与观察，就是观察者隐瞒自己的真实身份，完全参与到被观察者群体中，作为其中一个成员活动，并在这个群体的正常活动中观察。例如，人类学家长期生活在少数民族中，甚至与当地人结婚，完全以普通成员身份参加活动并观察；公安人员打入犯罪团伙，通过参与其活动从内部侦察等，就是完全参与观察。

完全参与观察，有利于深入到被观察者群体中，通过参与他们的群体活动，了解到许多从外部无法了解到的真实情况。但是，随着与被观察者之间的信任增强和感情加深，观察者在思想、感情上往往会自觉或不自觉地产生某些有利于被观察者群体的倾向，从而影响观察的客观性或真实性。因此，如何保持观察的独立性和中立性，排除思想、感情因素的干扰，是保证观察客观性的关键。此外，完全参与观察的适用范围非常有限。例如，党政机关、企事业单位的涉密活动，一般不可能完全参与观察；个人和家庭的隐私，一般不允许完全参与观察；贪污、贩毒、卖淫、赌博、制假、贩假等违反法律或道德的丑恶现象，一般不能采用完全参与观察方法。

不完全参与观察，就是观察者公开自己的真实身份，作为一个可信任的“外人”参与到被观察者群体之中，以半“客”半“主”身份参与他们的部分活动，并通过这些活动来观察。例如，上级机关干部到基层检查或指导工作，并实地考察；文艺工作者、新闻工作者到厂矿、农村体验生活，与工人、农民同吃同住同劳动，并实地观察，就是不完全参与观察。

不完全参与观察，由于观察者身份公开，参与被观察者群体活动有限，因而了解情况的广度和深度逊于完全参与观察，有时可能只观察到某些表面现象，甚至被人为假象所蒙蔽。但是，不完全参与观察了解情况的广度和深度优于非参与观察，而且主观色彩较少，往往能保持观察的客观性。因而，只要认真负责，勤于观察和思考，不完全参与观察有可能了解到许多真实情况。特别是该观察法使用灵活，可根据当时当地情况随时改变观察内容和方法，因而它的应用范围较广，是社会调查中使用得较多的一种观察方法。

2. 非参与观察

非参与观察，即观察者不参与被观察者群体及其活动，完全以局外人、旁观者的身份观察。例如，领导干部到基层视察，大学生利用节假日到工厂、农村参观，就是非参与观察。

非参与观察，观察者身份公开，不参与被观察者及其群体活动，因而大都只能观察到一些表面的、偶然的现象甚至假象。但是，非参与观察的实施非常简便，只要得到被观察者及其群体允许就可进行，一般能保持观察的中立性、客观性，可获得许多感性知识，因而其应用范围极为广泛，是社会调查中使用得最多的一种观察方法。

不完全参与观察和非参与观察的最大缺陷，是无法完全排除观察者及其观察活动对被观察者的影响。实践证明，由于观察者的参与、观察活动的进行，被观察者及其群体都会自觉不自觉地产生某些反应性心理或行为，从而改变了被观察者及其群体的原本状态。如同量子力学中的“测不准定律”一样，不完全参与观察和非参与观察永远无法完全准确地观察到被观察者及其群体的自然状态。只有“微服私访”，即把观察活动对被观察者及其群体的影响控制在最低范围之内，才有可能观察到处于自然状态下的真实社会情况。

（二）标准观察和非标准观察

根据观察活动是否有统一标准，实地观察法可分为标准观察和非标准观察。

1. 标准观察

标准观察也称有控制观察或系统观察，是观察者根据观察目的，设计统一观察项目和要求、印制统一观察表格或卡片，规定统一观察程序和记录方法的观察方法。在实地观察过程中，观察者必须严格按照统一标准观察和记录，而不允许任意变更观察项目和要求。标准观察可获得统一、系统、翔实的观察材料，可对观察数据做定量分析和对比研究。但是，它缺乏弹性，适应性差，难以反映不同观察对象的不同特点，而且比较花费时间。

2. 非标准观察

非标准观察也称无控制观察或简单观察，是观察者只有一个总的观察目的和要求、一个大致的观察内容和范围，而没有统一观察项目或标准的观察方法。在实地观察过程中，观察者在观察总目的、要求指导下，根据观察时的具体情况有选择地观察。非标准观察比较灵活，简便易行，适应性较强，但是，观察的标准化程度低，观察所得的材料比较零碎、分散，缺乏系统性，因而很难进行定量分析和对比研究。

（三）直接观察和间接观察

根据观察对象的不同，实地观察法可分为直接观察和间接观察。

1. 直接观察

直接观察又称现场观察，就是对当时正在发生的社会现象所进行的观察。前面讲的参与观察和非参与观察、标准观察和非标准观察，都是对当时正在发生的活生生的社会现象的观察，因而都是直接观察。

2. 间接观察

间接观察又称实物观察，就是为追寻、探求曾经出现过的社会现象而对物化社会现象所做的观察。所谓物化社会现象，是指反映、记录曾经发生过的社会现象的各种物质载体，如写实性绘画、古迹、遗址，反映一定社会现象的物体或环境，以及各种损蚀性、累积性、遗留性物体等。例如，通过观察张择端的《清明上河图》，可以间接了解北宋京城汴梁（今河南开封）的市井风情；通过观察长沙马王堆汉墓、湖北铜绿山铜矿遗址、陕西秦始皇兵马俑、随州曾侯乙编钟等文物，可以间接认识中国古代政治、经济、军事、文化等状况；通过观察居民住宅和家庭摆设，可以间接了解主人的经济状况和文化素质；通过观察各种建筑的数量和质量、汽车的数量和品牌、广告的内容和形式、公共厕所的分布和卫生程度，可以间接了解一个城市、地区的经济发展情况、社会管理水平和居民文明程度，等等。在间接观察中，损蚀物、累积物、遗留物具有重要观察价值。通过对它们的观察，可以了解某些曾经发生过的社会现象。例如，通过观察汽车轮胎磨损程度，可以间接推测汽车使用情况；通过观察烟灰缸里积累的烟头、烟灰，可以间接判断抽烟人状况；通过观察工具磨损程度，可以判断工具使用情况；通过观察家具上累积的灰尘，可以判断房间空置时间的长短；通过观察遗留在电脑硬盘或手机上的资料，可以判断电脑或手机主人的某些状况，等等。

20 世纪初，美国社会学家查尔斯·巴林在芝加哥进行垃圾调查，后演变成一种“垃圾学”，即通过对垃圾的观察与记录来了解家庭消费情况。美国亚利桑那大学的几位社会学教授，曾采用“垃圾学”方法调查土克桑市居民食品消费情况。调查结果表明：该市居民每年浪费食品 9500 吨，低收入家庭比高收入家庭能更合理地消费食品，所有家庭都减少了对高脂肪、高蛋白食品的消费，方便食品的消费有增无减。这项由政府资助的调查，其结果得到了有关方面高度重视，并为美国居民食品消费调查提供了样板和参考数据。

一般地说，直接观察简便易行、真实可靠。但是，过去的社会现象无法直接观察，机密性、隐私性、犯罪性、违法性社会现象难以直接观察。间接观察比较复杂、曲折，需要较多社会经验和有关知识，有时还需要科学鉴定手段和方法，而且可能发生种种误差，但是它弥补了直接观察的不足。对于机密性、隐私性、犯罪性、违法性社会现象来说，它是不可缺少的观察方法；对于过去的社会现象，它更是唯一可行的观察方法。

（四）实地观察法的其他种类

根据其他标准，实地观察法还可分为以下几种类型：

1. 根据观察的主要目的，实地观察法可分为探求性观察和验证性观察

探求性观察是指为探求某种未知观察对象的状况而进行的观察。例如。对非公有制企业建立中国共产党基层组织的观察，对大学生到农村当“村官”的观察，等等。验证性观察，是指为验证某种设计、方案、理论而进行的观察。例如，为验证某种农村住宅设计而对采用该设计方案建设的村庄进行观察，为验证某项改革政策而对实施该改革方案的单位进行观察，为验证城乡一体化发展理论而对实施城乡一体化发展的试验区进行观察，等等。

2. 根据观察的主要内容，实地观察法可分为定性观察和定量观察

定性观察，是指对观察对象性质状况的观察。例如，对企业职工性别状况、民族状况的观察，对居民住宅建筑结构类别的观察，等等。定量观察，是指对观察对象数量状况的观察。例如，对企业职工中男性职工、女性职工人数及性别比的观察，对居民住宅中土木结构、砖瓦预制件结构、钢筋混凝土结构等不同建筑结构住宅数量及其比例的观察，等等。

3. 根据观察对象的状态，实地观察法可分为静态观察和动态观察

静态观察，是指对观察对象静止状态的观察。例如，对停车场上停放汽车的观察，对教室里参加考试的学生的观察，等等。动态观察，是指对观察对象运动状态的观察。例如，对集贸市场上交易情况的观察，对运动场上运动员比赛情况的观察等。

实地观察法的上述种种类型，都各有特点、利弊和用途。在实际调查中，应根据观察的目的、任务和观察者的主、客观条件，灵活掌握和运用。

第二节　实地观察法操作

在实地观察过程中，要保证观察顺利实施并取得良好观察效果，应掌握一些基本原则，注意一些方法和技巧。

一、实地观察的一般原则

（一）客观性原则

观察的客观性，是实地观察首要的、最基本的原则。因为，只有按照客观事物本来面目观察，才能正确认识事物。在实地观察中，要坚持观察的客观性，就必须从实际出发，被观察的对象是什么情况，就观察什么情况、记载什么情况。决不能按照个人好恶去任意增减或歪曲客观事实，或者只注意观察和记录那些有利于调查的事实，而不观察和记录那些不利于调查的事实，更不能凭主观想象臆造那些根本不存在的事实。

（二）全面性原则

观察的全面性，是观察客观性的内在要求。因为，任何客观事物都有多种多样的内在属性和表现形式，都有多方面的外部联系。只有从不同侧面、不同角度、不同层次进行多方面观察，才能了解客观事物全貌。那种看好不看坏、看正不看反、看此不看彼、看外不看内的片面观察，是不可能正确认识客观事物的。

（三）深入性原则

要坚持观察的客观性和全面性，就必须做深入、细致的观察。因为，社会生活纷繁复杂、千变万化，许多社会现象不是一下子就能观察清楚的。人们普遍喜欢把好的一面展示给公众，往往不自觉地用一些片面、偶然、虚假的现象来应付、蒙骗观察者，甚至可以做到“想看什么就有什么”的程度。如果观察者走马观花，仅仅停留在事物表面浮光掠影，那么，就有可能得出片面的甚至错误的观察结论。

（四）持久性原则

对于许多复杂的社会现象，要得到正确观察结论，往往需要坚持数日、数月、数年甚至更长时间的实地观察。例如，英国社会人类学家、人类学功能学派的主要代表马林诺夫斯基，于1914—1920年在新几内亚原始人部落中进行了长达六年之久的实地观察，到后来自己几乎成为原始部落的一员。通过这次实地观察，他不仅写出了名著《西太平洋的航海者》，而且为完全参与观察法奠定了基础。美国社会学家威廉·富特·怀特的《街角社会：一个意大利人贫民区的社会结构》，则是作者在美国南波士顿与意大利贫民一起生活、观察三年半之后才写出来的。

（五）法律和道德原则

在实地观察中，一定要遵守法律的有关规定，决不可强迫被观察者做他们不愿做的事情，更不可在没有得到许可的情况下私闯他人住宅、偷看他人信件，或干出其他违法的事情来。此外，实地观察还应该遵守一般的道德规范，决不可在违背被观察者意愿的情况下，强求观察别人的私生活，或偷看别人不愿让人观察的事物或现象。特别是在少数民族地区进行调查时，更要严格遵守少数民族的风俗习惯和宗教戒律。

二、实地观察的步骤

（一）制订观察计划

1. 观察计划基本内容

为确保实地观察的顺利进行，观察前必须制订观察计划。其基本内容包括：

（1）观察的目的与任务；

（2）观察内容（要收集哪些资料）；

（3）观察对象及范围；

（4）观察地点；

（5）观察方式与手段（观察方法、观察记录技术、仪器设备等）；

（6）观察步骤与时间安排（观察的次数、程序、时间间隔，观察要持续的时长等）；

（7）其他（人员组织与分工，观察中的相关要求等）。

以上准备工作中，观察方式的确定可以根据观察目的选择，或根据观察对象的行为特征选择，当然也要考虑研究者自身的条件；观察记录技术是指在进行观察中，对观察对象进行记录时所采用的方法和手段，常用的记录技术包括：卡片、速记、符号、记忆、器材记录。

►案例：

商场顾客消费行为的观察卡

1. 观察员姓名：________

2. 观察日期：________

3. 观察序号：________

4. 观察开始时间：________

5. 购物中心入口：________

6. 单独光顾：

A）性别：　　①女性（　　）　　②男性（　　）

B）年龄：

①20岁以下　　②20～29岁　　③30～39岁

④40～49岁　　⑤50～59岁　　⑥60岁以上

7. 结伴光顾：

A. 成年人：　　①女性（　　）　　②男性（　　）

B. 儿童：　　①女性（　　）　　②男性（　　）

8. 购物中心顾客行踪：

A. 寻购商品　　B. 停留时间（分）　　C. 购物（是/否）

①________________

②________________

③________________

④________________

⑤未寻购商品

9. 柜组出口：________________

10. 商场出口：________________

11. 交通工具：

①步行（　　）　　②乘公共汽车　　③骑摩托车（　　）

④骑自行车（　　）　　⑤开汽车（　　）汽车牌号：

12. 观察结束时间：__________

13. 被观察人是否注意到有人在观察：

①未注意（　　）　　②不能确定（　　）　　③注意到了（　　）

14. 顾客行踪分析观察员的注解：

地点，时间，签名：__________________

资料来源：刘玉玲．市场调查与预测［M］．2 版．北京：科学出版社，2010.

2. 观察记录的主要方法

（1）评等法。观察者对所观察的社会现象评定等级。如观察路人的行走速度可以用“很快”“快”“一般”“慢”“很慢”等等级来加以评等。观察者可预先印制评等表，对每个观察对象所表现的特征按所属等级在表格中画上记号。

（2）记录出现频率法。观察者对于某些社会经济现象出现的频率进行观察。如观察路人经过某个广告时的动作，可以用“停下观看”“边走边看”“不停不看”进行记录。观察者可以预先印制频率表格，在规定的观察项目栏上，以打勾的形式记录观察对象在该项目所指的行为上出现的次数。

（3）连续记录法。对于连续发生的社会经济现象的各个阶段进行持续的观察。观察者可预告印制记录表，按一定的时间单位如 10 分钟、30 分钟，记录在每个时间单位内发生的现象。

（二）实地观察

进行实地观察时，首先要选择好进入方式。采用非参与式观察法进入观察场所时，要在尽量不影响被观察者常态情况下，选择最佳观察角度。参与观察还必须与观察对象建立友善关系。其次，要做好观察记录。应根据不同的观察类型选择适当的记录方法，记录要及时、准确、有序、全面、详尽。

实地观察的记录方式包括：

（1）定性观察记录方式。主要包括准结构描述、日记描述、轶事记录和连续记录。

（2）定量观察记录方式。如对观察对象的行为进行等级或频率上的记录。

（3）现场观察记录方式。进入现场时要选好观察位置，保证有较好的观察角度和视野，保证观察的有效、全面、准确。观察过程中不要惊扰观察对象或与观察对象打成一片。如果是外部观察，最好不让观察对象察觉；如果是内部观察，要与观察对象建立和谐良好的关系，以免其产生戒备心理。这期间要看、听、问、思、记互相配合，达到最佳观察效果。

（三）观察资料的整理与分析

观察结束后，要对观察记录进行初步整理。对笔录资料要分门别类存放；对录音、录像、摄像资料要登记并做卡片，以免事后因记忆模糊造成资料混乱。整理与分析工作的基本内容包括：

（1）整理资料。看所需观察的资料是否都收集齐全。

（2）审查资料。看所收集的观察资料是否都有效。

（3）分类归档。将所收集到的资料按类别进行归档，方便后续查找。

▶**案例：**

幼儿独立性观察

第一步：确定观察内容。

（1）研究目的：幼儿独立性的发展特点，考察儿童三方面的独立性：生活自理方面、劳动方面和游戏活动中的独立性。

（2）观察对象：从某幼儿园中抽取大、中、小各 1 个班，每班抽取 20 名幼儿作为观察对象。

（3）观察目的行为的操作定义。

① 生活自理方面：儿童能自觉吃饭、睡午觉、穿衣服及叠被，不需要老师的督促和帮助；

② 劳动方面：当老师让儿童做一些简单的劳动时（擦桌子和小凳子），儿童能独立地完成；

③ 游戏活动：在游戏活动中（拼图游戏），儿童遇到困难，能够独立地解决，不需要老师给予帮助。

第二步：确定观察的时间和地点。

（1）观察地点：幼儿园各班级中。

（2）观察时间：学期结束前 3 周。

① 生活自理观察时间：每周一、周四从吃饭前 5 分钟开始观察，到午休起床所有被观察的儿童穿好衣服下床后 5 分钟为止。共持续 2 周，总共观察 4 次。

② 劳动观察时间：每周四下午起床后，观察 2 周，共 2 次。

③ 游戏观察时间：每周四早上 9 点到 9 点半，观察 2 周。

第三步：编制观察记录表。

幼儿生活处理方面独立性编码（吃饭）

编号	姓名	1	2	3	4	备注
01	张 ×	√				
02	李 ×		√			
03	王 ×			√		
04	刘 ×				√	

注：能独立地把饭吃完，不需要老师的督促——————4
需要老师再三督促才能自己把饭吃完——————3
自己吃一点，需要老师喂一点——————2
自己不吃，需要老师喂——————1

资料来源：侯典牧．社会调查研究方法［M］．北京：北京大学出版社，2014.

三、实地观察中的注意事项

实践证明，要搞好实地观察，应该注意以下一些问题：

（一）选好观察对象和环境

要使实地观察结果具有典型意义，就应该选择那些典型环境中的典型对象作为观察重点。例如，观察产品质量，就应该选择那些生产条件具有代表性的企业观察，并以这些企业的质检机构和废品仓库作为观察重点；观察城镇环境卫生，既要看街道、厂房、学校和办公楼，更要重点观察工厂的“三废”处理、居民区的垃圾箱和公共厕所；观察农作物生长状况，就应该观察不同长势的田块，重点看水田“边”、旱地“角”，等等。只有抓住了典型环境中的典型对象作为观察重点，才能收到“一叶知秋”的观察效果。

（二）选准观察时间和场合

实地观察要注意选择最佳观察时间和最佳观察场合。例如，观察机关工作人员上班情况，如果上班时间是9点，那么最佳观察时间是每个工作日的8点30分至9点30分，最佳观察地点是办公楼门前；观察学生考试纪律情况，最佳观察时间是考试时间，最佳观察场合是考场，特别是考场的后面；观察工厂生产情况，最佳观察时间是工人上班时间，最佳观察场合是生产车间；观察集贸市场情况，最佳观察时间和场合是交易最频繁、最活跃的时间和场所：上午7点至9点的蔬菜摊位。观察时间、场合选得准、选得好，观察结果就可能比较真实、具体、准确，根据这样观察材料写出的调查报告，就具有较强的说服力。

（三）灵活安排观察程序

观察程序有三种安排方法，即主次程序法、方位程序法和分析综合法。主次程序法，就是先观察主要对象、主要部分、主要现象，然后再观察次要对象、次要部分、次要现象。方位程序法，就是根据观察对象的位置，采取由近到远或由远到近、由左到右或由右到左、由上到下或由下到上等方位逐次观察。分析综合法，就是先观察事物局部、后观察事物整体，或者先观察事物整体、后观察事物局部，然后再进行综合或分析，得出观察结论。这三种观察程序各有利弊，应根据观察目的和任务、观察对象的实际情况和观察者自己的条件，灵活掌握和运用。

（四）与被观察者建立良好的人际关系

对于参与观察来说，与被观察者建立良好的人际关系，是一件最重要、最困难、也最费时间的工作。为了与被观察者建立良好关系，应做到以下几点：（1）反复说明来意，解除被观察者的顾虑，使他们认识调查的重要意义和对他们的好处，起码是不会损害他们的利益。(2)参与被观察者的某些活动，并通过共同活动来增进了解，建立友谊，广交朋友。(3)尊重当地风俗习惯和道德规范，最好能学会使用当地的方言、俚语，决不要说违反禁忌的话、做违反禁忌的事。(4)在力所能及范围内，帮助被观察者解决某些困难，如提供某些信息或咨询意见，帮助做些工作或家务，解决某些可以解决的难题等，这对加深信任和感情具有重要作用。(5)重点选择若干有威信、有影响、有能力的当地人作为依靠对象，首先与他们建立良好关系，然后再通过他们去做好其他被观察者的工作。

(五) 减少观察活动对被观察者的影响

在实地观察中，当观察对象是人或人群活动时，观察活动本身往往会对被观察者产生一定影响，使他们自觉不自觉地产生某些反应性心理或行为，从而产生种种反应性观察误差。特别是在被观察者人数较少而又比较稳定的情况下，素不相识的观察者突然出现并从事各种观察活动，必然会使被观察者产生某些紧张、惶惑、好奇或羞涩心理，致使他们的行为自觉或不自觉地失去常态。例如，正在课堂上偷偷说话的小学生，一旦发现有人在窗外观察，马上就会不再说话，坐得端端正正；正在闲聊或休息的工人，一旦发现上级来人视察工作或外单位来人参观，就会自动回到工作岗位干活，等等。这说明，观察者要了解处于原始状态下的社会现象，就必须善于控制自己的观察活动，尽量减少对被观察者的影响。历史上，许多封建君主和官吏为了体察真实的民情民意，往往采取微服私访的办法来减少对被观察者的影响。现在，各级领导机关干部到基层去实地观察，更应注意控制自己的观察活动，尽可能减少被观察者的反应性心理和行为。只有这样，才能观察到处于自然状态下的真实情况，才能避免或减少反应性观察误差。

(六) 及时做好观察记录

实地观察，一般都应做观察记录。记录的方法，最好是同步记录，即在现场观察的同时记录下观察情况；如果不宜做同步记录，应在观察后尽快追记。俗话说；“好记性不如烂笔头。”如果不及时做记录，时过境迁，就可能忘掉许多观察到的真实情况。记录的内容，有的学者主张要具体、要客观，不要用总结的话，也不要用抽象的修饰语；尽量做行为主义式的、具体的描述，降低推理的水平；尽可能避免把活动参加者的描述和翻译语作为自己的语言使用。有的学者则主张尽可能简明，只要记录下主要事实和情节就可以了，而且还可扼要记下自己的感受和看法。这些主张各有利弊，可根据当时当地具体情况和自己的习惯灵活运用。

(七) 准备或制作记录工具

记录工具有两类：一是照相机、摄像机、手机等摄影工具，二是观察卡、观察记录表等手工工具。照相机、摄像机、手机等摄影记录，真实感强，精确度高，便于保存和传输，但是，观察过程不可能、也不需要处处摄影。对于有选择拍摄的内容，应该及时做好记录和编号，写下必要的文字说明，以免时过境迁发生差错。观察卡、观察记录表等手工工具，是标准观察不可缺少的工具。有了统一设计和制作的观察卡、观察记录表，不仅可提高观察、记录的质量和速度，而且有利于对观察结果做定量分析和对比研究。观察卡、观察记录表的内容，必须根据实地观察的目的和需要来设计。一般应包括以下内容：（1）观察卡、观察记录表的名称；（2）观察的地点或位置；（3）观察的时间；（4）观察的环境；（5）观察的内容或项目；（6）观察的记录方法；（7）观察的情况和建议；（8）观察员的姓名或单位。

▶案例：

加油站顾客加油行为观察卡

（正面）

HSE 观察卡 HSE OBSERVATION CARD 鼓励安全行为、提高 HSE 意识、创造 HSE 氛围	
被观察的作业：加油操作	日期：2011. 3. 20
区域/设施：加油场地	被观察的单位/部门：南崖加油站
是否本班组/部门责任区域：□是 □否	
不安全行为［ ］ 不安全状态［ ］	未遂事件［√］ 推荐安全行为［ ］
情况描述：3 月 20 日早上 8 点，一名顾客在加油现场准备抽烟，被当班员工发现并制止，且耐心向顾客解释为什么不能抽烟，制止了一起事故的发生。	
改进建议：立即制止不安全行为，向顾客讲解不安全行为可能带来的危害。	
被观察人数：1 不安全行为人数：1 不安全问题数：1	
报告人：马兵	单位/部门：南崖加油站

第三节 实地观察法误差处理

俗话说："耳听为虚，眼见为实"，这在一定范围内是正确的。但是，严格地说，人的观察总会发生一定误差。因此，有必要研究一下产生观察误差的原因和减少观察误差的办法。

一、产生观察误差的原因

观察误差的产生，可从观察主体和观察客体两个方面寻找原因。

（一）来自观察主体的误差因素

1. 思想因素

观察者的立场、观点和角度不同，观察同一对象的感受就会大不相同。例如，面对拥挤的生产车间、紧张的劳动节奏、简陋的生活设施、严格的厂规厂纪，在老板看来，这是令人鼓舞的图景，它意味着低成本、高效率和高利润；在雇员看来，这是令人害怕的情景，它意味着生产任务繁重、生活环境恶劣和种种令人难以忍受的人身限制。这说明，观察者的立场、观点不同，观察的结果和感受就不一样，甚至截然相反。

2. 知识因素

观察者的知识水平和结构不同，人生经历和社会经验不同，观察的参照系不同，对同一对象的观察重点、观察结果就会发生很大差异。例如，到一个现代化钢铁企业去考察，一个钢铁专家可能在生产工艺、技术装备、车间管理等方面观察到许多重要情况，发现许多重要问题；一群去钢铁厂参观的大学生却只能看看雄伟的厂房、壮观的炼钢炉，不会发现其中存在的问题。同样，到一个假“先进单位”去参观，一个经验丰富的人可能很快就会看出哪些是真相、哪些是假象；而一个初出茅庐的职场新人却很可能为种种假象所蒙骗。这说明，知识和经验不足，往往是产生观察误差的一个重要原因。

3. 心理因素

观察者的兴趣、爱好和情绪等心理因素，也会对观察结果产生一定影响。例如，同是观赏一座园林，建筑师感兴趣的是建筑结构，文艺家感兴趣的是诗情画意，动物学家感兴趣的是鸟兽鱼虫，植物学家感兴趣的是花草树木，时装设计师感兴趣的则是游人的衣着款式。他们对各自感兴趣的事物或现象会观察得很认真、仔细；相反，对自己不感兴趣的事物或现象则往往视而不见。同样，观察者的某种爱好强烈一些，对与这种爱好相联系的事物和现象的观察就会认真、仔细一些；反之，就会淡然、马虎一些。观察者的情绪也会对观察结果产生影响。一般地说，怀着兴奋、喜悦的心情往往会观察到较多积极方面；带着苦闷、压抑的情绪则往往会看到较多消极方面。这说明，心理因素也有可能造成某些观察误差。

4. 能力因素

人的观察能力是有区别的。多数人观察能力一般，少数人观察能力很强或很弱，因而对同一对象的观察，往往会得出不同的观察结果。例如，图 7－1 是一幅隐藏着许多头像的图画。面对这一幅图画，观察能力不同的观察者识别出头像的数量就可能大不相同。

5. 生理因素

人类感觉器官的感受能力，在生理上都有一定限度。例如，视觉器官——眼睛，就有很大的局限性。据研究，正常人的眼睛只能感受到波长为 0.39～0.77 微米的电磁波（即可见光），而不能感受到波长在此范围之外的电磁波；只能对频率在每秒 50 次以内的速度

图 7-1　观察能力测试图

做出反应，超过此速度就失去了反应能力；只能同时观察 5~9 个离散单位，超过此范围就不可能有效观察，等等。不仅如此，随着观察时间的延长，视觉器官疲劳加剧，人的视觉能力不断衰减，甚至会出现种种观察误差。同样，人类其他感觉器官的可靠性和准确性也是有限的，超过了一定限度就会失去感知能力，就有可能发生观察误差。

此外，人的感觉器官在感知过程中还有可能产生种种错觉。例如，把两只手分别浸泡在冷水和热水中，然后再同时伸入温水中，这时两只手的感觉就会不一样；同样一个人，在高个子面前显得矮一些，在矮个子面前显得高一些；人们高兴的时候时间似乎过得快一些，忧愁的时候时间似乎过得慢一些，等等。产生这些错觉，既有生理方面的原因，又有心理方面的原因，它们都有可能使观察产生这样或那样的误差。

6. 其他因素

其他因素诸如观察仪器的精确度、灵敏度不高，观察仪器和观察工具失灵，观察场所光线不足，观察角度不对，观察距离太远，等等，都是造成观察误差的重要原因。

（二）来自观察客体的误差因素

（1）由于客观事物发展不成熟，其本质尚未通过现象充分暴露出来，观察就难免产生某些误差。毛泽东说，人们的认识常常受着许多的限制，不但常常受着科学条件和技术条件的限制，而且也受着客观过程的发展及其表现程度的限制（客观过程的方面及本质尚未充分暴露）。

（2）由于观察活动引起的被观察者的反应性心理和行为，必然会造成反应性观察误差。例如，在众目睽睽之下，一个初出茅庐的演员可能非常紧张、笨拙，甚至说错了台词；由于某领导人的到来，一个吵吵嚷嚷的会议室一下子变得鸦雀无声；在客人到来之前，家庭主妇总是要打扫一下房间，整理一下内务，等等。由观察活动引起的被观察者的这些反应性心理和行为，一般都不是受人指使的结果，也不是故意要欺骗别人，但是，它却是造成反应性观察误差的重要原因。

（3）人为的假象是造成观察误差的一个重要原因。例如，许多假冒伪劣产品，往往有一个精美的外表或新颖的包装；为了骗取上级的信任或舆论的好评，许多人有目的、有计划地制造种种虚假现象，等等。在社会生活中，人为的假象是经常存在的，它是造成观察误差的一个十分重要的原因。

总之，观察总会发生误差，任何观察都不可能完全符合客观实际，观察的准确性和可靠性总是有限度的。牢牢记住这几点，尽量减少观察误差的发生，是搞好实地观察的一个必要条件。

二、减少观察误差的途径和方法

对于社会调查来说，观察误差和错误往往比结论错误危害更大。因为，一份观察正确的调查报告，不管其结论是否正确，都不失为一份有价值的研究材料；如果观察的事实发生误差，甚至根本错误，那么，它就失去了研究价值，甚至有可能造成很大危害。如何减少观察误差，保证观察的真实性、准确性，是实地观察中的一个关键问题。由于种种原因，观察不可能完全正确，观察误差不可能完全消除。但是，努力减少观察误差，力求观察基本正确则是应该做到也是完全可以做到的。

减少观察误差有以下一些途径和方法：

1. 正确选择观察人员

一个合格观察人员必须具备一定条件，其中最基本的有两条：一是要感觉器官正常，特别是视觉器官不能有严重缺陷；二是要有实事求是精神，观察对象是什么情况就观察什么情况、记录什么情况，决不能凭主观愿望添油加醋或故意隐瞒，更不能歪曲或捏造事实。

2. 认真进行思想教育

对观察人员要加强两方面教育：一是要有认真负责的态度，严格按照观察提纲、表格或卡片的要求做观察和记录；二是要认识有关观察任务的重要意义，提高观察人员对观察内容的兴趣和感情。实践证明，一个认真负责、心理素质好、有强烈求知欲的观察员，可以观察到许多深入、细致的社会现象；一个应付差事、情绪波动、对观察内容毫无兴趣的观察员，可能漏掉许多重要现象，甚至可能出现种种观察错误。

3. 做好必要的知识准备

一个合格的观察员一是应该有与观察内容有关的专门学科的科学理论知识；二是应该有关于观察对象的历史和现状的知识；三是应该有关于观察方法和观察工具的知识，以及进行实地观察的经验和技能。实践证明，观察前的知识准备越充分，发生观察误差的可能性就越小。

4. 不断加强感官训练

人类感觉器官的感知能力，可以通过训练不断提高。为了提高观察人员的感知能力，在实地观察前应进行必要的感官训练。例如，组织新观察人员与有经验的观察人员同时观察某一社会现象，并当场做观察记录，然后再对他们的观察记录进行对比，分析观察结果的优劣及其原因，就是观察训练的一种有效方法。同样，通过试听、试闻、试尝、试摸等训练，也可提高听觉、嗅觉、味觉和触觉的感知能力。

5. 合理安排观察任务

观察任务的安排，应以感觉器官的承受能力为限。例如，每一个观察人员分配的观察对象应尽可能保持不变，特别是观察离散对象时一般不应超过 5 个单位，最多不能超过 9 个单位，否则就易产生观察误差；安排的观察项目应尽可能简明、集中，如果观察项目过多、过于分散，就很容易发生遗漏；每一次观察时间不宜过长，否则随着感觉器官疲劳程度加剧，发生观察误差的可能性就会大大增加。

6. 充分利用科学仪器

在实地观察中，应根据具体情况，尽可能使用显微镜、望远镜、测量仪器、照相机、摄像机、录音机、手机等设备，以及各种度、量、衡工具，充分发挥这些设备和工具的放大、延伸、计量、记录等功能。这既是提高观察客观性、准确性的重要途径，又是防止和减少观察误差的重要方法。

7. 努力控制观察活动

观察者应该努力控制自己的观察活动，尽可能减少或消除观察活动对被观察者的影响，这是减少反应性观察误差的重要途径。此外，在某些特殊情况下，可以事先不作任何说明或宣布，采取隐蔽、伪装、突然袭击的方式进行观察。实践证明，观察活动的突发性、隐蔽性和伪装方式，是减少反应性观察误差的有效措施。

然而，这里存在一个法律或伦理问题，即事前未征得被观察者同意的隐蔽观察、伪装观察、突然袭击式观察是否合法、是否符合道德的问题。我们认为：如果观察目的没有损害国家、社会和被观察者的动机，观察过程没有干扰国家、社会和被观察者的正常工作和生活，观察活动没有侵犯被观察者的个人隐私，观察结果没有损害国家、社会和被观察者的利益，那么，就不存在不合法问题，也不存在不符合道德原则的问题。当然，这种隐蔽、伪装、突然袭击式的观察不可随意乱用，它们只应该“在某些特殊情况下”使用。而且，事后应该向被观察者说明有关情况和原因。被观察者对于不损害国家、社会和他们个人利益的这类观察，一般是能够理解和支持的。

8. 对比观察和重复观察

对于比较复杂的事物或比较重要的社会现象，应该选择不同类型的观察对象进行横向对比观察，或者对同一观察对象进行纵向重复对比观察。横向对比观察，可以是同一观察者对不同观察对象进行的横向对比观察，也可以是不同观察者对同一观察对象（或不同观察对象）进行的横向对比观察。纵向重复对比观察，可以是同一观察者对同一观察对象在不同时间、不同阶段上进行的前后对比观察，也可以是不同观察者对同一观察对象（或不同观察对象）进行的前后对比观察。一般地说，通过多点对比观察和重复对比观察所得出的观察结论，发生观察误差的可能性会大大减少。

关键概念

实地观察 观察效果 参与观察 观察工具 观察误差

复习思考题

1. 什么是实地观察法？简述其特点与分类。
2. 阐述实地调查法操作步骤与注意事项。
3. 阐述减少实地观察误差的途径与方法。

第八章　访问调查法

学习目标

□ 掌握访问调查法的概念、特点

□ 掌握访问调查的分类

□ 理解访问的程序和技巧

☞ 引例

“三孩”政策对农村妇女的影响研究

一、研究背景与问题的提出

为缓解因生育率下降导致的劳动人口短缺与人口老龄化等问题，保持我国人力资源禀赋优势，2021年5月31日，中共中央政治局审议通过了《关于优化生育政策促进人口长期均衡发展的决定》，实施一对夫妻可以生育三个子女政策。许多研究对“三孩”政策带来的影响以及如何实施提出了很好的看法，但主要从政策层面研究的较多。本文从“三孩”政策的实施会给农村妇女的日常生活、家庭生活、夫妻关系等带来怎样的影响角度，在以往学者研究的基础上，通过在湖南西村的参与观察以及对该村育龄妇女的深入访谈，尝试探讨这一课题。

二、村庄选择与研究过程

（一）村庄的选择

本研究也选择了一个村庄——湖南西村。之所以选择西村，是因为笔者曾经于2008—2012年在这个村庄进行了为期四年的田野调查，了解从新中国成立以来至20世纪80年代末实施的计划生育政策对当地育龄妇女所造成的影响。2016年“二孩”政策开放之后，笔者关注到了这个村育龄妇女“二孩”的生育情况：一部分人生了二胎，一小部分人只生了一胎。“三孩”政策实施之后，笔者想继续探寻“三孩”政策对她们产生的影响。

（二）访问调研的过程

笔者对整个村庄情况比较熟悉，选取了两个群体的妇女进行访谈：一个群体是60后、70后的婆婆，她们年龄跨度在45～58岁，笔者访谈了10位，深度访谈5位；另一个群体是80后、90后的媳妇，她们的年龄跨度在25～38岁，她们是目前处于“三孩”

生育阶段的育龄妇女，笔者访谈了20位，深度访谈10位，同时也访谈了在村的个别男性村民。不同身份与角色的村民可以从各自的角度来体会认识“三孩”政策带来的影响。

不同年龄与身份的人访谈的重点是不一样的。利用网络的发达，笔者分别组建了婆婆与媳妇的微信群，在群里进行讨论，相当于座谈会的形式，但这种方式又比座谈会更轻松；有时笔者通过微信、QQ以及电话的形式对她们单独进行访谈，补充一些观点与思路。

访谈的问题主要围绕：①希望生育三胎吗？②什么原因使得生育三胎的欲望较低？③夫妻感情如何？④如果儿子儿媳生育三胎能否给带孩子？通过这些问题，笔者获得了她们对于“三孩”政策看法的第一手资料，这为本文的研究提供了很好的原始素材。

资料来源：胡桂香．生抑或不生：“三孩”政策对农村妇女的影响研究——基于湖南西村的田野调查［J］．广州大学学报（社会科学版），2022，21（1）．有改编．

案例思考：如何以农村留守育龄妇女这一群体为访问对象？访问调查的种类有哪些？访问调查如何追问？

第一节　访问调查法概述

初次进行社会研究的人在遇到一个具体问题的时候，往往喜欢发放问卷，认为这种方法“很科学”。但是，问卷并不是万能的。社会中的许多事件、现象是无法用问卷进行调查的。人们真实的意愿、心态更是很难通过问卷反映出来。此外，由于问卷是事先设计好的，研究者无法发现问卷中没有涉及的方面。但是，在社会研究中某些事前并未考虑到的因素往往会引发人们对社会现象新的认识。这就需要询问与某些现象有关的当事人，运用访问调查的方法去深入了解真实的情况。访问调查法是社会调查研究中的一种常用的资料收集方法，也是社会研究中最重要的调查方法之一。

一、访问调查法的含义

访问调查法，也称为访谈法、询问法、面谈法。在汉语中，“访”是指探望、寻求，“问”是指询问、追究，“访问”的基本意思是有目的地去探望人并跟他谈话。访问调查法，就是访问者有计划地通过口头交谈等方式向被访问者获取社会实际情况或探讨社会问题的调查方法。作为社会调查研究中的一种常用资料收集方法，2000年前我国著名史学家司马迁就曾实地访问调查过曲阜、淮阴，收集资料撰写了《史记》。随着信息技术的发展，访问调查法不仅限于面对面地直接进行口头交谈，也可以通过电话、网络等间接的方式进行口头访问。

访问调查法的定义主要强调了以下两点：

（1）访问调查法具有较强的目的性。它与一般闲谈具有本质区别，访问调查法是有准备的谈话。访问前准备调查主题，访问时以访问者为主导，围绕调查主题展开谈话，访问中需要采用某种方式记录被访者的谈话或回答，访问后需要定性或定量地整理。

（2）访问调查法通常是有计划性，至少有较为明确的主题，通过访问调查可以获取一手资料，帮助研究人员更深入地对问题进行思考。

二、访问调查法的特点

访问调查法与文献调查法、观察法等其他收集方法有一定的相似之处，如访问法与观察法，二者都可以应用于实地研究，都是一种与研究对象互动的过程，研究者要与研究对象进行近距离的、面对面的接触。但访问调查法有以下几种特点：

1. 以语言为媒介通过交谈方式进行口头调查

文献调查、观察法等调查方法，主要是使用眼睛来调查过去的社会情况以及观察现在的社会情况，而访问调查是一种研究性交谈，是研究者通过听和说以口头谈话的方式从受访者那里收集一手资料的一种调查方式。一般来说，受访者有正常思维能力并且没有口头表达障碍，任何人都可以作为访谈对象，包括文盲、半文盲和盲人。

2. 受访双方的双向互动调查

观察法特别是非参与观察中，观察者会尽量减少对被观察者施加影响，观察者总是努力控制自己的观察活动。访问法恰恰相反，访问过程不是访问者单方面的活动过程，而是访问者和受访者口头交谈以收集社会资料的活动过程。访问者要就以调查主题或问题向受访者进行询问或追问，受访者根据问题来回答。同时，受访者对不理解的问题可以提出询问，向访问者征求解释，访问者应及时解释，从而尽量避免由于受访者对问题的理解不够透彻而造成的误差。受访者在回答问题时，会受到访问者的态度和看法的影响，需要注意的是，访问者可以积极地、有目的地去影响受访者，尽可能使受访者按计划回答问题，但是不能诱导被访者对具体问题的回答，或者对某个主题的看法。

3. 灵活性较强

访问调查可以充分发挥访问者的主动性和创造性，在谈话过程中经由受访者有意识或无意识的话语，使访问者及时做出调整，使访问内容随之拓展及深入，激发研究者对问题的新认识和新思路。

4. 需要一定的访谈技巧，是有控制的调查

访问有明确的主题与谈话方向。在访问前、访问中，访问者要与受访者建立起基本信任和一定的感情，根据受访者的具体情况采取恰当的方式方法进行访问调查，才能使受访者敞开心扉，积极提供其所掌握的社会情况。访问者要善于人际沟通，有一定的访问技巧，能控制提问次序和谈话节奏，能在受访者脱离谈话主题时，重新拉回到谈话主题范围内，有效地控制访谈过程。

第二节　访问调查法类型

一、标准化访问和非标准化访问

按访问内容的不同，可以将访问调查法分为标准化访问和非标准化访问。

（一）标准化访问

标准化访问又称结构性访问、控制式访问，就是要求访问者按事先统一设计的、有一定结构的问卷所进行的访问，即这种访问是严格按照预先拟订的计划进行，要严格遵循研究者事先制定的访谈程序和规范。它最显著的特点是有统一设计的访问问卷或调查表，访问内容已在问卷或调查表中做了详细而周密的安排。访问前按照一定标准选择访问对象，访问中应用的方法、重点问题、提问与提问方式、访问者的记录方式都应完全相同。对于受访者提出的疑问，访问者不可以有自己的解释，应按照指导语来回答；受访者应根据问卷中的备选项选择回答问题，由访问者填写。

在标准化访问中，问卷或调查表是访问者的主要工具。标准化调查问卷的内容主要包括5个方面：

（1）导语。导语主要包括访问者的自我介绍以及访问的目的、内容等方面的简单说明，主要目的是争取受访者接受访问，可以适当灵活地陈述，要尽量的口语化，语气要礼貌。

（2）基础题目。这部分题目在问卷或调查表的开头部分，用于了解受访者的基本情况，主要内容包括受访者的年龄、性别、学历、职业、政治面貌、家庭构成、收支等。

（3）正题。这部分题目是问卷或调查表的主要题目，是访问的重点内容。题目的设计可以采用开放式或封闭式，标准化访问以封闭式问题为主。

（4）结束语。在访问结束时，访问者应对受访者的支持和配合表示诚挚的谢意，给受访者留下良好的印象，利于再次访问。

（5）附记。这部分内容是由访问者与复核者在访问结束后填写的内容，包括受访者的地址、工作单位、访问时间、访问意见、复查意见等。

我们可以看出，标准化访问是通过一套预先设计好的测量工具（也就是问卷或调查表）、测量程序和测量规则来完成。这样做的目的是满足科学的测量，要实现科学测量，关键是要实现测量工具、测量程序、测量规则的标准化，即要符合标准化访问的原则。访问者要保证给予所有受访者施以相同的刺激，首先，是完全按题目内容对受访者进行提问。一般来说，就是要按照问卷或调查表的问题逐字逐句读出题目，而不能随意改变方式去提问，也不能随意改变问题的用字、用词以及答案的类型和内容，同时也不能随意用访问者自身对问题理解后的词汇来回答受访者的疑问，只能通过重复叙述题目或根据访问指导手册中的解释来帮助受访者理解。例如：要询问受访者的收入，就要给出具体指哪一段时间的收入以及明确界定收入是指个人收入、个人可支配收入或个人可随意支配收入，给出关于收入的相同的、完整的定义，并且讲清楚哪些算收入、哪些不算收入，一旦受访者提出疑问可以具体回答。其次是要适当地追问，在标准化访问中如果受访者给出的答案与选项不符或者给出的答案不精确，还要进行追问。访问者要把原题重读一遍进行适当追问，以使答案更加精确。最后，是要完整记录答案，标准化访问需要访问者对受访者提供的答案进行标准化记录，在记录的内容中尽量排除访问者的判断、归纳、解释或修改。

标准化访问有其优缺点，其主要优点是便于对访问结果进行统计、测量和定量分析，便于不同受访者的回答进行对比研究。主要缺点是缺乏弹性，难以对问题深入讨论，也难以发挥调查双方的积极性。

（二）非标准化访问

非标准化访问又称无结构式访问、非控制式访问，就是访问前没有已设计好的统一格式的固定问卷，仅仅按照一个提纲进行访问。访问时，围绕访问主题由访问者把握谈话的方向和进度，对于提问的方式和顺序、记录方式等都不作统一规定和要求。其最主要的特点是灵活、富有弹性，能够较深入地交谈而不受约束，并且可以对受访者不理解的问题加以详细说明和解释。非标准化访问的优点主要是可以充分发挥双方的积极性，相互启发产生新的问题，也可以适应千变万化的客观条件，有利于将研究问题引向深入。但由于这种访问的内容和方式比较灵活，调查涉及的内容比较广泛，调查结果因人而异，访问结果较难进行定量分析。同时，对访问者的素质要求较高，要求访问者能掌控谈话主题，不能跑题，并且，要能施展一定的访问技巧使受访者对相应问题表达出自己的真实想法。劳伦斯·纽曼给出的表格说明了标准化访问与非标准化的区别（见表8－1）。

表8－1　　标准化访问与非标准化访问的比较（改编）

标准化访问（结构式访谈）	非标准化访问（无结构式访谈）
1. 有个明确的开始与结束	1. 没有很明确的开始与结束，访问可以在随后随时接上来
2. 使用同一份标准化问卷，以相同的顺序来访问所有的被访者	2. 问题与提问的顺序都随特定的访问对象与情景而有所变动
3. 访问员随时保持中立	3. 访问员对答案表示感兴趣，鼓励受访者进一步深谈
4. 访问员提问，被访者回答	4. 好像与有人交谈，但是带有比较多的访问问题
5. 几乎每次只单独面对一位被访者	5. 访问可以发生在团体的情形之下，或是有他人在场的情形下，随情况而定
6. 有着专业化、正规化的语言和焦点，偏离主题的谈话常被忽略	6. 穿插的笑话、故事或其他偏离主题的话题、奇闻异事都被记录下来

续表

标准化访问（结构式访谈）	非标准化访问（无结构式访谈）
7. 封闭的问题是常见的类型，少有深入的盘查	7. 开放式是常见的类型、深入盘查也是常见的现象
8. 访问员单独控制访问的步调和方向	8. 访问员与受访者共同控制访问的步调与方向
9. 访问发生的社会情景常被忽略，被认为不会造成太大差异	9. 访问的社会情境受到关注，并被视为解释答案意义的重要变数
10. 访问员试图将交流模式塑造进一个标准框架之中	10. 访问员随受访成员的规范与语言而作调整

资料来源：杜智敏．社会调查方法与实践［M］．北京：电子工业出版社，2014：372.

二、个别访问和集体访问

按访问人数的不同，访问调查法可以分为个别访问和集体访问。

1. 个别访问

个别访问就是访问者与受访者围绕访问主题进行的一对一单独的访问。这种访问基本上只限于访问者与受访者之间的信息传递，双方的交谈很少受到第三方的直接影响。在个别访问中，由于没有第三者的参与，访问者可以询问的内容较多并且可以有一定深度，甚至涉及较为敏感的问题。受访者则可以在较单纯的环境下充分地回答问题，甚至有可能回答一些敏感的、隐私的问题。个别访问的优点是自由方便，不受时间限制，少受他人干扰和牵制，有利于了解一些深入、敏感的问题。个别访问的缺点也显而易见，就是比较费时间。

2. 集体访问

集体访问就是对若干个研究对象一起进行访问的方法，这类似于我们通常所说的“座谈会”。集体访问可以就某一方面的话题，请参加集体访问的人自由地发表意见。具体来说，集体访问可以由 1 ~ 3 名访问者和 6 ~ 10 名受访者组成，访问者作为主持人不发表意见，更不对别人的意见提出评价，主要是协调谈话的方向和节奏。受访问者不仅自己发表意见，而且可以对别人的意见进行讨论和评价。集体访问常被用于与集体行为或群体关系有关的研究。

集体访问是访问者与被访问者之间、被访问者相互之间的多层次互动，因此它所获得的资料比其他方式获得的信息更广泛；而且由于被访问者之间的相互启发、相互补充，可以使获得的资料更完整、准确。由于是同时访问若干人，可以一次性地获取更多的资料和信息，也更为节省时间。但是，在集体访问中很可能会出现被访问者之间争论不休的情况，这就要求主持集体访问的人员具有更熟练的访问技巧和组织能力。集体访问也可能会给参加者一种类似于“团体压力”的影响，使人顺从大多数人的意见而不敢表达自己的真实想法。另外，对于一些敏感话题也不宜采用这种方法。可见，集体访问与个别访问相比难度要更大，也无法进行深入、细致的交流。

三、直接访问和间接访问

按照访问者与受访者双方接触的方式，访问调查可以分为直接访问和间接访问。

1. 直接访问

直接访问是人与人之间面对面地交流，双方在一个共同的场合中进行谈话。这种访问方法，又可以分为“走出去”和“请进来”两种方式。“走出去”就是访问者深入到受访者中间进行访问；“请进来”就是将受访者请到访问者事先安排的场所进行交谈。这两种方式各有利弊，大多数情况下采取“走出去”的方法进行实地访问，能获得更多的、更具体的社会信息。

2. 间接访问

间接访问是访问者通过某种中间媒介向受访者进行询问。间接访问主要包括网络调研、电话访问等。如电话访问是面对面访问的延伸，由于电话在居民中普及率较高，社会调研者就可以采用电话访问这种形式。相对于直接访问而言，间接访问有其自身的这个优点：(1) 访问用时短。间接访问通过中介媒介与受访者连接，省去了在路途往返上占用的时间，可以较短时间完成调研项目。(2) 节省人力。间接访问可以使少数有经验的访问人员用较短时间便完成访谈任务，提高访谈质量。(3) 降低费用。网络调研、电话调研等这些调研方式花费较少。间接访问与直接访问相比也有其局限性，由于访问环境难以控制，被访人员可能随时会被打断与访问者的谈话，使访谈难以完成；也可能由于访问环境复杂，较为敏感的问题，受访人员无法回答。

第三节 访问的程序和技巧

访问调查法与观察法一样，可以作为实地研究的一个部分来应用。在实地研究中，研究者除了要对研究对象进行观察外，还要与他们进行交流，询问他们的主观感受或目的动机。从这种意义上谈，访问调查法与观察法的程序是大致相同的，都要在事前确定研究对象和研究地点，要进入研究现场并与当地群众建立关系、制订计划、实施研究、退出现场。但是，访问也可以作为一种独立的资料收集方法来单独使用。访问，不一定要在社会现象发生的现场进行，研究者可以灵活地选择访问地点，可以在受访者的家中，也可以在访问双方商定的地点甚至是田间地头。访问的方式也是多种多样的，最常见的是直接的、面对面的谈话，还可以通过电话或者通过互联网进行访问。

一、访问前的准备

1. 确定适当的访问对象

访问对象是社会交往中的一方，是资料的提供者，也是访问研究的一个主体。所以，访问对象的选择是否适当，往往决定了整个研究的成败。访问对象的选取要服从研究的需要，要与研究的主题密切相关。例如，研究的主题是“农村人口流动情况”，就要以流动者本人为主要的访问对象。如果要研究“某地区的社会发展”，则凡是与地区发展有关的人都可以成为潜在的访问对象：首先，可以找到对地区发展负有责任或了解情况的人，这里应包括本地区的各级领导干部、有关企事业负责人以及在当地有影响力的个人；其次，还要将各级行政机构中的普通行政人员列入访问的范围，他们虽然一般不参与决策，但却是具体工作的执行者，往往更加了解某些具体的情况；最重要的访问对象是当地的居民，他们是直接受政治、经济决策影响的个人，他们的感受决定着决策的成败和地区发展的实际效果，是研究者最重视的。

访问对象确定后，要尽量详细地了解访问对象各方面的情况和特征，如：年龄、性别、民族、职业、教育程度、家庭结构、兴趣爱好，以及受访者的生活经历、价值观等，便于选择更恰当的称呼，寻找共同的语言，缩小与受访者心理上的距离，能与访问对象更融洽地沟通，甚至可以在访问中判断受访者对问题回答的真伪。

2. 进行知识的准备

知识的准备主要包括两个方面：一方面是当调查某个专业领域问题时，要掌握相关知识及术语；另一方面是要对受访对象的生活环境有一定的了解。不仅要如上文所述，尽可能地了解访问对象的各方面特点，还要了解访问对象生活环境的历史和人文传统。如果访问地点在受访者家中，那么在访问前的准备工作中还要对受访者所处的社区特性有所了解。如在城市社区入户访问，不会对该受访者的邻里产生影响，但在农村地区做入户访问，会对当地产生一定的影响，进而这些影响反过来作用于受访者，对调查结果和准确性会产生影响。

3. 制定访问程序及协商相关事宜

确定了访问对象后，还要拟订实施访问的程序表，程序表中主要包括访问的具体时间、地点及场合，并且对要做的工作与时间进度进行安排。无论是访问者还是被访问者，都有自己的日常时间安排，访问双方必须找到合适的时间和地点，才能使访问顺利进行。一般来说，如果与受访者工作有关的访谈内容，可以在其不繁忙的工作时间进行；与其工作无关的访谈，可以在受访者工作、劳务、家务不太繁忙的时间进行，这个时候受访者的心情比较舒畅，有利于进行访谈。如在农村访问农民，可以在农闲时进行，而不要在农忙或出工季去打扰。一般来说，选择的访问地点及场合要能使受访者感到安全、轻松，应有利于受访者准确地、畅所欲言地回答问题。有关工作方面的访问，可以选在受访者的工作地点；与家庭和个人有关的访问，可以选择在受访者家中，也可以选择由双方共同商定其他场所。对于农民的访问，可以选择在其工作地点、家里甚至可以在田间地头进行。

协商相关事宜。一般来说，访问者在访问开始之前要向受访者介绍自己及课题，并对交谈时间及规则、保密原则和能否录音或录像等问题进行磋商。访问时间不宜过长，一般个人访问控制在一个小时左右。访问成功与否在很大程度上取决于访问关系是否有一个良好的开端，双方对上述有关事宜是否达成了共识，双方合作是否融洽等，因此，访问者应尽量做到坦率、真诚，尽可能回答受访者提出的问题，帮助受访者消除疑虑，使访问能顺利进行。

4. 编制访谈提纲

在访问中，最常出现的问题是研究人员的研究目的不明确，而使研究问题太过笼统，最终无法通过访问调研达到揭露问题本质，进而深入研究的目的。无论是标准化访问还是非标准化访问，都需要根据研究目的和理论假设，准备访问提纲，并围绕研究目的将其具体化为一系列访谈的问题。

设计和使用访问提纲时应注意以下几点：

（1）提纲中的题目数量要适中，尽可能呈现在一页纸内。

（2）提纲中的题目要简明扼要，可操作性强。可操作性强，主要表现在提纲中的问题要用受访者能够理解的词语来描述。如研究某农村居民健康状况以及卫生服务情况，提纲中不能使用“您认为卫生服务情况良好吗”这种太主观的问题，这种问题会因受访者个人主观感受不同而不同，而应该围绕一些可以体现出卫生服务情况的具体问题来提问，如“调查前半年内，您是否患有经医生诊断的疾病”“哪里诊断的？是否进行了治疗”“是否使用过医保，医保报销的比例是多少”“在治疗结束后，是否有医生回访”等等这些问题。

（3）提纲中的题目应比较开放，不要有前设。访谈提纲是起一个提醒的作用，以免遗漏重要的内容。在实际调研中，会遇到很多无法事前预料的问题，所以，访问者在使用提纲时一定要保持一种开放、灵活的态度。

（4）提纲中的题目应随时进行修改。访问提纲应该按照具体情境随时调整，前一次访谈的结果可以为下一次访谈设计提供依据。

5. 准备访问工具

访问工具可以根据访问的需要而定，一般包括用于记录的笔和纸张、访问提纲、照相机、摄像机、录音笔，此外，有时还要携带介绍信、身份证、地图等。

6. 访问员的选择和培训

访问人员要根据研究内容以及内容所涉及调查范围的大小来选定。根据受访者的特点来确定访问人员的角色，如果研究的课题涉及的范围较小、受访人数较少，研究者可以亲自担任访问人员，其好处是可以较为准确、清晰地掌握第一手资料。如果研究范围较大、受访对象较多，访问调查就要由多人共同完成，这时研究主持者就要对访问员进行访问前的培训。

对访问人员培训，主要帮助访问人员确定访问的主要内容、步骤和其他细节，包括以下几方面：

（1）对研究项目以及其意义的详细介绍，对问卷内容的详细解释和说明，强调当受访者不理解问题时，可以用哪些词汇替代。

（2）说明访问的大体步骤。

（3）对访问技巧进行培训，主要包括熟练使用一些“开场白”，遭到拒绝后的应对策略，逐字逐句的读题，掌握一些追问的技巧，熟悉记录的要求及规范等内容。如果时间及预算充裕，可以在培训课程结束前，进行模拟测试或实地入户训练。

二、进入访问现场

访问者进入访问调查的现场，最开始与受访者接触都是较为困难的，特别是入户调查。

（1）如何进门的问题。在一般访问实践中，通常会邀请一位与访问对象熟悉的人带路或陪同。如果没有合适的人员带路或陪同，访问者也可以设法了解当地的权力结构、人员关系以及人们一般认可的行为规范。如果访问者认识当地的人，可以从他们身上尽量充分地了解当地的情况，听取他们对进入研究现场的建议。为了增加身份的可信度，在访问调查开展之前，访问者可以到自己的工作单位或项目单位开具一封介绍信，或从项目研究上级单位处开具一封批文。通常，访问者进入调研现场，靠的不是理论而是访问者本人前期的扎实工作和为人处事能力以及应付突发事件的灵活性。

（2）怎样面对拒绝。被拒绝是社会经济调查中常见的场景，不管什么原因遭到拒绝，都可以设法换一种方式与其进行协商，当然不一定直接说明原因，重要的是了解对方拒绝的真实原因。找到拒绝的原因才能有针对性地采取策略打消对方疑虑，缓解心理紧张，从而打开局面。被访者拒绝访谈，可能出自三方面的原因：第一，受访者是出于安全考虑，对访问者的身份产生疑惑或受访者有不安全感，访问者要提供身份证、工作证、介绍信等证明自己的身份，或者可以向被访者介绍保密规定，消除被访人员的不安全感。第二，受访者可能真的出于工作、家务较繁忙而没有时间接受访问，可以和受访者简单说明来意，以引起对方兴趣，另约时间。第三，受访者对访问内容不感兴趣而拒绝访问。这时，访问者可以更详实地介绍研究项目的内容、重要性和意义，使受访者重新思考。

（3）开场白。如果访问双方不太熟悉或根本不认识的话，开始访问可能是最难的。所以，不要马上进入访问的主题，在一开始的时候要有一个“开场白”。开场白就是为了制造一个轻松、自然的谈话氛围。访问者要尽可能自然地结合具体的场景与访问对象拉家常。开场白的措辞，首先称呼要礼貌，并且要选择符合当地人习惯的称呼。其次，要先找到与受访者的共同点，制造一个自然的谈话氛围，如有同学、同乡或父母年岁相仿，以及有共同的爱好或经历等都可以成为初次交谈的话题。再次，简明扼要地告诉受访者自己的身份，调查的目的、内容、意义等，并说明不会占中较多时间，期望得到支持等。最后，还要说明被访者是如何被选中的，以及向受访者做出保密承诺，做这些的目的是建立共同信任的基础，为访问的顺利进行打好基础。

三、实施访问

（一）访问中的提问

提问是访谈的主要环节，它在访问过程中有重要的地位，从某种程度上来说，访问技巧首先是提问的技巧。

1. 访问过程中提出问题的种类

（1）实质性问题。实质性问题是指为了掌握访问调查所要了解的实质内容而提出的具体问题，大体上可以分为四类：①客观事实类问题，如姓名、年龄、受教育程度、家庭结构、年收入等。②行为和行为趋向类的问题，如："您种植的经济作物有哪些""农闲时，您是否曾去过外地打工？竞争是否激烈""您是否看过农业方面的专业书籍""是否会上网查找农产品价格信息再决定种植或养殖什么"。③观念类问题，如："您怎样看待当前国内的经济形势""您怎样看待城乡差距""您怎么看待某扶贫项目"。④建议性的问题：如："您对新型农村社会养老保险有何建议""您是否支持王某某竞选村委会主任""您对村委会主任的竞选条件有什么建议"等。

（2）功能性问题。功能性问题是指在访问过程中，为了达到消除拘束感，创造有利的访谈气氛，或者为了对受访者施加某种影响而提出的问题。功能性问题也可以分为接触性问题、试探性问题、过渡性问题和检验性问题。①接触性问题，主要是受访人比较熟悉的问题，如："家里几口人""近来身体好吗""今年的收成如何"。提出这些问题的目的不是了解这些问题的本身，而是为了比较自然地接触访问者，降低受访者的抵御心理。②试探性问题。这类问题提出的目的是为了试探，试探受访时间和对象的选择是否恰当，以便确定访问是否进行和如何进行。如："您今天要出门吗""您经常去集市吗"。③过渡性问题，这类问题提出的目的是转换话题，从一个话题转换至另一个话题时，可以通过过渡性问题，避免话题转换得太过生硬，也可以防止或减轻话题转换时引起的受访者心理上的不适，以及防止受访者思想上"转不了弯"的情况。如当访问的话题从工作问题转向生活问题时，可以问"您工作这么繁忙，在家时主要的休闲方式是什么"。④检验性问题，这类问题是为了检验前面一个问题的回答是否真实可靠，或相互检验。如关于家庭生活水平的调查，访问过程中可以先问家庭收入是多少，几道题后，再可以问家庭支出都有哪些。这样，就起到了相互验证的作用。

在访谈过程中要灵活运用实质性问题和功能性问题，有利于访问的顺利进行和尽最大能力保证调研数据的真实性。

2. 访问过程中问题提出的方式

访问过程中提问的方式各不相同，如开门见山、投石问路、顺水推舟、逆水航行、顺藤摸瓜、借题发挥等，对问题的设计也多种多样，但无论是何种样式，都可以归纳为以下几大类：

（1）开放型问题与封闭型问题。开放型问题是指在内容上没有固定答案、允许受访者做出多种回答的问题，通常以"什么""如何""为什么"为语句的主线，如："农闲时期，你如何安排休闲时间""今年农闲时期，你是如何度过的"。开放型问题又区分高度开放型问题和适度开放型问题。如"您对家乡有什么看法"这类没有任何限定性条件的开放型问题属于高度开放型问题；如"您对家乡特色民俗有什么看法"这类包含了一定的限定条件，但同样为受访者提供了一定回旋余地的问题属于适度开放型问题。我们说访问中尽量使用开放型问题，但必须考虑到受访者的个人特点，有时过于开放会使对方感到迷惑，如：对农村学龄儿童提问“你对学校有什么感觉”，这种问题会使学龄儿童产生疑惑，难以回答。这类问题要换种问法，如“你喜欢上学吗”，并对“喜欢”进行追问，“学校什么事情让你最喜欢”“还能告诉我一些你们学校的事情吗”等。开放型问题不存在威胁，更容易回答，有助于激发受访者谈话的热情，促使他们提供大量信息。但开放型问题会占用访问的大部分时间，虽然提供的信息较多，但重要信息较少，并且漫无目的的回答难以记录。

封闭型问题是指那些对受访者的回答方式和内容均有严格的限制，回答往往只有“是”或“不是”两种选择的问题。比如，要研究学生的学习情况，如果访问者问：“你昨天去上自习了吗”“你上课迟到吗”这样的问题访问对象只能回答“是”或“否”。

提问是为了引导访问对象表达自己的感受和观点，所以问题的形式一般应为开放式的，而尽量少使用封闭式问题。封闭式问题的答案通常很简单，限制了访问对象的思路，也不利于访问对象的自由表达。当然，开放式的问题也不是随意发问的，提问要清楚明白，要让访问对象能够抓住要领。例如，访问者问，“最近你觉得怎么样？”就会让人不知从哪些方面来回答。封闭式的问题并不是完全不能用，在一些特殊的场合也需要使用。当访问涉及事件的细节时，封闭式的问题往往要比开放式的问题更能获得详细的资料。如：“上课时老师会不会引导学生进行讨论”“你认为你所在班级的学风好不好”等。

（2）具体型问题与抽象型问题。具体问题是指那些询问事件具体细节的问题。如：“昨天你们学校发生了什么事情？在哪里发生的？有谁在场？在场的人说了什么？做了什么”。抽象型问题具有较高的总结性和概括性。如：“你们学校的学生一般在什么情况下上课迟到”“你们平时下课是都干些什么”等。

如果研究课题是以因果关系为主线的话，访谈者不应该总是直接向受访者问以“为什么”这样的词语开始的访问的问题。当人们回答一个以“为什么”开头的问题时，往往倾向于在理性层面上分析和回答，而实际发生的情况可能不是如此的理性。例如：“为什么你们村的文化建设比别的村庄搞得好”，得到的回答一定是对方分析的结果而未必是事实。有时我们进行了很多次的访问，回来发现还是不能把事情的来龙去脉弄清楚，多半的原因是访问中问了太多的抽象型问题。当然，几乎所有的研究问题都具有一定的抽象性，问题不是不应该研究抽象的问题，而是应该在访问的过程中将抽象的问题具体化，然后在归纳的基础上再进行分析层次上的抽象，如果直接从抽象到抽象，访问者是不可能获得真实的、生动的访问内容的。

在访问的过程中，访问者要根据实际情况调整自己的提问方式，如果访问对象的性格比较内向、不擅言辞，访问者可以多问一些细节的具体的问题，启发访问对象做出回答；对于敏感性的问题，访问者要小心斟酌措辞，可以采用委婉的语句发问；对于隐私性的问题还要考虑访问者的性别和年龄，如果访问关系尚未建立，应避免直接询问隐私问题，关系融洽了再试探性询问；切忌开始时便提出大而复杂的问题，经验证明开始问题回答顺利能使受访者信心增强，双方互动协调了才可以深入访问。

（二）问题的过渡

在访问中，有两种情况需要进行问题转换。一种情况是，就某个领域的问题已经谈无可谈时，或者访问者认为应该进入下一个问题；另一种情况是，访问对象在谈话中出现了跑题。上述这些情况出现时，访问者就要用适当的提问将话题引入正确的方向。当话题转换时，受访者可能会出现心理不适或者情景转换困难。因此在话题转换时，问题的衔接应自然流畅，应该将对方前面所谈内容的某一点作为构建下一个问题的契机。

在话题转换的时候，一定不要粗鲁地打断对方的谈话，或者直接说对某方面不感兴趣之类的话，这会使访问对象感到难堪，从而产生紧张或抵触情绪。这时可以采用归纳法，即将访问对象谈到的与研究无关的情况进行归纳，如："你说的是××方面的问题，说得很中肯，那下面再请你谈谈另一方面的情况。"也可以从访问对象刚才的谈话中找到一两句与正题有关的进行提问："刚才你谈到的某某问题，是怎么回事，您能解释一下吗？"这样，话题的转换就可以不着痕迹。

有时受访者兴致勃勃地谈论一个话题，访问者出于时间限制或认为对方跑题了，希望转换话题，这时同样不能粗鲁地打断对方的谈话，更不能直接说"对不起，你跑题了"，这些都无助于谈话的持续。我们应该恰当地进行过渡，即在承认自己也在倾听的同时，婉转地向对方表达自己更关心的问题。可以使用一些过渡性问题，如"您刚才所说的情况很有趣儿，我深有同感。我们就刚才您说的某某问题，再深入探讨一下？"或者，直接用动作式的方式，如递烟、倒杯水趁机把话题转换到正题上。

在非标准化访问时，常常会遇到一些无法控制的事情，特别是在农村做调研时，经常会碰到一些意外情况打断访问氛围。在农村做调研时，访问场所可能在农民家里，或者在农民劳作的场所，甚至可能在田间地头，而在固定的访谈室进行访问的情况较少。在这种非标准化的访问中，大多数访问者是很自然地与农民进行攀谈来获得所需资料的，会出现访问时常被各种突发事情打断。例如，农民记起自己要做的事情或临时有事，或者家里突然来了人。这时候我们不能强制性地要求受访者继续访谈，可以约定下次访问的时间。如果访问场所中（如农民家里）来了受访者的亲朋好友，打破了一对一的访谈模式，出现了几个人讨论一个问题的现象，这个时候就需要访问者对访问环境进行控制，采取小组会谈或者继续坚持个人访问的方式。遇到访问被干扰的情况，访问者应适时观察周围的环境以及受访者是否还愿意继续访谈下去。如果不行，应暂时中断约定时间再次拜访；如果遇到有其他人员频繁发表自身意见时，访问者可以说："您刚才说的情况很重要，待会儿再来问您好吗"。

无论访问中会出现何种突发情况，我们都应该在提问中坚持以下基本的原则：

（1）始终保持中立态度，尽力避免倾向性，不允许对答案进行诱导。

（2）把握方向及主题焦点，尽量减少题外话，以便集中注意力讨论重要问题。

（3）注意时间上的顺序，特别是研究变迁问题时，时间先后发生的顺序很重要。

（4）使用语言越简单越好，不要不着边际，也不要带有情感字眼，如“先进”“落后”“保守”等。因为这类词语会给对方以回答方向的暗示，诱导对方回答。

（5）根据访问对象特点灵活掌握提法与口气。如同一个问题，对于老人、孩子可以有不同的提问方式。

（三）访问中的追问

追问不同于提问，不是提出新的问题，也不是排除回答中的障碍。追问是就受访者前面所说的某一个观点进一步探询，将其挑选出来继续向对方发问。追问可以帮助访问者进一步了解受访者的思想，深挖事情发生的根源及过程。从帮助受访者正确回答问题角度看，追寻与提问又有密切关系，追寻是更深入的提问，是更具体、更准确、更完整的一种提问，是开放型访谈中不可或缺的提问手段。

在什么情况下进行追问呢？一般来说，对于一些重要的问题或现象、观点等，如果访问对象没有说清楚，或者含糊其辞，或者访问对象的话出现前后矛盾、不能自圆其说，或者访问对象回答的不够完整等，都要在访问中及时进行追问。

一般来说，追问不要在访谈的开始阶段频繁进行。这是因为访谈初期是双方建立关系的重要阶段，尽量给对方自由表达思想的机会，不要急于追问。

追问有多种方式，主要包括：

1. 正面追问和侧面追问

正面追问是指直截了当地请受访者对其回答不具体、不准确、不完整的问题再补充回答。正面追问也可以采用访问者重复一遍原有问题这种方式，加深受访者对问题的理解，以便更好地回答。正面追问还可以是复述受访者的答案，当访问者不能肯定自己理解了被访者的回答时，复述一下对方的回答来确保对回答做出了正确理解。侧面追问即通过询问其他相关联的问题，或转换一个角度、一个提问方法来追问相同的问题。也可以提一个中立的问题引导对方进一步详细地回答：例如：“你讲的这个是什么意思？能不能跟我详细说说。”

2. 当场追问和集中追问

当场追问主要是对于一些简单的问题，如某个问题的答案没有听清楚，希望受访者可以重复一遍，这时可以在对方回答问题时立即进行追问。对于一些比较复杂或重要的问题，可以记录下来或者在记录本上做标记，留待访问结束前集中追问。

3. 系统性追问和补充追问

系统性追问是指对于某一具体问题，要了解更为详细的信息时，可以从时间、地点、人物、事情的起因及经过等方面系统地追问。补充追问是指追问那些没有搞清楚的需要补充回答的问题。

4. 重复追问

重复追问又称检测追问，是指对前面已经回答的问题到后面再追问一次，以检测前面回答是否一致和真实。

无论采用何种追问方式，一定要避免以下这种追问方式，即：不管对方在说什么或想说什么，一味按照自己事先设计的访谈提纲挨个地把问题抛出去。这样的追问把访谈的结构弄得七零八碎，妨碍访谈的自然推进，还无法抓住受访者的思路。

追问时应注意的事项：

（1）尽量采取中立态度追问，避免论说型或评价型的追问。评价型追问会影响受访者回答问题的方式，影响受访者说出自己真实的想法，无法吐露真言。因此，访问者进行追问时要以中立的、非指导性的态度进行追问，追问时态度一定要诚恳，避免带有访问者个人的倾向性，不要诱导被访者回答，不做评论，不发表见解，更不可采用责怪的语气要求被访者进一步回答。

（2）追问要适时、适度。追问时必须尊重受访者，以不伤害受访者的感情为原则，根据访问实施的具体情况，适时、适度地采用各种追问方法进行追问，最终的目的是达到受访者提供更真实、更准确、更具体的资料。追问中最忌讳的是不考虑受访者的情感，无论受访者正在谈什么，访问者仅是把事先设计好的问题一个一个的提出来，强行把自己访问计划硬塞给访问者，逼迫对方回答，这种追问无法达到预期目的，并且会阻碍后续调研的开展。

（3）用被访者的语言和概念追问。有时候被访者的谈话过程中出现了某个访问员不熟悉的词语或者带有专业性的概念，访问员为了弄清楚言语或概念的真实意义，应尽可能地使用被访者所用的词语或概念追问。

（四）访问中的倾听

访问过程是访问者与访问对象的互动过程，访问对象的谈话是资料的最重要来源。所以，访问者不但要学会提问，更要学会倾听。有效的倾听，是指访问员不仅要专心听取受访者的回答，同时还要积极思考和理解，推测言外之意，并反复记忆和考虑如果做出反应。从某种意义上说，聆听要比提问更为重要。同时，正确的提问要以聆听为前提，聆听的过程伴随着提问，两者是不可分割的。一个优秀的访问者，在访问过程中更多的是聆听而不是提问，也就是说访问者更多是扮演聆听者的角色。从倾听步骤上谈，倾听包括三步：（1）接受和捕捉信息，即认真听取受访者的回答，主动捕捉有用的信息，包括语言信息和肢体信息。（2）处理信息，即正确理解已获取的信息，保留有用信息及存有疑问的信息，舍弃无用信息。这里的关键是对信息的理解及判断要准确。（3）记忆。

从倾听种类上谈，倾听可以分为“积极关注地听”和“建构地听”。

1. 积极关注地听

积极关注地听是指访问者应该对对方使用的词语保持高度的敏感，听到重要的词语、概念或事件要记下来，在适当的时候追问。作为一个聆听者，访问员要把自己放在一个“无知者”的位置上，而不要想当然地以为访问对象提供的资料自己都可以理解，因为每个人的知识结构、文化背景是不一样的，人们的价值观念、对社会现象的看法和评价是有差别的。即使是一个在访问者看来“愚蠢”的回答，对于当事人来说可能会有“合理”的解释，这是由个人的独特背景和知识结构决定的。因此，作为一个访问者，千万不要以自己的理解代替访问对象的理解。宁可多花一些时间去弄清楚访问对象对自己的观点的解释，这常常能引起新的发现。例如，在一个关于戒毒问题的研究中，一个吸毒者在回答他与家人的关系问题时说：“我恨他们。”而在生活中家人始终对他极为关怀，对他有求必应。按常人的想法，一定会觉得这是个没良心的人，或者是因为家人阻止他吸毒才会导致他的憎恨。但是在进一步的访问中发现事实正好相反，这位吸毒者在刚开始吸毒时，家人从不阻止，还帮助他购买毒品。他们认为有钱人才买得起毒品，而且由于家里有钱，早晚是可以戒掉的。正是因为这个原因，这位吸毒者抱怨的是家人的愚昧使他深陷毒瘾不能自拔。

在聆听中，访问者要虚心地倾听，不要做无谓的动作，如摆弄手机、哈欠连天，这样受访者很难认真谈下去。同时，聆听中最关键的是处理好与访问对象的关系。一般来说，访问者接触的访问对象有的社会地位比较低，有的来自社会上层，无论对方地位高低，访问者都要对他们一视同仁地表示尊重。但是，对于地位不同的访问对象，也要掌握一定的技巧。对于来自社会下层的访问对象，尽量不要与他们进行讨论，要更多地去聆听。因为在访问对象看来，访问者是一位研究人员，是有知识、有身份的，有时讨论就会变成对他们的“教育”，使他们可能会有意地迎合访问者的看法，而隐藏自己对问题的真实想法。对于社会地位较高的人，如政府官员、企业领导人，访问者要站在一个平等的立场上，通过提问和追问，聆听他们的想法和对客观事实的描述，让他们表达真实的观点。同时，注意非语言的交流，访问中非语言的交流主要包括语气、眼神、姿势、表情、手势等传递信息，利用这些非语言的交流方式控制访谈。最后，只要用心去聆听，真诚地给对方以重视，就可以获得丰富的、有价值的访问资料。

2. 建构地听

建构地听是在积极听的同时，不断反省、修正自己的假设与预见。例如在对农村留守老人养老问题的访问中，听到了“老人对子女不履行赡养义务的司法干预的主张”，而这是在访问提纲中没有考虑到的，那么马上将“司法干预”的相关问题加到接下来的访谈提纲中，并将这一问题加以详尽地阐述。这就是建构地听所要达到的目的。

访问过程中的“听”要遵循有两个基本规律：第一，不要轻易打断受访者的谈话。受访者在谈话时，访问者不要打断对方的思路，要仔细聆听其谈话内容及逻辑，并观察其肢体语言，从中记录要点。第二，合理处理访谈中的沉默或者是无回答的问题。

（五）访问中的记录

访问的目的就是获取资料，资料是由访问人员记录而来的，因此，全部资料的准确性和可靠性在很大程度上取决于访问者记录技术与技巧方面的表现。访问记录的内容主要包括受访者的谈话，也应包括受访者的非语言交流及谈话时间、地点、环境等。记录的方法有很多种，从工具上看可以分为笔记记录和机器记录，从时间上看可以分为当场记录和事后记录，从记录人员上看可以分为访问者亲自记录和专门记录人员记录。

当场记录，也就是一边访问、一边记录，可以是由访问者亲自执笔记录，也可以安排专门人员记录，但通常是由访问者亲自记录。访问者亲自记录有两种优点：第一，有利于思考。一边就某一问题深入地询问，一边把重要的内容以及有疑问的和不清楚的内容记录下来，便于后面设置检查性问题或引导受访者再次就问题的某一方面深入探寻。第二，有利于受访者更积极地发表自己的意见。访问者亲自记录，会使受访者感到被尊重和重视，激发起受访者回答问题的积极性。

1. 记录的形式

无论是访问者记录还是专门人员来执笔记录，笔记记录都分为三种形式：

（1）简单记录。即只记录一些要点内容，如受访者对某一具体问题的看法、态度或者见解。这种记录的优点是快速，但由于记录内容较为简洁，常常会有遗漏发生。

（2）详细记录。即完整详细地记录受访者的回答，甚至包括代表受访者观点的非语言动作。这种记录的优点是便于访问资料的整理，但由于记录占用访问时间较多会影响访问进度及质量。

（3）速记。即用缩略语和符号来记录，可以把受访者的回答快速、详细、全面地记录下来，但速记需要翻译和整理后才能使用。

究竟采用哪种记录方式，要根据访问者的习惯和当时的具体情况来定。但无论使用哪种方式的记录，都应注意记录的是受访者的原话，而不要使用自己的语言和行文方式去概括或归纳受访者的话。

2. 记录的内容

在实践中，当场记录是有重点、有选择地进行记录，重点记录以下几点内容：

（1）具体数字或事例。如事件出现的时间、地点、人物、事件的起因、经过、结果等需要完整记录下来。

（2）要点。受访者对某一具体问题所表达的观点、对某一现象的主要态度及见解等，要准确和详细地记录。

（3）疑点。为不打断受访者的思路，访问者可以把自己的疑惑或者受访者言语不清的地方记录下来，以便后面深入询问。

（4）思想火花。即把访问者自己对问题的思考或因与受访者碰撞出来的思想火花，快速记录下来，以免因忘记而留下遗憾。记录时对不同问题的回答以及对不同事件、不同方面、不同内容等的回答都要在形式上明显地区分开。受访者的回答中有些内容与说明问题主旨的关系不大，如受访者的一些口头语、重复性内容、承接性语言等，不需要记录。

事后记录是访问者在访问后靠记忆进行追记的一种方式，它的优点是访谈时不会影响访问者与受访者之间的互动，并且对某些受访者来说也可以减轻心理压力，但其缺点也相对突出，主要是追记所形成的资料往往不够准确、会有遗漏等。在受访者同意的前提下，可以采用录音或录像工具来补充事后追录的不足。这样访问者在访问时可以全身心地关注访问主题以及关注访问对象的回答，而不用分心去记录。访问后，再根据录音或录像记录对访问进行整理。

四、结束访问

访问是一种调查行为，最后一个环节是结束访谈，当访问人员与受访者完成了相关问题的交流，就可以结束访谈了。有时，也会因为一些特殊情况，如受访者情绪不佳或表现出厌烦，这时也要结束访谈。我们要认识到，有时结束访问比开始访问还要困难。

结束访问的时机，主要有三种：

第一种是访问提纲中的问题都有较为满意的答案，此时访问者可以着手引导结束访问。结束访谈时，不应使受访者感到很突兀，进而引起其不适，而可以引导受访者自己把结束访谈说出来，一般访问者常常会说"您还有什么想说的""您对今天的访问有什么看法"，或者"您需要去接孩子放学吗""是否到做饭的时间了"，甚至是"您回答的这些问题对我们很有价值，感谢您的配合"等，也可以配合某些肢体语言，如合上笔记本或者是盖上笔帽，给受访者要结束谈话的暗示。

第二种是访问的氛围出现问题时，要及时结束访问。一般来说当受访者出现疲劳、厌烦或者有其他人员插话而没有办法有效阻止时，应尽快结束访问。受访者的疲劳或厌烦可以通过他们的行为表现出来，如反复的看手表或手机，回答问题比较随意等。访问者应细致的观察，感受到访谈气氛不佳时，可以运用语言、行为去化解，如果效果不佳，要及时结束访问，否则可能得到不完全真实的信息。善始善终，为下次访问做好铺垫。

第三种，访问时间。一般情况下，受访者保持注意力的时间是有限的，一次性访问的时间不宜过长，一般来说为一两个小时为佳。如果受访者对某个问题有兴趣，或者在农闲时间做入户访问也可以相应延长访问时间。

有时会出现这情况，受访者谈兴正浓，但由于访问计划，访问者需要结束访谈。这时，当受访者要再一次转换话题的时候，访问者要乘机插话，结束访问。有时访问对象没有讲完，访问者可以提一些轻松的问题来结束谈话，以这类问题作为结束，然后要向访问对象表示谢意，为下一次的重访做好铺垫。

最后，在结束访谈时，可以给受访者复述自己记录的观点是否正确，也可以请受访者对问题进行总结，还要留下受访者的联系方式等，最后要再次真诚地感谢受访者对自己工作的支持，以及表达和受访者交谈获益良多。

关键概念

访问调查法　标准化访问　非标准化访问　个别访问　集体访问　直接访问　间接访问

复习思考题

1. 结合实际比较访问调查和观察法的异同。
2. 访问调查法划分的类型有哪些？
3. 访问调查的程序有哪些环节？应掌握哪些技巧？
4. 访问调查中访问者怎样做到有效的倾听？
5. 如何引导和追问？

第九章　问卷调查法

学习目标

□ 问卷调查法的概念、特点和种类
□ 了解问卷调查法的优点和缺点
□ 掌握问卷的一般结构及设计过程
□ 掌握问卷主体的设计及要求
□ 了解问卷调查的实施过程

☞ 引例

《经济日报》读者有奖调查问卷

新时代，新征程。亲爱的读者，2018 年《经济日报》读者有奖调查问卷活动又同大家见面了。我们诚挚地邀请您参与。

参与方式：

1. 请扫描下方二维码参与答卷。欢迎下载《经济日报》新闻客户端或关注《经济日报》微信公众号。

2. 登录中国经济网参与答卷。

奖项设置及奖励办法：

为感谢广大读者、网友和粉丝积极参与此项活动，我们将从有效问卷中抽出一、二、三等奖及纪念奖。抽奖结果将在《经济日报》、中国经济网和两微一端公布。

一等奖 10 名，各奖 1000 元现金；二等奖 15 名，各奖 800 元现金；三等奖 20 名，各奖 500 元现金；纪念奖 500 名，各获纪念品一份。

一、您对经济日报社的品牌认知

1. 2017 年您对《经济日报》媒体的关注度：______________________

2. 您对《经济日报》的总体评价：______________________

二、您的阅读和参与互动情况

1. 您平时阅读《经济日报》媒体资讯的途径是（可多选）：

（1）纸质报纸　（2）报纸电子版　（3）新闻客户端　（4）微信公众号

2. 目前，您在移动端已关注或下载的《经济日报》媒体有（可多选）：

（1）新闻客户端 （2）微信公众号 （3）法人微博 （4）中国经济网手机报

3. 您经常在《经济日报》微信公众号、客户端上获取哪些资讯（可多选）：

（1）时政新闻 （2）政策解读 （3）财经新闻 （4）深度调查 （5）新知识

（6）民生信息 （7）热点新闻 （8）环球资讯 （9）创业故事

4. 您是否在中国经济网、《经济日报》微信公众号、客户端上参与互动活动（单选）：

（1）经常参加 （2）偶尔参加 （3）从未参加

5. 您经常以何种形式参与《经济日报》的读者互动（可多选）：

（1）QQ群 （2）读者微信群 （3）法人微博 （4）电子邮件 （5）信函

（6）座谈会 （7）参与财经早餐留言 （8）客户端文章留言

（9）微信公众号留言 （10）中经网留言评论

6. 您在移动端的关注或下载《经济日报》媒体的途径是（单选）：

（1）他人推荐 （2）主动关注或下载 （3）其他（请填写）

7. 阅读《经济日报》报纸内容时，您首先选择的是（单选）：

（1）一版导读 （2）标题浏览 （3）图片图表 （4）文章

8. 阅读《经济日报》新闻客户端各频道资讯时，您首先选择的是（可多选）：

（1）头条 （2）推荐 （3）政务 （4）观点 （5）数据 （6）公司

（7）产业 （8）证券 （9）金融 （10）科技 （11）数码 （12）时尚

（13）旅游 （14）国际 （15）地方 （16）专题

9. 阅读《经济日报》微信公众号文章内容时，您比较喜欢选择的栏目是（可多选）：

（1）财经早餐 （2）中经创业榜 （3）中国名片 （4）大美中国

（5）夜间荐读 （6）夜读 （7）新规 （8）观市 （9）热点 （10）身边

（11）新知 （12）独家 （13）健康

10. 通常情况下，您在什么时间段阅读（经济日报）新媒体资讯：________

11. 您是否在微信朋友圈分享过《经济日报》新媒体的内容（单选）：

（1）经常有 （2）偶尔有 （3）从没有

12. 您是否参与过《经济日报》法人微博、微信公众号、新闻客户端的互动（单选）：

（1）有，请填写（ ） （2）没有

13. 您希望通过《经济日报》法人微博、微信公众号、客户端参与哪些互动？

（1）线上留言交流 （2）线下活动交流

14. 您是否关注过中国经济网及移动端内容（微信、微博、手机版）：

（1）有，请填写（ ） （2）没有

15. 您是否对《经济日报》某位记者的稿件或报纸某一版面保持经常关注（单选）：

（1）有，请列举（记者、编辑、版面、栏目、文章、标题）

（2）没有

三、您对《经济日报》媒体内容的评价

1. 作为《经济日报》移动用户，请您对《经济日报》两微一端内容的满意度做出评价：________________

2. 您认为《经济日报》的最大优点是（可多选）：

（1）信息量大　（2）版面灵活　（3）新闻性强　（4）可读性强　（5）权威性强

（6）知识性强　（7）服务性强　（8）标题新颖　（9）图片图表运用得当

（10）其他（请注明）

3. 请您对中国经济网的内容做出评价：________________

四、您的基本信息（请真实填写，避免抽奖名单无效）：

姓名：　　　　性别：　　　　年龄：

邮政编码：　　　　手机：

通讯地址：

工作单位：

电子邮箱：

学历：（1）大专及以下　（2）本科　（3）硕士　（4）博士及以上

职业：（1）在职公务员或事业单位　（2）在职企业员工　（3）农民

（4）在校学生　（5）军警官兵　（6）自由职业　（7）离退休人员

（8）其他（请注明）

家庭居住区域：（1）直辖市或省（区市）会城市　（2）地（市）级城市

（3）县级城市　（4）乡镇（场）　（5）村（社区）

资料来源：经济日报，2017-12.

在社会经济调查中，问卷调查并非历史最悠久的调查资料搜集方法，而是进入工业社会以来才正式出现和推广使用的调查方法。但问卷调查一经面世，就显示出其强大的生命力与旺盛的活力，以致成为现代社会调查十分重要的调查资料搜集方法。美国社会学家艾尔·巴比认为："问卷是社会调查的支柱。"英国社会学家莫泽更明确表示："十项社会调查中就有九项是采用问卷进行的。"可见，问卷调查在现代社会调查中的地位之高，作用之大。

第一节　问卷调查法概述

问卷调查最早起源于古代中国和埃及以课税和征兵为目的所进行的调查，这是远古意义上的问卷调查；近代问卷调查始于 1748 年瑞典进行的全国规模的人口普查；现代意义上的问卷调查则是 20 世纪 30 年代，从美国新闻学博士乔治·盖洛普成功运用问卷进行美国总统选举的预测调查后开始的。从此之后，问卷调查迅猛发展。

一、问卷调查法概念

问卷调查是指通过精心设计的调查问卷收集社会信息，以具体把握现实社会状态及其发展变化趋势的一种调查活动。问卷调查既是一种重要的社会调查类型，也是一种主要的社会调查资料收集方式。问卷调查作为一种系统、科学、规范的社会调查方式，具有自身的某些特征。这些特征主要是：

（1）问卷调查是标准化调查，即按照统一设计的有一定结构的问卷进行的调查。

（2）问卷调查一般是间接调查，即调查者通常不是当面向被调查者提问并记录答案，而是由被调查者自己填答问卷。

（3）问卷调查一般是书面调查，即调查者借助问卷来提出问题，被调查者通过填写问卷来回答问题。

（4）问卷调查一般是定量调查，调查的主要目的是通过样本统计量来推断调查总体。

（5）问卷调查一般是抽样调查，被调查者大都通过随机抽样方法选取，调查对象较多，否则就没有统计价值。

问卷调查用途十分广泛，既可用于描述性调查、因果性调查和预测性调查，又可用于对策性、检验性、评估性研究。目前各个领域的问卷调查已越来越普遍。

二、问卷调查的作用

1. 实施方便

问卷以近乎统一的标准提出问题和要求作答，让每一个被调查者面对相似的和一致的问题环境，确保了调查结果的统一和标准化。同时，问卷通过措辞、问题流程和卷面形象来争取被访者的合作。如果没有问卷，每一个调查员都会以自己的言语习惯、根据自己理解的调查目的提出自己设计的问题，被调查者在个人的理解处理下说出自己的想法，就会导致所收集的资料本身千差万别，其精度也会大大下降，这也会严重影响调查结果。

2. 便于资料的统计和定量分析

问卷中的绝大多数问答题目的答案是可以量化的选项，也就是可以将被调查者的态度、动机、观点、行为等定性的内容转化为定量的数据形式，这样便于利用计算机对数据进行处理、比较与分析。

3. 节省调查时间，提高调查效率

由于问卷设计中已经将调查目的、调查内容进行了说明和编排，因此，除了特殊情况外，问卷形式没有必要再由调查员就有关问题向被调查者进行详细说明，只需要被调查者根据题目作答即可。这样就大大节省了调查者用于详细解释意图、项目的时间，能够使被调查者在较短的时间内回答更多的信息，加快了调查的进度。

三、问卷调查的主要特点

从本质上讲，问卷调查方法与其他调查方法并没有多大的区别，都是为了从被调查者那里收集课题研究所需要的社会信息。但从形式上讲，问卷调查却是一种利用规范的书面调查工具进行的高效率的调查，与访谈调查和科学观察相比较，它有其自身的特点。

1. 问卷调查的标准化

问卷调查的一个基本特点就是标准化。问卷调查采用了统一提问、规范答案的标准化问卷形式，对于所有的被调查者都以同一问卷进行询问，并以同种方法发放和填写问卷，从而既可以反映同一地区、同种组织、同类人群等具有某种社会同质性的研究对象的一般状况和平均趋势，又可以对不同地区、不同组织、不同人群等具有某种社会异质性的研究对象的现实状况和发展趋势进行比较分析；有时还可以对同批研究对象在间隔了一定的时期之后的情况进行同期群研究或追踪研究。此外，问卷调查由于使用标准化的问卷进行调查，因面所收集的研究资料还便于进行统计分析和定量研究。但是，问卷调查的标准化尤其是它多采用封闭式的问题提问的资料收集方式，也使问卷调查的灵活性、适应性和可获得信息的广泛性受到限制。

2. 问卷调查的书面性

与科学观察和访谈调查不同，问卷调查是采用书面形式与被调查者进行交流。采用书面形式与被调查者进行交流有其特殊作用：

（1）采用书面交流可以突破时间的限制，既能超越时间传递提问信息，也能超越时间传递答问信息，这样就使问卷调查的实施在时间上有缓冲余地，便于解决有些访谈调查中由于调查者与被调查者之间的时间冲突而无法实施调查的问题。

（2）采用书面交流也可以突破空间的限制，即借助于交通、邮政、网络等渠道，可以将调查问卷发送到广阔的社会区域，在大范围内对众多的调查对象同时进行调查。例如，由郑杭生教授主持的国家社会科学基金重大项目课题组进行的“改革开放以来城镇居民生活变化调查”，就是采用问卷调查在全国7个省市的12个城市同时进行的。

当然，问卷调查的书面性也有其劣势：

（1）问卷调查由于问卷中问题数量的限制和调查者少与被调查者直接接触的缘故，只能获得有限的书面信息。

（2）问卷调查作为一种书面调查，一般不适用于对文化程度较低的研究对象（个人或群体）进行调查。

3. 问卷调查的间接性

在问卷调查中，调查者一般不与被调查者直接见面，而由被调查者自己填答问卷，这就构成了问卷调查的间接性特点。问卷调查的间接性特点有许多好处，主要是：

（1）能以很少的调查者在很短时间内同时调查许多人的情况，能够节省调查资料收集的时间、经费和人力。

（2）调查者与被调查不直接接触，可以避免调查者对被调查者理解问卷内容的误导，避免调查误差。

（3）由于调查者与被调查者不直接接触，使问卷调查的匿名性成为现实，被调查者能够减少某些思想顾虑，有利于调查者提出某些具有一定敏感性的问题，并得到被调查者的真实回答。

但是问卷调查的间接性也使问卷调在形成一些明显的局限，这主要是：

（1）问卷调查由于调查者一般不在场，调查者不能有效控制被调查回答问卷提问的情境以及填答问卷的质量。

（2）问卷回复率和有效率难以得到保证。

（3）无法获得除被调查者在问卷上填答的信息之外的其他信息。

四、问卷调查的适用范围

问卷调查的适用范围可以从多个方面认识，人们通常从问卷调查适用的研究范围、研究对象、研究方法、研究领域等几个方面具体认识。

1. 问卷调查适用的研究范围

比较其他研究方式，问卷调查适用的研究范围具有大而且广的特点。大，就是调查研究对象的总体规模可以很大；广，就是调查研究涉及的地域范围可以很广。

（1）从调查研究对象的总体规模来讲，问卷调查适用于调查规模较大的调查研究对象。问卷调查所对应的研究方式通常是统计研究，统计研究必然需要大样本作为前提和基础。如果不是大样本，就无法符合统计规律的要求，也就无法进行统计分析。正因为有这一特点，问卷调查相对于其他调查方式更适用于对总体规模较大的调查研究对象作研究，而不适用于对总体规模较小的调查研究对象作研究。

（2）从调查研究涉及的地域范围来讲，问卷调查适用于涉及范围较广的调查研究对象。问卷调查一般是书面调查，书面调查具有跨越时空的特点，它不仅可以在较小的地域范围内进行，而且可以在较大甚至很大的地域范围内进行。尤其对于涉及地域范围广泛的全国性问卷调查课题、地区性问卷调查课题，问卷调查不仅是可行的，而且是必要的。只有这样，才能保证在广阔的地域空间获得问卷调查的大量信息。

2. 问卷调查适用的研究对象

问卷调查适用的研究对象，主要是指问卷调查适用于何种研究总体和哪些特定人群。由于问卷调查是从研究对象总体中抽取一定规模的随机样本进行调查，并将调查获得的资料进行量化分析，因此，问卷调查从研究对象的角度看，就形成了一定的适用规律。

（1）从调查对象的总体结构来讲问卷调查具有其一般的适用规律。大致地说，问卷调查在成分单一的总体中比在成分复杂的总体中适用。在成分单一的总体中进行问卷调查时，由于人们的社会背景相同或相似的因素比较多，可以减少问卷设计上的困难；而在一个成分复杂的总体中进行问卷调查在时，由于人们社会背景的许多因素相差很大，相同的或相似的东西很少，这就给设计统一的问卷带来了许多麻烦。

（2）从问卷调查对象的群体类属看问卷调查的适用性也存在差异。一般来讲问卷调查在城市居民中比在农村居民中适用，在大城市居民中比在小城市居民中适用，在文化程度高的群体中比在文化程度低的群体中适用，在专业技术人员和公务员中比在商业人员和工人中适用，在中青年群体中比在老年人群体中适用。造成这些情况的基本原因在于不同群体之间存在文化程度差异，因为问卷调查是一种书面调查，它需要被调查者具有较高的文化知识水平。

3. 问卷调查适用的研究方法

问卷调查除了上述两个方面的不同适用范围外，还可以从其他方面讨论其适用范围问题。例如，从问卷调查适用的研究方法看，问卷调查有特定的适用范围，并具有特殊的科学价值。

（1）问卷调查适用于实证研究方法的运用。在社会调查领域，实证主义方法的第一个也是最基本的主张就是从宏观层次通过大量样本的调查和统计考察社会现象。问卷调查就是一种适用于宏观研究的调查研究，一种适用于大量样本的调查研究，一种适用于定量分析的调查研究。它特别适用于方法论实证主义取向的学者。

（2）问卷调查适用于定量分析方法的运用。问卷调查作为一种以调查问卷收集研究资料、以定量分析处理研究资料、以随机样本保证定量分析科学性的调查研究方式，已经成为当今社会调查的主要研究方式。正如有的学者所说，调查研究“随机抽样、问卷调查、定量分析”的三结合方式，是现代社会定量研究中最常见最重要的研究方式，这在社会调查中也不例外。

五、问卷调查的种类

依据不同的问卷类型，往往会采取不同的调查手段。

1. 调查问卷的划分

按照不同的分类标准，可以将调查问卷分成不同的类型。

（1）根据市场调查中使用问卷的方法划分。根据市场调查中使用问卷的方法不同，可将调查问卷分为自填式问卷和代填式问卷。

自填式问卷是由调查者通过面谈访问或邮寄调查，将问卷交到被调查者手中，由被调查者自己填写的问卷。这种问卷可以借助被调查者的视觉功能，在问题的表达上相对可以更加详尽、更加全面。

代填式问卷则是在面谈访问或电话调查中由调查员按照事先设计好的问卷或问卷提纲向被调查者提问，然后根据被调查者的回答进行填写的问卷。这样的问卷要求简便，最好是选择题，一是方便调查员边提问边记录答案；二是便于被调查者能够听懂并记忆答案。

（2）根据调查问卷发放和回收途径划分。根据调查问卷发放和回收途径不同，可将调查问卷分为送发式问卷、报刊式问卷、邮寄式问卷、电话访问式问卷、人员访问式问卷、网上问卷等。其中，前三类可以划为自填式问卷，后面三类则属于代填式问卷。

当然，问卷还有其他的划分方法，如可以分为结构式问卷（是指问卷具有一定数目的问题，并且按照一定的提问方式和顺序进行安排）和无结构式问卷（是指问卷问题没有在组织结构中加以严格的设计和安排，适用于深度访谈）；还可以分为主题问卷（是达到调查目的获取必要信息的重要载体）和过滤问卷（是寻找目标对象的方式）。

2. 自填式问卷调查

自填式问卷调查，按照问卷传递方式的不同，可分为报刊问卷调查、邮政（快递）问卷调查、网络问卷调查和送发问卷调查。

报刊问卷调查，就是调查者随报刊分发问卷，请读者对问卷做书面回答，然后按规定时间通过邮局把问卷寄给调查者。报刊问卷调查以读者为调查对象，有稳定的传递渠道，分布面广，回答质量较高，能节省费用和时间，适用性较广。它的缺点是，调查对象代表性差（非读者意见无法反映），回复率低（往往不足10%），对影响回答的因素无法了解、控制和分析，而且有可能出现虚假现象。例如，有的企业为了使自己产品被评为“十佳”，不惜花重金派人四处收买有关报刊，用“自选自”的办法来增加选票。

邮政（快递）问卷调查，是调查者通过邮局（快递公司）向特定调查对象寄发问卷，请被调查者按照规定的要求和时间填答问卷，然后再通过邮局（快递）将问卷寄给调查者。邮政（快递）问卷调查分布面广，不受地域限制，有利于控制问卷调查的范围和对象，提高被调查者的代表性，回答质量较高，比较节省时间。但是，它同样存在回复率低、无法了解和控制回答环境、难以判断回复者的代表性和影响回答的因素等缺点，而且费用较高。

网络问卷调查，就是利用网站或手机发布调查问卷和回收调查结果。它的问卷设计灵活、多样、新颖、丰富（可增添视频成分），具有简单方便、辐射广泛、成本低廉、调查周期短等优点。它的主要缺点是，不可能编制抽样框，不可能推断总体，无法了解回答者的具体情况，无法判断回答的真实性和可靠性，无法反映非网民的情况和意见。

送发问卷调查，就是调查者派人将问卷送给选定的调查对象，待被调查者填答后再派人回收调查问卷。这种方法，一般只适用于有组织的集体调查对象，如一个单位、部门或社区的成员，一个会议的参加者等。它的最大优点是回复率高，回收时间集中，节省费用，而且有利于对被调查者做某些口头说明或解释，有利于了解和分析影响回答的因素。它的缺点是，调查对象过于集中，调查范围比较狭窄，回答质量可能不高，被调查者之间往往互相询问、互相影响，回答结果容易失真。

3. 代填式问卷调查

代填式问卷调查，按照与被调查者交谈方式的不同，可分为访问问卷调查和电话问卷调查。

访问问卷调查，就是调查者按照统一设计的问卷向被调查者当面提出问题，然后由调查者根据被调查者的口头回答来填写问卷。它的优点是，有利于选择调查对象和控制访谈过程，有利于灵活运用各种访谈技巧，有利于对回答结果做出分析和评价，而且回复率和有效率高。但是，访问问卷调查费用高、效率低，只适用于较小范围的调查，而且访问调查的质量往往因人而异、差别很大。此外，有些问题不宜于当面询问。

电话问卷调查，就是调查者通过电话按照统一设计的问卷向选定的被调查者提出问题，然后由调查者根据被调查者的电话回答来填写问卷。它的优点是有利于选择调查对象和运用各种访谈技巧，效率较高，投入人力较少。但是，电话号码簿往往不全面或不适用，科学界定调查总体和抽取样本比较困难，而且回复率、有效率较低（被调查者往往轻易挂断电话或草率回答问题），费用较高，无法了解非电话用户的情况和意见。

4. 问卷调查方法利弊比较

不同种类问卷调查方法的利弊，可简略概括如表 9－1 所示。

表 9－1　　不同种类问卷调查方法的利弊

项目	自填式问卷调查				代填式问卷调查	
	报刊问卷调查	邮政（快递）问卷调查	网络问卷调查	送发问卷调查	访问问卷调查	电话问卷调查
调查范围	较广	较广	很广	较窄	窄	可广可窄
调查对象	有一定控制和选择，但代表性难以估计	有一定控制和选择，但代表性难以估计	无法控制和选择，代表性较差	可控制和选择，但过于集中，代表性较差	可控制和选择，代表性可能较强	有一定控制和选择，代表性可能较强
影响回答的因素	无法了解、控制和判断	无法了解、控制和判断	无法了解、控制和判断	有一定了解、控制和判断	便于了解、控制和判断	不太好了解、控制和判断
回复率	很低	较低	无法计算	较高	高	不稳定
回答质量	较高	较高	难以判断	较低	不稳定	不稳定
调查人员	较少	较少	很少	较少	多	较多
调查费用	较低	较高	很低	较低	高	较高
调查时间	较长	较长	较短	短	短	较短

六、问卷调查法的优缺点

问卷并不是社会调查中唯一收集资料的工具，也不是所有的社会调查都适合用问卷法来收集资料，它并不是万能的。

1. 问卷调查法的优点

(1) 信息量大，成本较低。问卷经过研究者的精心设计，其内容涵盖研究所需要的所有信息，便于开展调查、收集资料，尤其适用于大规模的调查任务。

（2）较好的匿名性。在问卷法中，较为常见的就是自填式问卷法，由于这种方法要求其他人不在现场，且不要求被调查者填写姓名，所以可以减轻回答者在填答某些敏感问题方面的压力，具有较好的匿名性。

（3）客观性较强。无论是参与观察还是无结构访谈，由于调查员不同、观察或提问方式不同、进展情况不同等原因，会使资料带有一定的主观性，从而产生各种人为误差。使用问卷法进行调查，被调查者面对的是统一制定的问卷，他们回答问题的内容、方式、次序、格式等都是基本相同的，因此可以较好地避免由于人为的原因造成的主观偏见，保持较强的客观性。

（4）调查结果便于定量处理和分析。问卷法中的问题大多是封闭式问题，这是一种高度结构化的资料收集工具。因此，通过问卷法收集来的资料十分适用于通过计算机进行定量处理和统计分析，调查结果的量化程度较高。

（5）适用范围较广。和访谈法、观察法等相比较，问卷法受时间、空间的限制较少。一方面，调查者可以通过邮寄的方式将问卷寄至全国各地进行调查，也可以通过网络调查进入千家万户；另一方面，调查者在收集资料和分析资料上花费的时间相对较短，十分快捷。因而，问卷法能较少地受时间与空间的约束，使用范围也相对更广。

（6）具有较强的经济性。和其他资料收集方式相比较，问卷法可以在较短的时间内，同时调查许多人的情况，收集到研究所需的大量资料，从而大大节省调查的时间、经费和人力，具有较高的效率和经济性。

2. 问卷调查法的缺点

问卷法虽然具有很多优点，但也存在不足，主要体现在以下五个方面：

（1）对研究者的要求高。问卷中的问题及答案设计要求都很高，需要研究者具备深厚的理论素养和丰富的实践经验，这样才能设计出能够实现有效测量的题目和答案。

（2）对调查对象的要求高。在使用自填式问卷法的过程中，要求回答者必须具有一定的文化水平，能够阅读和理解问题的含义，能理解回答问题的方法。在使用访谈式问卷法的过程中，又要求调查对象具有一定的理解能力和综合思维与表达能力。因而，问卷法对于调查者个人的能力要求较高。

（3）问题的回答率常常难以保证。虽然自填式问卷是问卷法中最主要、最常见的类型，但这种问卷的问题回答率与回收率难以保证。因为，一份问卷是否能顺利完成和被收回，主要取决于被调查者而非调查员。如果被调查者对调查的兴趣不高，责任心和合作精神不强，对问卷不够重视，或者受到时间、精力和能力等方面的限制，那么就有可能产生弃答个别问题的情况，甚至放弃整个问卷的填答，这会对问卷填答的质量造成很大影响。

（4）不能避免某些环境因素带来的误差。在使用自填式问卷进行调查的过程中，由于调查员不在场，因而无法把控问卷填答的环境，回答者可能会受到其他人或环境因素的影响，而这些影响无从得知、无法判断大小。在应用访谈式问卷法的过程中，这种情况要好很多，但仍不能完全避免由某些互动产生的误差。

（5）不适用于研究某些敏感问题。问卷法的应用范围很广，但有的领域不太适合使用这种方法，或者在使用过程中需要有一些特别注意事项。例如，当以被调查者复杂的心理状态为调查目标时，如果不能采取一些措施排除被调查者的排斥心理，那么收集资料的真实性常常会大打折扣。

第二节 问卷结构及其设计

问卷是收集资料的直接工具，“工欲善其事，必先利其器”，只有设计精良的问卷才能帮助我们获得准确的信息；问卷也是评估研究的信度和效度的关键，否则调查可能南辕北辙，花费了很多人力物力，最终却不能达到想要的结果。

一、问卷设计的原则及技巧

（一）问卷设计的原则

问卷设计是一项科学细致的工作，一份好的问卷应该做到：内容简明扼要，信息包含全面；问卷问句要安排合理、合乎逻辑、通俗易懂；便于对资料分析处理。具体设计问卷时，应该注意以下原则：

1. 目的性原则

对于任何一项问卷设计工作来说，调查的目的决定着问卷的内容和形式。如果调查的目的只是为了了解被调查对象的一般状况，那么，问卷设计就应该主要围绕着被调查对象各方面的基本事实而进行；如果调查目的不只是一般的描述，而是要做出解释和说明，那么，问卷设计就要紧紧围绕着研究假设和变量来进行。问卷中必须问什么、不必问什么都将受到研究假设的制约。

2. 客观性原则

客观性原则是指设计的问题必须符合调查对象的客观情况。例如，在 2013 年调查居民拥有耐用消费品情况，如果仅仅设计手表、自行车、缝纫机等老“几大件”，就大大落后于实际；如果设计别墅、豪华轿车、游艇等项目，又超过了现实可能。

3. 通俗性原则

问卷设计的通俗性原则，主要指问题的设计要通俗易懂。问卷的对象，特别是自填问卷的对象，更多的是普通大众，所以要充分考虑他们的理解能力，尤其不要提出一些过于抽象、过于冷僻、过于专业化的问题。例如，某份问卷设计了这样一个问题：

［例］请问您家属于下列哪类家庭？

① 主干家庭 ②核心家庭 ③单身家庭 ④联合家庭 ⑤其他家庭

对于具有较深社会学专业知识的人，这个问题的难度不大，但是对于普通大众，尤其是农村居民，他们绝大多数人弄不清“主干家庭”“核心家庭”“联合家庭”是什么样的家庭，因而不好回答。这时，被调查者要么不答，要么乱答，这样都会影响调查的效果。如果换一种提问方式，如“你家里有几口人”“你家里有几代人同堂”，这样人们会感到具体易懂，容易回答。

4. 简明性原则

如果受访者对调查题目不感兴趣，一般不会参与调研。问卷设计最重要的任务之一就是要使问题适合潜在的应答者，要使被调查者能够充分理解问句，乐于回答、正确回答。所以，调查内容要简明、易懂、易读，以便于被调查者能够快速、正确理解问卷的内容和目的。没有价值或无关紧要的问题不要列入，还要避免重复，力求以最少的项目涉及必要的、完整的信息资料。调查时间要简短，问题和整个问卷内容都不宜多。

5. 完备性原则

问卷设计的完备性原则，主要是针对封闭式问题设计而言的。这一原则要求备选答案的设计具有完整性，不能残缺不全。例如，在一次面向城乡居民的问卷调查中有这样一个问题：

［例］你的最高学历是：

①高中 ②大专 ③本科 ④研究生

从我国目前教育事业发展的情况看，九年制义务教育尚未完全普及，更不用说在中老年人口中还存在一定比例的文盲。本题备选答案中关于学历的选项显然是不完整的，一些初中及初中以下学历的人无法选择，如果加上这一备选答案，就涵盖了各个学历层次，基本完备了。如果还能考虑中专毕业生，设计一个“高中（含中专）”的备选答案，那么，问卷的备选答案就更加完备了。

6. 逻辑性原则

一份设计成功的问卷问题的排列应有一定的逻辑顺序，符合应答者的思维程序，一般是先易后难、先简后繁、先具体后抽象，这样能够使调查人员顺利发问、方便记录，并确保所取得的信息资料正确无误。

［例 1］你通常每日读几份报纸?

①不读报 ② 1 份 ③ 2 份 ④ 3 份以上

［例 2］你通常用多长时间读报?

① 10 分钟以内 ②半小时左右 ③ 1 小时 ④ 1 小时以上

［例 3］你经常读的是下面哪类（或几类）报纸?

①××市晚报 ②××省日报 ③人民日报 ④参考消息 ⑤中央广播电视报

在以上的几个问题中，由于问题设置紧密相关，因而能够获得比较完整的信息。调查对象也会感到问题集中，提问有章法。相反，假如问题是发散的、带有意识流痕迹的问卷就会给人以随意性而不是严谨的感觉。

7. 中立性原则

问卷设计的中立性原则，主要是指问题设计时语言的表述取向要保持中立，不要添加调查研究者的个人情绪，更不要故意采用一些带有明显倾向型的话语诱导被调查者。例如，有两个问题是这样设计的：

［例 1］到风景如画的××海滩公园休闲，你感到非常惬意，是吗？

①是的　②大概是的　③不是的

［例 2］审美情趣较高的消费者都认为××产品确实很好，你认为呢？

①确实很好　②一般　③够不上好

这两个问题设计存在明显的肯定倾向，第一个问题中给出"风景如画"的信息，又有"惬意"的信息给填答者，以引起填答者的认同；第二个问题中先把人分出一类"审美情趣较高的"，让人感到不回答这个产品"确实很好"就会归入审美情趣较低的人之列。这样的问题设计要么诱导被调查者，要么引起被调查者的强烈反感，总之，不能获取正确的信息。

8. 互斥性原则

问卷设计的互斥性原则，主要是要求在问题设计中，问题不能具有双重含义，以及备选答案不能相互交叉。如果出现了这种双重含义或相互交叉，填答者就有可能无法做出正确的选择。例如：

［例 1］你认为自己的文化程度与鉴赏水平：

①很高　②较高　③一般　④较低　⑤很低

［例 2］你所在的社区属于：

①农村　②城市　③沿海城市　④内陆城市

这两个问题的设计均存在一定的问题。第一个问题将"文化程度"与"鉴赏水平"并列在一起，实际上涉及两个方面的内容，虽然两者有一定的联系，但不能等同和并列起来。有的人文化程度很高，但鉴赏水平可能很低，假设由他们选择，就难以作答。第二个问题选项之间有明显的交叉。沿海城市、内陆城市均属于城市，它们相互之间出现交叉，选择"城市"的同时均可选"沿海城市"或"内陆城市"，这样会影响其后的统计分析。所以，问题的设计要语义明确，选项之间要相互排斥，不能相互交叉。

9. 便于处理性原则

便于处理是指要使被调查者的回答便于进行检查、数据处理和分析。成功的问卷设计除了应考虑到紧密结合调查主题与方便信息收集外，还要考虑到调查结果的容易得出和调查结果的说服力。这就需要考虑到问卷在调查后的整理与分析工作。如果不注意这两点，很可能出现调查结束后，信息资料获得很多，但是统计处理却无从下手的局面。

10. 实用性原则

问卷设计的实用性原则，主要是要求问卷设计要从实用的角度出发考虑各种设计方面的问题，使设计的问卷能够保证问卷调查顺利实施，以便于收集到问卷调查所需要的各种研究资料。问卷不是学术论文，虽然它包含着课题研究中的学术性内容成分，但其更讲究的是实际作用的大小。具体来讲，问卷设计的实用性原则就是要求：

（1）问卷设计必须符合某一问卷调查课题对研究资料收集的实际需要。

（2）问卷设计必须具体而完整地落实问卷调查项目设计时提出的各项调查指标。

（3）问卷的设计必须考虑适合调查对象的人群特征和心理需求。

（4）问卷设计必须有利于全面系统地获取调查对象的有关特征信息。

（5）所设计的问卷中发送给调查对象的提问信息必须简明扼要，便于调查对象理解作答。

（6）问卷中记录信息的形式必须具体可行，有利于信息的整理、加工、分析和研究。

（二）基于被调查者的考量

填写问卷对被调查对象来说是一种额外负担，他们既可能采取合作的态度，也可能采取直接抵抗或消极抵触行为。因此，问卷设计最基本的原则就是为被调查者着想，要考虑被调查对象的能力、意愿与注意隐私和敏感问题。

1. 被调查对象的能力

在设计问卷的时候要考虑被调查对象有没有相应的完成问卷的能力。完成问卷的能力包括文字阅读和表达能力，因此，要注意被调查对象的身份，使用与他们的文化水平相适应的表达文字，尽量简洁、清楚、直接，可以多用简单句式，少用复杂句，禁用双重否定句。除了文字能力之外，还要考虑被调查对象的记忆能力、计算能力和理解能力。例如，“去年你们家买衣服一共花了多少钱”“你的价值观是什么”“你认为中国社会当前面临的最大问题是什么”，类似的问题很难回答，即使被调查对象回答了，其信度和效度也很差。

2. 被调查对象的意愿

问卷设计要提高被调查对象的答题意愿，减轻他们的抵触心理：

（1）问卷内容要简明，没有价值或无关紧要的问题不要列入，力求以最少的题目获得必需的完整信息资料。

（2）调查时间不能过长，问卷太长、题目太多会招致被调查对象的反感，实在有必要的时候可以赠送一些小礼物表示感谢。一般来说，没有酬劳的问卷最多不要超过一页 A4 纸的长度。

（3）问卷的形式要精美，排版漂亮，字体、字号、行间距合适，阅读感觉良好。

3. 注意隐私和敏感问题

问卷中可能会有一些个人隐私和敏感性话题被调查对象不愿意或者不便公开表态，例如关于考试作弊等不良行为方面的问题，一些价值观与主流社会不一致的问题，被调查对象可能由于从众压力拒绝回答真实意愿而导致结果失真。

（三）优秀问卷的标准

1. 具有合适的信度和效度

信度和效度是衡量测量质量的重要指标，也是衡量问卷质量的重要标准。一份高质量的问卷，应该在信度和效度之间取得一种平衡，建立一种合适的信度和效度关系。问卷越是在准确性和稳定性方面取舍得当，质量就越高。在具体的问卷设计中，研究者要确保每一个问题都在测量我们想要测量的变量，并且要努力使这种测量不会因时间、地域和对象的变化而发生改变，即提高效度和稳定信度。

2. 适合的研究目的和内容

问卷作为一种资料收集工具，是为完成调查目的而服务的。因此，一份问卷优秀的关键标准，就是看它是否能够满足调查目的的需要，是否密切地围绕它想要调查的内容。问卷越是密切围绕调查内容，就越符合其调查目的，其质量也就越高。

3. 适合的调查对象

调查对象是问卷设计的出发点，一份高质量的问卷具有适合大多数调查对象的特点。在实际社会调查中做到这点并不容易，因为人们在职业、经济状况、文化程度、心理状态等方面的特点常常是不尽相同的，所以，在设计问卷时，要兼顾这些现实存在的差别，设计出能够让大多数调查者顺利填答的问卷。

4. 问题集中精炼

在社会调查中，常常会研究一些抽象层次比较高的变量，因而询问的问题较多。但这并不意味着问卷越长越好，事实上，问题应该集中而精炼，紧紧围绕研究者想要了解的事物，而不要贪多求全。一份高质量的问卷，应该没有一个多余的问题，也就是说，问卷中的每一个问题都是不可取代的。

二、问卷的一般结构

人们在长期的社会调查实践中，通过不断摸索、不断总结，逐步形成了一套较为固定的问卷结构。一份完整的问卷，主要包括标题、说明信、甄别部分、正文、被调查者的基本情况、编码、结束语及其他资料等内容。虽然在地区不同、环境不同、研究目的不同、调查方式不同的情况下，问卷的结构或有变化，但绝大多数的结构式问卷都遵从了这种统一的、稳定的、实用的结构模式要求。问卷结构在调查中所起的作用是十分重要的，结构凌乱、不整齐的问卷会给研究者和调查对象带来许多额外的困难，因而需要引起我们的重视。

1. 标题

每份问卷都有一个特定的研究主题。在问卷最开始的地方，研究者应该明确一个题目，来反映研究的主题，使调查对象能够一目了然，从而明确调查的大致内容并判断是否接受调查。清楚陈述主题，有助于增加调查对象的兴趣和责任感，避免由于主题含糊不清而带来的一些误解和不信任感。例如，“2010 年中国汽车消费状况调查”这个标题，就明确地指出了调查的对象和调查的中心内容，十分鲜明且无歧义，能够让调查对象迅速判断调查的大致内容以及是否接受这个调查。再如，“我与工资——沈阳市居民 2019 年工资情况调查”，也是开宗明义地指出了调查的主题和对象，不会产生歧义。问卷的标题应该是一个常识性的问题，但在实际调查中，有的研究者过于轻视这个问题，要么没有标题，要么标题内容太宽泛，或者文不对题，这些都是不可取的。在设计问卷标题的时候，最好不要超过15个字，但是也不要简单到就采用“问卷调查”这样的标题。另外，如果使用了敏感性词汇或者倾向性词汇，会影响被调查者的态度。

2. 说明信

说明信也称开场白、问候语等，是指写在问卷开头的一段话，也是调查者向被调查者说明调查的目的、意义以及有关回答问卷的要求、注意事项、调查者的身份和表示感谢等内容。说明信一般包括以下内容：

（1）问候语。对被调查者的称呼，如“××先生、女士：您好”“亲爱的同学：您好”“亲爱的学弟/学妹：您好”，等等。问候语要选择合适的称呼，要语气亲切、谦虚诚恳，以增加被调查者回答问题的热情，从而争取他们的配合。

（2）调查者的身份。通过表明调查者的个人身份或组织名称，可以引起被调查者对调查的重视。

（3）调查的目的、意义。对调查的目的、意义简单地介绍，可以说明调查的重要性，并争取合作的请求。这是十分重要的一个环节。

（4）安全性的保证。很多被调查者在填写问卷的时候都会担心自己的个人信息外泄，尤其是面对关于个人隐私的问题时更是难以真实地回答。因此，在问卷的开头就应说明如涉及需为被调查者保密的内容，一定给予保密，或者说明本次调查仅为研究所用，不对外提供等，以消除被调查者的顾虑，获得准确、真实的信息。

（5）填写说明。问卷的填写说明通常在自填式问卷中出现，旨在帮助被调查者准确、顺利地回答问题，包括应注意的事项、填写方法、交回问卷的时间要求等。可以写在问题前面集中说明，也可以在每个问题中说明，用括号括起来。

（6）对被调查者的感谢。对于被调查者的积极配合给予真诚的感谢，或者赠送小礼品，是被调查者接触问卷的头几秒钟引起他们参与调查活动兴趣并打动他们积极配合调查的很好的方式。

说明信可以引起被调查者对调查的重视，使他们消除心理上的压力和顾虑，激发参与意识，争取合作，顺利完成调查。说明信的文字要简洁明确，一般为200～300字。访问式短一些，自填式长一些，但也不应超过300字。

［例1］

全国文明城市测评调查问卷

地址：__________　　发放日期：__________　　问卷编号：__________

市民朋友：

您好！我们正在进行全国文明城市测评的问卷调查，您的意见将对全国文明城市创建、对政府及公共职能部门改进工作起重要的参考作用。请您配合填写以下的问卷内容，谢谢！

［例 2］

注意事项：

请调查人员严格按随机抽样的要求抽选调查样本；

所有题目均为必答题且每个选项仅选 1 个答案，请用“√”确定所选项。

资料来源：海口日报．2017－06－22.

［例 3］

尊敬的顾客朋友：

春节快乐！

适逢新春佳节之际，××公司祝您新春愉快、万事如意！为了更好地为您服务，我公司正在开发系列新产品。我们十分想听听您对新产品的意见，请您在百忙中予以合作。谢谢您的支持！

［例 4］

中国企业文化建设状况调查问卷

尊敬的先生（女士）：

您好！我们这次在全国十个城市五十个企业进行的“中国企业文化建设状况调查”，是国家“十三五”规划中社会科学重点科研项目之一。

这次调查的目的，是要切实了解我国企业文化建设方面的真实状况，并据以科学地分析研究，为党和政府制定企业文化建设的有关政策，提供科学的依据和合理化建议。

填写本表是不记名的，希望您在填表时不要有任何顾虑，怎么做的、怎么想的，就怎么填。同时，希望您按照表中的说明在□内酌情打√的标记，或在________内填写。

谢谢您真诚的合作！

中华全国总工会

中国企业文化建设调查组

2016 年 8 月

对于某些相对稳定的网络调查问卷来说，由于调查单位、联系方式等都是公开的、稳定的，因而说明信可大大简化。例如，下面就是一个网络调查问卷的说明信：

［例 5］

释放改革红利，最大障碍是什么？

人口红利、土地红利、制度红利等各种红利支撑了中国三十多年的发展。当前，一些红利已经消耗殆尽，一些红利亟待深入开发，下一步中国发展靠什么支撑？李克强同志多次强调：“改革是中国最大的红利。”

怎么看待改革这一“中国最大的红利”？哪些领域的改革将是红利的突出贡献点？充分释放改革红利，最大的障碍是什么？欢迎参与人民论坛杂志问卷调查。

资料来源：http：//www. rmlt. com. cn/ vote/ show106. html.

3. 甄别部分

甄别部分也称过滤部分，目的是在开始提问之前对被调查者进行过滤筛选，去掉不适合的人员，然后针对特定的被调查者进行调查。这样做可以筛选掉与调查项目有直接关系的人，排除干扰的因素，也可以确定哪些人是最合适的被调查者。

（1）确定合适的调查对象。一般情况下，社会经济调查都有比较明确的调查对象。在进行主要内容的调查之前，通过问卷的提问，确定面前的人是否符合调查对象的条件。如果符合就开展调查；否则，结束问答，以确保调查资料的针对性和有用性。可以通过被调查者的年龄、性别、文化程度、收入等自然状态的因素来进行过滤，锁定合适的人群。比如，在一个高档化妆品市场调查问卷中的甄别部分的设计就应该注意以下情况：

① 对年龄的甄别。鉴于中国人使用化妆品具有明显的年龄倾向，要排除年少的人和年老的人，所以年龄的甄别问题设计如下：

［例 1］ 您的年龄：

A. 18 岁以下	中止访问
B. 18～45 岁	继续
C. 45 岁以上	中止访问

② 对性别的甄别。假设此产品为女性所专用的，甄别问题的设计如下：

［例 2］ 您的性别：

A. 男	中止访问
B. 女	继续

③ 对收入的甄别。在中国，收入影响女性购买化妆品的因素有两个，即个人收入和家庭总收入。因此，对收入的甄别问题的设计就包括两个方面，方式如下：

［例 3］ 您的个人月收入（包括工资、奖金、第二职业收入等）为：

A. 1500 元及以上	继续
B. 1500 元以下	中止访问

［例 4］ 您的家庭月总收入为：

A. 3000 元及以上	继续
B. 3000 元以下	中止访问

④ 对产品适用性的排除。假设这种化妆品只适用于油性皮肤和混合性皮肤，那么其对产品适用性的甄别问题的设计如下：

［例 5］ 您的皮肤是：

A. 油性	继续
B. 混合性	继续
C. 干性	中止访问

（2）排除其他调查干扰因素。为了能够了解到真实的信息资料，要排除因为职业习惯可能对调查结果有影响的因素。这些影响因素主要包括：与调查内容在职业上有关联的调查者；曾经接受过调查的人士（职业被调查者）；属于其他调查公司的人员调查对象；在调查活动中可能提供虚假信息的人士等。它一般有固定的设计格式，人们对产品评价有特殊影响状态的甄别问题的设计如下：

［例 1］您和您的家人是否有在以下单位工作的：

A. 市场调查公司或广告公司　　中止访问

B. 社情民意调查机构、咨询公司　　中止访问

C. 电台、电视台、报社、杂志社　　中止访问

D. 化妆品生产或经销单位　　中止访问

E. 以上都没有　　继续

［例 2］在过去 6 个月里，您是否接受过调查公司的访问：

A. 是　　中止访问

B. 否　　继续

4. 主体部分（正文）

问题及答案是问卷的主体。在社会调查中，使用问卷法来测量人们的特征、态度、行为及各种社会现象和社会产物，主要是以问题及答案为工具来进行的。从形式上看，问卷中的问题可以分为开放式问题和封闭式问题两大类；从内容上看，问卷中的问题可以分为特征性问题、事实性问题和主观性问题三大类。

（1）开放式问题与封闭式问题。开放式问题即设计者不提供具体备选答案，而留出一定空格，由答卷者自由填答（对访问问卷而言是给访问员作简要的记录）的问题。开放式问题形式灵活，限制较少，便于被调查者充分发表意见，因而获取的信息一般也会较全面、较生动。但开放式问题也会带来一些不便，特别是不便于精确定量分析，对被调查者的文化程度、表达能力以及配合调查的程度要求高。它往往适合一些只需定性分析或精确程度要求不高的调查，一般问卷中题数不多。

［例 1］你最喜欢看哪类电视节目？

［例 2］你对当前的居住环境的满意程度如何？

［例 3］你当前在工作中最主要的目标是什么？

封闭式问题即设计者在提出具体问题的同时还提供若干个备选答案，以便被调查者从中选择。这些备选答案必须是互斥的，同时又是完备的。封闭式问题与开放式问题特征正好相反。封闭式问题形式规范、填答方便、省时省力，获取的信息比较集中，也便于定量分析。当然，封闭式问题限制较多，很可能带来收集信息的缺陷，同时它在设计上的要求更高、更具体些。

［例 4］你最喜欢看哪类电视节目？

A. 新闻节目　B. 体育节目　C. 科教节目　D. 广告　E. 文娱节目　F. 少儿节目

G. 其他节目（请注明）

［例 5］你对当前的居住环境的满意程度如何？

A. 非常满意　B. 比较满意　C. 一般　D. 不太满意　E. 很不满意

［例 6］你当前在工作中最主要的目标是什么？

A. 提升教学效果　B. 做科研，写论文　C. 继续攻读更高学位　D. 努力升职

E. 提高收入　F. 其他目标________（请注明）

在实际调查研究活动中，问卷主体中的两类问题是功能互补的。问卷设计者可以利用开放式问题进行初步的探索或小规模调查，也可以将开放式问题与封闭式问题结合起来，以便更全面地了解被调查者的有关信息。当然，两类问题在题量上应该协调。一般的要求是，封闭式问题可以多，而开放式问题应该少。在通常情况下，一个问卷中的开放式问题大概是 1 ~3 个。

[例 7] 您对“大学物理”课的教学评价是?

A. 优　B. 良　C. 一般　D. 较差　E. 很差

原因是：________________________。

(2) 特征性问题、事实性问题和主观性问题。特征性问题，即用来测量被调查者基本情况的问题。例如，“性别”“年龄”“文化程度”“婚姻状况”“月收入”“政治面貌”等。这些问题也被称为特征问题或背景资料，反映与一个人的社会特征相关的社会事实性资料，这部分问题在各种问卷调查中都是必不可少的。

事实性问题，也称为行为性问题，是用来测量被调查者过去发生的或现在进行的某些实际行为和有关事件的问题。例如，“请问你的第一份工作是通过什么方式获得的”“请问您大约多长时间会去父母家一次”“你参加过成人教育的学习（包括业余培训）吗”等。这类问题询问的是人们某一行为的历史、现状、程度、范围等方面的社会事实，通过对这类问题的考察，可促使研究者了解社会现象、社会事件或社会过程。这类问题是社会调查中的常见问题，相对较容易回答。

主观性问题，也称为态度性问题，是用来测量被调查者对某一事物的认识、意见、看法、态度、情感等主观因素的问题。例如，“您认为找一份好工作最主要依靠什么”“当前你在生活中感到的压力大小如何”“你觉得自己在朋友眼中的印象怎么样”“您认为一个家庭中最好有几个孩子”等。主观性问题是问卷中的一个重要部分，因为人们考察社会现象不仅是为了描绘它，更重要的是为了说明和解释它。

5. 被调查者的基本情况

被调查者的基本情况主要是指被调查者的一些主要特征，通常被放在问卷的最后。当被调查者是个人时，应包括个人的年龄、性别、文化程度、职业、收入等；当被调查者是企业的时候应包括企业名称、单位代码、行政区划代码、企业地址、企业规模、企业所在国民经济行业、企业登记注册类型、职工人数、销售收入等。

值得注意的是，这部分问题往往是被调查者比较敏感不愿意回答的问题。但这部分所列的项目恰好就是为了方便对调查资料进行分类和分析，因此，具体提问的项目应根据调查目的和资料分析的要求来定。

6. 编码

在较大规模的统计调查中，研究者常常采用以封闭式问题为主的问卷。为了将被调查者的回答转换成数字，以便输入计算机进行处理和定量分析，往往需要对回答结果进行编码。所谓编码，就是赋予每一个问题及其答案一个数字作为它的代码。

[例 1]

A1 您的性别：①男 ②女

A2 您的年龄：____周岁

A3 您的文化程度：①小学及以下 ②初中 ③高中或中专 ④大专以上

A4 您的职业属于下列哪一类：①生产运输工人和有关人员 ②商业人员 ③党政企事业单位负责人 ④服务业人员 ⑤党政企事业单位一般工作人员 ⑥个体经营人员 ⑦各类专业技术人员 ⑧离退休人员 ⑨其他职业人员（请写明）

A5 您的婚姻状况：①未婚 ②已婚 ③离异 ④丧偶 ⑤其他

A6 请问您有几个孩子？____个

上例中，问题的代码分别为 A1，A2，A3，…，A6，而每个问题中的每个答案也都被赋予一个阿拉伯数字作为代号，比如 A1 中，男性被赋予数字 1，而女性被赋予数字 2；A3 中的小学及以下文化程度被赋予数字 1，大专以上文化程度则被赋予数字 4，如此等等。

根据问卷中问题形式的不同，代码的赋予形式也略有不同。对于填空形式的问题，比如上例中的 A2 和 A6，问卷中没有标出具体答案，而是给被调查者留了一个空白位置，让其根据自己的情况，直接将数字填入空白位置。因此，我们就用回答者所填写的数字作为其回答答案的代码值。比如，甲回答年龄为 36 岁，他在空白中填下 36，这个数字就是他在 A2 这一问题所给予的答案的代码值。

对于多项选择问题（这是问卷中使用最多的一种问题形式），我们一般直接用 1、2、3、4、5 等数字作为问题答案的代码值。值得提醒的是，这些代码值虽然都是我们在算术中所使用的阿拉伯数字，但它们此时却不能作为数字来进行各种运算。它们此时仅仅作为各种不同答案类别的一个代号或一种记号。

编码既可以在问卷设计的同时就设计好，也可以等调查资料收集完成后再进行。前者称为预编码，后者称为后编码。在实际调查中，研究者大多采用预编码，因此，编码也就成了问卷中的一个部分。预编码除了给每个问题和答案分派数字以外，还会为调查后的资料转换和数据录入做一定的准备。即在问卷上设计好资料转换栏。资料转换栏一般放在问卷每一页的最右边，有时还可用一条竖线将它与问题及答案部分分开。

[例 2]

A. 您的年龄：________岁　　1—2

B. 您的性别：①男　　3

②女

C. 您的文化程度：①小学以下　　4

②初中

③高中或中专

④大专以上

D. 您每月的收入为多少？________元　　5—8

对于第一个问题来说，一般人们的年龄往往在 100 岁以内，故编码中给出两栏，序号为1～2（对于极个别大于99岁的人往往记为99岁）。第二、第三个问题都只可能选择一个答案，且答案数目小于10，故分别只给一栏。第四个问题的答案往往处于10000之内，故给四栏。

7. 结束语

结束语置于问卷的最后，有的问卷也可以省略。结束语要简短明了，用来简短地对被调查者的合作表示感谢：也可以设置开放题，征询被调查者的意见、感受以及其他补充说明等。例如，2006年由中国科学技术协会科技工作者状况调查课题组设计的《科技工作者状况调查问卷（2006）》的最后是这样写的：

我们的调查到此就结束了，对您的配合与支持我们表示衷心的感谢！

欢迎您就本次调查及其有关问题提出建议和进一步的看法。

8. 作业证明的记载

这个部分就是调查情况记录，一般包括调查员姓名、编号、访问时间等。如有必要，还需注明被调查者的姓名、单位、家庭住址电话等，以便审核和进一步追踪调查，是对问卷进行审核和分析的重要依据。需要面对面访问时的调查问卷在最后要设计以下内容：

完成情况：完成____，未完成（□不在家　□拒绝回答　□其他）

访问结束时间：____时____分，合计____分钟

访问员姓名：____对回答的评价：□可信，□基本可信，□不可信

审核员姓名：____对审核的意见：□合格，□基本合格，□不合格

录入员姓名：____对录入的看法：□完整，□基本完整，□不完整

三、问卷设计的过程

问卷设计是由一系列相关工作过程所构成的。为了使问卷具有科学性、艺术性和可行性等特点，需按照事先准备阶段、问卷设计阶段、事后检查阶段的程序进行。

（一）事先准备阶段

在正式动手设计问卷之前，研究者需要进行一定的准备工作。设计前的准备工作大体包括以下几个方面的内容：

1. 明确调查的总体目标

调查和研究的总体目标是问卷设计的出发点。整个问卷的设计工作都是为着达到这一总体目标而进行的。在这一工作中，问卷设计者应考虑下列一些问题：问卷的主要目标是什么？研究的假设和关键的变量是什么？根据假设和变量应寻求什么资料？希望以什么样的信息作为结果？研究的类型如何？是一般的描述性研究还是探讨特定变量间关系的解释性研究？研究的样本具有什么样的特征？根据研究的目的和样本的特征，应该采用哪种类型的问卷？问卷的使用方式如何？对于主办者身份、研究目的、调查的匿名性等内容应如何陈述？除了问卷方法外，还应采取哪些辅助方法以弥补问卷方法的不足？除了一般技术上的问题外，还有哪些价值的、伦理的、政治的、道德的、理论的问题需要考虑？等等。

这些与调查总体目标相关的问题中，有些可以从整个研究的设计中导出，比如研究假设、研究类型等，但更多的还需要问卷设计者在准备过程中逐一做出决定。只有在设计具体问题前对整个调查的总体目标有一个明确的认识，研究者才能在实际设计中做到心中有数、系统周密。

2. 了解调查对象的基本情况

无论是哪一种类型的问卷，它们的询问对象始终都是被调查者。因而，在设计问卷之前，最好对问卷所要面对的各种对象的基本情况有一些认识。特别是对有关被调查者总体的年龄结构、性别结构、文化程度分布、职业结构等社会特征方面的情况有一个大概的了解。如果可能，还可以对被调查对象所生活的社区，以及这种社区中人们的生活方式、风俗习惯、价值标准、社会心理等做一了解。这种认识和了解对于设计具体的问卷，特别是对问卷中问题的形式、提问的方式、所用的语言等有着极大的帮助。

3. 确定所需要的信息范围

一项具体的社会调查通常主要围绕着某种特定的问题，正是这种特定的问题决定了调查所需要的信息范围。研究者在动手设计问卷以前，应围绕研究的主题对相关文献进行必要的阅读，先列出所需资料的纲目，然后反复推敲每一条纲目。确定所需信息范围时所应遵循的总的原则是："先宽后窄，先松后紧。"即在问卷设计初期，先扩大相关问题的范围，尽量覆盖所测量概念或所调查主题的外延，即凡是与这一概念或主题相关的问题都写进来。到了问卷设计的后期，再严格地一一审查，删除那些不太相关的、有所重复的、多余的问题，只留下那些与研究者希望测量的概念或希望得到的信息密切相关的问题。

4. 确定问卷调查的具体形式

这是一项与整个调查的研究设计密切相关的工作。由于不同的问卷调查形式在问卷设计要求、问题表达方式、对被调查者的影响、资料收集的难易程度等诸多方面都有所不同，因而在设计具体问卷之前，应该对调查将采取的具体形式做出决定。只有当调查的具体形式确定下来，问卷的设计才能目标更明确，所设计的问卷也才能更适合调查实践的要求。当问卷的设计者不是一项调查的负责人或参与者，或者说他对该项调查应采取什么形式等并没有决定权时，他就应该在设计问卷之前，向调查的组织者详细了解该项调查的具体形式。

（二）问卷设计阶段

1. 探索性工作

探索性工作是整个调查研究从设计阶段走向资料收集阶段的过渡。一方面，它是所研究的问题经操作化后各种结果的承接者；另一方面，它又是整个资料收集阶段的开路先锋。这种探索性工作不能由其他人代劳，而必须由问卷设计者亲自去做。

在设计问卷中具体的问题和答案时，许多致命的含糊性回答以及不符合客观实际的回答常常潜伏在设计者难以察觉、未曾料到的地方。而探索性工作对防止这种现象的出现有着极大的帮助。因为如果问卷设计者提出的问题是含糊的或者太抽象，那么，问卷设计者同被调查者的交谈必然受到阻碍。被调查者要么会提出疑问，要么会形成文不对题的回答。当遇到这种情况时，研究者一方面要考虑被调查者的背景（如年龄、职业、文化程度、民族等），排除被调查者方面的原因；另一方面则要对自己的提问方式以及所提的问题进行分析，不断改进问题的提法。

这种探索问题提法、探索答案类型的工作，可以按不同的内容、不同的变量，分成若干个部分进行，在每一部分中集中完成一个方面的问题。待设计者对每一部分的问题提法、答案类型等都“心中有数”时，正式动手设计问卷自然就会“水到渠成”了。

2. 设计问卷初稿

经过了探索性工作以后，问卷设计者的头脑中已有了对研究所涉及的主要问题及答案的基本印象和认识。这时的问题是，如何把这些零散的“部件”组装成一份合适的问卷。这里既涉及各种问题的具体表述、答案的安排等方面的内容，也涉及各种问题的前后顺序、整个问卷的逻辑结构、对被调查者的心理影响、是否便于被调查者回答等多方面因素。因此，需要一种尽可能统筹兼顾的眼光和具体办法。

20 世纪 80 年代以前计算机还没普及，研究者设计问卷初稿时往往采取以下两种具体的方法：一是卡片法，二是框图法。现在有了计算机的帮助，设计问卷的工作就变得更加方便了。所有工作都可以在计算机上利用相关软件来完成，我们可以按以下方法来进行问卷设计：

第一步，根据研究目标、假设和概念框架，列出所需资料的各大部分的标题和内容，并初步安排好各个方面的前后顺序结构。

第二步，在每一个大的部分中，根据探索性工作中所得到的各种具体问题及其答案，尽可能详细地设计出这一部分的各种调查问题。

第三步，在完成每一个大的部分的具体问题设计后，逐一对每一个大的部分中问题的前后顺序进行安排，并兼顾不同的大的部分之间问题的衔接。

第四步，从问卷整体的长度以及便于回答、减少心理压力等方面，从头至尾对问卷中的每一个问题进行检查、增删和调整。

第五步，将修改和调整好的问卷按正式调查问卷的格式编排和打印出来，并加上封面信、指导语、编码等内容，形成问卷初稿。

（三）事后检查阶段

1. 试用与修改

当我们设计好问卷初稿后，还不能马上用于正式调查。在用于正式调查之前，必须对它进行试用和修改。试用这一步至关重要，时间再紧也不能不做。

（1）试用的意义。缺乏经验的研究者往往意识不到试用对于问卷设计和问卷调查的特殊意义。在问卷调查中，问卷一旦发出，就难以进行更改，一切失误难以弥补。问卷调查与实地研究中进行的访问有所不同。在实地研究进行访问时，我们开始可能会遗漏一些问题，或者会提出一些抽象的、含糊的、不清楚的、不恰当的问题。然而，一旦我们意识到这些问题，就可以立即在后来的访问中加以改进或弥补。

（2）试用的方法。试用的具体方法有两种。一种可称为客观检查法。它是将设计好的问卷初稿打印 20～50 份（大型调查可适当增加），然后从正式调查的总体中（或与正式调查的总体相似的总体中）任意地选择一部分个案（即根据方便采用非随机的方式抽取一些样本），按正式调查的要求和方式进行调查（即进行试用）。由于调查的对象、方式以及所用的问卷等都与正式调查相同，所以，在正式调查中将会出现的问题，绝大部分都会在试用中出现。它主要包括收回问卷后的检查和分析工作，检查回答不全、填答错误、回答无变化三个方面的情况。

还有一种主观评价法。它不用抽取一个小样本进行问卷调查的预演，而是直接依靠人们对问卷本身结构、问题、答案等的主观评价。其具体做法是：在问卷初稿设计好以后，可复印若干份（5～20 份），分别送给该研究领域的专家、学者、研究者的同行、实际调研部门的研究人员以及典型的被调查者等，请他们从各自不同的角度和不同的背景，对问卷的各个方面及整个问卷的设计工作进行评论（并非所有的意见和评论都正确，也并非每一条建议都要采纳）。

（3）问卷的修改。问卷的修改工作实际上贯穿于整个设计过程的始终，除了设计初稿时经常性的修改以及结合问卷的试用结果所做的修改外，还应该对整个问卷从头到尾再审核和修改一遍。此时的审核和修改主要集中在两个大的方面：一是整体结构和问题顺序，二是删除不必要的问题。

2. 制成正式问卷

问卷经过调整之后，就可以进入最后的印制阶段。问卷的设计还包括问卷的打印格式、编排形式等方面的设计问题。这些问题虽然只涉及问卷的形式，但若不注意，有时也会给问卷调查带来影响。

在问卷的打印方面我们应注意以下几个问题：

（1）用不同字体将问题和答案区分开。为了使问卷更为清楚、醒目，更便于被调查者阅读和填答，最好能用不同的字体将问卷中的问题和答案区分开。比如说问题用黑体，答案用宋体或楷体。当然，我们也可以采用加大问题与问题之间版面距离的方式来达到同样的目的，只不过那样做所换来的将是整个问卷篇幅的增加。在结构式访问所用的问卷中，这样做的结果对调查的影响不大，但在自填式问卷中最好不要这样做，以免加重被调查者的畏难心理。

（2）确定问卷中字号的大小。与问卷中所用字体类别相联系的另一个问题是问卷打印时所用字体的大小。这一问题也与所设计的问卷是自填式还是访问式有关。一般的原则是，在自填式问卷中字号不能太大，以免加大整个问卷的篇幅。比较常见的字号是五号字，或者稍大一点，用小四号字；而在访问式问卷中，字号大一点则没有太大关系，有时甚至大一些更好，因为访问员需要一边询问、一边记录，需要一边看问卷、一边同被调查者保持目光的接触和交流。字号大一些更利于调查员迅速、准确地阅读问题和记录答案，因而常见的字号是四号字。

(3) 尽可能根据问题内容将问卷分为几部分并列出小标题。一份问卷中通常会包含几十个、上百个问题。这些问题中的绝大部分虽然都是围绕着共同的调查内容，但仍然可以将它们细分为若干个既相联系、又有明显不同的部分。每一部分分别列出简明扼要的小标题的好处是，无论是访问员还是被调查者，都会从小标题中得到某种暗示，自然地从心理上做好不同内容之间的转换和回答新方面问题的准备。同时它也可以使问卷的设计者对问卷内容及其结构更加明确，在对问卷资料进行统计分析时也会更加方便。

(4) 将问题和答案打印在同一页中。在问卷打印中常常会出现这样一种情况：由于页面大小的限制，某一个问题和它的一部分答案会与它的另一部分答案“被迫”分开，即它们被分别排列在问卷中的两个不同页面上。比如，某一个问题共有 6 个答案，分两行排列。印刷问卷时，其中的前 3 个答案正好排到了一页的最下端，另外 3 个答案就只好被排在了下一页的最上端。在设计和打印时，这种情况要尽量避免。

(5) 注意选择题答案的打印方式。多项选择题的答案数目较多，在问卷中通常不能将它们全部排在一行。那么，当答案数目较多时，应如何排列呢？我们可以将答案分成 2 行，也可以每个答案占一行，等等。

(6) 认真校对，避免印刷错误。在问卷打印过程中，要认真进行校对工作。除了一般的校对要求外，还要特别注意这样两个方面：一是看有没有遗漏掉问题；二是要注意问卷中的数字，特别是答案的编码。

第三节 问卷主体的设计

问卷的设计水平，主要体现在问卷主体的设计上，它对于问卷调查的成败具有关键性作用。问卷的主体主要包括两个部分：询问的问题和回答的方式。

一、问题的种类和结构

调查所要询问的问题，是问卷的主要内容。要科学设计调查问卷，必须弄清楚问题的种类和结构等问题。

1. 问题的种类

问卷中的问题主要有开放式问题与封闭式问题两种形式。事实上，这只是一种按照形式划分问题类型的结果。依照问题涉及的内容及功能，问卷中要询问的问题主要有四种：

(1) 背景性问题。这类问题主要用于询问调查对象的基本情况。例如，调查对象如果是个人，性别、年龄、民族、籍贯、出生地、文化程度、政治面貌、婚姻状况、职业、工作经历、家庭情况等就属于个人的基本情况；调查对象如果是单位，单位的性质、行政隶属关系、行业、规模、主要经营业务等就属于单位的基本情况。

（2）客观性问题。这类问题主要涉及调查对象的客观情况或行为特征。例如："你是哪个学校的毕业生""你是哪年哪月参加工作的""你从事何种职业""您闲暇时间经常参加哪些活动""您是否经常收看社会类电视节目""您是否出国学习过""你首次去上海是几年以前的事""您所在的企业已否建立有失业保障制度"等。

（3）主观性问题。这类问题主要涉及调查对象的主观看法或心理感受。例如："你平时最喜欢从事哪些活动""您最愿意去游览的国内城市是哪一个""您认为银行提息的总体效果如何""您对民间社会组织的服务是否满意""您对购物回扣现象有何看法""您对本市建设卫生城市是否支持""你觉得你所在的城市是否够得上全国文明城市"等。

（4）控制性问题。即在问卷中设计的一种用来控制或检验被调查者填答信息真实性的问题。例如，研究者先向被调查者提出一个问题："你是否去上海出差过？"隔了一些问题后又提出一个问题："你们家里是否有人去上海出差过？"如果被调查者在前一问题中回答"出差过"，而在后一问题中又回答"从没有人出差过"，那么他填答信息的真实性便值得怀疑。

上述四类问题是否需要须根据具体调查研究目的确定。在调查问卷中，背景问题通常必不可少，而后三类问题则可根据调查研究课题的目的和要求具体选择和安排。

2. 问题的结构

问题的结构，就是问题的排列组合方式。为了便于受调查者回答问题，也为了便于调查者整理、分析调查资料，设计的问题一般可采取以下几种排列组合方式：

（1）基于性质或类别排列。把相同性质或类别的问题安排在一起。例如，把背景方面的问题放在问卷前面或后面，把经济方面的问题、生活方面的问题、家庭方面的问题等都相对集中地放在一起。这样，就便于受调查者按照问题类别先回答一类问题，再回答另一类问题，而不至于回答问题的思路经常中断和来回跳动。

（2）基于时间顺序排列。根据调查事物的过去、现在、将来的时间顺序排列问题，也可以反过来，先问当前的有关问题，然后再由近及远地追溯过去的情况。但是，无论是由远到近还是由近及远，问题的排列在时间顺序上都应该有连续性、渐进性，而不应该来回跳跃，以免打乱受调查者回答问题的思路。

（3）基于复杂程度或敏感程度排列。应该先易后难，由浅入深；先客观事实方面的问题，后主观状况方面的问题；先一般性问题，后特殊性问题。特别是敏感性强、威胁性大的问题，一般应安排在问卷后面。这样，有利于增强受调查者回答问题的信心，有利于把回答逐步引向深入，而不至于一开始就把受访者难住，使之产生排斥情绪。

总之，问题的排列一般应该有逻辑性，但在特殊情况下，也不排除对某些问题作非逻辑安排。例如，许多人在回答生产或收入情况时，往往有"不断增加"的回答定势。为了打破这种回答定势，就可以把有关问题的时间顺序颠倒一下，或分别安排在问卷的不同部分询问。此外，检验性问题也应分别设计在问卷的不同部位，否则就难以起到检验的作用。

二、表述问题的要求

在进行问卷调查时，受调查者只能根据书面问卷来理解问题和回答问题，因此，问题的表述就成为问卷设计的重点和难点。

1. 相关性

问卷的问题必须围绕假设进行设计。一份科学的问卷，设置问题的数量应不多也不少，恰好满足检验假设的要求。要做到这一点，设计者对问卷的设计应当有一个总体框架，对每一个问题所起的作用应十分清楚，对理论假设需要哪些指标来测量，也应十分明确。初次进行问卷设计的人，随意设题的现象比较普遍，即想到什么问题就列什么问题，很少考虑所列问题对检验理论假设、回答研究项目有多大作用，其结果必然导致一些问题重复浪费，而另一些需要提出的问题却没能列出。

2. 具体性

问题应具体、明确，不能提抽象的、笼统的问题。如："社会对大学生社会实践活动的评价如何?"由于"社会"这一概念太抽象、笼统，因此，对这一问题就很难回答。又如："您对所在单位近年来情况的感觉是：几乎没有变化、变化不大、变化较大、变化很大。"在这一问题中，没有说明是单位哪方面的情况，是生产情况，还是职工收入情况或是其他什么情况。表达得不明确，对这一问题就很难回答。

3. 准确性

准确性是指表述问题的语言要准确，不要使用模棱两可、含混不清或容易产生歧义的语言或概念。例如，应该避免使用"也许""好像""可能"这些模棱两可的词语；对"经常""有时""偶尔"这些含混不清的词语应作具体说明，如"经常"指每周一次或更多，"有时"指每月一至两次，"偶尔"指每季一次或更少等。对于"先进企业""落后单位""收入"这些容易产生歧义的概念，都应该设计出明确的操作定义。

4. 简明性

问题的陈述要尽可能简短。问题的陈述越长，就越容易产生含糊不清的地方，回答者的理解就越有可能不一致；而问题越短小，产生这种含糊不清的可能性就越小。有的社会学家提出，短问题是最好的问题。因此我们在陈述问题时，最好不要用长句子，要使问题尽可能清晰、简短，使回答者能很快看完，一看就明白。那种罗嗦的、繁杂的问题只会引起被调查者的反感，从而影响调查的顺利进行。

5. 单一性

要避免提复合性问题。在一个问题中，不能同时提问两件或两件以上事情。如："您喜欢看电影、电视、报纸吗?"对这个问题，如果被调查者只对其中一项感兴趣，对另两项不感兴趣，这个问题就很难回答。又如，"您父母的职业____"，这也是一个不好填答的复合性问题。

6. 通俗性

问题必须适合被调查者的特点，尽量做到通俗易懂。要根据不同的对象，使用他们熟悉的大众化语言，不要使用被调查者陌生的概念。例如，某单位设计了一份关于我国农民基本状况的调查问卷，当问卷拿到南方农村调查时，发现所提的某些问题与当地的实际情况不相符。例如，对“自有大车的数量”一项，许多南方农民就不懂“大车”的含义；对“贸易货栈”一问，南方农民也很生疏，他们熟悉的是“集贸市场”这一说法。另外，问题中也不要使用深奥的、过于专业化的术语，如“你家今年的经济效益如何？”“你家有几位劳动力年龄人口？”等等。

7. 客观性

提问要避免带有倾向性和诱导性。在问句设计中，所提问题应持中立的立场，尽量避免对回答者产生暗示和诱导作用。例如有这样两个问句：“绝大多数人认为××领导工作抓得好。你认为如何？”“医生认为多吃糖对身体没有好处，你是否同意？”这两个问句都带有一定的倾向性，应改为：“一部分人认为××领导工作抓得好；另一部分人认为××领导工作抓得不好。你认为如何？”“有的人认为多吃糖对身体没有好处，而另一些人认为多吃糖对身体有好处。你认为如何？”

8. 非否定性

不要用否定形式提问。在日常生活中，除了某些特殊情况外，人们往往习惯于肯定形式的提问，而不习惯于否定形式的提问。比如说，习惯于“您是否赞成物价进行改革？”而不习惯于“您是否赞成物价不进行改革？”当以否定形式提出问题时，由于人们不习惯，因而许多人常常容易漏掉问题中的“不”字，并在这种理解的基础上来进行回答，这样就恰恰与他们的意愿相反了。而这种误答的情形在问卷结果中常常又难以发现。因此，在问卷设计中不要使用否定式提问。

9. 非敏感性

当问及某些个人隐私或人们对顶头上司的看法这样一些问题时，人们往往具有一种本能的自我防卫心理。因此，如果直接提问，通常会引起很高的拒答率。所以对这些问题最好采取间接询问的形式，并且语言要特别委婉。例如：“您家有多少存款？”“您离过婚吗？”“您信仰何种宗教？”等等。

三、回答的类型和方法

（一）开放型回答

开放式问题有很多的设计方法，主要有以下几种：

1. 自由回答法

自由回答法又称无限制回答法，是指设计问题时不设计备选答案，要求被调查者根据问题用文字形式自由表述。例如：

您对时下社会上流行使用网络用语的现象有什么看法？

您认为××牙膏的主要优点是什么？

这类问题可以直接了解被调查者的态度和观点，回答不拘形式，可获得深层次的意见，而且在设计的时候不受限制，比较容易。但是，自由回答法不适合所有的人，因为在有限的时间里，有些被调查者不愿对问题做过多的思考，有此调查者不知道如何回答，他们都会放弃作答此类问题或者提供虚假答案。另外，这种答案统计起来比较困难。

2. 词语联想法

词语联想法就是将按照调查目的选择的一组字词展示给被调查者，并要求他们立即回答所想到的是什么。在立即反应下可以获得与“刺激词汇”相对应的联想。常用的设计方式如下：

（1）自由联想法，是指不限制联想性质和范围的方法，回答者可充分发挥其想象力。例如，看到“酒”你联想到什么？被调查者的回答可能“豪爽”“醉”“浓烈”“暴力”等。这从不同侧面反映了酒的特点，可为改进工艺和市场定位提供有关信息。

（2）控制联想法，是指把联想控制在一定范围内的方法。例如，看到“电视”会联想到什么食品？被调查者可能回答自己看电视广告中出现的食品，也有可能是看电视时消费的食品。有的兼而有之，有的则什么都不是。

（3）提示联想法，是指在提出刺激词语的同时，也提供相关联想词语的一种方法。例如，下例所给出的联想提示带有导向性，将联想往自行车功能方向引导，被调查者的思维也由此向这方面集中：

［例］看到“自行车”你会想到什么？请在下面词语中挑选答案。

共享单车　代步　健身娱乐　载物　运动　其他______

词语联想法是一种最大限度地开发被调查者内心隐藏信息的资料收集方式，常用来比较、评价和测试品牌名称、品牌形象、广告用语、消费者动机和偏好等调查。在使用词语联想法的时候，主要通过分析被调查者的词语反应时间来得出结论。被调查者回答问题越快，说明被调查者对这个词语印象越深刻，越能反映其态度；反之亦然。

3. 回忆法

这种方法常用于调查被调查者对品牌名、企业名、广告等的印象强烈程度、记忆程度而使用的一种设计问题的方法。例如：

［例］请说出您所知道的口香糖牌子：________。

运用这种方法，可以比较广告活动前后消费者对品牌的回忆差异，以反映广告效果。但是，使用这种方法的时候要注意计算不同回忆次序和次数的比值，以分析被调查者的回忆强度，还要根据各个项目的回忆量和总回忆量的比值，来分析被调查者对各种品牌的印象深浅程度。

4. 问句完成法

问句完成法是将问题设计成不完整的句子，请被调查者补充完成。例如：

［例］当您感冒的时候，最先吃的是______。

与词语联想法相比，问句完成法不用强调被调查者回答问题的时间，由于完成的是句子，调查结果也比较容易分析。因此，常用于调查消费者对某种事物的态度或感受。为了减少被调查者回答问题时的顾虑，设计此类问题的时候应避免使用第一或第二人称。

5. 故事构建法

这种方法是由调查者向被调查者提供只有开头或只有结尾的不完整文章，请被调查者按照自己的意愿将其补充完整，使之成为完整的故事。通过这样的方式，调查者可以分析被调查者的隐秘动机。例如：

［例］

丽丽："前天，我在新世界百货看到一件衣服，款式真漂亮，质量也好，就是太贵了！"

我："你买了吗？"

丽丽："太贵了！我没买。所以说，价格贵的东西都不好卖，再好的质量、款式也没用。"

这个时候，"我"会说什么？

请被调查者以"我"的身份完成对话。

6. 卡通测试法

这种方法是按照调查目的设计出两个人物对话的卡通图画，其中一个人说出一句话，由被调查者以另一个人的身份完成图中的对话，从而了解被调查者的想法。为了使被调查者易于了解和接受调查，设计卡通画的时候要注意整个问卷的主题是文字而不是图画，因此，图画内容尽量不要对语言反映有影响，图画人物表情要中立，保持客观。

7. 主题视觉测试法

这种方法是通过向被调查者出示一组漫画或图片，要求被调查者根据自己的理解描述漫画或图片的内容，或者编造一个故事，从中探询被调查者的态度或愿望的一种方法。

（二）封闭式回答

1. 填空式

填空式即在问题后设置一条短横线，让回答者直接在空白处填写的问题形式。填空式一般用于那些对被调查者来说既容易回答又容易填写，通常只需填写数字的调查问题，例如：

［例1］请问您的年龄？______岁

［例2］请问您的家里有几代人？______代

［例3］请问您从家里步行到最近的超市需要多长时间？______分钟

2. 列举式

列举式即在问题后面不提供具体答案，而只提供回答的方式，要求被调查者根据实际情况自己列举若干答案的问题形式。之所以用这种问题形式，常常是由于问题答案的类别过多，如果将全部答案具体列出，不仅占据问卷的篇幅，而且容易漏掉其中一些条件，不如采用列举式，让被调查者自己填答。例如，询问大学生的择偶标准，可能涉及外表、收入、职业、文化、健康、家庭背景、性格等主客观条件，若再将答案具体化，可能有几十条，因而可以采用列举式来提问。例如：

［例］请问您找男（女）朋友时最看重的两个条件是什么？

条件一：________　　　　条件二：________

需要指出的是，列举式问题应该属于开放式问题中的一种，但列举式问题的答案常常十分简单，只需要填答词语或短句即可。虽然列举式问题没有给被调查者准备供选答案，但它所要求的回答往往是简单明了、可以预测的。因此，可以对其答案进行后编码，并进行定量的统计分析。

3. 二项选择式

二项选择式即给出的答案只有肯定形式和否定形式两种的问题形式，被调查者根据自己的情况选择其一。这种形式的问题有两种不同的情况：一种是问题所能列举的答案本身就只有两种可能的类别；另一种是在询问人们的行为、态度、看法时进行两极区分。例如：

［例 1］请问您的性别是？

A. 男　　B. 女

［例 2］您现在是否有贷款？

A. 是　　B. 否

［例 3］您对现在的生活是否满意？

A. 满意　　B. 不满意

［例 4］您是否赞成“各人自扫门前雪”的观点？

A. 赞成　　B. 不赞成

二项选择式这种问题形式在民意测验、市场调查中使用得较多。因为它的答案简单明确，可以严格地把被调查者划分为立场截然不同的两类群体，便于从总体上了解被调查者的行为、立场和态度。但是它也有缺点，即信息量较少，现实中人们的分化往往并非如此界限分明，因而这种将答案进行两极划分的类型不能很好地体现人们在行为、态度、看法等方面的层次区别，并且常会使原本处于中立状态的被调查者被迫地倾向于某一方。

4. 多项选择法

多项选择法是指提出问题有两个以上的答案，被调查者可选择其中一项或多项作为答案。这些问题可以使被调查者完全表达要求、意愿，还可以根据多项选择答案的统计结果，得出各项答案重要性的差异。

［例 1］您买平衡车是因为（　　）。

A. 经济条件允许　　B. 自己骑着玩、个人娱乐

C. 送给朋友　　D. 上下班骑，代步工具

E. 气派，赶时髦　　F. 周围邻居或熟人有用的

G. 益智运动，开发智力，协调身体　　H. 培养自信，成为人群中的焦点

I. 其他（具体写出）

多项选择法也是问卷中采用最多的一种问题形式，设计的具体类型一般包括三种：

第一种，单项选择类型，是指要求被调查者对所给出的多项答案只选择其中的一项。

［例 2］您的年龄是（　　）。

A. 25 岁以下　　B. 25 ~ 45 岁

C. 46 ~ 60 岁　　D. 60 岁以上

第二种，多项选择类型，是指让被调查者按照自己的实际情况选择合适的答案，数量不限。

［例 3］您从（　　）了解到《瑞丽》杂志？

A. 广播电视宣传　　B. 报刊广告　　C. 地铁广告　　D. 车身广告

E. 户外广告　　F. 互联网　　G. 销售网点（报刊亭、书店、便利店、超市等）

H. 休闲场所　　I. 邮局　　J. 其他

［例 4］您家有哪些家用电器？

A. 手机通信　　B. 电脑办公产品　　C. 摄影摄像类　　D. 电视

E. 家庭影院　　F. 冰箱　　G. 洗衣机　　H. 空调

I. 厨房小家电　　J. 燃气灶具　　K. 电热水器　　L. 吸尘器（包括扫地机器人）

M. 洗护健康类（包括剃须刀、美容仪等）　　N. 空气净化器

第三种，限制选择类型，是指要求被调查者在所给出的多项答案中，选择自己认为合适的答案，但数量要受到一定的限制。

［例 5］您认为公务员职业受欢迎的主要原因是什么？（限选 3 项）

A. 收入稳定　　B. 地位高　　C. 受尊敬　　D. 权力大

E. 福利好　　F. 其他（请注明）________

［例 6］请问您生育孩子的主要动机是什么？（限选 4 项）

A. 传宗接代　　B. 养儿防老　　C. 增加劳动力　　D. 扩大家族势力

E. 稳定家庭　　F. 情感需求　　G. 其他（请注明）________

5. 排序式

排序式是指问题答案涉及一定顺序或轻重缓急时，要求被调查者对所列举出的答案进行排序。

［例 1］您认为您所居住的城市目前存在哪些问题（请按照严重程度进行排序，将序号填写在横线上）。

A. 交通拥挤　　B. 空气污染　　C. 治安较差　　D. 规划管理落后

F. 居民素质不高

［例 2］当前您在农业生产中经常遇到哪些困难？（请按困难程度给下列问题编号，困难最大的为 1，最小的为 10）

□资金不足　　□缺乏技术　　□耕地太少
□农业生产资料涨价　　□青壮年劳力不足　　□农产品难卖
□水源不足　　□信息闭塞　　□自然灾害频繁
□其他（请说明）

6. 等级式

等级式即列出不同等级的答案，由受调查者根据自己的意见或感受选择不同等级的回答方式。

［例1］您对您所在社区的社会治安工作是否满意？（请按您的感受在适当的横线上打“√”）

（1）很满意__________　（2）比较满意__________　（3）无所谓__________
（4）不满意__________　（5）很不满意__________　（6）不知道__________

［例2］您是否赞成目前正在进行的医疗改革？（请按照您的看法在下列适当的括号内画“O”）

（1）非常赞成（　）　（2）赞成（　）　（3）中立（　）
（4）反对（　）　（5）坚决反对（　）　（6）拿不定主意（　）

常用的表示等级的词语还有：非常喜欢，比较喜欢，无所谓，讨厌，非常讨厌；完全同意，同意，中立，不同意，坚决不同意，无可奉告；经常，有时，偶尔，没有，不适用；很好，可以，不好，很差，无所谓，等等。此外，还可以用数字来表示等级。

［例3］

赞成	□	□	□	□	□	不赞成
同意	□	□	□	□	□	不同意
满意	□	□	□	□	□	不满意
高兴	□	□	□	□	□	不高兴
喜欢	□	□	□	□	□	不喜欢
	2	1	0	-1	-2	
或者：	5	4	3	2	1	

其中，“2”表示非常赞成，“1”表示一般赞成，“0”表示无所谓、不知道或不适用，“-1”表示不赞成，“-2”表示坚决反对；或者以“5”“4”“3”“2”“1”表示赞成、同意、满意、高兴、喜欢的等级。填答者只需在适合的方格内打“√”就行了。

这种回答方式，适用于要表示意见、态度、情感的等级或强烈程度的定序问题。

7. 矩阵式

矩阵式即将类型相同的若干个问题集中在一起排列，形成一种矩阵式的答题格式。

［例1］您觉得本社区的集市下列现象情况如何？（请在相应方格中打√）

	很严重	比较严重	不太严重	不严重	不知道
①销售假货	□	□	□	□	□
②短斤少两	□	□	□	□	□

③ 以次充好　□　□　□　□　□

④ 偷税漏税　□　□　□　□　□

这种矩阵式的优点是节省问卷的篇幅，同时由于同类问题集中在一起，回答方式也相同，因此也节省了回答者阅读和填写的时间。但要注意的是，一定要对这样的问题给出专门的填写说明或填答指导，以免有的回答者不会填写。

8. 表格式

这种方法是采用表格的方式将答案描述出来。这种方式实际上是矩阵式的变化，即矩阵式的答案也可用表格表示出来。例如，上面用矩阵式表示的问题也可用表格表示，见下例（见表 9－2）。

表 9－2　　您觉得本社区的集市下列现象情况如何？（请在相应方格中打√）

	很严重	比较严重	不太严重	不严重	不知道
①销售假货					
②短斤少两					
③以次充好					
④偷税漏税					

9. 相倚式

相倚式即前后两个或多个问题联系在一起，前一问题的回答结果会影响下一步的填答行为。人们通常把前一问题称为筛选性问题或过滤性问题，把后一问题称为相倚问题。这种表述答案的方式就是相倚式。

［例 1］ 您是否参加过失业保险？

① 参加过（请问最早是在哪一年参加的？ ______年）

② 没有参加过

［例 2］ 您是专业社工吗？

① 是

② 不是（请跳过 3～5 题，直接从第 6 题开始继续填答）

在例 1 中，前后两个问题明显相倚。而在例 2 中，题 3 至题 5 均是涉及专业社工的有关情况，显然非专业社工被调查者就要跳过这些问题继续答题。这种相倚方式在问卷调查中也是一种有效的控制手段。

答案设计除了必须重视答案形式的设计外，答案内容的设计也很重要。答案内容的设计需要特别重视的是答案内容的完备性与互斥性。完备性，是指备选答案要包括各种可能的情况，不能出现遗漏；互斥性，则是指备选答案之间内容不能重叠或交叉，以免填答者无所适从和统计分析错漏百出。

第四节　问卷调查的实施

与访谈调查相比较，问卷调查的实施有许多不同的特点，特别是要努力提高问卷的回复率，搞好对无回答和无效回答的研究，等等。

一、问卷调查的实施程序

问卷调查的实施程序是：设计调查问卷→选择调查对象→分发问卷或开展调查→回收问卷和审查问卷→对问卷调查结果进行统计分析和理论研究。

设计调查问卷，一般要经历三个步骤：事先准备阶段、问卷设计阶段、事后检查阶段。

问卷调查的对象，可用抽样方法选择，也可把有限范围内（如一个车间、一个村组、一个班级、一个居委会）的全部成员作为调查对象。问卷调查的回复率和有效率一般不可能达到100％。因此确定的调查对象应该多于研究对象。

分发问卷有多种方式，可随报刊投递，可通过邮局（快递公司）寄送，可用网络发布，可派人送发，可安排访问员通过电话访问，也可登门访问。在后三种情况下，应认真做好调查员的培训和督导工作，调查员应向调查对象做些口头说明，这将有利于提高问卷的回收率和有效率。

回收问卷是问卷调查的重要环节。实践证明，访问问卷调查和送发问卷调查回收率较高，电话问卷调查的回收率不稳定，邮政（快递）问卷调查、报刊问卷调查的初始回复率较低。因此，邮政（快递）问卷调查、报刊问卷调查在规定回复时间后，应每隔1周左右向调查对象发出1次提示通知或催复信件（每次内容应有所区别）。经过1～3次提示或催复，一般就可使回复率达到一定的也是可能的高度。

审查问卷也非常重要。在回收的问卷中，总会有一些不合格的无效问卷，如果不经审查就直接录入、做统计分析，很可能会被迫中途返工或降低调查质量。因此，对回收的每一份问卷都进行严格审查，是问卷调查不可缺少的环节。只有坚决淘汰一切不合格的无效问卷，把调查数据的整理加工建立在有效问卷的基础上，才能保证调查结论的可靠性和科学性。

二、做好调查员的培训和督导工作

调查员是研究者与调查对象联系的中间环节，调查员的素质和工作状况，对调查工作成败、调查质量高低往往起决定性作用。因此，认真做好调查员的培训和督导工作，是搞好这类问卷调查的重要环节。

1. 培训必须求实

目前，担任调查员的主要是大、中专院校的学生和行政、企业、事业单位的基层工作人员。这两类调查员各有特点：前者文化水平较高，求知欲望较强，在有报酬的情况下调查热情也较高，但是，他们比较缺乏社会知识和人际交往经验，在问卷调查过程中往往是照本宣科提问题、按照回答做记录。因此，对这类调查员的培训，应着重提高三种能力，即把问卷书面语言转换成口头语言的能力，对调查对象回答是否真实、全面、准确的判断能力，以及在调查对象不太合作的情况下进行应对和处置的能力。后者社会知识和人际交往经验较多，责任感一般较强，但是，文化水平参差不齐，求知欲望有高有低，在问卷调查过程中往往不严格按照问卷要求询问问题，甚至根据自己的判断填答问卷。因此，对这类调查员的培训，应着重提高三种认识，即对研究课题重要性的认识、对问卷设计指导思想和具体要求的认识、对如实记录调查对象的回答这一要求的认识。

2. 指导必须具体

在访问问卷调查的不同阶段，指导重点应有所不同：初期应注重实战训练，搞好质量控制；中期应加强薄弱环节，促进平衡发展；后期应严格检查质量，就地补充调查。此外，还应指导解决好几个带共性的具体问题：首先，要用好“开头语”。必须从调查对象的实际情况出发，怎样有利于说明“开头语”的基本要点，就用什么样的方法，而不应强求一律。其次，要善于提出问题。关键是要把书面语言恰当地转换为口头语言，而不应按照问卷的书面语言照本宣科地提出问题。再次，要正确判断回答。对于调查对象的回答，可通过观察验证的应该当即观察验证（如住宅面积、结构，以及耐用消费品，等等），不能观察验证的则应思考是否真实、全面、准确。凡是有疑问的，应适时引导或追询。最后，要如实做好记录。问卷的全部内容，包括问卷末尾的“访问结束时间”、访问员“对回答的评价”，都应该当场填写，不然时过境迁就忘记了。

3. 监督必须有效

在访问问卷调查中，要实施两种监督：一是对调查过程的监督，即在调查现场监督调查员是否按照规定程序开展调查工作，凡不符合规定程序的做法，如调查员未按规定到达调查场所、不按抽样样本入户调查、入户后不按规定抽取回答人，等等，都应及时发现、及时纠正。二是对调查问卷的监督，一般可分为调查员自查，调查组成员互查，调查组组长、分队长或指派专人抽查三种方法。对问卷的监督检查，一般应在调查当地进行，这样有利于就地发现问题、就地解决问题。在电话问卷调查中，主要有两种监督方法：一是电话回访，即由调查组织者或指派专人按照抽样调查的电话号码回访调查对象，检查有关调查问卷填写的若干内容是否确系调查对象的回答，是否与调查对象的再次回答一致。如果确系调查对象的回答，而且两次回答一致，则认定调查可靠。如果确系调查对象的回答，但两次回答不一致，则应弄清楚不一致的原因，并及时纠正。如果不是调查对象的回答，而是调查员的任意填写，则应重新调查并对调查员做出严肃处理。二是在计算机辅助电话访问中，充分发挥督导员的作用，通过起监视作用的计算机及时发现和解决访问过程中的问题。

三、研究好无回答和无效回答

问卷调查总会出现无回答和无效回答的情况，对这两种情况都不能轻易放过，而应进行认真研究。因为：首先，它是正确评价调查结果的需要。只有弄清了无回答和无效回答的调查对象的具体情况，才能正确说明调查结论的代表性和有效范围。其次，它是总结和改进调查工作的需要。无回答和无效回答有调查对象方面的原因，但主要原因在调查者方面。因此，弄清无回答和无效回答的原因，有利于总结经验、吸取教训，改进调查工作。

对于无回答的研究，不同调查方式应采取不同方法。对于电话问卷调查、访问问卷调查的无回答现象，应当即弄清楚无回答原因。送发问卷调查一般是通过有关机构下发问卷的，因此，在回收问卷时就应通过有关机构了解无回答者的情况和原因。报刊问卷调查和邮政（快递）问卷调查的无回答研究比较困难，因为回答的问卷一般是无记名的，很难弄清回答者和无回答者究竟是谁。但也不是毫无办法，例如，报刊问卷调查可根据回复问卷的邮戳，弄清哪些地区回复率高，哪些地区回复率低，然后派人到回复率低的地区去有重点地访问报刊订户，当面询问他们的回复情况和原因。邮政（快递）问卷调查的无回答研究，除上述办法外，还可在寄发问卷的同时附上回寄问卷的信封（或将问卷印在信封的里页），并在信封上编号。这样，根据回寄信封的情况就能判明无回答的具体对象，然后再对他们进行无回答原因研究。总之，无回答研究是困难的，但也不是毫无办法。只要想方设法去做，总是会弄清楚某些情况的。

对于无效回答的研究，应以被淘汰的无效问卷、无效答案为依据。要研究无效回答的类型、频率和原因，看看哪些是个别问题，哪些是共性问题。一般来说，凡属带共性的问题都与问卷设计有关，或者是问题选择不当，或者是问题结构不够合理，或者是问题表述不准确，或者是回答方式不符合实际，或者是对回答的指导、说明不清楚，或者是问题接转不明晰，等等。总之，应把问卷设计中存在的问题作为研究重点，并根据研究结果来改进问卷设计工作。

关键概念

问卷调查　自填式问卷　代填式问卷　说明书　编码　开放型回答　封闭型回答　无效回答

复习思考题

1. 问卷调查法的特征有哪些？
2. 简述问卷调查的优点和缺点。
3. 在进行问卷设计时，应遵循哪些原则？

4. 问卷设计一般都包括哪些内容？
5. 设计调查问卷的过程有哪些？
6. 调查问卷中的问题表述有何要求？
7. 回答调查问卷问题的方法有哪些？举例说明。
8. 实施问卷调查要经过哪些步骤？
9. 实施问卷调查应该注意哪些问题？

案例分析

美国市场学家麦肯锡提出了细分市场的一整套包含七个步骤的程序，学术界称其为“市场细分七步法”。细分市场就是根据一定的地理、人口、经验、心理等变量把潜在的顾客群体划分成几个需求不同的子群体的过程。问卷调查是细分市场的重要工具，它可以通过收集信息来分析潜在顾客群体的需求。通过问卷寻找差异化需求是细分市场中最关键的一步。

下面是一位同学针对“奥康”品牌皮鞋细分市场所设计的一份问卷。

1. 您来自城市还是农村？（　　）

A. 城市　　B. 农村

2. 您来自哪个省？（　　）

3. 您的性别是（　　）。

A. 男　　B. 女

4. 您的年龄是（　　）。

5. 您的学历是（　　）。

A. 学士　　B. 硕士　　C. 博士

6. 您的职业是（　　）。

A. 工人　　B. 农民　　C. 商人　　D. 学生

7. 您有几个小孩？（　　）

A. 没有　　B. 1 个　　C. 1 个以上

8. 您的收入是（　　）。

A. 1000 元以下　　B. 1000 ~ 5000 元　　C. 5000 元以上

9. 您的职务是（　　）。

A. 员工　　B. 中层管理者　　C. 高层管理者

10. 您的生活方式是（　　）。

A. 传统型　　B. 保守型　　C. 现代型

11. 您的消费理念是（　　）。

A. 节俭型　　B. 时尚型　　C. 奢侈型

12. 您的文化体系是（　　）。

A. 中华文化　　B. 欧美文化　　C. 日韩文化

13. 您最喜欢什么？（自由作答）

14. 您最不喜欢什么？（自由作答）

15. 您的心态通常是（　　）。

A. 乐观　　B. 悲观　　C. 内向　　D. 外向

16. 您对本产品最看重的是什么？（　　）

A. 品牌　　B. 价格　　C. 款式　　D. 质量

17. 您的婚姻状况是（　　）。

A. 已婚　　B. 未婚　　C. 离婚

18. 您在哪里购买皮鞋？（　　）

A. 网络　　B. 超市　　C. 专卖店

问题：这份问卷在设计上有哪些需要改造的地方？能否找出顾客的差异化需求？

第十章　网络调查法

学习目标

□ 掌握农村社会经济网络调查法的一般内容

□ 掌握农村社会经济网络调查法的操作内容

□ 理解大数据的特点及获取

☞ 引例

最接地气的网络调查平台——问卷星

如果你是一名90后大学生，你一定听说或使用过“问卷星”。问卷星是国内最早最大的在线问卷调查平台，它让用户原来需要在线下通过纸质问卷回收、人工统计完成的工作，方便地通过网络在线完成，大幅节省时间、提高效率，并且减少出错率。如今，问卷星已成为在线调查、考试的代名词，服务各行各业。

问卷星是一个专业的在线问卷调查、测评、投票平台，主要功能是为用户提供在线设计问卷、采集数据、自定义报表、调查结果分析系列服务。它具有快捷、易用、低成本等优势，被企业和个人用于讨论投票、调查调研、考试测试等。

“问卷星”有什么优势？(1) 不用安装——“问卷星”是一个在线平台，无需安装等繁琐步骤，进入官网：http：//www. sojump. com/ 即可使用。(2) 部分免费，多样选择——“问卷星”具有三个版本：免费版、专业版和企业版。其中免费版具有各类公开的在线调查、投票、评选、测试和信息登记等多样功能，完全免费，无期限使用。(3) 自主服务——问卷星提供多种测试样本，用户可轻松创建网络问卷，然后通过微博、微信等分享链接给予调查对象填写，问卷星会自动对结果进行统计分析。

互联网上每时每刻发生的用户行为，积累成海量数据，等待挖掘。“问卷星”十几年的用户数据沉淀，也形成一座名副其实的“数据矿”。超过3000万份以上的问卷数、20亿以上的答卷数、每个月新增超过1亿份答卷、去年新增9.6亿份答卷数、今年预计新增20亿份答卷数……在创始人胡啸眼里，每一个数据都有它的应用价值。

“我们每份答卷平均25道题，今年预计新增500亿条记录，以10亿网民计算，平均到每个人身上就有50条记录。”胡啸给记者算到：这些记录包含年龄、性别、收入等属性和参数，如果是测评，还可能包含性格特征，如果是考试，则包含业务能力内容。

这意味着，只要对这些数据进行分析，就可以分辨出某种性格的人群适合某种工作，为招聘时的性格测评提供参考。更加细化的焦虑度测试量表，则可以把个体数据放到大数据里对比，从而了解个人心理状况水平，进而提供相关的应用服务。“这是我们今后要做的事情。”胡啸十分看好大数据分析的广阔市场。

资料来源：https：//mp. weixin. qq. com/s/PvTXJJ9JqRlEJzLaWGviQg.

案例思考：如果以大学生群体作为调查对象，你觉得网络调查法的优势及吸引力有哪些?

第一节　网络调查法概述

随着网络的发展和普及，网络调查已成为一种越来越重要的社会调查方法。网络调查出现的历史并不长，发端于20世纪90年代，21世纪初才兴起。但由于网络用户群的飞速增长，使得问卷受访人群覆盖率迅猛增长，促使网络调查在短短数年中，就已经占据了社情民意调查研究的主流地位。

一、网络调查的概念

网络调查，也称在线调查法，它是一种以互联网信息技术为研究工具，利用网页问卷、电子邮件问卷、网上聊天室、电子公告板、社交网络平台等来收集调查数据和访谈资料的一种调查方法。网络调查可以用于描述性、解释性或探索性的研究。调查主题可以是人们的生活状态，也可以是抽象的理论探索，但调查单位通常为个体。该方法由于是借助互联网进行的调查，因此互联网技术和计算机技术的新发展都会对网络调查产生影响。目前，主要的网络调查法包括网络问卷调查法、网络访谈法和网络观察法。网络调查是当前最普遍的网络调查方式，目前80%的网络调查采用的是这种方式。网络调查将从一股新生力量向主流形式发展，并将最终取代传统的入户调查和街头随时访问等调查方式。

网络调查的发展迅速有两方面原因：首先从互联网应用的现状方面来考察，今天城市知识层次较高的年轻人群的想法，代表着明天城市社会的意识形态；经济相对发达地区的今天代表着经济欠发达地区的明天，这种超前的网络调查研究具有一定的现实意义。其次从发展趋势方面考察，国际上关于市场调查和民意调查的网络调查已经相当广泛。国外还针对网络调查开发出一些网络调查软件。

二、网络调查的优点

第一，网络调查成本低。网络调查与面访、邮寄访问、电话访问等离线调查的根本区别在于采样方式不同。所以，网络调查的成本低主要指的是采样成本低。传统调查往往要耗费大量的人力物力，而网络调查只需有一台上网的计算机，通过站点发布电子问卷或组织网上座谈，利用计算机及统计分析软件进行整理分析，省却了传统调查中的印刷问卷、派遣人员、邮寄、电话、繁重的信息采集与录入等工作与费用，既方便又便宜。根据经验，离线调查每一个样本的投入大概是 120 ~ 150 元，所以离线调查者在抽样时，总希望尽可能地减少样本数，网络调查就没有这种顾虑。

第二，网络调查速度快。网上信息传播速度非常快，瞬时就可把问卷发送到各地，问卷的回收也相当快。利用统计分析软件，可对调查的结果进行即时统计，整个过程非常迅速，只约需几天或十几天。如 2000 年 11 月 3 日科技日报《中国将参与全球规模最大网络调查》一文称，Planet Project 网上民意调查活动将于 2000 年 11 月 15—18 日举行，持续 4 天，通过 8 种语言进行。“中国互联网发展状况统计报告”（1999 年 7 月）称，CNNIC 在 1999 年 6 月 15—30 日期间进行了网上联机问卷调查。由这些具体调查所花费的时间可以看出，网络调查采样速度远快于面访等离线调查。这与网络调查问卷的发放、填答、提交皆不受时空限制、即时快捷相关。网络调查可以迅速把问卷大范围地呈现在被访者面前。问卷的填答虽可能会费些时间，但填答时间由自己支配。填答完毕后，问卷的提交也比较简单，只要点击一下提交键即可。

第三，网络调查隐匿性好。在调查一些涉及个人隐私的敏感问题时，传统调查尽管可以在问卷设计中通过采用委婉法、间接法、消虑法、虚拟法等手段，在问题和被访者之间增加一些缓冲因素，但无论如何，传统调查各种采样方式都会在不同程度上影响到被访者的填答心理。一般而言，面访影响最大，电话访问次之，邮寄访问最小。而网民是在完全自愿的情况下参与调查，对调查的内容往往有一定的兴趣，因此回答问题时更加大胆、坦诚，调查结果可能比传统调查更为客观和真实。网络调查的隐匿性较离线调查高，网络调查的这一特点可使被访者在填答问卷时的心理防御机制降至最低程度，从而保证填答内容的真实性。

第四，网络具有互动性。网络调查的这一优势同样是基于网络自身的技术特性。网络的互动性赋予网络调查互动性的优势。网络调查不受时空的限制，可以 24 小时向天南海北、世界各地进行调查，抽样框相当大，调查范围也相当广泛。2000 年 11 月，3com 中国公司举行 planet project 网上民意调查活动。这次活动中，planet project 在自己的网站上设计了不同题材的各种问题，围绕人类基本状况的方方面面展开。“让中国民众首次与来自世界其他地区、不同年龄和性别的人同时分享和比较彼此的观点和看法。”

第五，访问成功率较高。研究者通过网络调查能够很清晰地确认问卷的发送或回应情况，并通过互动机制提高应答率和回馈率。而且在电子邮件与即时通信工具调查中，调查者更容易与调查对象建立联系，并逐步建立起比较固定的回访样本。

三、网络调查分类

1. 网上问卷调查法

问卷法是国内外社会调查中较为广泛使用的一种方法。网上问卷调查法，就是调查者在网上发布问卷，受调查者在网上填答、提交问卷，调查者对调查信息进行分析研究后做出结论，并在网上公布调查结果的方法。根据采用技术的不同，网上问卷调查有两种具体做法：一个是网站法，就是将问卷放置在网络站点或者手机 APP 上，由受访者自愿填写；另一个是电子邮件法，就是通过电子邮件发送问卷，受访者填答问卷后再通过电子邮件向指定邮箱提交问卷。

网上问卷调查法的优点有以下几个方面：(1) 制作方便。现在网上有很多在线调查的格式和模板，调查者只需要想好自己想要调查的问题，通过手动填入到调查网站中，网站就会自动帮调查者生成一份调查问卷。(2) 成本低。相比纸质版的调查问卷来说，在线调查问卷省去了印制费用以及调查者必须自己发放和走访的这个过程，省去了很多人工的成本。同时，网上发布调查问卷多数都是免费的。(3) 统计方便。很多时候，软件会帮你自动统计被调查者的答案，还能自动生成带分析的图形。相比纸质版调查来说，不用自己花时间去统计，而且准确性相对也高了很多。(4) 调查范围广。通过网上发布调查问卷，可以让更多人阅读到你的调查，而不会局限在你仅能走访的一些范围内。

2. 网上测验法

网上测验法，就是调查者通过网络发出含有测验内容的问卷，请受测者回答问卷，然后调查者对测验信息进行分析、研究，并做出测验结论的方法。测验内容非常广泛，可以是产品试销，可以是网络购物，可以是各种社会热点问题，也可以是受测者的主观想法、态度等方面的问题。

3. 网上观察法

网上观察法，就是调查者进入网络聊天室观察参与者网络聊天的情况，并按事先设计的观察项目和要求做记录，然后进行定量分析和对比研究，并做出观察结论的方法。网上观察法可分为直接观察法和间接观察法。

(1) 网上直接观察法。又可分为网上参与观察和网上非参与观察。网上参与观察，是指观察者参与被观察者的聊天活动，在聊天过程中实施观察；网上非参与观察，是指观察者不参与被观察者的聊天活动，只作为旁观者进行观察和记录。网上直接观察法的优点是，网上环境虚拟、身份隐秘，参与聊天者较少顾虑，往往能聊出许多真情况、真想法，能获得大量真实的信息。网上观察法的缺点是，参与聊天者的地域分布、社会背景无法确认；反映的事实和数据无法核实；需要花费较多的人力和时间；如果缺乏有效约束，聊天室有可能沦为少数不负责任者编造谎言、发泄私愤的场所。此外，网上非参与观察无法引导和控制聊天过程；网上参与观察，由于观察者参与其中，观察到的现象和结论难免带有主观色彩。

(2) 网上间接观察法。就是利用网络技术对网站访问情况或网民在网上的行为进行监测和观察。例如，法国的 NetValue 公司，其重点是监测网络用户的网上行为，号称为“基于互联网用户的全景测量”。它的做法是：首先，通过“计算机辅助电话调查”系统，获取大量用户人口统计资料。其次，从上述资料中抽出样本户，招募自愿受试者。再次，在自愿受试者电脑中下载有关软件，并通过此软件记录自愿受试者的全部网上行为。它的独特之处在于：一方面，它的观察基于自愿受试者，可以全面了解网站和用户情况，而一般的网上观察是基于网站，只能通过网站计数器来了解访问量和停留时间等情况。另一方面，它是目前世界上唯一基于 TCP/IP 进行的观察，它不仅能记录用户访问网站的情况，而且能记录网民上传和下载软件、收发电子邮件等全部网上行为。

第二节　网络调查法操作

一、制订调查计划

制订调查计划，应该包括如下内容：

（1）调研目标。明确调查要解决什么问题，解决到什么程度，调查成果采取何种形式发表，社会作用是达到什么目的（是学术探讨、决策参考，还是影响社会舆论）等。

（2）调查内容。根据调查目标，设计调查提纲、问卷、表格等工具，其核心是设计出符合实际、便于操作的调查指标。

（3）调查方法。根据调查目标和内容，选择适当的网络互动调查方法，包括网上问卷调查法、网上讨论法、网上测验法、网上观察法等。

（4）调查载体。根据需要和可能，选择网络互动调查的载体：现有网站或电子邮件。如果选择现有网站，则应根据调查内容的特点选择合适的网站。

（5）调查对象。网站法的调查对象无法选择，只能根据受调查者填写的基本情况做统计分析；电子邮件法的调查对象，应根据调查目标和内容的需要，借助层次过滤寻找适合的回答者。

（6）调查时间。应明确规定调查截止时间，一般为 10～15 天。民意调查、市场调查，应选择在有关民意、市场最活跃的时间开展调查，时间不能太长，否则会影响调查的时效性。

此外，为提高受众参与的积极性，可提供免费礼品、调查报告等；向受调查者承诺并且做到，有关个人隐私的信息不会被泄露和传播；对调查人员（包括整理资料、统计分析人员）、调查经费（尽管网络互动调查成本低廉，但仍需必要的投入）等，也应做出适当安排。

二、设计调查问卷

调查问卷的设计，对网络调查的成败往往具有决定作用。一般地说，网络调查问卷大体有三种方式：

（1）简单方式。通常只询问 1 个问题，设计 3～5 个答项，如：赞成、反对、说不好，完全同意、同意、无所谓、不同意、坚决反对。其特点是，问题单一，回答简明，填写方便，统计分析快速，时效性较强。对社会热点、突发事件进行调查，一般采用这种方式。

（2）组合方式。即将调查主题分解为若干子题，每个子题设计3~4个问题，每个问题设计3~5个答项，共同组合成一份问卷。其特点是，询问问题较多，填答较难，但可对调查主题进行多侧面、多视角调查，可获得较具体、较多样的信息。对于某些较为复杂或较为专业的问题，多采用这种组合方式。

（3）完整方式。问卷内容一般包括：调查对象的基本情况（如性别、年龄、文化程度、居住地址、行业、职业等个人或家庭的背景情况），按一定逻辑关系展开的询问问题及其答项，对填答问卷的意见或建议等。其特点是，调查内容比较完整，回答方式比较规范，可获得比较全面、丰富的信息，可进行比较深入的统计分析。但是，问卷内容不能过多，篇幅应大大小于书面问卷，否则就会影响参答人数或回答质量。这种方式，主要用于网站对受众情况的调查，以及机构、公司委托的调查课题。

至于调查结果的公布，简单方式多采用页面直接呈现方式公布，各答项人数和百分比一目了然。其优点是，回答者可即时看到调查结果，有利于吸引更多网民参与调查。组合方式、完整方式的调查结果要经过整理资料、统计分析等程序才能形成，因而一般要经过一段时间才能以调查报告、研究论文、统计公报等形式呈现。

三、设计数据库和网页

设计数据库①，就是设计计算机存储、管理数据的软件系统。常用的计算机网络数据库系统软件有MS Access. MS SQL系列、Sybase、Oracal、My SQL等。设计数据库的主要工作是，问卷编码，问题结构及其答案设计，数据规则设计，数据视图、过程、触发器设计，数据接口设计等。设计过程中要考虑的主要问题是数据的完整性、有效性，数据的冗余处理，数据库存储空间，数据库访问速度，数据复用性和数据转换等。

网页设计，是指问卷在网页中以何种页面形式显示出来的计算机程序设计。它包括两个部分：客户端界面设计和后台处理程序设计。客户端界面设计，是指将数据库中存储的问题及其答项，按问卷形式再现于网页的过程。这方面设计应注意的问题是：界面要易于理解、易于填写，问题要完整，答案要合理，并能进行有效性的初步验证等。后台处理程序设计，是指在网络服务器上对受调查者的回答进行录入、检验、存储等操作程序的设计。后台服务器系统的类型、软件、运行方式不同，后台处理程序的设计也有所不同。常见的后台服务器软件有，运行于SCO UNIX的SCO Open Server、运行于微软操作系统的IIS，以及运行于LINUX的Apache Web server等。这方面设计应注意的问题是程序运行的安全性和速度，数据的合法性、有效性、完整性检验，程序运行存储空间占用，多用户并

① 数据库有广义和狭义之分，广义的数据库，是指计算机存储、管理数据的硬件系统和软件系统；狭义的数据库，是指计算机存储、管理数据的软件系统。本文所说的设计数据库，是指狭义的数据库。

发处理，恶意代码处理，代码复用，数据的备份、恢复和转换，匿名处理，重复数据处理，防黑客处理以及客户端界面数据接口等。

四、测试和试调查

测试，是指对网页设计的客户端界面程序和后台处理程序进行检测、试验及修改、完善的过程，其目的是测试设计的功能是否完善，是否具有实用性和可操作性。试调查，是指对经过测试后的客户端界面程序和后台处理程序进行试验性调查，一般包括多用户并发试调查、安全试调查、数据管理试调查、可操作性试调查等，以期进一步修改、完善有关程序。测试和试调查，是网络调查成败的关键环节之一。只有认真做好测试和试调查工作，才能及时发现和改进程序设计中的重大缺陷和问题，保证后续调查工作顺利进行。

五、问卷的网络发布和调查

问卷的网络发布，是指将设计好的调查问卷程序系统放置到网络服务器上，以便网民参与调查。它一般包括三个步骤：一是程序安装，包括域名或访问地址的申请和确定、数据空间和程序空间的申请、程序安装、数据库安装、Web 站点或虚拟目录的建立、必要组件的注册等。程序安装完成后，用来调查的问卷页面已经可以在 Web 浏览器中正常访问。二是程序测试，主要是对安装完成后的程序功能再次进行完整测试。三是告知网民参与调查，告知的内容主要包括调查的目的和内容、回答的方法、网络地址、起止时间、注意事项等。

在发布公告后，应在规定时间开始网络调查。调查前，要进行测试数据清空操作，并做好紧急情况处理预案。从开始调查到截止调查的时期内，要安排专人对网络运行状况进行监测，以保证网络畅通，及时处理紧急情况，同时做好网络服务器的定时备份工作。

六、数据收集和统计分析

调查结束后，经后台处理程序录入、编码的调查数据，已存储在数据库服务器上了。这时要做的工作是，根据研究需要对调查数据做统计分析。一般数据库系统都有基本的统计分析功能，只要进行相应操作，就可完成简单的统计分析工作。如果要进行较复杂的统计分析，就必须使用数据库系统的数据导出功能将所需数据导出，然后运用专业统计分析软件（如 SPSS 等）进行统计分析。在统计分析过程中应注意的问题是，及时对调查的原始数据库完整备份，数据提取应多用数据视图和不改变数据原貌的查询操作，不得改动调查的原始数据。

网络调查的数据质量：数据质量最常用的定义是“适合使用”，数据质量的目的就是通过满足用户的需求来促进其使用数据，“适合使用”侧重于用户的使用过程，是一个典型的以用户为中心的描述，是用户在数据使用过程中的满意度的表现。

网络调查数据的质量包括几个方面：

（1）内在质量。网络调查数据的内在质量是指数据自身的内在质量不会受到任何外部因素的影响，具有非主观性且固定改变，并对最后的数据结果直接负主要的责任。在网络调查中，内在质量可以反映在网络调查问卷的可信度和有效性、规模性和覆盖面、数据的准确性、网民与非网民的比例等问题上。

（2）表达质量。网络调查数据的表达质量是指调查者在进行网络调查过程中，会受到一些非人为因素的干扰，对调查问题的阐述和理解并不明确而生成的质量问题。比如说调查问卷是否对受访者有吸引力，问卷内容是否容易理解，被访者是否愿意回答等等。

（3）控制质量。网络调查数据的控制质量是指调查者是以什么样的目的在做网络调查，即是否符合做网络调查的最初目标以及是否成功地获取了有效数据。

七、撰写调查报告

撰写调查报告是网络调查的最后一步。撰写调查报告主要是在分析调查数据基础上，对调查结果所做的系统论述或说明。提交调查报告，是指根据调查的目标和任务，实事求是地把调查结果报告出来，反馈给网络调查的参与者、委托者或广大网民。

八、网络调查注意事项

1. 主题选择

从理论上说，凡是适于传统调查方法的主题，都可通过网络调查进行。目前，国内外网络调查的主题，大都以民意调查、市场调查为主，但有关人口学、社会学、心理学、大众传播学、教育学、医学的主题也相当普遍。随着网络的普及，网络调查主题必将更为广泛。

从实践上看，确定网络调查主题应该注意两个问题：一是应该以网民的看法、态度、感受、愿望等主观状况为主，而不宜以客观事实为主。因为调查所获得的有关客观事实的回答，无法查证和核实，无法做出准确评价。二是应该与网民的社会结构相适应。截至2021年12月，我国网民规模为10.32亿人，较2020年12月新增网民4296万，互联网普及率达73.0%，较2020年12月提升2.6个百分点。我国农村网民规模为2.84亿人，占网民整体的27.6%；城镇网民规模为7.48亿人，较2020年12月增长6804万人，占网民整体的72.4%。网络互动调查的主题，应该努力与上述社会结构相适应。

2. 问卷设计

网络互动调查的问卷设计，与一般调查问卷的设计基本相同，但应注意几个问题：

（1）尽可能简短。网民一般是在浏览网页过程中顺便参与网络问卷调查的，不可能花较多时间填答问卷，因此问卷应尽可能简短，最好是一两分钟就能答完。

(2) 简明、易懂。网络问卷调查，不可能当面向网民做解释或说明，因此，设计的询问问题和回答方式都应简明、易懂，否则就会降低网民参与调查的热情，或胡乱填答。

(3) 明示起止时间。网络问卷调查要明确标示何时开始、何时截止。以免有意参与者错过参与时间；起止间隔时间不宜太长，一般以 7～15 天为宜，否则会影响调查结果的准确性。

(4) 尽可能立即显示调查结果。简单方式的问卷调查，客户端界面的设计，最好能即时反映各回答选项人数及其百分比变化，使参与者立即看到回答效果，从而吸引更多网民参与。参与者的数量对调查结果的可信度至关重要，问卷设计水平对此也有一定影响，问卷内容中体现出“你的意见对我们很重要”，让被调查者感觉到，填写调查表就好像帮助自己或所关心的人，这样往往有助于提高问卷回收率。当然，也离不开有力的宣传推广，网上调查与适当的激励措施相结合会有明显的作用，必要时还应该和访问量大的网站合作以增加参与者数量。

(5) 公布保护个人信息声明。网民对个人信息的自我保护意识越来越强，因此，让用户了解调研目的并确信个人信息不会被公开或者用于其他任何场合这一点非常重要。

3. 程序控制

这是网络问卷调查不同于与一般问卷调查所特有的问题，应着重解决以下几个问题：

(1) 重复填答问题。在网络问卷调查中，经常出现一址（IP）多票、重复填答现象，特别是在评比、排名、选优等调查中，有的甚至雇人来网上投票，以保证获得较好名次。为了克服这种弊端，应通过程序设计控制一址（IP）多票、重复填答现象，避免大量灌水票，以增强调查的真实性。

(2) 程序控制问题。在网络问卷调查中，问题接转是一个难点。例如，询问这样一个问题：“你是否已婚?”回答“是”者，继续填答后续有关问题；回答“否”者，终止填答后续有关问题。但是，有些回答“否”的人会继续填答后续有关问题，致使后续有关问题回答人数大大超过回答“是”的人数，从而使这一数据失去统计价值。因此，要设计必要的程序、对相关问题的转接，以及填答不完整的问卷、回答中有逻辑错误的问卷等，实施系统的检验和控制。

(3) 多网站调查问题。为了扩大调查的覆盖面，同一调查问卷可以在多个网站同时进行调查。实践证明，这种同一问卷、多网站调查，最好由调查者自己生成调查程序和问卷页面，然后由有关网站做一个链接，直接进入自己网站的后台。这样，不仅便于自己随时监看调查过程，而且可以较好地保证全部数据的收集及后期统计分析工作。

4. 问卷放置

这是网络问卷调查所特有的问题。网络调查问卷的发布有几种做法：一是利用自己的站点发布调查问卷①，二是借助别人的站点发布调查问卷，三是通过 E-mail 发送问卷。如

---

① 参见中国互联网络信息中心．第 33 次中国互联网发展状况统计报告［EB/OL］. http，//www. cnnic. net. cn/hlw fzyj/hlw xzbg/hlwtjbg/201403/12014030546240. htm，2014－03－050.

果采用第二种方式，应注意以下两个问题：

第一，慎重选择网站。网络调查问卷放置在不同网站，参与填答的人数往往有很大差别。一般地说，调查问卷放置在门户网站或影响较大的新闻网站，参与填答的人数往往会很多；反之，放置在一般的、影响较小的网站，填答人数往往会很少。

第二，科学放置版面。网络调查问卷放置在不同版面，参与填答的人数也会有较大差异。一般地说，有关社会热点的民意调查，最好能放置在网站首页或新闻频道首页的突出位置；市场调查和各类专题调查，最好能放置在相关频道、相关版面的突出位置。

第三节 网络调查与大数据

一、大数据的概念

麦肯锡（美国领先的咨询公司）是研究大数据的先驱。在其《大数据：创新，竞争和生产力的前沿》报告中提供的大数据定义是：一种规模大到在获取、存储、管理、分析方面大大超出了传统数据库软件工具能力范围的数据集合，具有海量的数据规模、快速的数据流转、多样的数据类型和价值密度低四大特征。国际数据公司（IDC）是从数据量大、动态数据系统、不同数据类型、巨大数据值的四大特点定义的。亚马孙的大数据科学家约翰·拉瑟（John Rauser）提供了一个简单的定义：大数据是超出计算机处理能力的任何数据量。大数据是需要新处理模式才能具有更强的决策力、洞察发现力和流程优化能力来适应海量、高增长率和多样化的信息资产。

大数据技术的战略意义不在于掌握庞大的数据信息，而在于对这些含有意义的数据进行专业化处理。换而言之，如果把大数据比作一种产业，那么这种产业实现盈利的关键，在于提高对数据的“加工能力”，通过“加工”实现数据的“增值”。

从技术上看，大数据与云计算的关系就像一枚硬币的正反面一样密不可分。大数据必然无法用单台的计算机进行处理，必须采用分布式架构。它的特色在于对海量数据进行分布式数据挖掘。但它必须依托云计算的分布式处理、分布式数据库和云存储、虚拟化技术。

二、大数据的特点

1. 容量大

随着便携式设备、物联网、云计算、云存储等技术的发展，人员和物体的所有轨迹都可以记录下来，数据大量产生。移动互联网核心网节点是一个人，不再是网页，每个人都成为数据制作者，短信、微博、照片、视频是其数据产品；从信用卡机、收银机、电子收费系统、互联网点击、电话拨号等设施和各种程序的注册流程到数据自动传感器、自动记录设备、生产监控、交通监控、安全监控等设备的记录；通过互联网收集到的大量自动或手动生成的数据，包括电信运营商，互联网运营商、政府、银行、商场、企业、交通枢纽等机构，形成了大量的数据海洋。

2. 多样性

随着互联网的快速发展，智能设备的不断更新，组织中的数据也不断地在改变，变得越来越复杂，数据类型不再仅仅是传统的关系型数据，还包含网页、互联网日志文件（包括点击流数据）、搜索索引、社会媒体论坛、电子邮件、文档、主动和被动系统传感器数据以及其他原始、半结构化和非结构化数据。大数据不仅是处理大量数据的武器，而且还是处理不同来源、不同格式的多元化数据提供了可能性。多样化的数据源是大数据的强大功能，如交通状况等数据区域有很强的相关性。

3. 速度快

大数据具有实时数据处理，实时结果面向解决方案的特点，其“快速”有两个层次：

首先，数据生成速度更快。一些数据是爆炸性的，例如，欧洲核研究中心的大型强子对撞机在工作状态下每秒产生极大量数据；一些数据是涓流式生产，但由于用户数量众多，生成的数据量仍然很大，例如点击流、日志、射频识别数据和 GPS（全球定位系统）的位置信息。

其次，数据处理速度更快。大量数据也可以通过批量（“静态数据”到“正使用数据”）和流处理（“动态数据”到“正使用数据”）来实现快速数据处理。

4. 真实性

数据的重要性在于支持决策。数据的大小不能决定是否可以帮助决策，数据的真实性和质量是获得真实知识和思考的最重要因素，这是做出成功决策的最坚实的基础。追求高数据质量是重要的大数据要求和挑战，即使是最好的数据清理方法，也无法消除某些数据固有的不可预测性，如人的感觉和诚实、天气条件、经济因素和未来。数据清理在处理这些类型的数据时无法纠正这种不确定性，但是尽管存在不确定性，数据仍然包含有价值的信息。

三、大数据的获取

1. 大数据采集方法更加科学化

大数据采集能够通过 RFID 射频数据、传感器数据、社交网络数据和移动互联网数据获得各种类型的海量数据。由于有成千上万的用户同时进行并发访问和操作，因此，有必要采用专门针对大数据的数据采集方法，目前主要有系统日志采集、网络数据采集、数据库采集三种方式。常用的开源日志收集系统有 Flume、Scribe 等，网络数据采集主要是指通过网络爬虫或网站公开 API 等方式从网站上获取数据信息，一些企业会通过关系数据库

（如 MySQL 和 Oracle）收集数据，这些更科学化的采集方法的运用也使企业获取更多可供挖掘的数据信息。

2. 基于云计算的大数据平台不断完善

云计算的快速发展为大数据提供了一定的技术支持和有效的数据分析处理平台。通过云计算，利用先进的网络搜索引擎技术，可以全过程实时监测新闻、论坛、博客、贴吧、微博等各类网站近千万监测源。它还提供了多种分析工具和网络信息量化方法，帮助用户节省了大量复杂的网络信息收集和分析工作。目前国内外许多云计算平台均已趋于成熟，如阿里云、腾讯云、亚马孙、GAE 等，私有云模式也日渐清晰，2017 年获得超过亿元人民币融资的私有云相关软件企业就包括星辰天合、灵雀云、博云、云途腾等。在云计算技术有弹性和低成本的特性下，也意味着将有更多中小企业可以像谷歌、阿里云等大企业一样完成数据分析。

3. 大数据处理速度不断提升

为了更好满足人们日常工作生活的需要，大数据处理系统的处理速度和处理手段不断提升。数据的实时性是大数据的特点之一，所以对于数据的处理也体现出实时性。如网上购物交易处理、网络视频文字更新、实时天气和道路交通信息等数据的处理时间已经可以以秒为单位，速度要求极高。在未来的发展中，实时数据处理将成为主流，并不断推动大数据技术的发展与进步。

四、大数据对网络调查的影响

在大数据时代势不可挡的背景下，随着计算机对大数据处理能力的增强，调查研究也深受其影响，发生了巨大转变，彻底颠覆了传统调查方法的工作，对网络调查在统计数据的准确度、时效性等方面也产生了深远的影响。

1. 从依靠人工到基于互联网的转变

传统的调查方法又称人工调研，具体的研究方法包括会议调查、街边调查、书面调查、问卷调查等。传统调查的优点是调查者可以清晰地掌握被调查者的一手资料，但缺点是样本容量较小、收集困难、费用高昂、出现误差的几率较大、研究周期过长等。

网络调查是利用互联网和科技手段对调查数据进行收集。比较多见的方法有网络在线调查、发布网络问卷调查以及电子邮件调查等。与手工研究相比，互联网数据研究具有信息收集广泛，研究信息及时性和共享性，研究方便性和经济性，研究成果准确性等优点。

2. 数据基础从有限样本到云数据、全覆盖的转变

传统的调查方式采用的是人工收集样本进行分析，虽然这种方法可以用少量的数据去获取调查整体的情况，但是由于样本容量有限，对于数据分析结果的真实性较低。随着大数据时代的到来，由互联网和信息技术革命的强大动力驱动，研究工作的数据库容量正在飞速增长，面对云数据容量大、种类众多、产生数据速度极高、价值密度低等特点，研究工作的数据库将会发生重大变化，在今后的调查工作中，我们应该用数据库中的所有数据去分析研究对象的变化，并不是像以前一样利用相对较少的数据去做分析，对于调查结果，在追求其准确性的同时还应该乐意接受数据的复杂性。

关键概念

网络调查　数据分析　调查问卷　数据库　大数据

复习思考题

1. 网络调查的概念是什么？
2. 网络调查的优点有哪些？
3. 网络调查分为哪几种类型？
4. 网络调查法操作的流程是什么？
5. 大数据具有哪些特点？

第十一章　社会经济调查资料的整理

学习目标

□ 掌握社会经济调查资料整理统计的意义和原则
□ 理解统计资料整理的流程和要求
□ 掌握文字资料整理的手段和方式

☞ 引例

农业部：百乡万户调查为乡村振兴战略提供一手材料

这是一次采访的对话。

经济日报记者：党的十九大提出，实施乡村振兴战略后，社会各界反响热烈，我们到农村采访发现广大农民对此也是满怀热切期盼，今年《政府工作报告》又对乡村振兴进行了专门部署，所以想请问韩部长，怎样才能实现乡村振兴？您能不能给我们描绘一下您心目中的乡村振兴是一幅什么样的图景？谢谢。

韩长赋：党的十九大提出实施乡村振兴战略，这次两会、政府工作报告又做了专门部署，这充分体现了党中央对农业、农村发展的高度重视。实施乡村振兴战略是新时代“三农”工作的总抓手，而且中央也描绘了一个宏伟的蓝图。我也了解到，这个战略提出以后社会各界反响强烈，广大农民更是欢欣鼓舞，可以说这个战略深得民心。中央提出乡村战略20个字、5句话，大家都耳熟能详，非常鲜明具体，瞄准了小康的短板。我以为，这是富强、民主、文明、和谐、美丽的社会主义现代化强国这个目标在农村的具体体现。方才你讲到怎么样来实施这个战略，落实中央部署，推进乡村振兴，我们也在研究，也在谋划。最近，我们农业部启动了“百乡万户”调查，派了120个干部深入到30个省市区、60个村进行为期一个月的驻村调查，就是对农村基层，特别是乡村的实际情况进行全景式调查，包括把农村的政治、经济、文化、生态、社会、基层组织建设等这些情况都摸清楚，为乡村振兴战略组织实施提供第一手的材料。

资料来源：中国青年网，https：//baijiahao. baidu. com/s?id = 1594248077684778733&wfr = spider&for = pc.

案例思考：通过这则采访，你觉得该如何整理农村经济调查资料？

第一节　整理资料的意义和原则

一项社会调查研究成功与否，在很大的程度上取决于调查资料的质量。而调查资料的整理是确保调查资料完备、合格、真实、准确、可靠的重要工作，是对社会调查资料搜集工作的全面检查与有效深化。从某种意义上来说，调查资料整理是社会调查从调查阶段过渡到研究阶段、由感性认识上升到理性认识的重要环节，也是提高社会调查的信度和效度的重要步骤。另外，调查资料的整理还起着由调查阶段转入研究阶段的中间过渡的重要作用，是资料收集和资料分析的中间环节。所谓整理资料，就是根据调查研究目的，运用科学方法，对调查所获得的资料进行审核、检验、分类、汇编等初步加工，使之系统化和条理化，并以集中、简明的方式反映调查对象总体情况的工作过程。

一、整理资料的意义

1. 提高调查资料质量及其使用价值的必要步骤

运用各种调查方法获得的调查资料往往是分散的、零乱的，而且难免出现虚假、差错、短缺、冗余等现象。要解决这些问题，除了在调查阶段组织调查人员就地自查、互查和指派专人督查外，还必须在研究阶段开始时进行一次全面检查和整理，以区分资料的真假和精粗，消除资料中的假、错、缺、冗等现象，以保证资料的真实、准确和完整，提高调查资料的质量和使用价值。

2. 研究调查资料的重要基础

研究阶段的任务在于获得正确的调查结论，而正确的调查结论来源于科学的统计分析和思维加工，科学的统计分析和思维加工又有赖于调查资料的真实、准确和完整。为此，就必须运用统计学方法和手段，以及各种科学思维方法，对收集到的资料进行鉴别和整理，把各种资料差错特别是数据差错消灭在统计分析和思维加工之前。这是保证研究工作顺利进行的重要基础。

3. 保存资料的客观要求

社会调查的原始资料，不仅是当时得出调查结论的客观依据，而且对今后研究同类社会现象也具有重要参考价值。因此，每次社会调查都应认真整理调查资料，以便长期保存和研究。实践证明，真实、准确、完整的调查资料，往往具有长久研究价值，而且随着时间推移，其价值将越来越大。

总之，如果说调查阶段是认识的感性阶段、研究阶段是认识的理性阶段的话，那么，整理资料则是从调查阶段过渡到研究阶段、由感性认识上升到理性认识的一个不可缺少的中间环节。

二、整理资料的原则

整理资料有以下几条应该遵循的主要原则：

1. 真实性原则

整理的资料必须是真实的、实事求是的，而不是虚假的、主观杜撰的。郭沫若曾指出："无论作任何研究，材料的鉴别是最必要的基础阶段。材料不够固然大成问题，而材料的真伪或时代性如未规定清楚，那比缺乏材料还要更加危险。因为材料缺乏，顶多得不出结论而已，而材料不正确便会得出错误的结论。这样的结论，比没有更要有害。"真实性原则，是整理资料首要的、最根本的原则。

2. 准确性原则

整理后的资料，事实要清楚，数据要准确。如果整理出来的资料事实含混不清，数据互相矛盾，就不可能得出科学结论。当然，对准确性的要求应该从实际出发，以能说明问题为原则，而不是越精确越好。

3. 完整性原则

整理资料应该尽可能地全面、完整，即：既要有历史资料，又要有现实资料；既要有正面、肯定的资料，又要有负面、否定的资料；既要有主体资料，又要有辅助资料，等等。只有这样，才能真实反映调查对象的全貌。

4. 统一性原则

整理出来的资料要统一，包括调查对象要统一，调查指标及其操作定义要统一，调查数据的计算公式、计量单位要统一，调查结果表现形式要统一，等等。

5. 简明性原则

整理所得的资料应该尽可能地系统化、条理化，并以集中、简明的方式反映调查对象的总体情况。

6. 新颖性原则

整理资料时，要尽可能用新观点、新角度来审视资料、组合资料，尽量避免按照陈旧思路考虑问题、反映问题，更不能简单重复别人已经走过的老路。只有勤于思考、勇于创新，从调查资料中发现新情况、新问题，才能为创造性研究打下良好基础。

总之，整理资料应力求真实、准确、完整、统一和简明，并尽可能新颖。只有在这样的调查资料基础上，后续研究才有可能得出科学的结论。

三、整理资料的类型

调查阶段收集的资料，有文字、数据、图像、视听、实物、问卷等不同类型的资料。在实际研究过程，最常见的有三类资料：问卷资料、统计资料和文字资料。

1. 问卷资料

问卷资料是指通过问卷调查而获得的资料，它通常是标准化的数字信息。这些数字，代表有关变量的取值，是对被访问者或其他对象进行调查、测量的记录。整理问卷资料，就是将问卷中记录的数据或符号，通过一定程序和方式转换成可供计算机分析的数据，并可按照一套模式和方法、通过一些登录技术录入计算机。

2. 统计资料

统计资料是指通过调查所获得的各种数据资料。这些数据资料，一般反映在统计表或统计图以及各种统计手册、年鉴、汇编和专题数据库中。整理统计资料，就是对这些数据资料进行鉴别、加工，使之条理化、系统化。这不是一项单纯的技术工作，只有在一定科学理论指导下，才能在整理过程中抓住那些最基本、最能说明问题的统计指标和统计数据。

3. 文字资料

文字资料是指通过调查所获得的文本资料，如访谈记录、观察记录、会议记录、文件、日记、档案、地方志、年鉴、调查报告、研究论文等。整理文字资料，就是根据研究需要，将搜集到的各种文本资料加以登录、分类和编码，使之成为不同层次的备用资料。文字资料具有多样性、开放性等特点，其整理工作没有也不可能有一套固定的程序和模式，它必须以一定理论为指导，与研究紧密结合，由研究者直接参与，而不能由助手或技术手段代劳。

第二节　问卷资料的整理

问卷资料的整理过程，通常分为审查问卷、后编码、数据录入和数据清理四个阶段。

一、审查问卷

审查问卷，是指对回收的问卷进行审阅，矫正错填、误填答项，剔除乱填、空白和严重缺答的废卷。其目的是使进入后续程序的问卷具有较高的准确性、完整性和真实性。

1. 审查问卷的内容

审查问卷的主要内容是：(1) 调查对象的选择是否符合设计要求；(2) 对调查指标的理解和对操作定义的把握是否科学、合理；(3) 对询问问题的回答是否符合原设计要求；(4) 填写的数据是否真实、准确；(5) 对检验性问题的回答是否经得起检验；(6) 如果是访问问卷，还应审查调查员访谈的起止时间、对回答的评价和复核员的复核意见是否填写完整、符合要求；(7) 编码是否正确、完整；(8) 问卷的填写是否有漏填项目。此外，还要检查填写问卷的字迹是否清楚等。

2. 审查问卷的方法

在实践中，问卷审查有两种做法：一是就地审查，即在问卷调查过程中进行审查，包括调查员自查、互查和组织专人抽查。这样有利于及时发现问题、就地重新调查、核实解决问题，但是审查标准很难统一，审查质量很难保证。二是集中审查，即在整理资料初期对回收问卷进行集中、全面的审查。它的好处是，审查可以在统一指导下进行，审查标准一致，审查质量比较有保证，但是工作周期较长，不利于就地复查和核实。

3. 问卷处置原则

对审查中发现的问题，应该进行适当处置。处置的原则是：

（1）凡通过问卷已有答项能够解决的问题，都应在审查时立即予以更正，以免时过境迁遗忘了，留下质量隐患。

（2）凡在问卷已有答项中无法解决的问题，都应力争通过补充调查弥补问卷填写的缺陷，努力使这些问卷成为完全合格或基本合格的问卷。

（3）凡既无法进行补充调查、又无法采取其他措施弥补的不合格回答，可对该项指标作无回答或无效回答处理。

（4）凡调查对象的选择违背原设计方案的问卷，以及问卷中主要内容填写错误而且无法弥补的问卷，均应作为不合格问卷予以淘汰。

（5）调查员对回答的评价和复核员的复核意见，要集中起来，供撰写报告、阐明结果、估计偏误时参考。

总之，要通过审查努力提高问卷合格率和指标合格率，坚决淘汰一切不合格问卷和不合格指标。只有如此，才能保证问卷调查的基本质量。

二、后编码

问卷中封闭型回答的种类和编码，在设计时已经确定，并在调查时填写，因而被称为“前编码”；开放型回答的种类和编码，由于在调查之前无法事先确定答项的种类及其数量，只能在调查结束后再来确定和填写，因而被称为“后编码”。后编码的一般步骤如下：

1. 预分类和预编码

预分类和预编码是指在问卷总数中任意选择10%左右的问卷，把对有关问题的回答分类罗列出来并编码，从而形成预分类和预编码。在这个阶段，分类应该尽可能详尽一些，便于以后的选择和归并。

2. “对号入座”和“不断加座”

“对号入座”是指按照预分类类别和预编码，对另外90%左右问卷中有关问题的回答“对号入座”进行分类和编码。如果在这些问卷的有关回答中，发现预分类中没有的新回答类别，就在预分类中“加座”，增加一个新类别；同时在预编码中“加座”，增加一个新编码。这样“不断加座”，直至把开放型回答的全部答案都包括进去为止。

3. 选择、归并、确定后编码的类别和编码

按照研究需要，对预分类的类别清单进行选择和归并，即归并相近类别、保留有用类别、删除无用类别。最后，对选择归并后定型的回答类别正式编码，从而确定后编码的类别和编码。

4. 完成编码工作

按照确定的后编码类别和编码，对全部问卷中的开放型回答进行编码，从而完成后编码工作。

三、数据录入

数据录入就是把问卷调查的结果和其他原始资料转换为计算机可读取的数据，输入到计算机中储存起来。数据录入主要有以下四种方式：

1. 登录表法

先将问卷调查的结果在问卷上编码，然后将编码数据转录到专门的登录表上，最后把登录表上的数据录入计算机。它的优点是，计算机录入比较方便，录入速度较快。但它增加了一次转录，不仅增加了工作量，而且增加了出现差错的可能。

2. 直接录入

问卷调查完成后，预先在计算机中设定可以接受有关数据的程序，然后将问卷上的数据录入计算机。输入问卷数据时，最好采用可以对编码范围、变量之间的逻辑关系实施控制的软件，如 PCEDIT、DBASE、FoxBASE、FoxPro 等，这样可以减少输入差错。当然，也可以通过 SPSS 软件输入数据，但速度较慢。

3. 光学扫描

问卷调查完成后，通过把方框或圆圈涂满的方式将它录入到光学扫描卡上，再利用光学扫描器将资料转换、录入到计算机中。它的优点是快速、准确，但是难以适应回答较复杂的问题，而且需要有光学扫描器等特殊设备。

4. 条形码

问卷调查完成后，先将有关数据转换成不同宽度的条形码，然后再利用条码读写器将其转换、录入到计算机中。它的优点是快速、准确，但是增加了一个将数据转换成条形码的程序，增加了工作量和出现误差的可能，而且需要有条码读写器等设备。

数据录入看似简单，实际上很容易出错，需要认真校对。如果条件允许，最好采取双录入方法——既可以是一个录入员录入两次，也可以是两个录入员分别录入，然后互相校对、互相纠错，这样就有可能基本消除录入差错。

四、数据清理

录入数据后、统计分析前，还应借助计算机仔细地进行数据清理，不让错误数据进入运算过程。数据清理有以下几种方法：

1. 有效范围清理

问卷中的任何一个变量，都有某种有效编码值范围，凡超出这个范围的数据，肯定是错误的。比如，“性别”这一变量的有效编码值是：“1. 男；2. 女；0. 无回答”。如果在这一变量栏中出现了其他数字，就肯定是错误的。在 SPSS 软件上，可以通过频数统计表查找输入数据时可能发生的差错。如果发现了错误，在 SPSS 软件上执行查找（find）命令，即可发现错码的问卷编号（个案号码），然后再查找原始问卷，更正错误。如果一份问卷中错误答项过多，则可考虑将这份问卷作为废卷处理。

2. 逻辑一致性清理

逻辑一致性清理比有效范围清理复杂一些，其基本思路是：依据问卷中问题之间的逻辑关系，来检查前后答项数据之间的合理性。比如，前面询问：“您有孩子吗?”答项为：“1. 有；2. 没有”。后面再询问：“请问您的孩子今年几岁了?”如果前一个问题回答“2. 没有”，后一个问题回答出现了“4”“6”等数字，那么这个答项就肯定有问题。纠正这类错误，应该根据变量测量层次采用不同方法。对于定类、定序或定距变量，可采用交互分类统计（列联表）方法，检查变量之间是否存在逻辑矛盾。如果发现了问题，先在 SPSS 软件上查找发现错码的问卷编号，然后再根据原始问卷相关答项分析出错的原因；如果原答项没有错误，就应向受调查者复查、核实。对于定比变量，可在 SPSS 软件上建立新变量的 compute 命令，分析两个变量中间存在的逻辑错误。

3. 数据质量抽查

如果数据录入时输入的错误数据在正常有效编码值范围之内，那么查出这类输入错误的唯一办法就只能是对照原始问卷一份一份、一个答项一个答项地核对。由于这种方法核对的工作量过大，一般只能采用随机抽样方法，从全部样本中随机抽取一部分问卷进行校对，然后再用这一部分问卷校对的结果，来评估全部问卷的数据质量。

第三节　统计资料的整理

统计资料（亦称数字资料、定量资料）的整理，一般要经过检验、分组、汇总、制作统计表或统计图等步骤，它是统计分析的基础。

一、检验

检验，就是检查、验证各种统计资料是否完整和正确。

统计资料的完整性检查，主要包括两个方面：一是检查应该调查的对象和每个调查对象应该填报的表格是否齐全，有没有遗漏调查对象或表格的现象；二是检查每张调查表格的填写是否完整，有没有缺报的指标或漏填的内容。

统计资料的正确性检验，就是看资料的数字是否符合实际，计算是否正确。统计资料的正确性检验，一般采用三种方法：

（1）经验判断。就是根据已有经验来判断统计资料是否真实、正确。如已知某单位比较落后，而统计资料却超过了先进单位，那么，对这些统计资料就应该进一步调查核实。反之，也应该如此。

（2）逻辑检验。就是从逻辑关系来检验统计资料是否正确、符合实际。比如，收入与支出、播种面积与总产量、教师数与学生数、劳动生产率与利税率等之间都有一定逻辑关系。如果发现支出大大超过收入、播种面积与总产量不相吻合、教师数与学生数不成比例、劳动生产率与利税率大幅逆向增长等不符合逻辑的情况，那么这样的统计资料就可能是不正确的，就应该复查和核实。

（3）计算审核。就是通过各种数学运算来审核统计资料有无差错。比如，各分组数字之和是否等于总数，各部分占比例相加是否等于百分之百，各种平均数、发展速度、增长速度、指数的计算是否正确，等等，都可以通过数学运算来审核。此外，调查指标的计量单位是否一致、不同调查单位的计算方法是否统一，等等，也应该进行必要的审核。

对于通过检验发现的各种问题，如表格不齐、答案不全、数字不真或计算错误等，都应及时查明原因，并采取措施予以补充或更正。对于无法补充或更正的统计资料，则应作为无效资料剔除，以免影响整个统计资料的真实性和准确性。

二、分组

分组，就是根据调查对象的某些特征或标志把有关数据划分为不同的类别或组成部分。分组应该坚持：以研究目的为依据，以客观实际为基础，以界限明确为要求，以穷尽性和互斥性为原则。分组的目的在于，反映各组事物的数量特征，考察总体内部的构成状况，研究总体内各组成部分的相互关系等。

分组的一般步骤是：选择分组标志，确定分组界限，编制变量数列。

（一）选择分组标志

分组标志，就是分组的标准或依据。分组的标志多种多样，调查目的不同，调查对象情况不同，选择分组的标志就应有所不同。

常用的分组标志有四种，即质量标志、数量标志、空间标志和时间标志。

1. 质量标志

质量标志就是按事物的性质或类别分组。例如，人口可按性别标志分为男人和女人，可按民族标志分为汉族和少数民族；企业可按行业、规模、经营情况等标志分成多种类型，等等。按质量标志分组，可以把不同性质或类别的事物区别开来，有利于认识不同性质或类别事物的数量特征，有利于对不同性质或类别的事物进行对比研究。

2. 数量标志

数量标志就是按事物的发展规模、水平、速度、比例等数量特征分组。例如，城市可按常住人口规模来分组，如 200 万人以上为超大城市、100 万 ~200 万人为特大城市、50 万 ~100 万人为大城市、20 万 ~50 万人为中等城市、20 万人以下为小城市，等等。按数量标志分组，可以把不同发展规模、水平、速度、比例的事物区别开来，有利于从数量上认识客观事物，有利于对不同数量特征事物之间的关系进行分析和研究。

3. 空间标志

空间标志就是按事物的地理位置、区域范围等空间特性分组。例如，中国经济发展状况，可按东部、中部、西部三大地理区域分组；义务教育普及程度，可按省、县、乡等不同等级、不同规模行政区划分组，等等。按空间标志分组，可以把不同地域的事物区别开来，有利于了解事物空间分布状况，有利于对不同地理位置、不同区域范围内的事物进行对比研究。

4. 时间标志

时间标志就是按事物从发生到结束的持续性、间隔性和先后顺序分组。例如，工业总产值可按月、按季、按年度分组；国内生产总值增长速度，可按季度、年度、5 年、10 年分组，等等。按时间标志分组，可把不同时点或时期的事物区别开来，有利于认识事物在不同时点或时期的变化，有利于揭示事物运动、变化、发展的趋势。

上述四种标志是最基本的分组标志。在这四种标志基础上，可以用两个或两个以上的标志如性质和水平、年度和类型、规模和区域、地理位置和年度等分别组合成多种多样的复合标志。例如，国家统计局规定：大型工业企业的标准是，从业人员 1000 人及以上，营业收入 4 亿元及以上；中型工业企业的标准是，从业人员 300 人及以上、1000 人以下，营业收入 2000 万元及以上、4 亿元以下；小型工业企业的标准是，从业人员 20 人及以上、300 人以下，营业收入 300 万元及以上、2000 万元以下；微型企业的标准是，从业人员少于 20 人，营业收入少于 300 万元。[①] 这种标准，就是由质量（类别）标志和数量（规模）标志组合而成的复合标志。

选择分组标志，是统计资料分组的关键。因为分组标志选择是否正确，直接关系到分组的科学性，关系到分组结果能否正确反映调查对象总体情况。因此，一定要根据调查目的、要求和调查对象的实际情况，以科学理论为指导，实事求是地慎重选择分组标志。

（二）确定分组界限

分组界限，是指划分组与组之间的间隔限度。确定分组界限，包括组数、组距、组限、组中值的确定和计算等内容。

---

① 参见国家统计局：《统计上大中小微型企业划分办法》（国统字 C2011J75 号），见北京统计信息网，2001 – 09。

1. 组数

组数就是组的数量。组数的确定，应从实际出发。当数量标志变动范围很小、标志值项数不多时，可直接将每个标志值确定为一组。这时，组数等于数量标志值项数。例如，调查7~12岁学龄儿童入学率，就可将每一岁儿童确定为一组。当数量标志变动范围大、标志值项数多时，可将邻近的几个标志值合为一组，以减少组的数量。例如，调查人口年龄结构，就可将邻近的5个年龄合为一组。对标志值项数较多的统计资料分组，还可以按斯特奇斯（Sturges）提出的经验公式（通称为Sturges法则）来确定组数K：

$$K = 1 + \lg N / \lg 2 \qquad (11-1)$$

即 $$K = 1 + 3.322 \cdot \lg N \qquad (11-2)$$

式中，N为标志值项数，对计算结果用四舍五入办法取整数即为组数。

这个公式的文字表述是：组数K等于标志值项数N的对数除以2的对数所得的商加1.2的对数的倒数为3.322，N的对数可通过查常用对数表得知。

2. 组距

组距就是各组中最大数值与最小数值之间的距离。确定组距后，应编制组距数列。编制的组距数列，各组组距相等的，叫等组距数列；各组组距不相等的，叫不等组距数列。确定组距数列时，究竟采用等组距数列还是不等组距数列，应从实际情况出发。如编制等组距数列，应先确定组数，再用全部变量最大值与最小值之间的差距即全距除以组数，就可得出组距的大小。如编制不等组距数列，就应根据研究目的和实际情况来确定组距。

3. 组限

组限就是组距两端数值的限度。一般将每组的起点数值（最小数值）称为下限，终点数值（最大数值）称为上限。组限有两种表现形式，一种是封闭式组限，即在变量数列中最小组的下限值和最大组的上限值都是确定的；一种是开口式组限，即在变量数列中最小组的下限值或最大组的上限值是不确定的。如表11-1，左为封闭式组限，右为开口式组限。

表11-1　某村农民收入分层情况　　单位：元、人

项目	封闭式组限		开口式组限	
	人均年纯收入	人数	人均年纯收入	人数
合计	11569	1200	11569	1200
贫困户	1000~2500	122	2500以下	122
温饱户	2500~5000	465	2500~5000	465
小康户	5000~10000	384	5000~10000	384
宽裕户	10000~50000	171	10000~50000	171
富裕户	50000~100000	58	50000以上	58

划分组限后，如果某一数值正好与某一组组限的起点值或终点值相同，就应该遵循统

计学中“上限不在内”原则，将某一数值划归属于下限的那一组。例如，某一农民人均年纯收入为5000元，就应划归属于下限5000～10000元的小康户组。

4. 组中值

组中值就是各组标志值的代表值。组中值是根据各组组距上限与下限之间的中点数值确定的。

（1）封闭式组距数列组中值的计算公式是：

组中值＝(下限＋上限)/2 （11－3）

例如，表11－1中，

小康户的组中值＝(5000＋10000)/2＝7500(元)

（2）开口式组距数列组中值的计算公式是：

缺下限的组中值＝(开口组上限－相邻组组距)/2 （11－4）

缺上限的组中值＝(开口组下限＋相邻组组距)/2 （11－5）

例如，表11－1中，

贫困户组中值＝2500－(5000－2500)/2＝1250(元)

富裕户组中值＝50000＋(50000－10000)/2＝70000(元)

（三）编制变量数列

数量标志中可以取不同数值的量，统计上称为变量。把数量标志的不同数值编制为数列，称为编制变量数列，即把各数量标志的数值汇总归入适当的变量数列表中。

三、汇总

所谓汇总，就是根据研究目的把分组后的数据汇集到有关表格中，并计算、加总，以集中、系统形式反映调查对象总体的数量情况。

汇总方法，分为手工汇总和电子计算机汇总两大类。手工汇总有画记法、折叠法、分表法、过录法、卡片法等方法。随着计算机的普及，手工汇总方法已逐渐为计算机汇总方法所代替。采用计算机汇总的方法，必须先把原始资料转变为计算机可识别的数据。现在，大多是在SPSS、Excel、DBASE等统计软件上直接登录统计资料、建立数据文件，然后再进行汇总计算。

四、制作统计表或统计图

汇总数据，如果要通过表格或图形表现出来，就要制作统计表或统计图。

统计表以表格形式反映变量的数值分布，是表述统计资料数量特征及其关系的主要形式。它具有系统、完整、简明、集中的特点，而且便于计算、查找和对比研究。广义地讲，统计表包括调查表、汇总表、整理表、分析表和公布统计资料的表式等。狭义地讲，统计表则指记载汇总结果和公布统计资料的表式。这里讲的统计表，是就狭义而言的。

1. 统计表的结构

从形式上看，统计表一般由表号、标题、标目（横标目、纵标目）、数字、表注和资料来源等要素构成。表号是表的序号，位于表顶端左侧，一般在表号后用空格或冒号与标题隔开；标题就是统计表的名称，它简要说明表中统计资料的内容，一般位于表顶端中部；标目分横标目和纵标目，横标目通常列在表的左侧，用以说明总体各组、各单位的标志，纵标目通常放在表的右侧上方，用以说明总体各组、各单位有关情况的各种指标；数字是统计表的主体，一般用绝对数、相对数或平均数等数值来说明总体各组、各单位有关指标的数量特征；表注是对表内的标目、统计方式、数据所做的解释或说明；凡需要解释或说明的内容一律写入表注；资料来源用于说明统计数据的出处，一般应有作者名、书刊名或文章名、页码、出版单位、时间或网址/网站名称等内容。

从内容上看，统计表由主词和宾词两部分组成。主词，就是统计表所要说明的总体或总体各组、各单位的名称，通常排在表的左侧；宾词，就是统计表用来说明主词的各种指标，通常排在表的右侧上方。

2. 统计表的分类

按照主词结构，统计表可分为简单表、分组表和复合表三种。

简单表，即主词未作任何分组的统计表。在简单表中，主词只列举总体各部分名称，或只按地域分布、时间顺序排列。

分组表，也称次数分布表，即主词按某一个标志分组的统计表。分组表可以按一个标志揭示出不同类型现象的数量特征，有利于研究调查对象总体的内部结构，分析不同类型社会现象之间的数量关系。

复合表，也称交互分类统计表或列联表，即主词按两个或两个以上标志分组的统计表。复合表可以把多种标志结合起来，可以从多种角度反映社会现象的不同数量特征。

3. 制作统计表应该注意的问题

（1）必须根据制表目的、要求和内容，通盘考虑统计表布局，使分组和指标的安排主次分明、重点突出，并反映出内容的内在逻辑关系，使人一目了然。

（2）标题文字要简明、准确，以说明表的主要内容为原则。

（3）纵标目、横标目的概念要明确，排列顺序要符合逻辑。跨页时，纵标目、横标目应照原表列出。

（4）主词和宾词的合计、总计，一般应安排在前面，以便首先给人一个总概念。如果只列出一部分项目，则合计必须在前面，在所列部分指标名称前必须冠以“其中”字样。

（5）全表的计量单位，如果数量较少，可在表上方右侧注明；如果数量较多，则应在各指标下注明。如果主词计量单位变化较多，可在纵栏目中专设一个“计量单位”栏目。

（6）表中的数字要填写整齐，对准位数，数字精确度要一致。下行与上行数字相同时，不应用“同上”或符号表示，而应填写数字。不需填写或无数字的空格，用短线“－”表示；缺数字的空格用虚线“…”表示；估算数据应在表注中说明；负数则应在数字前冠以负号。

4. 统计图的制作

统计图是指根据统计数据绘制的图形，用以反映统计对象的数量特征。它具有形象、生动、直观、概括和醒目等特点，具有较强吸引力和说服力。统计图大体可分为四种类型：

（1）几何图。就是利用点、线、面来表示统计资料的图形。它主要包括：圆形图，又称饼图；条形图，又称柱形图；直方图；曲线图，又称折线图。

（2）美术图。亦称形象图、绘画图，就是用形象来表达统计数据的图形，多用于展览、宣传和广告。它主要包括：象形图、装饰图和特种美术图。

（3）统计地图。就是以地图为背景，运用点、线、面等几何图或形象图来表示统计资料地域分布状况的图形。例如，运用点的大小、多少，线纹的粗细、疏密，颜色的深浅、明暗，圆形或方形面积的大小，实物形象的大小和多少等，来表示统计数量的地域分布。

（4）复合图。就是用两种或两种以上统计图复合而成的统计图，如条形图曲线图的复合图、条形图象形图的复合图、方形立体图统计地图的复合图，等等。

绘制统计图的基本要求是：

第一，根据绘图目的和统计资料本身特性选取适合的图形。

第二，图示内容应简单，突出重点；图示标题、数字和文字说明等应清晰，一目了然。

第三，图形设计要科学，数据计算要准确，图示表现要真实。

第四，绘制的统计图要美观、大方、生动、鲜明，具有较强的吸引力和说服力。

现在，运用计算机绘制统计图不仅十分方便、效率很高，而且非常准确。常用的制图软件有 SPSS、Excel 和 SAS 等。

第四节　文字资料的整理

文字资料的汇总整理，是按照社会调查的目的和要求，对文字资料进行逻辑编排，使之成为能反映社会调查对象总体客观情况的系统、完整、集中、简明的材料的过程。按照前面所述的文字资料分类整理知识，可以说，文字资料汇总整理最基本的方法是分类汇总整理。当然，文字资料汇总整理除分类汇总之外，根据需要还可进行提问汇总、主题汇总等多种汇总编排。

一、文字资料的汇总方法

1. 分类汇总

分类汇总是按照一定的分类标准及其所确定的分类体系将文字资料进行汇总。分类汇总的具体要求是：（1）应根据研究的目的、要求和客观情况确定合理分类标准和分类体系，使汇总和编辑后的文字资料能够反映其内容特征，表现研究对象的客观情况，说明社会现象的实质问题；（2）要对文字资料进行初步加工，如给予各种文字资料以类名或分类号码，并按照分类的逻辑结构或分类号码对文字资料进行科学的编排。

2. 提问汇总

提问汇总是按照社会调查过程中所设置的提问及其顺序，将所获得的文字资料进行汇总。提问汇总的好处是：（1）通过将每一提问所获得的资料汇集在一起，可以较好地把握调查对象对某一问题的具体回答情况，同时能够很容易看出不同的调查对象对同一问题的领悟程度、认识差距和表述差别；（2）通过按照提问顺序汇总所有的文字性调查资料，还有利于调查者从总体上把握调查对象在本次调查中总体回答的状况。

3. 主题汇总

主题汇总是按照社会调查内容涉及的主题词，将所获得的文字资料进行汇总和编排。例如，一次有关社会组织的社会调查所涉及的主题词包括社会组织名称、社会组织性质、社会组织特征、社会组织功能、社会组织分类、社会组织发展、社会组织登记、社会组织管理等，那么，就可以将调查获得的各种资料按照这些主题词进行汇总和编辑。通常来讲，按照主题词对文字资料进行汇总，有利于从不同角度对调查对象做出整体分析。

4. 其他汇总

文字资料的汇总还可以按调查对象的类别、事件发生的时间顺序或事件发生的相关原因等进行汇总。例如，要了解人们对某一事件的认识，就可以将调查获得的文字资料分政府官员、普通百姓、专家学者、媒体人士等几类进行汇总整理；要分析影响企业经营状况不良的因素，就可按因素的种类，如资金短缺、管理不善、市场不景气、领导班子不团结、企业缺乏凝聚力等进行汇总编辑；要反映某一事件的发展过程，则可以按时间进行汇总。

文字资料汇总的方法多种多样。但不管采用何种汇总的方法，文字资料汇总都应遵循以下基本要求：（1）要完整和系统。所有可用的调查资料都要汇总编排到一起，大类小类要井井有条，层次分明，能系统完整地反映社会调查对象总体的面貌。（2）要简明和集中。要用尽可能简短、明了的文字，集中地说明社会调查对象总体的客观情况，并注明资料的来源和出处。如有必要，还可对资料的价值和作用等做些简短述评，以供进一步分析研究参考。

二、整理文字资料的步骤

文字资料的来源一般有两个：一是实地调查资料，包括访谈和观察记录等；二是文献资料，包括机关档案、政府文件、会议记录、个人日记、信件、调查报告和研究论文等。文字资料的来源不同，整理方法就有所不同，但是，一般都要经过审查、分类、汇编、编码、勾画概念图等程序。

（一）审查

所谓审查，是指通过仔细推究和详尽考察，来判断、确定文字资料的真实性和适用性。真实性审查也称信度审查，包括三个方面：一是文字资料本身的真实性审查，二是文字资料内容的可靠性审查，三是文字资料的适用性审查。

1. 真实性审查

文字资料本身的真实性审查，是指通过细究和考察以判明调查所得的文献资料、观察和访问记录等资料本身的真伪。它一般采用两种方法：一是外观审查，即从文字资料的作者、编者、出版者、版本、印刷技术、纸张等外在情况来判断文献的真伪。二是内涵审查，即从文字资料的内容，使用的词汇、概念，写作技巧和风格等内在情况来判断文献的真伪。观察和访问记录等资料的真实性审查，还可从记录时间、地点、内容、语言和字迹等情况来判断其真伪。例如，那些内容贫乏、时间重叠、语言雷同、字迹和墨水相同的记录，就可能是伪造的记录。

2. 可靠性审查

文字资料内容的可靠性审查，是指通过细究和考察以判明文字资料内容是否真实地反映了调查对象的客观情况。它一般采用四种方法：（1）根据以往实践经验和常识来判断文献内容的可靠性，如有明显违反实践经验和常识的内容，就应重新调查或核实。（2）根据文献内在逻辑来检验资料的可靠性，如文献内容有逻辑矛盾，或违背事物发展逻辑，就应对这些资料重新核实，剔除不符合事实的部分。（3）根据文献来源来判断资料的可靠性。一般地说，当事人反映的情况比局外人反映的情况可靠性大一些，多数人反映的情况比少数人反映的情况可靠性大一些，有文字记录的情况比口耳相传的情况可靠性大一些，引用率高的文献比引用率低的文献可靠性大一些，等等。（4）根据多种来源的文献进行对比审核。例如，对访谈资料与观察记录进行对比审核，对不同调查人员的访谈、观察记录进行对比审核，对访谈、观察记录与文献资料进行对比审核，等等。一般地说，多种来源互相印证的资料比单一来源的资料可靠性要大一些。

3. 适用性审查

文字资料的适用性审查，主要是审查文字资料是否符合原设计要求，是否适用于分析与解释调查所要回答的问题。如果搜集的文字资料违背了原设计要求，不适用于分析与解释调查所要回答的问题，或者字迹无法辨认，等等，都应列为不适用的文字资料。

对于不真实或不适用的文字资料，一般都应进行补充调查，使之成为真实的、适用的文字资料。如果无法补充调查，不能成为真实的、适用的文字资料，就应剔除，以免影响整个调查资料的真实性和适用性。

（二）分类

文字资料的分类，就是根据资料的性质、内容或特征，将相异的资料区别开来，将相同或相近的资料合为一类的过程。通过分类，可以使文字资料条理化、系统化，为找出规律性的联系提供依据。

1. 分类方法

文字资料分类有两种方法，即前分类和后分类。前分类，就是在设计调查提纲、表格或问卷时，就按照事物或现象类别设计调查指标，然后再按分类指标搜集资料、整理资料。这样，分类工作在调查前就安排好了。如有结构观察卡片、标准化访问记录等，大都采取前分类方法。后分类，是指在调查资料收集起来后，再根据资料的性质、内容或特征将它们分别集合成类。如文献调查资料、无结构观察卡片和非标准化访问记录等，一般都是在资料收集后再去分类。

2. 分类原则

分类是否正确，关键在于如何确定分类标准。分类标准的选择，一般应基于某种研究假设或理论。正确确定分类标准，必须掌握三条原则：（1）科学性原则，即分类标准必须符合科学原理；（2）客观性原则，即分类标准必须符合客观实际；（3）有效性原则，即分类能有效地服务于研究目的，能有效说明研究所要说明的问题。此外，分类还必须符合科学分类的逻辑规则。

3. 分类的意义

分类的意义在于：（1）它是认识社会现象的初步成果。人们关于社会现象类别的概念就是通过分类形成的，而类别概念的形成正是人们认识社会现象的初步成果。（2）它是揭示事物内部结构的前提。要揭示事物的内部结构，必须首先将事物区分为不同组成部分，分类就是根据一定标准把事物区分为不同组成部分，因而它就成为揭示事物内部结构的必要前提。（3）它是研究不同类别事物之间关系的基础。要研究不同类别事物之间的关系，必须首先将不同类别事物区别开来，而要区分不同类别事物，就离不开分类，因而分类就成为研究事物之间关系的基础。

必须指出，分类绝不是一个简单的程序性、技术性问题，而是以一定理论为指导，对调查资料进行概括、抽象的一种分析和研究。例如，对调查所获得的多种多样闲暇活动资料的分类，人们往往通过抽象、概括把它们分为生存类、发展类、享受类，或者是高雅休闲类、大众娱乐类、学习类、健身类等等，其背后都隐藏着研究者一定的理论解释：或者是说明不同社会发展阶段休闲方式的不同，或者是说明不同社会阶层休闲情趣的差异。列宁指出："由于分类的方法不同，同一个材料竟会提供截然相反的结论。"因此，分类具有重要的认识意义。

（三）汇编

汇编，就是按照调查目的和要求，对分类后的资料进行汇总和编辑，使之成为反映调查对象总体情况的系统、完整、集中、简明的材料。

对分类资料进行汇编，首先，应根据调查目的、要求和调查对象的具体情况，确定合理的逻辑结构，使汇编后的资料既能反映调查对象总体的真实情况，又能说明调查所要说明的问题。其次，要对分类资料进行初步加工。例如，给各种资料加上标题，重要部分标上各种符号，对各种资料按照一定逻辑结构编上序号，等等。

资料汇编的基本要求是：一要完整和系统。所有可用资料都要汇编到一起，大类小类要层次分明，井井有条，能系统、完整地反映调查对象总体的全貌。二要简明和集中。要用尽可能简短、明了的文字，集中说明调查对象的总体情况，并注明资料来源。如有必要，还可对资料的价值等作简短述评，以供进一步研究参考。

（四）编码

文字资料的编码与问卷资料的编码具有不同的含义。问卷资料的编码，主要是将受调查者的回答编辑成计算机可以读取的形式，以便于统计分析。文字资料的编码一般采用后编码方法，具有分类学意义，其作用是根据文字资料的内容和意义将其分为不同类别。

美国社会学家斯特劳斯提出，定性资料的编码有以下三种类型：

（1）开放式编码。其具体做法是，在初步翻阅资料后，制作一份主题清单，并赋予其相应编码。由于此时主题处于较低抽象层次，可采用最初的研究问题、相关文献中的概念和资料中的词汇、短语、句子或段落作为编码单位。接着，仔细阅读原始资料，根据主题清单编码在资料右边空白处标明编码。

（2）轴心式编码。就是从一组初步编码或初始概念入手，在审查初步编码的过程中，思考原因和结果、条件与互动、策略与过程等问题，记录下出现的额外编码或新想法，并寻找能将它们聚合在一起的类别或概念，确定分析的主轴。例如，在研究婚姻问题时，可以将婚姻的一般性议题分为订婚、结婚等几个部分，然后把婚姻与性、家务工作的劳力分配、对子女的看法等主题相联系，当主题在不同地方重复出现时，对其进行比较，以便找出新的主题。

（3）选择式编码。是指研究者有选择地查找那些说明主题的个案，并在大部分或所有资料收集完成之后，围绕核心概念或观点对早先编码中所识别的主题进行再组织。例如，婚姻生活研究者决定以性别关系作为首要主题，在选择式编码时，先浏览自己的调查笔记，找出男女回答人在回答约会、订婚、结婚、离婚、婚外情或夫妻关系等方面问题时的差异，然后再对比研究男人与女人对于婚姻这个主题的各个方面的态度。显然，选择式编码实际上就是在各个主题中找到一个可以统领其他相关主题的核心主题，并将所有研究结果统一在这个核心主题之下。

编码完成后，还要编制编码簿。编码簿的作用在于说明编码的意义，了解编码的数量和类型，同时为查阅编码提供方便。

（五）勾画概念图

理论的建立需要一些基本概念，一个基本概念往往又包括许多变量。为了便于形成研究问题、得出研究结论，有必要勾画出概念图。概念图是用来组织和表征知识的工具，它通常将某一主题概念置于圆圈或方框之中，然后用连线将相关概念或命题连接起来，连线上标明不同概念或命题之间的意义或关系，从而实现理论的直观展示。

概念图由概念、命题、交叉连接线和层级结构四种图标组成。概念，是反映事物本质属性的词或词组；命题，是指一个判断（陈述）的语义（实际表达的概念），它是两个概念之间通过某个连接词而形成的意义或关系；交叉连接线，表示不同概念之间的相互关系；层级结构，是不同层次概念的排列组合方式。在概念图中，主题概念是核心，一般置于概念图的最上层或者中心，从属的概念、命题则安排在下层或四周，并用交叉连接线来表示各种概念、命题之间的关系。概念图画好后，还应用文字说明体现在概念图中的思想，为理论的提出打好基础。一般来说，概念图不能指望一次绘成，随着研究的不断深化，概念图需要不断地修改和完善，直至绘制出最终的概念图。勾画概念图的方法对形成理论有很大帮助，主要表现在两个方面：一方面，把隐而不显的理论用图表示出来，能使它们直观可见，让人们更好地看清理论的内在逻辑关系以及它们与当前研究的关系；另一方面，概念图也是一种文本思考的方法，有助于发现研究中意料之外的某种联系，或寻找到现有理论的漏洞或矛盾，从而提出新理论。需要注意的是：勾画概念图本身并不是目的，它只是提出理论并使理论更加清晰的一种工具。因此，不要过分注重概念图的外在形式，而忽视了概念图的理论洞察力。

三、整理文字资料的手段

整理文字资料有两种方法或手段。

（一）人工整理

人工整理就是在对文字资料进行审查、分类、汇编、编码后，人工进行登录和建档。登录，就是将审查、分类、汇编、编码后的文字资料，用规范的文字登记、记录下来。建档，就是将登录的文字资料整理成可供分析研究用的文本档案。

（二）电脑整理

电脑整理就是将审查、分类、汇编、编码后的文字资料录入、存储到计算机中，形成电子文档，然后再根据研究需要对电子文档进行编排、分析和保存，形成数据库。电脑整理，既可使研究者从繁复的劳动中解放出来，又可共享整理成果，改变定性研究流程和集体研究合作方式，为组织大型定性研究项目提供新的可能。

20 世纪 80 年代以来，计算机定性分析方法有了很大发展，定性分析过程数字化和计算机化已成为不可逆转的大趋势。据不完全统计，目前德国、英国、法国、美国等国已有 20 多种定性分析软件，其中有些软件是可以免费使用的研究机构的科研成果，但是，比较成熟的定性辅助系统大多是商业软件。就分析中文资料而言，目前最好的软件是 Qualrus，其次是 NVivo7、MAXqda 和 ATLAS. ti。这些软件的功能有较大差别，选用什么样的软件来整理和分析资料，应根据资料特点和软件功能来判定。

Qualrus 是美国公司开发的新一代智能型定性资料分析辅助软件，带用自己的脚本语言。它的主要特色是扩展性，研究者可以使用脚本语言完成特定的分析任务。它的智能编码功能，有助于研究者在归纳编码和演绎编码之间求得平衡，而不致陷入特定分析框架的桎梏。另外，Qualrus 可以使用合并工具在不同研究者的项目之间搭起桥梁，并可用一致性工具检验编码者之间的一致性程度，因而有利于研究团队之间的合作。

NVivo7 是澳大利亚 QSR 公司开发的一套专为大规模定性研究项目设计的定性分析软件，该软件数据输入输出方便快捷，提供了导入、节点、群组、查询、建模、链接、分类和文件夹八大功能，加快了定性研究分析的过程。NVivo7 从文档的详细解释到调查回答中的图案信息分析都可使用，还可以为使用者转换统计软件提供链接。它主要适合分析下列资料：纵向研究、行为研究、内容分析、对话分析、人类学、文字回顾，以及上述多种方法混合使用的定性研究。NVivo7 采用内部数据库结构，占用磁盘空间较大。

MAXqda 是德国开发的一款定性资料分析辅助软件。它具有两个附加模块：一是 MAXdictio，用于提供基本的内容分析，例如词频和词汇索引；二是 MAXmaps，用于增加图示动能，例如显示两个代码之间关系的示意图。该软件的用户界面十分简明，四个主窗口分别可以管理文本文件、代码、原始文本和编码文本。

ATLAS. ti 是德国柏林技术大学 Muhr 研发的。该软件把自己定位为“知识作坊”，采用外部数据库结构，文本文件没有拷贝到项目中，而只是和项目建立关联。它把整个研究项目看作一个“释义单位”（Hermeneutic Unit）。打开释义单元，将自动激活所有相关材料，数据将得到简化。源数据可以包括文本文件（例如：面谈、文章、报告）、图像（照片、截图、图表）、录音（访谈、广播、音乐）、视频剪辑（视听材料）、PDF 文件（论文、小册子、报告），甚至包括地理数据（谷歌地球的方位数据）。ATLAS. ti 采用强大的人机界面、灵活而先进的分析手段、创造性强的系统方法处理定性数据中大量隐藏的有意义片段，管理内容包括摘录、比较、重新、组合探索等①。

关键概念

整理资料　统计资料　文字资料　统计图　数据

① 资料来源：夏传玲．定性软件的中文兼容性和性能评估［EB/OL］．http：//www. docin. com/p－269937545. html.

复习思考题

1. 什么是整理资料？整理资料应该遵循哪些原则？
2. 整理问卷资料一般有哪些阶段？
3. 后编码有哪些步骤？
4. 统计资料的正确性检验有哪些方法？
5. 统计资料分组的目的是什么？分组有哪些基本标志？
6. 如何确定组数、组距、组限和组中值？
7. 统计表和统计图有何联系和区别？各自的特点和作用是什么？
8. 文字资料的真实性、可靠性审查有哪些方法？
9. 什么是概念图？勾画概念图有何意义？

第十二章　社会经济调查资料的统计分析

学习目标

□ 掌握统计分析的概念
□ 掌握数据集中和数据离散趋势分析
□ 掌握双变量统计分析内容、相关分析与回归分析
□ 理解多变量统计分析与因子分析

第一节　统计分析概述

统计分析是量化分析资料的重要方法，可以为社会研究提供清晰、准确的形式化语言，能够帮助人们探索和预测社会的发展趋势，因此可以说统计分析是人们认识社会现象的一种重要分析工具。统计学就是运用统计学原理和方法，处理调查所获得的数据资料，简化和描述数据资料，揭示变量之间的统计关系，并进而推断总体的一整套程序和方法，可以说统计分析是定量研究不可缺少的重要环节和内容。统计分析方法主要分为描述统计和推论统计，按照变量的多少又可分为单变量分析、双变量分析和多变量分析。

一、统计分析的目的

1. 简化和描述数据

统计分析的目的是把调研中收集的数据进行处理，从中详实地把握现状，预测或估计未来以及对主观行为的分析的过程。在社会经济调查中，收集的数据多种多样，数量庞大。而在我们撰写调查报告时，没有必要也没有可能罗列每一个数据，但是我们可以运用统计分析方法对调查数据加以简化后再描述出来。例如，一项关于乡村振兴背景下农民工返乡定居意愿的社会经济调查中，共收集了 2332 份农民工样本，每个样本都有很多反映其特性或状态的变量数据，比如说性别、年龄、文化程度、收入、职业、态度与行为等。在报告调查结果时，没有必要也没有可能将这些人的每一项数据都罗列一番，而是应该通过统计分析后用平均数、百分比、标准差等简化了的统计量，把他们的特性或状态描述出

来。因此，许多科学研究使用了简化方式，使资料从一种不易辨明的细节形式简化为容易处理的摘要形式。

2. 用样本推断总体

复杂的社会问题很难对所有的地区、人员与相关问题逐个进行调查，这里需要利用随机抽样调查的方法，科学地选取一定数量的样本进行详细的调查。对样本进行调查只是手段而不是目的，真正的目的在于通过对样本进行调查获得的样本统计量，来推断总体参数。如上述农民工调查中，50 岁以下的被调查者占样本总体的 82.4%，其中 30 岁以下的农民工占比最高，为 36.65%，由此我们可以推断出外出务工人员总体上的年龄结构。

3. 发现变量之间的统计关系

社会经济调查中，统计分析的目的之一，就是发现并展示各种变量之间的统计关系和规律。因为在调查中，调查者收集到的一大堆表面看起来杂乱无章的数据，只能通过统计分析才能把隐藏在这些数据后面的统计关系和规律提示出来。我们仍以这份农民工返乡定居意愿调查为例，哪些因素会对农民工返乡定居意愿产生重要驱动作用呢？农民工群体可以大致划分为第一代与第二代，那么代际之间会存在驱动因素上的差异吗？可以说，这些问题只有通过统计分析，才能找到答案。

二、统计分析过程

在数据录入和清理后，统计分析大致要经过两个过程，数据预处理与数据统计分析。

1. 数据预处理

就是在统计分析之前，对清理后的数据进行预备性处理。包括缺失值处理、加权处理、变量重新编码、数据重新排序，以及创造新变量等。根据要研究的问题，可以根据调研问卷中的已有变量进行创新，例如要想了解一个家庭中农业经营性收入占家庭总收入的比例为多少，很难直接在问卷中直接体现出来，可以根据问卷中已有的农业经营性收入 2 万元以及家庭总收入 10 万元进行计算得出。数据预处理工作，有的在统计分析之前完成，有的伴随统计分析过程逐步进行。一般的统计软件都有专门的程序来完成这项工作。

2. 数据统计分析

数据统计分析是在数据处理的基础上进行的，它主要是运用统计方法简化资料，在对资料分类（组）和汇总的基础，是资料更加条理化和系统化。通常调用统计软件中的各种统计程序对数据进行分析。包括单变量、双变量、多变量的统计分析，以及制作统计图、统计表等一系列工作。总体上，统计分析工作可以按照不同标准来划分层次。例如按照统计分析涉及变量的多少，可分为单变量统计分析、双变量统计分析和多变量统计分析。

第二节 单变量统计分析

一、单一变量的分布特征

当我们需要对各类变量做更深入的分析时，总希望能以最简明的形式提供尽可能多的有价值的关键信息，其中就包括能够反映变量分布特征的一些代表值，尤其是属性分析。比如，对性别进行问卷测量以后，进一步分析问卷中的男性有多少，女性有多少。单一变量的分布表示将所有的单个样本都报告出来，按照问题中的变量把每个样本的属性展示清楚。在单变量分析中经常用到频数分布，也就是说样本中变量的不同属性出现次数的描述。例如，一项问卷中，男性为55%，女性为45%。

二、数据的集中趋势分析

除了简单报告属性的分布外，还需要进一步分析表明变量分布的中心在哪里（也就是数据的集中趋势），数据的中心位置、集中趋势称为集中量数，它是用典型值或代表值反映一组数据的一般水平或平均状况，表明多个事物的某一数量属性在一定时间、地点和条件下的共同性质。用集中量数来代表一组数据，对原始数据是一种简化的过程。集中量数是以科学的抽象为前提，尽管一定程度上丧失了原先数据所具有的信息量，但是它可以帮助我们深入地了解这组数据。日常生活中经常用到各种类型的平均数来表达变量值的典型性。例如，在棒球比赛中，平均击球率为0.4，也就是说每10次能击中4次——平均而言。

数据的集中趋势分析指一组数据向某一中心聚集的倾向或数据的平均水平。描述集中趋势的量数称为集中量数，集中量数应该能够代表这组数据的一般水平。常用的集中量数包括平均数、中位数、众数。

1. 平均数

平均数（Mean）也称为算数平均数、均数、均值。平均数是多种测量集中趋势或者说典型值方法的一种，一般以M表示，如果M是由变量x计算得来的，可记为用$\bar{X}$表示。

$$\bar{X}=\frac{x_1+x_2+x_3+x_2+\cdots+x_n}{n}=\frac{\sum_{i=1}^{n}x_i}{n}=\frac{\sum x}{n} \qquad (12-1)$$

其中，x_i为各次观测的结果，即观测值或实际调查数据，n为观测的次数，$\sum$为总和或总加。在不至于引起混淆的地方，$\sum_{i=1}^{n}x_i$可以简单记为$\sum x$。该计算公式表明，平均数的基本含义是全部的“数值”之和除以全部的“次数”，平均数是数据的“数值”中心。

例如某次考试中，5位同学的得分分别是为85分、74分、90分、65分、78分，那么这 5 位同学的平均分数为：

$\bar{X}=(85+74+90+65+78)\div5=78.4$（分）

由于公式中有加法运算，所以平均数仅适用于定距数据和定比数据。

2. 中位数

中位数（Median）又称中数、中点数。是指位于按一定顺序排列的一组数据中央位置的数值，常表示为 Md。对于那些只有大小、高低、强弱等顺序的变量，由于不能对它们进行乘除运算，无法用平均值表示它们的集中量数，一般采用中位数作为集中量数。中位数的意义表现在一个有序排列的数据中，各有一半数据的值在它之上或之下。计算中位数的条件为只有定序、定距、定比数据才能求中位数，定类数据则没有中位数可言。

当资料为一组单位数据时，求中位数还是比较简单的。其中，当组成数据的个数为奇数时，中位数的数值就是位于中央的那个数据的数值。例如前例中的 5 名同学的考试成绩，我们按从小到大的顺序重新排序为：65 分、74 分、78 分、85 分、90 分，那么排在中央位置的 78 分就是这组数据的中位数。

如果组成数据的个数为偶数时，该怎么办呢？例如，6 位调查者的年龄按从小到大的顺序排列，分别为：18 岁、21 岁、26 岁、28 岁、35 岁、44 岁，在没有直接对应数据的情况下，我们取处于中位数位置两边的数值，取它们的平均值作为中位数。在这个例子中，中位数就是：$(26+28)\div2=27$（岁）。

3. 众数

众数（Mode）又称为密集数、通常数等，简写为 Mo，是指在一组数据中出现次数最多或出现频率最高的那个数的数值，它是具有明显集中趋势点的数据，同样表达了一组数据的集中趋势。在一组数据中，众数并不是唯一的，也可能不存在。如数组 12、12、23、34、46、46、54，有两个众数 12 和 46；而数组 12、12、12、12、12 中 5 个数值都是 12，这组数值的众数是几呢？在这组数值中，由于没有另一个数值的频数与 12 的频数相比较，因此我们不能认定 12 的频数最多，也就是说这组数据没有众数。

求众数最主要的方法是直接观察法，在一组数据（一个变量）中，出现次数最多的标志或项目就是众数。例如表 12－1 中出现的最高次数为 55，她所对应的 3 就是众数，即为在 100 户家庭中，多数是三口之家，Mo＝三口之家。由于众数是看数据出现的频率，没有加减乘除运算过程，所以所有的数据类型都可以用众数表示它的集中趋势。

表 12－1　　调查家庭人口分布状况

家庭人口	户数	百分比	向上累计（cf↑）	向下累计（c%↓）
1	10	10	100	10
2	20	20	90	30
3	55	55	70	85
4	10	10	15	95
>5	5	5	5	100

资料来源：根据仇立平．社会研究方法［M］．重庆：重庆大学出版社，2008．P_{269} 整理．

4. 对平均数、中位数、众数的评价

集中量数的三种计算方法平均数、中位数、众数各有自己的特点。

(1) 平均数。平均数对数据的利用效率最高，它可以从无秩序的数据中直接求出，其计算可运用数学方法，运算的结果可以成为其他统计运算的基础。因此，在数理统计中，是使用最多的一种。但是，它往往受一个或几个极端数据的影响，使平均数反映数据整体集中趋势的准确性变得面目全非，特别是在数据较少的情况下表现得比较明显。例如，某村有 100 户农民，其中 99 户年平均收入为 1 万元，另一户私营企业主年收入达 1000 万元，由于这个极端数据的影响，全村户年平均收入就变成了 10.99 万元。显然，这个平均数所反映的集中趋势是极不准确的。

(2) 中位数。中位数在两端极端数值不明确的情况下仍可求出。实际上中位数只要知道一个数据的值（中间那个数据的值）就够了，其余数据的值即使一无所知也无所谓，因此这也表明中位数对数据的利用效率较低。中位数在表现数据整体的集中趋势上，一般没有平均数准确。但是，当一组数据中存在极端数据，或数据中有个别数据不准确、不清楚时，中位数能比平均数更准确、更稳定地反映数据整体的集中趋势。

(3) 众数。众数是量化程度最低的一个集中量数，只是说明一组数据中哪种情况最多。一组数据中各类别的次数如果相差悬殊，众数可以成为反映这组数据的较好指标；如果各类别的次数很接近，众数的意义就不那么明显。但是，在需要快速而又粗略地找出一组数据的代表值时，众数比平均数、中位数都更能表现出它的优越性。

三、数据的离散趋势分析

数据的集中趋势是以一个数值来代表一组数据，表示一组数据的一般特征和水平，数据资料还有其分散的一面，即离散趋势的一面，因此仅仅依靠集中量数难以准确地说明一组数据的分布状况。人们在比较两组数据的平均水平时，通常是比较均值的大小，但是这样做并不总是合理的。例如，有两组学生的考试成绩分别为：

第一组：87，82，78，65，92，88

第二组：32，70，93，99，99，99

这两组学生的平均成绩都是 82 分，但他们成绩的分布是很不同的。第一组的分数基本聚集在 82 分的附近，82 分可以作为这组学生的平均水平，第二组学生的分数非常分散，最高分 99 分与最低分 32 分相差了 67 分，以 82 分很难代表第二组学生的平均水平。因此，在讨论数据分布的特征时，仅用集中量数来说明是不够的，还需要一个能够描述数据分布离散程度的量数。

所谓离散量数，也称离散趋势，它表示一组数据变异程度或分散程度的量数，反映数据的波动情况。离散量数越大，表示数据分布范围越广，越不集中，也越不整齐，集中量数的代表性就越小。最简单的离散测量是极差：最大值到最小值之间的距离。例如，在一组数据的分析报告中，除了调研对象的年龄均值为 17 岁以外，他们的年龄分布是 13 ~ 19

岁。除此以外，还有较为复杂的离散趋势测量方式，如方差与标准差、全距、异众比率、离散系数等。这些特征量数通常都可以利用 SPSS 统计软件得到，因此，我们将进一步说明各种计算公式，并针对它们的意义和应用的条件进行阐述。

1. 方差与标准差

方差是一种重要的离散量数。方差的计算方法是，把一组数据中每个数据与该组算数平均数相减，将其差进行平方后再相加，再除以数据的个数，也就是各个数据到均值的距离平方和的均值。

方差的计算公式为：

$$S^2 = \frac{\sum (X - \bar{X})^2}{N} \tag{12-2}$$

方差的平方根就是标准差也称为均方差根，是各单位标志值与平均数的距离平方和的平方数的平方根，标准差的平方即方差。标准差是计算变量变异程度的重要方法。由于标准差最符合数学原理，因此是用来计算变异量的常用方法。但是标准差主要适用于定比测量，或者由定比测量而转换的定距测量。标准差的基本公式为：

$$S = \sqrt{\frac{\sum (X - \bar{X})^2}{N}} \tag{12-3}$$

其中，S 代表标准差，X 代表个案值或各单位标志值，$\bar{X}$ 代表平均值，N 代表样本数，$\sum$ 代表总和或总加。

方差和标准差全面准确地反映了数据偏离平均值的程度。标准差越大，说明数据分布的离散程度就越大；标准差小，说明数据分布的离散程度小，数据都集中在均值的附近。

需要指出的是，由于在标准差计算过程中用到了均值，所以标准差也会受到数据中极端值的影响。我们以两个数组为例，数组 1 为：2、2、3、3、7、9、9，它的均值是 5，标准差为 3.215；数组 2 为：2、2、3、3、7、9、999，它的均值是 146.43，标准差为 375.96，由此可见，极端值对标准差的影响有多大！

2. 全距

全距又称为极差或者两点距，是一组数据中最大值与最小值之差，通常用 R 来表示。全距的大小与及中量数的代表性程度成反比，即全距越大，集中量数的代表性越低。例如，全班学生的成绩最高分为 98 分，最低分为 56 分，则全班分数的全距为 R = 98 - 56 = 42（分）。全距简明地反映了一组数据的离散程度，但它所关注的只是数组中最大值和最小值，不考虑中间数据的情况，丢弃的信息太多，而且只要最大值或最小值有所变化，全距马上就会跟着变，说明全距的稳定性不好，只能作为离散量数的参考性指标。一般情况下，全距适用于预备性检查，其目的是大体上了解数据的分布范围，从而确定分组。

3. 异众比率

异众比率是反映众数代表性的离散量数，指非众数的频数与全部个案数的比值，用 VR 表示，主要用于定类变量。其含义是指众数所不能代表的其他数据在总数据中的比重。计算公式如下：

$$VR = \frac{n - f_{mo}}{n} \quad (12-4)$$

其中，f_{mo}指众数的次数，n 为全部次数或个案数。

例如，对 200 名学生调查“当你烦恼时，最愿意倾诉的对象是谁”，回答的统计结果如表 12－2 所示，于是可知，众数为“知心朋友”，频数为 52，那么非众数的频数即为 200－52。那么异众比率即为：

$$VR = (200-52) \div 200 = 0.74$$

表 12－2　　学生的倾诉对象的调查表

项目	知心朋友	父母	班主任	同学	写日记	其他
人数	52	32	24	44	26	22

0.74 的得数表示异众数比例较高，众数的代表性比较差。当异众比率 VR 接近于零时，说明众数频数很大，数组中几乎所有的数值或数字都相同，数据的离散程度很小，众数完全可以代表这个数组；当 VR 接近于 1 时，说明众数的频数很小，在这种情况下，一般地说数据分布十分分散，众数的代表性就很差了。通常情况下，我们很少用异众比率，但是对于定类数据，只能用异众比率，而不能用其他的差异量数。

4. 四分位差

四分位差是反映中位数代表性的离散量数，通常用符号 Q 表示，主要使用于定序变量。在一组数据中，中间 50% 的次数所占的距离。计算四分位差首先要确定四分位数。所谓四分位数是将一组数据按高低、大小的顺序加以排列，并将其分为四个相等的部分，位于第 n/4 的数据成为第 1 四分位，以 Q1 表示；位于第 2n/4 的数据称为第 2 四分位数，也就是中位数，以 Q2 表示；位于第 3n/4 的数据成为第 3 四分位，以 Q3 表示。四分位差就是值 Q1－Q2 这段距离。这段距离拥有 50% 的数据资料，其距离的大小，反映了这段距离内数据的疏密。距离越小，说明这些数据是密集，也即离散程度越小。

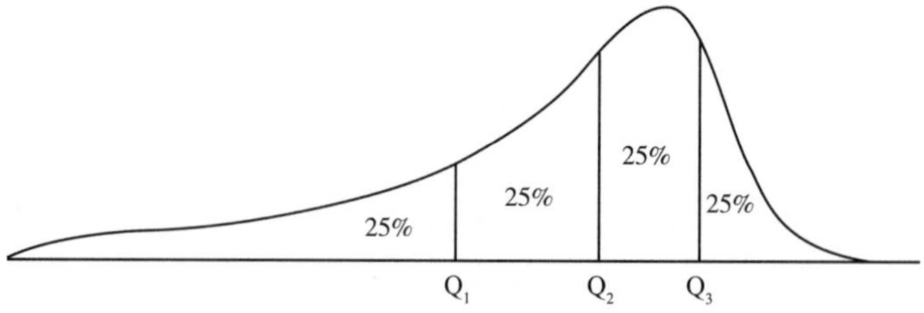

图 12－1　四分位数的数据分布

资料来源：根据仇立平《社会研究方法》第 280 页内容整理。

5. 离散系数

在对调查数据进行统计分析过程中，有时需要比较两个变量的离散程度。当两个变量性质相同、计量单位相同并且均值相差不大时，可以直接用方差或标准差来比较。但是，如果资料的性质不同、单位不同，或单位相同而均值差异较大时，就不能直接用方差或标准差来比较它们的离散程度。例如，比较某班学生的身高数据与体重数据哪一个离散程度大，但身高与体重的单位不同，两者无法用标准差进行比较。为此，我们引进表示离散趋势的一个相对量数，就是离散系数也称为变差系数。离散系数是标准差（s）与算数平均数（$\bar{X}$）的百分比值，用 CV 表示。它是一个无量纲的相对数，不受计量单位等因素的影响，因而便于进行比较。因此，可以比较同一总体不同变量的离散状况，也可以比较不同总体相同变量的离散状况。与绝对离散量一样，离散系数越大，数据的离散程度就越大，集中量数的代表性就越小。离散系数计算公式如下：

$$CV = \frac{S}{\bar{X}} \tag{12-5}$$

我们可以用离散系数来比较这个班学生的身高与体重两组数据的离散程度。某班学生的身高平均值是 167cm，标准差为 9cm；体重的平均值为 44.5kg，标准差为 5.172kg。则身高和体重的离散系数为：

$CV_{身高} = 9/167 = 0.054$

$CV_{体重} = 5.172/44.5 = 0.116$

由此可见，体重的离散程度比身高的离散程度要大。

根据以上对集中量数分析的结果发现，集中量数和离散量数的计算方法有多种，在选择具体的计算方法时，要根据变量的测量层次，尽可能选择最符合数学原理的计算方法，对于可以选择平均数和标准差的，就不要选择中位数和四分位数，而众数和异众比率应被视为最后一种选择。集中量数、离散量数和变量测量层次的关系如表 12-3 所示。

表 12-3　集中量数、离散量数和变量测量层次的关系

	定类测量	定序测量	定距测量	定比测量
众数、异众比率	○	○	○	○
中位数、四分位数		○	○	○
平均数、标准差			○	○

资料来源：作者根据仇立平《社会研究方法》第 283 页内容整理。

使用离散量数对单一变量进行统计分析时，要注意以下几个问题：

（1）不同的变量类型要用不同的离散量数。对于定类变量，只能用异众比率来度量其离散程度；对于定序变量，主要用全距；对于定距变量和定比变量主要用方差和标准差。在比较两个变量的离散程度时，如果单位不同，或平均值差异很大，就要用离散系数，不能用标准差直接比较。

（2）对两个变量均值的比较必须辅以标准差。只有当标准差差异不大时，即两个变量分布的离散程度基本是一样的，比较均值才有意义。反之，如果标准差差异比较大，标准差大的一组，均值的代表性差，就不能与另一个变量的平均值进行比较。

（3）集中量数和离散量数的匹配问题。通常情况下，要把集中量数和离散量数结合在一起描述单变量分布的特征。因此，使用中要注意二者的匹配：当集中量数用众数时，差异量数要用异众数；当集中量数用中位数时，差异量数要用全距；当集中量数用均值时，差异量数就要用方差和标准差。

第三节　双变量统计分析

在社会经济调查中收集到的大量数据，表面看起来是杂乱无章的，我们必须对这些数据进行统计分析，把隐藏在这些数据后面的统计关系和规律揭示出来，这样才能达到揭示社会现象之间的相互关系的目的。揭示多个社会现象之间的相互关系就涉及多个变量的统计分析问题，在这里，我们着重讲双变量统计分析。双变量统计分析只涉及两个变量，它是进行多变量统计分析的基础。

一、两个变量之间的相关关系

任何两个变量的相关性可以用矩阵来表示，同时还可以加入两变量的频次分布。两个变量的相关关系，是指当一个变量 X 发生变化时，另一个变量 Y 也随之发生变化。反之，当 Y 发生变化时，X 也发生变化。人们通常把两个变量之间的相关关系表示为 X↔Y。相关关系反映的是变量之间是否存在联系以及联系的程度。双变量关系的平面图可以用两组（X_i，Y_i）的散点图进行表示，也称为点阵图（见图 12－2）。必须指出的是，存在相关关系的两个变量，只强调它们之间存在着相互影响的关系，而不清楚也不在乎它们变化的先后，因而也无所谓前因后果的问题。

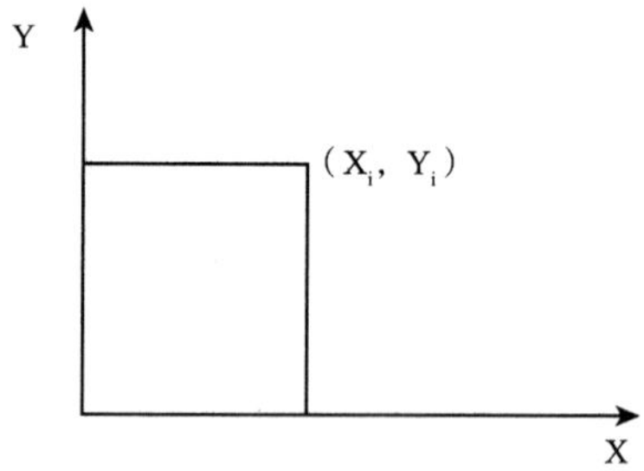

图 12－2　X 与 Y 值的简单散点图（点阵图）

（一）相关关系分类

社会现象之间的相关关系，从不同角度可以区分为不同类型：

1. 按相关方向分类

按照相关方向的不同，相关关系可以分为正相关和负相关。当一个变量的变化引起另一个变量向相同方向变化时，即一个变量的数值增大，另一个变量的数值也增大，反之亦然。例如，收入越高，支出越多，或收入越低，支出越少，两者就是正相关关系。这两个变量之间就存在着正相关关系，相关系数取正值。例如，随着学生年龄的增长，社会经验也不断增加，可以说年龄与社会经验这两个变量之间呈正相关关系（见图 12－3a）。

当一个变量的变化引起另一个变量向相反方向变化时，即一个变量的数值增加时另一个变量的数值降低，这两个变量之间就存在着负相关，相关系数取负。例如，随着经济增长，失业人数不断减少，就表明经济增长与失业人数这两个变量之间存在着负相关关系（见图 12－3b）。

2. 按相关强度分类

按照相关强度不同，相关关系可以分为完全相关、不相关和不完全相关。当一个变量的数量完全由另一个变量的数量变化所决定时，它们之间即为完全相关关系。例如，在价格不变的情况下，销售额与销售量之间的正比例函数关系，即为完全相关。

当变量之间彼此互不影响，其数量变化各自独立时，则变量之间不相关，又称为零相关（见图 12－3c）。例如，股票价格高低与气温高低一般情况下是不相关的。

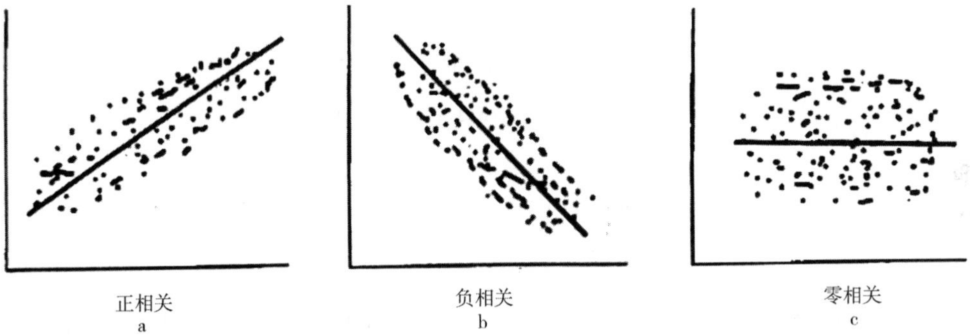

图 12－3　正相关、负相关和零相关的散点图

资料来源：作者根据仇立平《社会研究方法》第 286 页内容整理。

两个变量之间的关系介于完全相关和不相关之间的，称为不完全相关。

3. 按照相关形式分类

按照相关形式不同，相关关系可分为线性相关和非线性相关。线性相关是指当一个变量变动时，另一变量随之发生大致均等的变动。从图 12－4 上看，其观察点的分布近似地表现为一条直线。例如，人均消费水平与人均收入水平通常呈线性相关关系。

非线性相关是指一个变量变动时，另一个变量也随之发生变动，但这种变动不是均等的。从图形上看，其观察点的分布近似地表现为一条曲线（如抛物线、指数曲线等，见图 12－5）。例如，农田施肥在一定数量范围内，可增加产量，但超过一定限度，产量将不再增加，甚至可能反而下降。

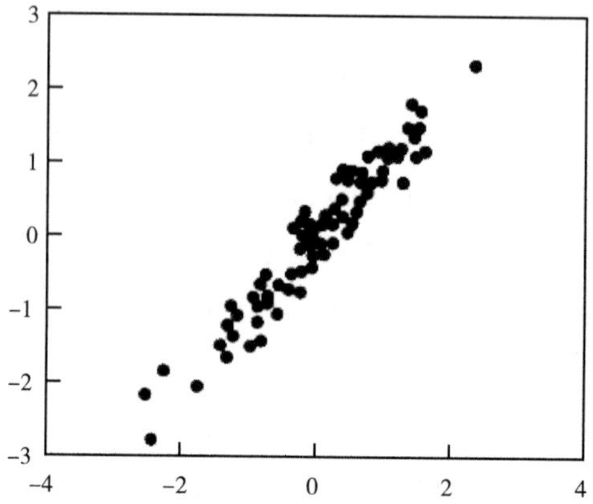

图 12－4 线性关系示意图

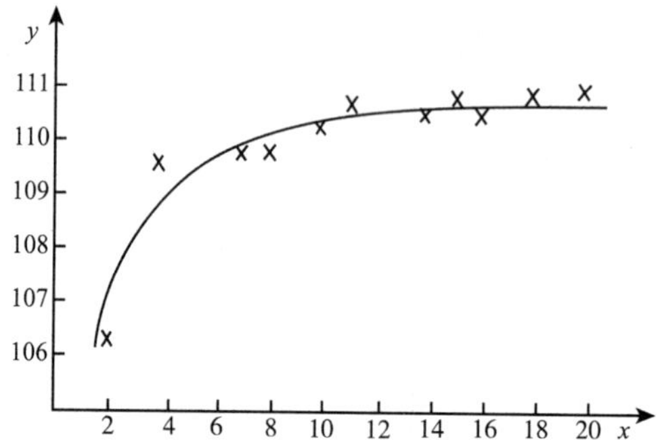

图 12－5 非线性关系示意图

（二）变量之间的相关强度

在统计分析中，通常用相关系数来精确表示两个变量之间的相关强度，相关系数的取值区间为［－1，1］，绝对值越大，说明变量之间的相关性越强。若相关统计量大于0，表示变量之间呈正相关；若小于0，是负相关；若等于0则是零相关。假如相关系数为1或者－1，表示非确定性关系转化为确定性函数关系。如何根据相关统计值判断相关关系的强弱，有学者根据经验判断（见表12－4），认为0.2以下的相关统计量几乎不相关，0.2～0.3是低度相关或弱相关，0.3～0.4有相关，0.4～0.5是一般相关，0.5～0.7是相关较强，0.7～1.0被看作高度相关/强相关。但在实际调查研究中的相关统计量很难达到0.5以上，更多的相关统计在0.3左右或以下。其原因是在调查研究中，大量的变量是定类测量或定序测量，并且受到多元社会因素的影响，因此，以上相关关系强弱的判断分析作为相关统计值大小的参考值。

表 12－4 相关性的强弱

相关系数区间	相关程度
±0.7～±1.0	相关性很强
±0.5～±0.7	相关性强

续表

相关系数区间	相关程度
±0.4 ~ ±0.5	相关性一般
±0.3 ~ ±0.4	有相关性
±0.2 ~ ±0.3	相关性弱
±0.0 ~ ±0.2	几乎没有相关性

资料来源：根据安藤明之《社会调查问卷调查》2013 年第 186 页内容整理。

相关统计量只是表示相关程度的一个比率数值，它既不是反映相关的百分数，也不是相关的两个变量的等单位量度。例如，如果两个变量之间的相关统计量为 0.5，并不是说这两个变量有 50% 的相关；若另有两个变量的相关统计量为 0.25，我们只能说 0.5 的相关程度要比 0.25 高，但不能说前者的相关是后者的两倍。在计算机相关统计量时，一般要求两个变量服从正态分布，并且两个变量的数据量至少在 50 以上，如果数目过少会影响偶然性的分析，相关统计量也就会失去意义。

（三）变量之间相关的意义

1. 不同变量类型之间相关的意义

在相关分析中，根据变量类型的不同其相关的意义也不相同。如果两个变量是定距层次，可用两个变量在数值上的共同变化来理解它们之间的相关，即一个变量的数值增大，另一个便量的数值也随之增大或减小。基于共变基础的相关统计量也是一般数理统计上所讲的相关系数。但是，对于定类层次或定序层次的变量，却无法套用共变的概念去解释它们之间相关。因为共变是指数值上的共同变化，包括数值上的增加或减少，而定类、定序变量的数据是没有数值意义的，不存在数值上的增加或减少，数值之间不可能有共变关系。例如，对于定距变量收入和消费，一般来说一个人的收入如果从 2000 元增加到 3000 元，它的支出可能从 1000 元增加到 1500 元，这就是数值上的共变。但是，对于定类变量来说，例如，性别与收入，假定 1 代表女性，2 代表男性，从 1 变化到 2，数值变化是没有意义的，我们不能说当性别代码由 1 变为 2 时，收入会增加 500 元。这里的 1 和 2 只是分类的符号，不是数值的大小。定序变量具有高低、大小、强弱等的顺序关系，在此意义上可以用共变的程度。因此，对于定类和定序变量，可以连同发生的视角来理解相关，即如果一个变量中的某种情况（类别）发生了，则另一变量中的某种情况（类别）更可能发生。例如，如果性别是男性，他的收入可能会增加。

2. 消减误差比例

基于以上分析，如果两个变量之间存在相关，就可以根据一个变量去预测或估计另一个变量，以估计的准确程度作为两个变量之间的相关程度。消减误差比例（PRE）是评价关系强度的一个逻辑模型。其原理是知道一个变量的值之后，再去猜测另一变量所能减少的误差。比如，我们知道了某人的受教育水平后，可以提高估测其收入的准确程度，因此可以说这两个变量之间存在相关。PRE 模型可以根据不同的测量尺度：定性、定序、定距进行修正，不同尺度的测量匹配适合该尺度的一种关联性测量。

（1）定性变量。如果两个变量包含的是定性资料（性别、民族），λ(lambda)就是一种适当的测量。λ是根据一个变量去猜测另一变量值的能力，即通过知道另一变量值获得PRE。例如，一个房间可以容纳100个人，大家试着猜想一下每个人的性别，当然是一个一个来猜。如果男性与女性各占一半，猜测结果中可能有一半是错误的，另一半是正确的。如果在猜测之前先预知每个人的职业，则猜测结果会怎么样呢？

（2）定序变量。如果变量与顺序有关（社会阶层、差异化程度），γ(gamma)代表是一个测量关联性的适当选择。它与λ一样，是通过知道另一个变量的数值来推测某一变量值的能力。这里的γ并不是去猜测变量的确切值，测量其值的依据是变量的排列顺序。对于任何一个样本而言，要猜测的是相对某一变量而言的另一变量的排列顺序（正向或负向）。例如，一个班级的小学生，他们的年龄与身高有某种相关性，这应该说是合理的。我们试着比较每一对学生：A和B、C和D、E和F等等来进行相关的检验。我们要从中剔除那些相同年龄组、相同身高组的所有配对，并将剩下来的组别分成两大类：年龄大且身高高的小孩（相同的配对），年龄大但身高矮的小孩（相对的配对）。因此，如果A比B年长也比B高的情况，则A、B这一对会被算为“相同”；如果A为年长，身高却比B矮小，则会被归为“相对”（年龄或者身高相同的话，将被剔除）。

根据以上的案例，为了确认年龄与身高间是否有相关性，就可以比较相同与相对组别的数量。

比如，相同组别高于相对的组别，这里就可以认为两个变量间呈现“正向”关系，即有一方增加，另一方也会增加。如果是相对的组别多于相同的，这两者的关系可以认为呈现“负向”的相关性。如果相同组与相对组的数量相同，可以说年龄与身高之间没有相关性，也就是两者之间是“独立”关系。例如，有关社会阶层与偏见的资料。由社会阶层与偏见的关系可以看出，社会阶层越高的全体，偏见越低，也就是说社会阶层与偏见之间呈现负相关（见表12－5）。

表12－5　有关社会阶层与偏见的假想资料

偏见	下层阶级	中产阶级	上层阶级
低	200	400	700
中	500	900	400
高	800	300	100

根据表12－5中的数量可以计算出λ的具体数字，在这一过程中需要把两类数字计算出来：（1）在两个变量上排列等级相同的配对数；（2）在两个变量上排列等级相反的配对数。

具有相同排列等级的配对计算如下：表中每一格的次数乘以所有出现在该格右下方所有格子中数量的总和，然后将这些总和全部相加。表中具相同排列等级的配对数是 $200\times(900+300+400+100)+500\times(300+100)+400\times(400+100)+900\times(100)=830000$。

根据表12－5的数据我们可以计算具有相反配的结果：表中每一格的次数乘以出现在

该格左下方所有格子中数量的总和，然后将这些总数全部相加。700×(500+800+900+300)+400×(800+300)+400×(500+800)+900×(800)=3430000

$$r=\frac{相同-相反}{相同+相反} \tag{12-6}$$

因此，在这个例子当中，r 等于(830000−3430000)÷(830000+3430000)=−0.61，这里的负号表示负相关性；也就是说社会阶层和偏见之间存在负向相关，数字便是配对中相反关系率相同关系率多61%。

(3) 定距或定比变量。假如定距或定比变量（年龄、收入、平均成绩等）之间存在关联的情况下，这时可以考虑采用“皮尔逊积差相关”来测量（r）。相关系数 r 是根据一个变量的已知值来猜测另一变量的值。例如，知道某人受教育的程度，就可以大致预测他的收入。定距变量也称为间距变量，定距变量是数字型变量，可以求加减平均值等，例如，温度。

因此，在做相关分析时要根据变量的测量层次则与之匹配的相关统计方法。在两个变量的相关分析中，常用的方法为 λ(lambda)，τ_y(tau-y)，γ(gamma)，η(eta，相关比率)，r(皮尔逊相关系数，简称相关数）等。它们与变量的测量层次的关系见表 12−6。

表 12−6　变量测量层次

	定类—定类	定序—定序	定类（定序）—定距	定距—定距
常用变量相关统计方法	□	□	□	□
		□	□	□
			□	□
				□

相关系数是共分散除以两个变量的标准偏差的乘积。

共分散（Covariance）用来测量两个变量之间的大小关系与方向。在完全正相关的情况下，两个变量的共分散是标准偏差的乘积。其计算公式为：

$$Cov=\sum_{i}^{n}(x_i-\bar{x})(y_i-\bar{y}) \tag{12-7}$$

相关关系与共分散的关系如相关关系 r 的计算公式所示，其中分子为共分散：

$$r=\frac{\sum_{i}^{n}(x_i-\bar{x})(y_i-\bar{y})}{\sqrt{\sum_{i}^{n}(x_i-\bar{x})^2\sum_{i}^{n}(y_i-\bar{y})^2}} \tag{12-8}$$

相关系数＝共分散÷(X 的标准偏差×Y 的标准偏差)　(12−9)

这里不再有各变量的单位以及分散的大小，而是比较变量之间的关联程度。例如，数学和物理的成绩共分散为 126.90，数学的标准偏差为 11.72，物理的标准偏差为 11.76，相关系数如下：

相关系数＝126.90÷(11.7×11.76)＝0.921

值得注意的是 λ、γ、r 在使用过程中的差异性，λ 值的变化在 0 与 1 之间，γ 值的变

化区间则在 -1 与 +1，这些代表关联的方向与程度。定性变量不存在顺序排列问题，因此两者的方向是没有意义的。

二、两个变量的因果关系

因果关系（causal relation）是两个变量的相关关系的特殊形式，是指一个变量（x）的变化可以确定为另一个变量（y）变化的原因的关系。但是反过来当 y 变量发生变化时，却不会引起 x 变量的变化。在因果关系中，发生在前面并引起另外一个变量发生变化的变量，即 x 变量称为自变量，因为 x 变量的变化而发生变量的变量，即 y 变量称为因变量。例如，因为台风来了，所以随后来了洪水。台风为原因，结果是洪水。相反的关系很难想象。这种情况下，台风和洪水是因果关系。要确定两个变量之间的因果关系，必须同时满足三个条件。

（1）两个变量之间必须存在相关关系，它是因果关系的必要条件，但不是充分条件。也就是说，如果存在相关关系，则可能是因果关系，也可能不是；如果没有相关关系，则不可能存在因果关系。反过来说，如果两个变量存在因果关系，则必然存在相关关系。因果关系是单向关系也称为不对成的相关关系。

（2）必须确定自变量变化在前，因变量变化在后，即先有原因，后有结果。两个变量的因果关系通常表示为 X→Y。

（3）必须确定变量 X 与 Y 之间的关系，不是由于第三个变量的存在而呈现出的一种虚假关系。例如，某项研究发现居住环境越差，盗抢犯罪率越高，两者存在很强的相关关系。但是进一步分析发现，这两者都与贫穷有关。因为贫困只能居住在环境很差的地方，同时由于贫困，容易发生偷盗或者抢劫犯罪。

在研究中，要使两个变量完全满足上述三项条件，是一件很不容易的事，因而在社会科学研究中很难完全确定两种现象之间的因果关系。尽管如此，在统计分析中，仍然可以对社会现象之间的因果关系进行粗略的分析。实践证明，这种粗略的因果关系分析，虽然不能像自然科学那样严密、准确，但仍然具有重要的应用价值。另外，判断因果关系除了要根据上述三个条件以外，还与研究者所选择的理论有很大关系。

三、双变量相关分析与回归分析

（一）相关分析与回归分析的关系

事物之间的联系大致可以分为两类，即确定性关系与相关关系。其中变量之间存在着一一对应的关系的称为确定性关系，也就是函数关系；其中两个变量之间存在着相互依赖与相互影响，但又不是严格的一一对应关系称为相关关系。确定性关系与相关关系之间往往很难完全区分开来，确定性关系一般是通过相关关系表现出来。随着人们对客观事物内部规律的深入研究，相关关系又有可能转化为确定性关系。相关关系是变量之间是否存在联系以及联系程度。

双变量分析包含两个变量，主要集中在变量及其相关关系上。两个变量之间进行相关分析和回归分析是传统统计分析的主要内容，也是相对成熟的分析方法，两者之间既有联系又有区别。

1. 相关分析与回归分析的联系

首先，相关分析与回归分析都在力求分析与解释两个变量之间的相关或相互影响作用力的大小。相关关系是一种非确定性关系，变量之间不存在完全精确的函数表达式，但是通过大量观测数据可以找出存在于它们之间的统计规律性，而且可以用一个近似的函数式来表达变量之间的关系。回归分析是在分析观测数据的基础上，确定一个能反映变量之间关系的近似函数表达式。因此回归分析是研究相关关系的一种有效方法。也可以说回归分析是对具体相关关系的现象，根据其关系形态建立回归方程，并通过回归方程直观地、具体地描述变量之间的关系。

其次，相关分析是回归分析的前提和基础。一般地说，只有两个变量之间存在比较高的相关关系，回归分析才有价值，而且相关程度越高，回归预测效果越好。因此，在对变量进行分析过程中，通常是先进行相关分析，然后再选择其中那些有较强相关关系的变量进行回归分析。因此，相关是回归的必要条件，有相关关系不一定有回归分析，没有相关关系，肯定没有回归分析。

2. 相关分析与回归分析的区别

相关分析与回归分析又是两种不同的分析方法。相关分析是对两个变量双向依存关系的分析，通常不确定谁是自变量，谁是因变量；回归分析是对两个变量单向关系的分析，并具有预测功能，必须明确谁是自变量，谁是因变量，而且对于自变量每一个给定的数值，通过回归方程求得的因变量的估计值不只是一个确定的数值，而是许多可能数值的平均值，因而可以计算估计值的误差。

从分析层次上看，相关分析是一种描述和解释既存事实的研究方法，而回归分析则是一种通过对已有事实的分析，进一步推断和预测未来可能发生什么的研究方法。因此，与相关分析相比，回归分析是一种更高层次、更为深刻的统计分析方法。

回归分析是一种比较复杂的因果分析方法，既有线性回归也有非线性回归，其中包括一元和多元，线性回归最能清楚表达回归模型。在线性回归中，两个变量之间存在完美的线性关系。例如，研究对象 X 与 Y 的情况，可以画出它们的点阵图（见图 12－2）。

图 12－2 中所表示 X 和 Y 值完全相同，随着 X 为 1 时，Y 值也为 1，以此类推。这两个变量的关系可以用方程表示为 $Y = X$，这叫回归方程。图中的四点都在同一条直线上，可以通过这 4 点连成一条直线，也就是回归线。因此可以根据 X 的值去近似地估计 Y 的值，从而具体说明 X 与 Y 之间的关系。回归线表示 X 与 Y 的相关关系，而回归方程则是简化该相关性的有效形式。线性回归是一种统计分析模型，它是能够最佳描述这两个定比变量之间关系的直线等式。回归方程在某种程度上可以正确地描述两个变量间的一般的关联性，同时也可

以被用来推测其他数值。例如，一个样本中 X 值是 2.5，则可以推测出 Y 值也是为 2.5。

根据散点图中的散点可以作无数条直线，其中有一条可以最佳地拟合这些散点。所谓“最佳地拟合”，是根据这条直线 x_i 估计 y_i 得到的估计值 $\hat{y}_i$ 相比由其他所有直线得到的估计值误差最小，这条最佳直线称为回归线。回归线的函数式可以表示为：

$$\hat{y} = a + bx \tag{12-10}$$

其中，常数项 a 称为截距，b 称为回归系数。回归系数 b 实际上是回归直线的斜率，反映了自变量 x 对因变量 y 的作用幅度。根据 $\hat{y} = a + bx$ 计算出 $\hat{y}$ 的估计值。凡是估计值 $\hat{y}$ 必然在回归线上，实际观测值 y 却未必处在回归线上，两者之间一般都存在误差，记作 e，也就是 $y - \hat{y} = e$，也可表示为 $y = a + bx + e$，即回归模型。y 与 x 之间的关系由两部分组成，一部分是 x 变化引起的 y 的线性变化部分，即为 $a + bx$，另一部分由其他未考虑到的变量和一切随机因素引起的，即 e。这里需要求出 a 值、b 值、e 值，根据 x 就可以对 y 值进行预测。确定回归系数 b 的原则是散布图上各点距回归线上的相应的纵向距离平方和为最小，这种求回归系数 b 的方法称为“最小二乘方法”。

求回归系数 b 的公式为：

$$b = \frac{\sum(X - \bar{X})(Y - \bar{Y})}{\sum(X - \bar{X})^2} \tag{12-11}$$

这个公式可以说是回归系数变得定义公式，为了计算方便可转化为直接用原始数据计算 b 的公式：

$$b = \frac{n\sum XY - \sum X \cdot \sum Y}{n\sum X^2 - (\sum X^2)} \tag{12-12}$$

$$a = \bar{Y} - b\bar{X} = \frac{\sum Y - b(\sum X)}{n} \tag{12-13}$$

式中，b 表示回归系数；X 表示自变量取值；Y 表示因变量取值；n 表示样本量或样本规模；$\bar{X}$ 表示自变量的平均值；$\bar{Y}$ 表明因变量的平均值。

回归分析的大致过程为：首先，根据研究目的确定自变量 X 和因变量 Y，对 X 和 Y 进行相关分析（散点图或者计算出 X 与 Y 的相关系数），其次，确定有无进行回归分析的意义（如果 X 与 Y 的相关强度太弱的话，回归分析的意义不大）和能否进行回归分析（X 与 Y 是否存在线性相关关系而不是曲线相关关系）；最后，计算回归系数 b 和截距 a，建立回归方程，并进一步用自变量 X 对 Y 进行预测。

回归分析不仅适用于定比、定距变量，也可用于定类、定序变量。回归分析方法或采用虚拟变量的方法，或采用对数线性回归技术，使其用于所有的变量类型。

（二）利用 SPSS 进行双变量的相关分析

1. 双变量的简单相关分析

下面我们以一个实例来说明如何利用 SPSS 统计软件进行两个变量的相关分析。

图 12－6 是一份不同年份里，果汁、碳酸饮料、茶饮料、固体冲泡饮料和咖啡类饮料的销售量统计数据，要求我们求出果汁销售量与碳酸饮料销售量之间的相关系数。操作步骤如下：

	年份	果汁销售量	碳酸饮料销售量	茶饮料销售量	固体冲泡饮料销售量	咖啡类饮料销售量
1	1968	23.69	25.68	23.60	10.10	4.18
2	1969	24.10	25.77	23.42	13.31	2.43
3	1970	22.74	25.88	22.09	9.49	6.50
4	1971	17.84	27.43	21.43	11.09	25.78
5	1972	18.27	29.95	24.96	14.48	28.16
6	1973	20.29	33.53	28.37	16.97	24.26
7	1974	22.61	37.31	42.57	20.16	30.18
8	1975	26.71	41.16	45.16	26.39	17.08
9	1976	31.19	45.73	52.46	27.04	7.39
10	1977	30.50	50.59	45.30	23.08	3.88
11	1978	29.63	58.82	46.80	24.46	10.53
12	1979	29.69	65.28	51.11	33.82	20.09
13	1980	29.25	71.25	53.29	33.57	21.22
14	1981	31.05	73.37	55.36	39.59	12.63
15	1982	32.28	76.68	54.00	48.49	11.17
16						

图 12－6　双变量相关分析原始数据示意图

（1）依次单击“分析”→“相关”→“双变量”，弹出“双变量相关”主对话框，如图 12－7 所示。

图 12－7　双变量相关分析操作示意图（a）

（2）将“果汁销售量”和“碳酸饮料销售量”移入变量框，依次选择下面各栏中的“Pearson”“双侧检验”和“标记显著性相关”。并单击“确认”按钮，提交系统运行。需要说明的是，相关系数栏中有三个选项，其中 Pearson 相关系数适用于两个定距变量，Kendall 的 tau - b 相关系数和 Spearman 相关系数都适用于定序变量。这里，果汁销售量和碳酸饮料销售量均为定距变量，因此选择 Pearson 相关系数（见图 12 - 8）。

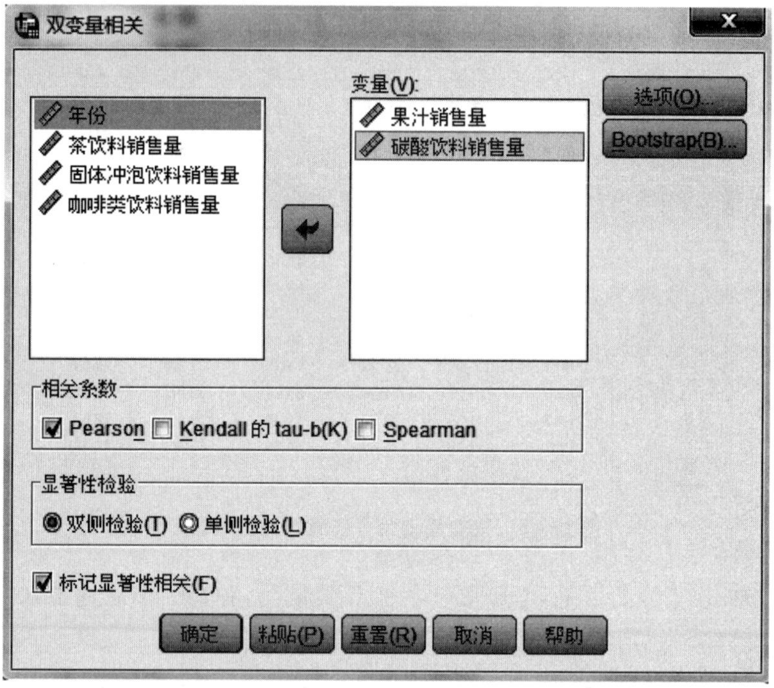

图 12 - 8　双变量相关分析操作示意图（b）

系统运行后的结果如表 12 - 7 所示。从表 12 - 7 中我们可以看出，果汁销售量与碳酸饮料销售量之间的 Pearson 相关系数是 0.826，双侧检验的 P 值为 0.000，小于 0.01，表示两者在 0.01 显著性水平下存在正相关，并且相关强度比较大。

表 12 - 7　果汁销量与碳酸饮料销量相关性统计表

		果汁销售量	碳酸饮料销售量
果汁销售量	Pearson 相关性	1	0.826**
	显著性（双侧）		0.000
	N	15	15
碳酸饮料销售量	Pearson 相关性	0.826**	1
	显著性（双侧）	0.000	
	N	15	15

注：** 表示在 0.01 水平（双侧）上显著相关。

2. 双变量的偏相关分析

在进行相关分析中，我们要尽可能地考虑多个变量之间的关系，不要匆忙地给两个变量之间的相关性下结论。事实上，有时第三个变量或更多的变量也在起作用。在上一个例子中，简单相关分析的结论是果汁销售量与碳酸饮料销售量之间存在相关性，相关系数为0.826。但是我们购买的饮料种类丰富多样，并不局限在果汁和碳酸饮料上，所以其他种类的饮料销售会不会影响到这两者之间的相关关系呢？这里当我们把其他的饮料种类引入进来，作为控制变量，再来计算果汁和碳酸饮料之间的相关关系，会发生什么样的变化呢？

在研究两个变量之间的相关关系时，引进其他变量作为控制变量，这个过程就是偏相关分析。偏相关分析能够使我们对两个变量关系的认识提高到多个变量之间复杂结构关系的层面。

具体步骤如下：

（1）依次单击“分析”→“相关”→“偏相关”，弹出“偏相关”主对话框，如图12-9所示。

图12-9 双变量偏相关分析操作示意图（a）

（2）依次将果汁销售量、碳酸饮料销售量移入变量框，将茶饮料销售量、固体冲泡饮料销售量和咖啡类饮料销售量移入控制变量框，选择双侧检验及显示实际显著性水平，单击确定，提交系统运行（见图 12－10）。

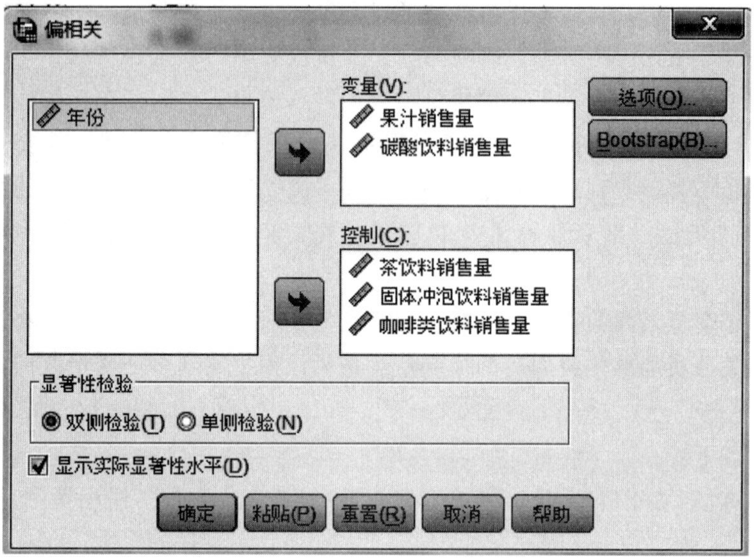

图 12－10　双变量偏相关分析操作示意图（b）

系统运行后的结果显示：当引入茶饮料销售量、固体冲泡饮料销售量和咖啡类饮料销售量三个控制变量后，果汁销售量和碳酸饮料销售量之间的相关系数从原来的 0.826 下降为 0.605，并在 5% 水平下具有显著性（见表 12－8）。

表 12－8　引入控制变量后果汁销量与碳酸饮料销售量相关性统计表

控制变量		果汁销售量	碳酸饮料销售量	
茶饮料销售量 & 固体冲泡饮料销售量 & 咖啡类饮料销售量	果汁销售量	相关性	1.000	0.605
		显著性（双侧）	0.000	0.037
		df	0	10
	碳酸饮料销售量	相关性	0.605	1.000
		显著性（双侧）	0.037	0.000
		df	10	0

（三）利用 SPSS 进行双变量的回归分

现在我们以一个实例来说明如何利用 SPSS 统计软件进行两个变量的回归分析。图 12－11 是一份某省国内生产总值与固定资产投资方面的数据资料。

我们要做的是探讨国内生产总值与固定资产投资之间的因果关系。具体步骤如下：

（1）依次单击“分析”→“回归”→“线性回归”，弹出线性回归对话框（见图 12－12）。

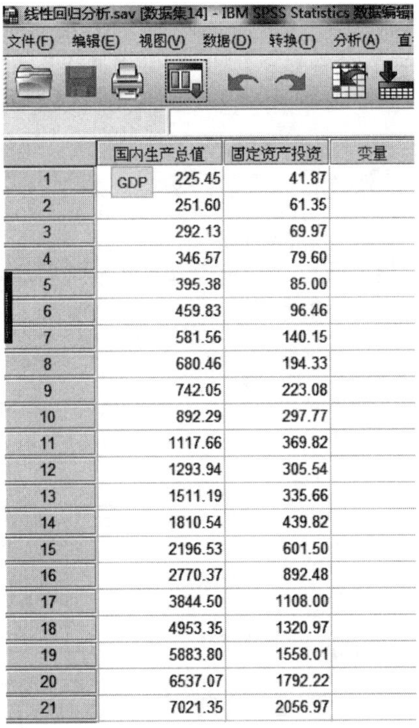

图 12－11　双变量回归分析原始数据

图 12－12　双变量回归分析操作示意图（a）

（2）在线性回归对话框中将国内生产总值选入因变量中，将固定资产投资引入自变量中。进入方法，由于仅有一个自变量，因此选择“进入”即可。点击确定，提交系统运行（见图12－13）。

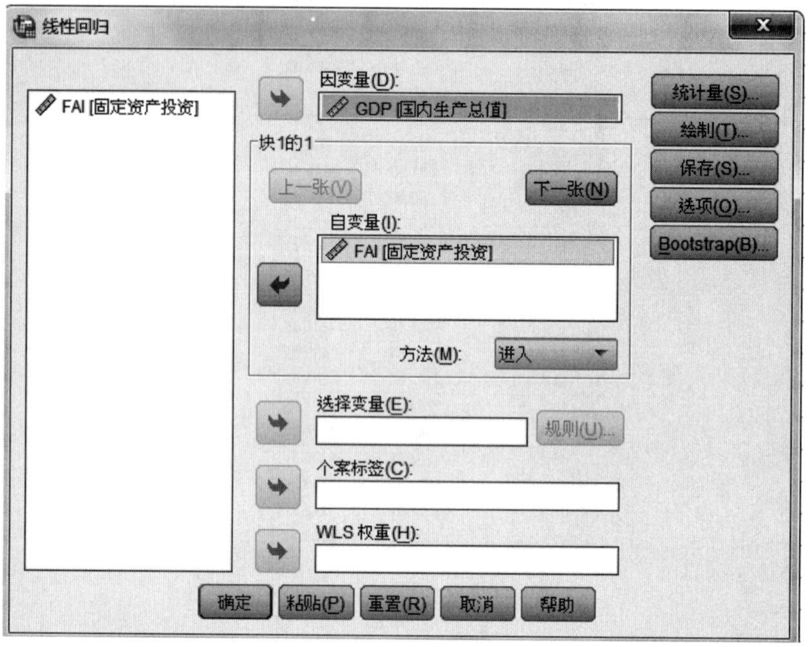

图12－13　双变量回归分析操作示意图（b）

（3）回归分析结果解读。表12－9给出了回归过程，对于多元回归来说，指出了在给出的所有自变量中，哪些变量进入了方程，哪些变量被剔除。因为本次统计运算中仅有一个自变量固定资产投资，因此仅有这一个变量被输入，并且没有变量被剔除。

表12－9　　回归分析变量的进入与剔除

模型	输入的变量	移去的变量	方法
1	FAI[b]	.	输入

a. 因变量：GDP。
b. 已输入所有请求的变量。

表12－10给出了回归模型的拟合度情况。各列从左到右依次是：回归模型的编号、模型的复相关系数R、决定系数R^2、调整后的决定系数、估计的标准误，最后一列是用于检验残差是否自相关的统计量DW值。由表中数据和表注可知，模型为固定资产投资（X）和国内生产总值（Y）的一元线性回归方程，决定系数$R^2=0.961$，说明GDP(Y)的变化有96.1%可由固定资产投资（X）来解释，但是DW值为0.338，说明残差可能存在比较严重的自相关。

表 12－10　　模型拟合结果

模型	R	R^2	调整 R^2	标准估计的误差	Durbin-Watson
1	0.980[a]	0.961	0.960	1385.02216	0.338

a. 预测变量：（常量），FAI。
b. 因变量：GDP。

表 12－11 是方差分析表，该表的作用是对方程进行 F 检验，检验设定 Y 与 X 之间的关系模型为一元线性回归是否合适，零假设为方程中 X 的系数等于零。由表 12－11 可知，$P=0.000<0.001$，因此拒绝零假设，说明 Y 与 X 之间的线性关系极其显著，模型设为一元线性回归方程是合适的。

表 12－11　　方差分析表

模型		平方和	df	均方	F	Sig.
1	回归	1329799069.818	1	1329799069.818	693.222	0.000[b]
	残差	53712019.074	28	1918286.396		
	总计	1383511088.892	29			

a. 因变量：GDP。
b. 预测变量：（常量），FAI。

表 12－12 第 2 列给出了回归方程的非标准化系数以及一些相应统计量，可以得出线性回归模型当中的常数项是 1253.705，非标准化系数为 1.921，说明每 1 元钱的固定资产投资可以带来近 2 元的 GDP 的增长，投资的乘数是比较大的。表中第 5 列和第 6 列给出了对回归系数的检验，常数项 $t=4.107$，$p=0.000<0.001$，拒绝零假设，回归系数通过检验。

表 12－12　　回归系数表

模型		非标准化系数		标准系数	t	Sig.
		B	标准误差	试用版		
1	（常量）	1253.705	305.269		4.107	0.000
	FAI	1.921	0.073	0.980	26.329	0.000

a. 因变量：GDP。

表 12－13 给出了国内生产总值和固定资产投资之间的相关系数为 0.980，也说明用线性回归方程建模是可行的。

表 12－13　　相关系数表

		GDP	FAI
GDP	Pearson 相关性	1	0.980**
	显著性（双侧）		0.000
	N	30	30

续表

		GDP	FAI
FAI	Pearson 相关性	0.980**	1
	显著性（双侧）	0.000	
	N	30	30

**. 在0.01水平（双侧）上显著相关。

表12-14给出了有关残差分析各统计量的极大值、极小值、均值、标准差和样本量5个描述性统计指标。

表12-14 **残差统计量表**

	极小值	极大值	均值	标准偏差	N
预测值	1334.1292	25334.8105	5756.3797	6771.64237	30
残差	-2985.68970	2548.12354	0.00000	1360.93298	30
标准预测值	-0.653	2.891	0.000	1.000	30
标准残差	-2.156	1.840	0.000	0.983	30

因变量：GDP。

我们借助SPSS统计软件，简要讲解了两个变量之间的相关分析和回归分析。事实上，社会现象之间十分复杂，使人们认识到正确使用多变量统计分析，通常会比只进行单变量和双变量统计分析更具有解释力：包括多变量相关分析、多元回归分析、因子分析、结构方程模型分析等，在这里我们不再做讲解，感兴趣的同学可以参考和阅读其他相关的专门书籍。

需要注意的是，在用回归分析做统计推论根据的相关分析中使用的相同假设：简单随机抽样、抽样误差的存在与两虚型的定距资料。在社会科学研究中很少能完全符合这些假定，因此，在我们评估回归分析的结果时要多方面考虑。在回归线对“内推”（interpolation，估算介于观察到的样本之间的值）比较有利，但在“外推”（extrapolation，估算超出观察范围的值）的方面不太可靠。在外推上有两个重要的限制：第一，可能是由于不合逻辑推论的回归方程。例如，一个人口规模与犯罪率的方程很可能会显示，一个拥有1000人的小镇，一年有100件犯罪事件产生。尽管这个方程没有预测力，但可能存在，只是要将它的使用性限制在一定的范围内。第二，如果估算结果越出观察范围的值，可以基于观察范围的值对预测结果进行批评。

第四节 多变量统计分析

多变量分析或者说多元统计分析，是指同时对超过两个的变量进行分析逻辑，可以看作是双变量的扩展，至少三个以及三个以上的变量（至少一个因变量）的统计分析方法。

在复杂的社会现象中，正确使用多变量统计分析有助于更加客观地认识事物。这里有多个自变量而不是一个因变量和一个自变量。在解释上也不再是用一个自变量来解释一个因变量，而是运用多个自变量来解释。经常应用于相关性的说明或者预测将来。

一、多变量相关分析

多变量相关分析是相对于双变量分析而言的。当变量为三个或者三个以上的时候，相关关系的分析就属于多变量相关分析或者多元相关分析了。在统计学原理上，多变量相关分析与双变量相关分析一样，也是用一个统计量（例如复相关系数、偏相关系数等）来说明多个变量间的相关性。由于是多个变量之间的关系，因此变量间的相关性变得相对复杂。与多变量相关分析直接有关的方法有：偏相关分析、复相关分析和典型相关分析等。

1. 偏相关分析

在控制其他变量影响的情况下，用一个统计值来测量某一个变量 X 和另一变量 Y 之间相关关系强弱程度与方向的方法，这个统计值被称为“偏相关系数”。

2. 复相关关系

测量多个自变量 X_1，X_2，X_3，…，Xn 变化时共同对一个因变量 Y 产生的影响大小的方法，它用一个统计值来表示这些自变量与另一个因变量关系的强弱和方向，这个统计值被称为“复相关系数”。

3. 典型相关分析

用于测量两组变量（这里的每组变量均多于一个变量）相关强弱与方向的多元统计分析。在进行分析时，一般将自变量组称为“预测变量”，将因变量组称为“标准变量”，将用于测量典型相关的统计量称为“典型相关系数”。

二、多变量回归分析

多元回归分析涉及多个变量，用来处理一个因变量 Y 与多个自变量 X_1，X_2，X_3，…，Xn 之间的关系，建立变量之间的模型并根据模型做评价和预测。例如，在分析商品或者服务的销售额的情况，需要了解周边的人口、年龄层、车站人流量与车站的距离等因素。除此以外，有必要对个人或者家庭购买商品或者服务的金额以及数量与个人或者家庭的特征的关系进行分析。顾客满意度和性能或者设计、价格之间有怎么样的关系。另外，有必要对需要改善的地方进行详细的分析。在社会研究中，应用较多的是多元线性回归分析和 Logistic 回归分析方法等。

1. 多元线性回归分析

多元线性回归分析也称为多重线性回归分析，是最为常用的一种归回分析方法。在数据处理方面有一定的要求，各个变量之间不能存在高度的线性相关性。同时多元线性回归分析用于揭示因变量与多个自变量之间的线性关系，建立变量之间的线性模型，在此基础上根据模型做出预测与评价。

2. Logistic 回归分析

Logistic 回归分析方法自变量为定距、定比变量或者虚拟变量，因变量为定类变量、定序变量条件下的多元回归分析方法。在实际研究的当中，由于有的数据是以定类与定序的属性形式出现的，无法进行多元线性回归分析，所以，Logistic 回归分析方法解决了多元回归分析的这一不足之处。

三、多元方差分析

多元方差分析是对一个独立变量是否受一个或多个因素或变量影响而进行的方差分析。它可以分析多个因素对观测变量的独立影响，也能分析多个因素的交互作用能否对观测变量产生影响。例如，分析小麦产量时，在考虑耕地深度和施肥量都会产生影响，同时深耕和适当施肥可能使产量增加，这时，耕地深度和施肥量就可能存在交互作用。

在多因素方差分析中观察变量在受到多个因素独立作用影响的同时，因素的交互作用和一些随机因素也会对变量产生相应的影响。因此，观测变量值的波动要受到多个控制变量独立作用、控制变量相互影响及随机变量等三个方面的影响。例如两个变量的情况：

$$Q_{总} = Q_{控1} + Q_{控2} + Q_{控1}Q_{控2} + Q_{随} \tag{12-14}$$

其中，Q 为各部分对应的离差平方和。多元方差分析比较 $Q_{总}$、$Q_{控1}$、$Q_{控2}$、$Q_{控1}Q_{控2}$、$Q_{随}$占的比例，从而推断不同变量以及变量之间的相互关系是否给观测变量带来显著影响。

四、因子分析

因子分析是从变量群中提取共性因子的统计技术。在社会学中研究问题的时候，研究员往往希望尽可能多地收集相关变量，希望能对问题做比较全面与完整的把握及认识。因此，为了解决这些问题，比较直接的方法是从复杂的解决方案中减少变量的数目，这个过程中会造成一定数量的信息丢失或者不完整等问题。因此，有必要探索一种有效的解决方法，它既能减少参与数据分析的变量个数，同时也不会造成统计信息的大量丢失和浪费。

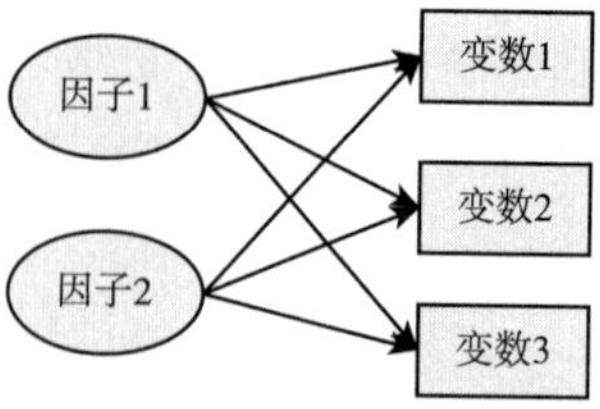

图 12－14　因子分析的抽象图

1. 因子分析的原理

因子分析就是在尽可能不损失信息或者减少损失信息的前提下，利用统计学的原理从多个变量中抽取少数几个因子的方法。抽取的因子可以高度概括大量数据中的信息，从而在减少变量个数的同时，又能充分说明变量之间的内在联系。

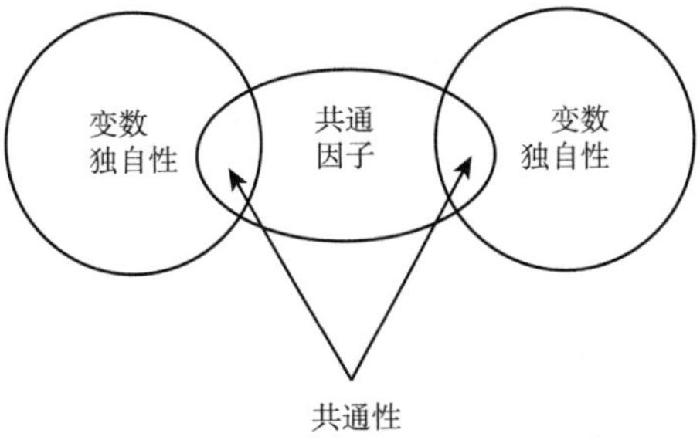

图 12－15　因子的共同性

2. R 型因子分析

因子分析的对象不同采用的方法也有所不同。其中，对变量做因子分析称为 R 型因子分析；对样品做因子分析称为 Q 型因子分析。我们在这里着重介绍 R 型因子分析。

R 型因子分析的数学模型中，假设有 P 个变量（标准化处理后）且每个变量的均值为 0，标准差为 1。先将每个原有变量用 k 个因子的线性组合来表示，即为：

$$\begin{cases} x_1 = a_{11f_1} + a_{12f_2} + \cdots + a_{1kf_k} + \varepsilon_1 \\ x_2 = a_{21f_1} + a_{22f_2} + \cdots + a_{2kf_k} + \varepsilon_2 \\ x_p = a_{p1f_1} + a_{p2f_2} + \cdots + a_{pkf_k} + \varepsilon_p \end{cases} \tag{12-15}$$

以上方程式为因子分析的数学模型，用矩阵的形式表示为 $X = AF + \varepsilon$。其中的 X 为实际可测量的随机向量；F 为因子，它出现在每个原有变量的线性表达式中，因此又称为公共因子；A 为因子载荷矩阵，称为因子载荷；ε为特殊因子，表示原有变量不能被因子解释的部分，其均值为 0。

因子分析是通过对变量的相关系数矩阵内部结果的分析，从中找出少数几个能控制原始变量的随机变量。选取公共因子的原则是使其尽可能地包含原始变量中的信息，建立模型：$X = AF + \varepsilon$。公共因子选取时变量的负荷量绝对值 0.5 以上为宜。这里忽略ε，以 F 代替 X，达到简化变量与降低维度的目的。

因子分析过程采用回转的方法，为了从多个变量中抽取主要相关性较强的一组变量。具体的操作过程如图 12－16 所示。实线坐标表示初期因子负荷量的坐标。在这种状态下个变量中 A、B 因子的负荷量比较大，难以解释清楚。通过沿着原点回转的方式，P_1、P_2、P_3是 a 因子负荷量较大，P_4与 P_5是 b 因子负荷量较大，比较容易解释清楚。回转的方法有两种：直接回转和倾斜回转。

因子分析中研究人员必须自己决定因子数量、因子抽取方法、选择回转方法与因子的解释。因此，因子分析中需要注意以下四点：（1）确定因子数量；（2）确定因子抽取的

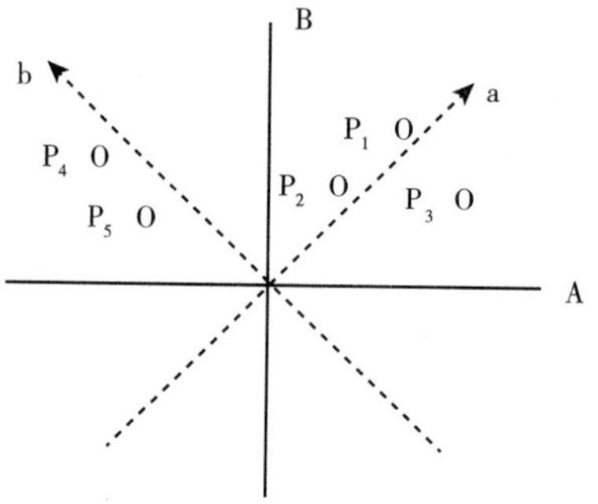

图 12－16 因子分析中直接回转法的抽象图

方法；(3) 确定回转的方法；(4) 解释因子的含义。

因为在因子分析中确定的因子数量而采用回转方法，因子数量不同其含义不同。确定因子数量并非有固定的方法，而是通过经验的方法来决定。这里需要注意的有以下几点：(1) 相关列表中分解因素特征值为 1 的相关列表的对角因素，选取特征值为 1 以上的因子；(2) 根据相关列表的对角因素的 SMC (Squared multiple correlation) 预测；(3) 特征值的变化用图 12－17 表示，特征值急速下滑前的因子。

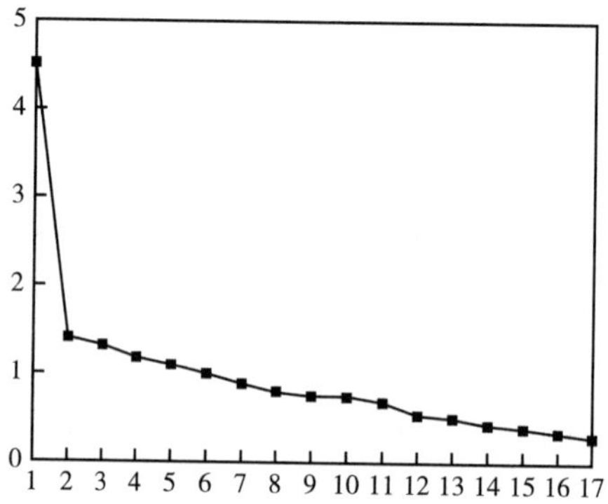

图 12－17 特征值的分散图

实际研究当中，有假设因子的情况下，根据假设因子数量，多次探索性分析后得到预想的结果，从中选取较为理想的结果。如果在抽取的结果中出现因子数量过多或过少的情况，需要考虑预测方法是否得当。

确定因子数量后，进行抽取因子分析。因子的抽取方法有主因子法、主成分法、最优法、最小二乘法等方法。一般常用的方法为最优法、最小二乘法。主因子法是通过相关行列的对角要素的预测值置换共同性的预测值，求出特征值。因此，需要求出共同性的初期预测值。预测共同性时，是否反复多次进行预测分析，对共同性的初期预测值的含义是不同的。反复预测是利用求出的共同性的预测值，重复预测共同性直到得出固定的预测值为止。共同性的初期预测值的求解方法是利用 SMC 进行预测，从相关行列的非对角要素中，预测相关系数的最大值的方法。根据 SMC 进行预测，现在可以利用电脑进行计算，根据主因子法预测初期因子负荷量，预测共同性的初期值，多次反复进行的情况比较多。

表 12－15　　　　初始特征值

因子	总计	方差百分比	累计百分比
1	4.508	26.5	26.5
2	1.407	8.3	34.8
3	1.338	7.9	42.7
4	1.193	7.0	49.7
5	1.128	6.6	56.3
6	0.989	5.8	62.1
7	0.886	5.2	67.3
8	0.814	4.8	72.1
9	0.750	4.4	76.5
10	0.738	4.3	80.9
11	0.685	4.0	84.9
12	0.556	3.3	88.2

通过计算出因子负荷量，从而更加准确地进行回转分析。回转分析的方法有直角回转和斜角回转。直角回转是对因子间的相关不进行假设。相反，斜角回转是对因子间的相关进行假设。

五、结构方程模型

人们为了达到预测的目的，努力探索事物之间的因果关系。如对农民来说，通过施肥和浇水来培育农作物不是盲目的；医生治疗和预防某种疾病，需要确定其病因；知道大气流动和气候的关系使天气预报成为可能；看到夕阳推断第二天是晴天。因此，探索和检验因果关系是所有研究领域的重要目标。结构方程模型（Structural Equation Modeling，简记为 SEM）是研究社会、自然现象因果关系的统计方法，同时也是一种非常通用的线性统计建模技术，是一种建立在估计、检验因果关系基础上的功能强大的多元统计分析方法。结构方程模型对因果关系的认识是建立在对现象的观测基础上的，该方法将因子分析、回归分析、方差分析等多种多变量统计方法有机地整合在一起，形成一种思路新颖而且用途广泛的总和性统计分析技术。

结构方程模型是针对传统统计方法的不足提出来的，其目的包括：（1）完善变量结构的探讨；（2）考虑复杂概念测量误差的同时，建立变量间的关系，特别是因果关系。这是过去传统统计方法难以达到的技术高度。

在统计思路上有以下几个的优点：（1）引入潜在变量使研究更加深入。尽管因子分析也允许对潜在变量设立多元标识，但是它不能分析潜在变量之间的关系。只有 SEM 可以将多个潜在变量及其标识置于同一模型中分析，从而解析出它们之间的结构关系。(2) SEM虽然也类似于多元回归、路径分析等利用联立方程组求解，但是又不同于多元回归、路径分析那样只能处理有观察值的变量，并且还要假定其观察值不存在测量误差。(3) 进一步扩展了路径分析的利用。SEM应用路径图使变量之间的复杂关系一目了然，同时也克服了路径分析中基本假设过多、无法包含潜在变量、不能处理互逆因果关系等缺陷。SEM是用ML（最大似然法）将模型中所有参数同时进行估计，可以同时考虑多个变量之间的关系，从而排除其他因素的影响，进一步较为准确地估计两个变量之间的因果关系。(4) 遵循多变量分析的一般线性模式进行验证型分析，把方差分析、回归分析、路径分析、因子分析等传统统计方法包含在SEM模型中，因此也具有更广泛的适用性。

关键概念

平均数　中位数　众数　单变量　多变量　定性变量　定序变量　定距变量　定比变量　相关分析　回归分析　线性回归　一元线性回归　回归方程　回归线　因子分子　结构方程模型

复习思考题

1. 统计分析的主要用途有哪些？
2. 单变量分析中常用的方法有哪些？分别举例说明。
3. 双变量分析关注的内容有哪些？其目的是什么？
4. 多变量分析中因子分析的特点有哪些？分别举例说明。

第十三章　调查报告的撰写与评估

学习目标

□ 掌握调查报告的特点和类型

□ 理解调查报告的结构和体例

□ 掌握调查报告的写作步骤

□ 理解调查报告的撰写要则

□ 掌握调查报告的评估

☞ 引例

哈尔滨市少儿滑冰运动培训市场的调查分析

一、问题的提出

当前体育产业处于高速发展阶段，体育产业逐渐从促进经济发展的助力向引领经济发展的主动力转变。在体育产业不断扩大的大背景下，各项体育运动的培训产业也同时加快。伴随着冬奥会申办成功，滑冰运动培训产业的发展趋势最为明显，滑冰运动培训市场逐渐扩大，如何大力且持续发展滑冰运动培训市场成为滑冰运动培训产业发展的重点，也成为促进体育产业快速发展的重要内容。

少儿作为滑冰运动培训市场主要的目标群体，对他们的培养事关滑冰运动的未来。为了更好地促进少儿滑冰运动的发展，本研究以哈尔滨市少儿滑冰运动培训市场作为研究对象，使用问卷调查分析法、实地调研法对当前哈尔滨市少儿滑冰运动培训市场的培训机构、培训参与者以及培训市场的法律法规等情况进行研究，主要包括两个方面：(1) 哈尔滨市少儿滑冰运动培训市场的发展现状是怎样的？(2) 哈尔滨市少儿滑冰运动培训市场存在哪些问题？

二、研究方法

1. 概念界定

(1) 体育培训市场的概念

有关研究指出，体育培训是体育劳动与服务的重要组成部分，因此认为体育培训市场是体育劳务市场的一部分；有的研究认为体育培训市场可分为体育知识和体育运动技能培训两大类。在这两大培训类别中，均需要具备体院知识或是相应运动技能的专业人才为对应人员提供服务，由知识和技能供给者和学习的需求者组成的对应市场称为体育培训市场。可见大部分学者将体育培训市场界定为由专业人才向需求对象提供对应的体育培训商品服务的市场。基于此，本研究认为少儿滑冰运动培训市场就是指由专门的具备商业性质的机构或是组织向具有滑冰运动学习需求的少儿群体，提供以滑冰运动技能知识为服务项目或是具体产品的一种专门的服务市场。

（2）少儿体育培训的概念

当前不同学术领域对于少儿这一概念的界定不同，大部分学者是基于不同的生理和心理年龄对“少儿”进行界定。体育运动的特殊性进一步导致对年龄段界定的差异性，在查阅中发现，羽毛球、足球、滑冰运动项目在赛事分组中对少年组的年龄划分各异。鉴于此，结合本文所研究的对象，将本研究参加滑冰运动培训的少儿年龄界定为5～15岁，即从其有能力接受滑冰运动培训开始到初中结业阶段。基于此，认为少儿体育培训的概念就是指由专门的具备商业性质的机构或是组织向5～15岁具有能力接受体育培训开始到初中结业阶段的少儿群体，提供以运动技能知识为服务项目或是具体产品的一种专门的服务市场。

2. 样本的选取

本文研究对象为少儿滑冰运动培训市场，具体从“经营者、消费者、管理者”三个层面对培训市场进行调查，通过对30家滑冰运动俱乐部开设项目、课程安排、场地、教练人员、收费标准、宣传、营销手段、盈利情况等方面的调查，获取少儿滑冰运动培训机构的运营状况；通过对少儿滑冰运动培训的参与群体、参与动机、参与程度、参与满意度等情况调查，获取少儿参与滑冰运动培训的状况；通过对滑冰运动培训市场相关的法律法规及优惠扶持政策等情况调查，获取滑冰运动培训的政策法规状况。

表1　　问卷发放、回收情况表

问卷类型	发放份数	回收份数	有效份数	回收率	有效回收率
学员问卷	120	118	116	98.30%	96.70%
学员家长	145	142	140	97.93%	96.55%
教练员	65	60	60	92.31%	92.31%
管理员	30	30	30	100.00%	100.00%

3. 调查方法

本文的调查方法主要有文献研究法、访谈法、逻辑分析法、实地考察法和问卷调查法，其中针对本篇论文的调查对象共设计出4套问卷，分别是：

第一套“哈尔滨市少儿滑冰运动培训市场的调查分析（学生）”，调查问卷内容为：学员年龄、学员性别、培训时长、技术等级、取得的成绩等。

第二套“哈尔滨市少儿滑冰运动培训市场的调查分析（家长）”，调查问卷内容为：家庭收入、选择培训机构的因素、了解机构培训的途径等。

第三套“哈尔滨市少儿滑冰运动培训市场的调查分析（教练员）”，调查问卷内容为：

教练员性别、年龄、执教年限、等级水平、学历、薪资待遇、工作性质等。

第四套："哈尔滨市少儿滑冰运动培训市场的调查分析（管理者）"，调查问卷内容为：管理员性别、年龄、学历、经营模式、经营模式、管理方式、宣传方式、培训机构的地理分布、培训机构的运营模式等。

三、结果分析

（一）哈尔滨市少儿滑冰运动培训市场的基本现状

本文从培训机构、参与培训者、市场管理部门三个层面对哈尔滨市少儿滑冰运动培训市场进行调查，具体情况如下：

1. 少儿滑冰运动培训机构发展情况

（1）各培训机构教练员以年轻、兼职为主

哈尔滨市30家少儿滑冰运动培训机构教练员以男性居多，本次受访的教练员共计60名，其中男性教练员占39人，占教练员总人数的65%，女性教练员为21人，占教练员总人数的35%。年龄集中分布在19～30岁年龄段，所占比重为83%，教练员年龄在31～35岁之间的有4人，占教练员总人数的7%；教练员年龄在36～40岁之间的有4名，占教练员总人数的7%。

基于教练员的工作性质调查结果显示，专职教练员为21名，占教练员总人数的35%；兼职教练员占39人，占教练员总人数的65%，可见教练员的工作性质以（兼职）为主。在60名教练员当中，从事教练员工作1年以下的32人，占教练员总人数的53%；从事教练员1～2年的17人，占教练员总人数的28%；从事教练员工作3～5年的8人，占教练员总人数的13%；从事教练员工作5年以上的3人，占教练员总人数的5%。

本文还对教练员的学历结构进行了调查研究，其中有研究生及以上学历的教练员3人，占教练员总人数的5%；有本科学历的教练员21人，占教练员总人数的35%；有大专学历的教练员31人，占教练员总人数的52%；其他学历的教练员5人，占教练员总人数的8%。

表2 样本人口统计变量的特征描述表 （教练员，60名）

调查项目	类别	人数	占比
性别	女	21	40%
	男	39	60%
年龄	19～25岁	30	50%
	26～30岁	30	33%
	31～35岁	4	7%
	36～40岁	4	7%
	41～45岁	2	3%
工作性质	全职	21	35%
	兼职	39	65%

续表

调查项目	类别	人数	占比
学历	研究生及以上	3	5%
	本科	21	35%
	大专	31	52%
	其他	5	8%
工作年限	1年以下	32	53%
	1~2年	17	28%
	3~5年	18	13%
	5年以上	3	5%
技术资格等级	初级（一级）	27	45%
	中级（二级）	18	30%
	高级（三级）	5	8%
	无等级	10	17%

（2）少儿滑冰运动培训机构管理人员以男性、专职为主

本研究的管理人员是指从事该培训机构管理运营，能够进行政策决定、规划及市场经营的专门人员。

对30份管理人员的回收样本进行分析，结果表明：哈尔滨市30家少儿滑冰运动培训机构管理员的男女人数为18和12人。从所占比重看出仍是男性比重居多。年龄集中分布在26~35岁年龄段，所占比重为70%，其中管理员年龄在31~35岁之所占比重为47%，可见从事哈尔滨市少儿滑冰体育培训的管理员从年龄结构上来是趋于青年化。

基于管理员的工作性质调查结果显示，专职管理员为21名，占管理员总人数的70%；其中兼职管理员占9人，占管理员总人数的30%，可见管理员的工作性质以专职为主。此外，根据调查结果显示，在30名管理员当中，从事管理员工作5年以上的比重最大，为40%，其次为3~5年，所占比重为23%。当前所调查的30家少儿滑冰运动培训机构管理员的整体专业素质和知识结构较高，其中学历集中分布在本科，所占比重为60%，同时任职途径为体育院系毕业或是专业队退役的比重分别为43%和40%。

表3　样本人口统计变量的特征描述表　（管理员，30名）

调查项目	类别	人数	占比
性别	女	12	40%
	男	18	60%
年龄	19~25岁	3	10%
	26~30岁	7	23%
	31~35岁	14	47%
	36~40岁	5	17%
	41~45岁	1	3%

续表

调查项目	类别	人数	占比
工作性质	全职	21	70%
	兼职	9	30%
学历	研究生及以上	2	7%
	本科	18	60%
	大专	10	33%
工作年限	1 年以下	6	20%
	1～2 年	5	17%
	3～5 年	7	23%
	5 年以上	12	40%
任职途径	体育院系毕业	13	43%
	专业队退役	12	40%
	退役后到专业体育院校进修	5	17%

2. 少儿参与滑冰运动培训的状况

根据调查，116 名参与的培训学员的培训时间和次数如表 4 所示。

表 4　　培训学员的培训时间和次数统计表

	类别	计数	百分比
参加滑冰训练时间	周一至周五课余时间	5	4.3
	周六日	54	46.6
	寒暑假	51	44.0
	无固定时间	6	5.2
参加滑冰训练的次数	每周 1 次	5	4.3
	每周 2 次	51	44.0
	每周 3 次	54	46.6
	每周 3 次以上	6	5.2

由表中数据可知，无论年龄大小，大部分的学员都是选择周末和寒暑假进行训练，周末时间对于学员来说是相对宽裕的，是难得参与体育锻炼和放松心情的好机会，学习压力相对较小。同时，大部分的学员是很积极参与体育培训的，所以，要合理地安排周末训练的时间，科学安排训练计划。但是根据对比学员与家长对参加滑冰训练的次数的理想安排可知，家长对于学员参加滑冰训练的次数的限制性比较强，而学员自身对参加滑冰训练的热情度高于家长。这是由于学员的训练时间和学员的学习时间相冲突的情况下，家长更偏向于让孩子选择学习，这样就严重影响了学员参与体育运动培训的时间及参与体育运动培训的次数，大部分学员都是在完成了学习任务之后才能够安排体育运动锻炼，所以，每周能参与 2～3 次的学员居多，甚至有的学员要 2 周参与 1 次体育运动培训，由于学员训练

间隔时间较长，训练时间短，所以有很大一部分学员运动技术不能定型，并且容易遗忘，久而久之学员对训练失去兴趣，造成训练效果不佳，训练成绩提高不明显；只有一小部分的学员为了走专业特长或者职业运动员，才会把大部分的精力放在体育训练上。

3. 滑冰运动培训市场的监管现状

滑冰运动作为一项对运动场所要求较高的体育运动，其受到多个相关部门的联合监管。滑冰运动培训产业隶属于体育事业，受到体育局的直接监管；同时基于滑冰运动的危险性，其受到地方各级安全部门的监管；滑冰运动的场所涉及室内外场地，因此也受到地方各级自然资源等、住房和城乡建设等多个部门的监管；此外，由市场监督管理部门对滑冰运动培训市场进行监管。具体的监管部门及职责如表 5 所示。

表 5　　滑冰运动培训市场的监管部门及职责

部门	职责
体育局	对整个滑冰运动培训市场的安全发展进行监管
地方各级体育部门	主要负责对应场地的安全管理和评估
地方各级安全部门	负责滑冰运动培训机构的安保以及活动赛事、服务消费等方面的全民监管
地方各级住房和城乡建设部门	对监管滑冰运动场所以及场地设施情况的监管
地方各级卫生健康部门	对滑冰运动培训机构的环境健康以及运动项目安全进行监管
地方各级应急管理部门	具体对冰上运动培训机构的应急方案和应急场所、应急设施等方面的监管
地方各级市场监督管理部门	对滑冰运动培训机构的日常经营和设备运作情况进行监管

（二）哈尔滨少儿滑冰运动培训市场存在的问题

1. 培训机构发展方面的问题及原因分析

（1）教练队伍参差不齐，致使培训水平不高

教练员的水平直接影响培训的整体效果。在哈尔滨市少儿滑冰体育培训市场调查中发现：男女教练比例失调，男教练占多数；执教教练年龄都偏年轻化，他们教学经验缺乏；大部分的教练员是在校的学生兼职人员，当学生毕业有别的工作后就不会再进行培训，这将导致教练员团队的稳定性变差、流动性过大，教练员流动性较大，最直接的结果就是新来的教练员需要更多的时间再去了解学员的情况，导致最终结果是培训效果很难达到预期设定的目标。在对哈尔滨市滑冰运动培训机构的教员学历和毕业院校进行调查时发现，仅有 35% 为师范类体院毕业的学生。说明当前的哈尔滨市滑冰运动培训市场上仍有部分教练员是非师范专业毕业生或非相关专业的学生，存在教学知识了解较少、教学训练理论过于传统、训练内容不够全面等问题，说明了教练员整体上都没有比较强的教学经验和能力，这将直接影响到教学质量。

（2）缺乏市场专业背景，致使经营管理者的管理水平偏低

根据调查研究发现，目前哈尔滨市从事少儿滑冰体育培训机构经营管理的人员从业年限较短，管理人员经验不足；培训机构的管理者大多是体育专业毕业缺乏一定的经济、法律以及管理等方面的知识。同时很多管理者都是由教练员晋升到管理者岗位，同时担任着

教练员的工作。在管理者中普遍存在着机构的管理工作以及教学工作划分不明确的情况。管理者需要做到对于培训机构大局的整理把控，解决机构发展中遇到的问题；教练员的职责在于优化自己的教学内容，提高教学水平。如果培训机构的管理者在工作中没有明确的分工，对于培训机构的发展是不利的。

2. 参与层面的问题

学员社会培训活动过多，致使滑冰培训效果不佳。由于培训学员大多为在读的学生，而培训机构所安排的学员培训时间与学员的学习时间有所冲突，进而导致培训学员的参与时间集中在周六日或是寒暑假，使滑冰运动的培训市场出现明显的旺季和淡季。但是，根据培训学员参与时间段以及参加培训的频率可以看出，培训学员参与培训的时间段为了和学习形成配合，参与培训的时间段被压缩和集中，使当前滑冰运动的培训市场的淡季时间明显长于旺季，同时为了配合学生的学习，每周的学习频率较低，使不同培训项目或是培训套餐的周期过长，既影响滑冰运动的培训机构的效益，也影响滑冰运动的培训效果。

3. 市场监管层面的问题

法律法规对于培训市场的规范起到了重要的作用。完整的法律法规能够保证市场健康有序地发展。通过对哈尔滨市体育官方网站的浏览，哈尔滨市体育局关于体育经营性场所制定了一些法规，但是存在不完善的情况。一方面，由于缺乏对体育行业特殊性的专业标准，致使培训机构存在安全隐患。目前，滑冰培训机构的场地很多是依托于商场开发，其管理标准是依托于商场经营规范的管理，在安全防护和必要的体育运动配套基础设施上很不完善，存在安全隐患，且运动休息、更换服装、器材装备管理等方面均不完善。另一方面，在培训机构资质审批方面，还缺少必要的体育系统管理和行业管理。许多培训机构在没有得到相关部门许可的情况下开办滑冰培训；培训机构的场地、冰面标准达不到运动参数要求；很多教练员没有相关的培训证书；普遍存在对教练员的资历进行夸大、虚假宣传的现象。这些问题都将会导致滑冰培训市场的畸形发展，不利于长远发展。

资料来源：李帅男．哈尔滨市少儿冰上培训机构现状与可持续发展对策研究［D］. 哈尔滨体育学院，2019.

对于一个社会经济调查研究课题来说，撰写调查报告是课题研究的最后一个程序。它是整个研究过程的全面规范的总结，是研究成果的集中体现。

第一节 社会经济调查报告的特点和类型

社会经济调查报告是以文字、图表等形式反映社会经济现象的实际情况、表达研究者观点和方法的书面报告。它是实际工作和新闻报道中常用的一种文体。调查报告也可以叫作“调查”“调查记”“调查汇报”“考察报告”“社会调查”“调查与思考”等。它是调查研究成果的集中体现，是交流、使用和保存调研成果的重要载体。调查报告有其自身的特点，可分为许多类型。

撰写社会经济调查报告是调研工作最重要的总结，它关系到调研成果质量的高低和社会作用的大小。具有推广先进经验、展示社会现象、揭露经济问题、扶持新生事物和提供决策依据等作用。要撰写好一份社会经济调查报告，就应研究其特点、类型、结构、体例、写作步骤和撰写要则等问题。此外，还应做好社会经济调查报告的评估工作。

一、社会经济调查报告的特点

1. 针对性

任何社会经济调查报告的首要特点都是具备鲜明的针对性，可以说，社会经济调查报告都是为了研究或解决具体的社会经济问题的。社会经济调查报告总是要根据调查研究的结果，明确地提出解决问题的方案。针对性越强，调查报告的社会价值越高，发挥的作用也就越大。撰写社会经济调查报告必须有明确的目的，做到有的放矢。这有两层含义：第一，必须明确读者对象。第二，必须明确要解决什么问题。

2. 真实性

社会经济调查报告最基本的特点是真实，用事实说话，真实地反映客观事实，这是调查报告存在的基础。这就要求：社会经济调查报告中的事实必须是真实的，必须是具体的，必须是准确的，必须是完整的。如果调查报告的材料不能真实地反映客观现实，事实不清楚，数据不准确，那就失去了社会经济调查报告的意义。

3. 创新性

创新性是社会经济调查报告生命力的体现，任何社会经济调查报告都应该在社会经济的客观基础上提出创造性的方法、见解，否则整个调查报告就失去了它的应用价值和学术价值。这就要求多引用一些新事实，提出一些新观点，形成一些新结论。

4. 时效性

调查报告要反映的问题大多是社会经济的热点现象，这就决定了调查报告必须突出一个“快”字。因为调查报告反映的社会经济内容会随着时间的推移而变化，所以要想全面、准确地反映社会现实和社会问题，就要及时地解释社会现象，提出解决建议和方法，以达到促进社会进步的目的，否则调查报告就失去了其存在的价值与意义。

上述特点并非是孤立存在的，而是相互联系的。针对性是调查报告的目的，真实性是调查报告的基础，是针对性、创新性、时效性赖以存在的前提，创新性时效性则是针对性、真实性的客观要求。

二、社会经济调查报告的类型

根据不同的标准，社会经济调查报告可分为许多不同的类型。

（一）综合性调查报告和专题性调查报告

根据调查内容的广度，社会经济调查报告可分为综合性调查报告和专题性调查报告。

1. 综合性调查报告

综合性调查报告是指调查涉及面广、反映内容丰富的一种调查报告类型。它通过对大量调查数据资料的整理、分析和归纳，将某社会现象或社会问题、一个单位或地区等的基本情况全面反映出来。它的内容比较广泛、全面，篇幅一般较长。

2. 专题性调查报告

专题性调查报告是指针对某特定的社会现象或社会问题，对调查情况和结果进行说明的调查报告形式。它一般主题鲜明、内容专一、问题集中、资料深入具体，有较强针对性和实效性，篇幅一般较为简短。

如果说综合性调查报告主要是描述性的，那么专题性调查报告往往是解释性的。当然，综合性调查报告与专题性调查报告的区分是相对的，两者之间并没有绝对分明的界限。

（二）描述性调查报告和因果性、预测性调查报告

调查报告根据内容的深度，可分为描述性调查报告和因果性、预测性调查报告。

（1）描述性调查报告。该类报告是对社会真实情况具体描写和叙述的调查报告，其内容可以是定性的，也可以是定量的，但都以回答“是什么”和“怎么样”的问题为主。也即通过对资料和结果的详细分析和描述，对所调查的社会现象和社会问题的基本状况、主要特点和变化趋势进行全方位的展示。

（2）因果性、预测性调查报告。该类报告是以揭示社会现象之间因果联系为主要内容的调查报告，其特点是解释、说明，它不仅要说明“是什么”和“怎么样”的问题，而且要回答“为什么”和“怎么办”的问题，有的因果性调查报告还包含预测性内容或对策性建议。

必须明确，描述性调查报告尽管在内容层次上比较浅显，却是任何调查报告都不可缺少的组成部分。任何因果性、预测性调查报告，都必然包括一定的描述性内容，并以此为立论基础和分析前提。描述性调查报告可以独立成篇，因果性、预测性调查报告则是在描述性调查基础上深入分析研究的结果。

（三）应用性调查报告和学术性调查报告

调查报告根据主要用途和目标读者，可分为应用性调查报告和学术性调查报告。

（1）应用性调查报告。应用性调查报告是以实际工作需要为目的而撰写的报告，具有实效性、通俗性的特点，往往直接针对某一具体现象或问题进行探讨，比较多地采用统计图、统计表等直观形式说明，强调对调查结果的描述、说明，并要提出明确的对策和建议，即不仅让人们知道“是什么”，还要知道“怎么办”。

按其主要目的，应用性调查报告大体上可分为以下六种类型：①以认识社会为主要目的的调查报告；②以研究政策为主要目的的调查报告；③以经验总结为主要目的的调查报告；④以揭露问题为主要目的的调查报告；⑤以支持新事物为主要目的的调查报告；⑥以思想教育为主要目的的调查报告。

（2）学术性调查报告。学术性调查报告是以学术研究为目的而撰写的报告，理论性和专业性较强，往往侧重于对社会现象的理论分析，通过理论预设和研究假设，力图探讨不同现象之间的相互关系和因果联系。

学术性调查报告主要可分为两种：①理论研究性调查报告；②历史考察性调查报告。

第二节 社会经济调查报告的结构与体例

撰写社会经济调查报告没有固定的模式，由于调查研究类型不同、作者写作习惯不同、读者对象不同，社会经济调查报告的结构也必然互不相同。但是，调查报告的基本结构和内容是大体相同的，这就是所谓的“定体则无，大体则有”。一般地说，社会经济调查报告由标题、前言、主体、结束语等部分组成，有的调查报告在前言之前还有目录、摘要，在结束语之后还有后记和附录。

一、标题

标题，即社会经济调查报告的题目，是用以揭示、评价、反映社会经济现象的文字。标题作为整个社会经济调查报告的题眼，要高度凝练，能够引人注目、概括全文。社会经济调查报告的标题通常有以下几种方式：

1. 直叙式的标题

直叙式，又称陈述式，即直接用调查对象或调查内容作标题。例如“成都市不动产登记服务效果调查研究”“攀枝花市社会保险综合柜员制满意度调查研究”就属于此类。直叙式标题的优点是文字简明，通俗易懂，使读者能对调查报告的内容有初步了解，学术性调查报告的标题多采取这种形式。缺点是千篇一律，不够出彩，缺乏吸引力。所以，这种标题的调查报告通常发表在各种专业期刊上，非专业期刊较少使用这种标题。

2. 判断式的标题

判断式，即用作者的判断或评价作标题。“数字化治理：大势所趋下的新机遇”“余斌：金融与实体经济失衡的重要原因在实体经济”就属于判断式标题。判断式标题的优点是概括性和针对性很强，能表明作者的观点、态度，揭示调查报告的中心思想，能够吸引读者的注意力。这类标题多用于学术性调查报告。其缺点在于学术性较强，不适用于轻松愉快的内容，有的过于依赖通过副标题来揭示的主题，否则不易理解。

3. 提问式的标题

提问式，即用提问方式作标题。“中国特色社会主义制度为什么好”“中国的红色政权为什么能够存在”就属于提问式标题。提问式标题的特点是简洁明快，抓人眼球，十分吸引读者的注意力，能调动读者的阅读欲望。此类标题内容上多是反映社会热点问题的调查报告，一般用于揭露性、说明性的调查报告，普通报纸、杂志等非专业性期刊多采用此类标题。

4. 抒情式的标题

抒情式，即用抒发作者感情的方式作标题。“袁隆平：人民英雄已逝，‘禾下乘凉梦’永存”“黄大年：心有大我至诚报国”就属于抒情式标题。抒情式标题的特点是用简练的语句抒发文中的情感，有助于读者理解调查报告的情感基调，引发读者的共情，普通报纸、杂志等非专业性期刊多采用此类标题。

5. 双标题

双标题即两个标题。它又分两种形式：一种是主标题和副标题，另一种是引题和主标题。例如，“共享单车为什么能淘汰公共自行车——以深圳公共自行车和共享单车运营现况的调查为基础的思考”“为什么西方唱不衰中国经济——兼论中国共产党的自我纠错能力”就属于此类。主标题即标题的核心部分，多用来表达主题、提出疑问或展示结果；副标题是对主标题的解释和补充的部分，多用来说明社会调查的对象和方法。这种标题综合了上述几种标题形式的优点，既适用于普通调查报告，也可用于严肃的学术性调查报告，是各类期刊中一种常见的标题形式。

虽然标题的写法灵活多样，但应注意“文要对题”，即调查报告的标题要与调查报告的内容相符，不能为了引起读者的注意而使用超出调查报告内容的标题。

二、前言

前言又称导言或导语，是调查报告的开头部分，对全文起着总领和引导作用，其主要任务是向读者简要介绍本次社会经济调查的背景、主旨、目的和方法等。应用性调查报告与学术性调查报告的前言，在写作上有很大的不同。

1. 应用性调查报告的前言的主要写作方法

（1）主旨陈述法，即在前言中说明调查的主要目的、对象、思路和方法。

（2）结论前置法，即在前言中先简要说明调查的基本结论。

（3）提问设悬法，即在前言中对所调查现象的产生原因和影响提出疑问、设置悬念，而不做正面回答。

2. 学术性调查报告的前言应包括的内容

（1）调查的主题、目的和意义。即说明调查的主题是什么，为什么要选择这个主题，要解决什么问题，调查这项主题有何价值或意义。

（2）对有关文献的综述和评论。其内容一是介绍已有有关文献的基本内容和主要贡献，并指出其存在的缺点或局限；二是说明自己调查的主要视角和特点，凸显自己调查的音义或价值。三是阐述本次调查的学术定位，说明它在本学术领域的位置。

（3）调查的研究设计。它主要说明本次调查是如何进行的。

三、主体

主体，是调查报告的主要部分，有特定的内容和结构。

1. 主体的内容

（1）客观叙述研究对象的基本状况及相关行为，阐明其性质和特点。应该用具体数据和典型事实，叙述社会调查的内容，主要回答“是什么”的问题。

（2）在以上叙述的基础上，分析各种现象之间的相互关系，解释社会现象、社会行为之间的因果联系，主要回答“为什么”的问题。

（3）如果是应用性的调查报告，还必须根据上述叙述和分析，提出必要的对策性建议或方案，主要回答“怎么办”的问题；如果是学术性的调查报告，则应该在上述叙述和分析的基础上，做出必要的学术性推论和评价，并阐明本研究的主要特点、贡献和局限性。

2. 主体的结构

调查报告主体部分的结构，通常有三种形式。

（1）纵式结构，就是按事物发展的历史顺序和内在逻辑来叙述事实、阐明观点，用以突出某一现象或问题的发展经过，或者反映不同时期的变化与差别。

（2）横式结构，就是把调查的事实和形成的观点，按性质或类别分成几个部分，并列排放、分别叙述，从不同方面共同说明调查报告主题，可以突出某一现象或问题的各方面内容。

（3）纵横交错式结构，就是纵式结构和横式结构相结合的方式。它一般有两种情况：

其一，以纵为主、纵中有横。“灰地：红镇‘混混’研究”就是这种结构的调查报告，它依据时间顺序将红镇“混混”的发展历程与运行逻辑概括为悸动与变迁、松动与嘈杂、冲突与对抗、扶植与消解以及崩溃与重构，总体结构是纵向为主、横向为辅。

其二，以横为主、横中有纵。例如，《中国国情丛书——百县市经济社会调查·孝感卷》中《“小马”改革之道》的叙述就采用了“以横为主、横中有纵”的结构。

四、结束语

结束语，是调查报告的结尾部分。从形式上看，有三种不同处置方法，即没有结束语、简短结束语和较长结束语；从内容上看，结束语有以下几种写法：

（1）概括全文，深化主题；

（2）总结经验，形成结论；

（3）指出问题，提出建议；

（4）说明危害，引起重视；

（5）展望未来，指明意义。

学术性调查报告的结语，不仅有结论，用简洁明确的语言对调查设计中提出的研究假设做出明确回答，而且常常包括有关“讨论”的内容，即从调研结果中能够得出什么样的推论。

调查报告的结束语，应根据写作目的、内容的需要采取灵活多样的写法，要简明扼要、意尽即止，切不可画蛇添足，弄巧成拙。

五、简介

简介，也可称内容提要、内容摘要，是对调查报告主要内容的简要介绍，其目的是引起读者的注意和兴趣，其写作方法大体上有以下几种：

（1）摘要式。即将调查报告的主要内容摘要列举出来；

（2）说明式。即用一段文字说明调查报告的主要内容；

（3）导语式。即用一段与标题紧密相连的简短文字作为调查报告的简介。

六、后记

后记，是在结束语之后的，对与调查报告的形成、写作、发表有关的问题所做的说明。它一般包括以下几个方面的内容：

（1）与调查课题的提出和实施有关的情况和问题；

（2）与调查报告的撰写有关的情况和问题；

（3）与调查课题参与者、调查报告撰写者有关的情况和问题；

（4）与调查报告的发表、出版有关的情况和问题。

应该指出，后记并不是调查报告不可缺少的部分。如果调查报告在前言、主体或结束语中已经说明了上述问题，就不必再写后记了。

七、附录

附录，是调查报告的附加部分。一般包括以下内容：

（1）调查问卷或量表；

（2）访谈提纲和访谈资料；

（3）调查指标的解释或说明；

（4）计算公式和统计用表；

（5）项目进度表；

(6) 原始统计数据图表;
(7) 调查的主要数据;
(8) 典型案例;
(9) 名词注释、人名和专业术语对照表。

附录不是调查报告不可缺少的部分,只有那些与调查报告密切相关,而调查报告正文包括不了(直接放在正文中会打乱报告的结构和层次)或者没有说到而又需要说明的情况和问题才应列入附录。

第三节 社会经济调查报告的写作步骤与撰写要则

社会经济调查报告有四大构成要素,即主题、结构、材料和语言。其中,主题是社会经济调查报告的灵魂,结构是骨架,材料是血肉,语言是肌肤,四者缺一不可。

一、写作步骤

撰写社会经济调查报告的一般步骤是:确定报告主题、拟定写作提纲、精选调查材料、推敲书面语言。

1. 确定报告主题

主题是社会经济调查报告的核心,它是作者分析社会现象、揭示事物本质所形成的中心思想或基本观点。社会经济调查报告的主题应当是适当的、明确的,它是整个调查报告能够顺利写作的前提。在一般情况下,调查报告的主题与调查研究的主题是一致的,即社会经济调查报告所要反映的中心问题也就是整个调查的中心问题。

但有时随着调查过程的深入,获得的信息更全面,使得一个主题不能够全面反映调查研究的内容,因此社会经济调查报告主题与调查研究的主题不一定完全吻合。例如,以老年人养老为中心的社会调查,调查的主题可以是当前60岁及以上的老人的养老方式、特点和问题,但是调查不仅涉及老人本身,还涉及老人的子女以及养老机构。显然,这时的调查报告主题比起调查研究的内容来,一份报告很难将所有调查研究的问题都概括起来。

2. 拟订写作提纲

写作提纲是对整个社会经济调查报告的总体设想和规划,是报告的基本逻辑框架。主题确定后,就应当着手搭建调查报告的整体框架,并将这种框架转变为具体的写作提纲。可以说一份逻辑缜密、清晰的写作提纲是完成一份高质量调查报告的基础。因此,在提炼社会经济调查报告的主题后,就应精心拟订写作提纲。一份高质量的写作提纲,从内容角度看应该符合四条基本要求:

(1) 突出报告主题,即围绕报告主题科学安排结构层次,充分突出报告主题。

（2）阐明基本观点，即根据主题阐明观点，回答现实生活中需要解决的实际问题。

（3）实现观点和材料的统一，即基本观点与调查材料要相吻合，保证观点得到调查材料的充分论证。

（4）符合内在逻辑，即写作提纲要符合客观事物发展的内在逻辑，尽力做到历史与逻辑的统一。

拟订写作提纲的方法是对社会经济调查报告的主题进行分解，并将分解后的每一部分进一步具体化。例如，拿前文所举的老年人养老问题调查的例子来说，可先将“老年人养老问题”这一主题分解成“老年人养老的现状”“老年人养老的特点”“老年人养老的趋势”和“老年人养老中存在的主要问题”等几个大的部分，然后将每一部分的内容具体化。比如，将第一部分内容具体化为：①老年人养老的形式；②不同养老方式的费用及来源；③子女对养老方式的态度，等等。

3. 精选调查材料

材料是社会经济调查报告的血肉。在撰写报告前，一般都要围绕调查报告的主题，依据拟订的写作提纲，对社会经济调查中收集的各类资料进行认真研究，精选真实、准确、典型和全面的材料，努力做到既不漏掉重要材料，又使所用材料具有最大的代表性和最强的说服力。

为了充分论证主题，应该精心选择以下几类材料：

（1）典型的材料。典型材料是最能反映事物本质，最能说明和表现主题的材料，如典型事件、典型例证、典型经验、典型事迹等，典型材料必须真实、具体、生动，具有代表性。

（2）综合的材料。综合材料是指能说明事物总体概貌的材料。

（3）对比的材料。对比材料是指具有可比性的材料。

（4）统计的材料。统计材料有很强的概括力、表现力，而且有具体性、准确性等特点。

4. 推敲书面语言

语言是社会经济调查报告的肌肤。高质量的社会经济调查报告，不仅要正确提炼主题，合理安排结构，精选调查材料，而且要反复推敲书面语言，做到言简意赅。

社会经济调查报告的书面表达方式，最好用第三人称或非人称代词，尽量避免强加于人之感。当然，在特殊情况下，也可采用第一人称写法。社会经济调查报告是一种以叙事为主的说明性文体，应该有其独特的语言风格。一般地说，社会经济调查报告的语言应力求做到：

（1）准确。在语言的选择上要仔细斟酌和推敲，陈述事实要真实可靠，引用数据要准确无误，议论要缘事而发、把握分寸，切不可任意拔高或贬低。

（2）统一。使用的概念、名称、术语、变量等，要前后统一，而不要任意变更、任意与近义词相混淆，以免读者把精力放在对用词细微变化的推测、理解上。

（3）凝练。要开门见山，不拐弯抹角，用尽可能少的字句表达尽可能多的内容。叙述事实，不做过多描绘；阐释观点，不做烦琐论证。坚决删去一切可要可不要的段落和字句。

（4）通俗。要使用通俗易懂的语言，不要使用深奥的专业术语和华而不实的辞藻，不随便运用夸张手法和奇特比喻。

（5）生动。要采用具体和新颖的资料，使用形象、活泼的语言。可适当使用一些寓意深刻、活泼诙谐的群众语言和通俗比喻，但不要使用那些多数人看不懂的土语、方言。掌握调查报告语言的独特风格十分重要。语言表达得好，犹如锦上添花，能吸引更多的读者；语言表达不好，就会功亏一篑，甚至会影响调查报告社会作用的发挥。

二、撰写要则

无论是应用性的社会经济调查报告还是学术性的社会经济调查报告的撰写，应当遵循一定的行文要则和撰写格式，也要掌握一定的写作技巧。

1. 行文要则

行文要则，主要包括主题论证、结构布局和资料使用等方面的要则。

（1）主题论证要则。社会经济调查报告的核心是用事实说话，用材料论证主题。研究方法不同、材料不同，社会经济调查报告的论证方式也应有所不同。一般地说，主题论证的要则包括：①依据研究方法的不同，采用不同的论证方式；②依据需要采用演绎论证法或归纳论证法；③主题、观点必须与事实相符合。

（2）结构布局要则。社会经济调查报告的结构布局，一般应遵守以下四个基本要则：①整体性。调查报告是由若干部分构成的整体，撰写调查报告必须有整体性的把握，避免各个部分之间出现“厚此薄彼”“头重脚轻”等现象。②层次性。调查报告的结构，应该层次分明、清晰、简洁，结构中平行的部分，其内容必须是同层次的，而不能上下层次互相混滑。③逻辑性，调查报告的内容、结构，必须符合逻辑。④嵌套性。所谓嵌套，是指镶嵌、套用。

（3）资料使用要则。撰写社会经济调查报告，要善于取舍资料。一般地说，使用资料的要则包括：真实性、原始性、典型性、全面性、准确性和简洁性。

2. 撰写格式

撰写格式，主要包括标题格式、使用外来语格式、引文和注释格式。

（1）标题格式。标题的一般形式包括：一级标题用“一”“二”“三”等中文数字，顿号断开后接标题名；二级标题用“（一）”“（二）”“（三）”等带括号的中文数字接标题名（括号后不加标点符号）；三级标题用“1.”“2.”“3.”等阿拉伯数字，点号隔开后接标题名；四级标题用“（1）”“（2）”“（3）”等带括号的阿拉伯数字接标题名（括号后不加标点符号）。排版时，一级标题居中，二级及以下标题居左。前三级标题独占一行，标题后不用标点符号，四级以下标题与正文连排。

（2）使用外来语格式。外来语的翻译，尽量采用通行中文译名。首次出现的外来语，要在中文译名后用括号注明外来语，例如，地域性社区（geographical ccommunity）、功能性社区（functionalcommunity），等等。

（3）注释和引文格式。在撰写调查报告过程中，有时需要引用别人的论述、数据、资料等来支持或证明自己的观点，有时需要引用某些不易理解的内容或概念，这时就应用注释方式对引用资料的来源、内容或意义做出必要的说明或解释。注释有三种方式：①夹注，即夹在行文之中，在引用资料后面用括号对其来源、意义等做出说明或解释；②脚注，即在加注词右上方加一个注释号（如“①”“②”“③”“④”等），然后在该页下端用小一号的字体对加注词的出处、内容等情况做出说明或解释；③尾注，即在加注词的右上方按顺序标明注释号，然后在本章节末尾或全文末尾冠以“注释”的标题，并按注释号顺序、用小一号的字体对加注词的出处、时间、意义等情况做出说明或解释。

引文有不同的方式。①直接引文，即引用别人的原话、原文，要用双引号把原话、原文引起来，其注释一般采用脚注或尾注方式；②间接引文（也称“引意”），即用自己的语言引用他人的观点或结论，则不必用引号把原意引起来，但仍应用脚注或尾注方式说明其出处、内容或意义。③提示性引证，即仅说明某书或某章节可用来说明文中某一观点，也不需加上引号。间接引文和提示性引证，都应在说明或解释文字前加上“参见”或“详见”等文字。

第四节　社会经济调查报告的评估

评估调查报告，就是对社会经济调查报告的可靠性、有效性及学术价值和应用价值，做出实事求是的评价和估计。要做好调查报告的评估工作，就必须认识评估的重要意义，掌握评估的原则，明确评估的内容和方法。

一、评估社会经济调查报告的意义

评估社会经济调查报告的重要意义有以下几个方面：

（1）评价调查工作成败得失的需要；

（2）推广应用调研成果的需要；

（3）提高调查人员调研素质的需要；

（4）发展社会调查学和与调研课题有关学科的需要。

二、评估社会经济调查报告的原则

评估社会经济调查报告应该掌握的基本原则包括：

（1）真实性原则。社会经济调查报告反映的事实和数据，必须真实、准确，最好还要全面、系统。

（2）科学性原则。社会经济调查报告使用的概念、判断、推理必须科学、符合逻辑。

（3）创新性原则。社会经济调查报告要具有新颖性、独特性和先进性。

（4）应用性原则。社会经济调查报告应该能够应用于社会、服务于社会。

评估社会经济调查报告的上述四项原则，具有密切的内在联系。其中，真实性原则是根本标准，科学性原则是内在要求，创新性原则是本质特征，应用性原则是现实要求。

三、评估社会经济调查报告的内容

评估社会经济调查报告主要包括两个方面、四项内容：一是内在质量评估，主要是可靠性评估和有效性评估；二是外在价值评估，主要是学术价值评估和应用价值评估。

1. 可靠性评估

社会经济调查报告的可靠性评估，即信度评估，其主要内容应该包括：

（1）社会经济调查报告的选题是否符合现实需要；

（2）社会经济调查报告叙述的事实是否客观、真实；

（3）社会经济调查报告引用的数据是否可靠、准确；

（4）社会经济调查报告的结论是否符合实际。

2. 有效性评估

社会经济调查报告的有效性评估，即效度评估，其主要内容应该包括：

（1）提出的研究假设是否科学、合理；

（2）设计的社会指标和调查指标是否符合目的性、理论性、科学性、代表性、系统性、可行性要求，设计的操作定义是否便于操作、符合对称性原则；

（3）选择调查对象的方法是否科学且具有较强的代表性；

（4）使用的调研方法是否符合实际并认真执行；

（5）论证过程是否符合逻辑，调查结论与调查资料是否具有内在、必然的逻辑联系，等等。

3. 学术价值评估

社会经济调查报告的学术价值评估，主要是创新性评估，其主要内容应该包括：

（1）视角创新，即采用了何种新研究视角，它有何学术意义或价值。

（2）内容创新，即探讨了哪些新问题，提出了哪些新概念、新观点、新理论，或者修正、完善了哪些原有理论，填补了哪些空白，拓展或充实了哪些新领域；

（3）资料创新，即搜集、发掘、提供了哪些新资料、新数据，这些新资料、新数据有何学术意义；

（4）方法创新，即创造了哪些新方法，或发展、完善了哪些传统方法，做了哪些新论证，提出了哪些新论证模式，等等。

4. 应用价值评估

社会经济调查报告的应用价值评估，主要是实用性评估，其主要内容应该包括：

（1）发表情况，即社会经济调查报告是公开发表还是内部发表，是在什么样的级别、层次、范围内发表，有多少报刊转载，是在什么样的级别、层次、范围内被转载；

（2）引用情况，即社会经济调查报告的内容被多少报刊、书籍、论文引用，是在什么样的级别、层次、范围内被引用；

（3）应用情况，即社会经济调查报告的结论或建议有多少被采纳、应用于实际工作，是在什么样的级别、层次、范围内被采纳、应用，取得了什么样的实际效果，对社会发展或改革起到了什么样的作用；

（4）获奖情况，即社会经济调查报告获得了哪些奖励，是在什么样的级别、层次、范围内获得奖励，等等。

四、评估社会经济调查报告的方法

评估调查报告的方法主要有以下几种：

1. 自我评估

社会经济调查报告的完成并不意味着调研工作的结束。调查研究人员必须首先自我评估，为了使评估更为真实、准确，最好吸收一部分实际调查参与者来共同评估。实践证明，认真、及时的自我评估，是提高调研能力和写作能力的重要途径。

2. 专家鉴定

聘请若干专家对社会经济调查报告做评估鉴定。聘请的专家，应该是熟悉调查主题、在相关领域有所建树的专家，一般不应少于5人。专家鉴定一般应遵循以下原则：一是回避原则，即与调研人员有利害关系的专家应该回避；二是独立性原则，即鉴定的组织者应该是调查课题的下达者或调查成果的使用者，而不是调查工作的主持者或参与人员；三是匿名性原则，即鉴定工作应采取匿名方式进行，最好采用通信方式鉴定；四是综合性原则，即鉴定结论应综合不同的专家意见，包括不同的鉴定意见。

3. 社会评价

社会评价主要是受调查者、社会经济调查报告的读者和使用者以及大众传播媒介的评价。对于社会经济调查报告的评估，受调查者和调查成果的使用者最有发言权。因为，只有受调查者才最清楚调查报告是否客观、真实，调查成果的使用者才最知晓调查成果是否具有应用价值和推广价值。

4. 实践检验

通过与社会经济调查报告内容有关的各种社会实践活动来检验。一般地说，一篇社会经济调查报告的质量和价值，通过上述三种方法就能做出基本正确的评估。但是，严格地说，上述三种方法都是主观的、阶段性的评估，而不是客观的、最终的评估。实践是检验真理的唯一标准和最终标准。只有通过与社会经济调查报告内容有关的各种社会实践活动的检验，才能对社会经济调查报告的质量和价值做出客观的、最终的评估。

关键概念

社会经济调查报告　标题　摘要　关键词　前言　主体　附录　横向式结构　纵向式结构

复习思考题

1. 说明社会经济调查报告的结构。
2. 社会经济调查报告的写作步骤主要有哪些？
3. 简要说明社会经济调查报告的撰写要则。
4. 评估社会经济调查报告的方法主要有哪些？

附录

附录 A

哈尔滨市少儿滑冰运动培训市场的调查分析学生问卷

尊敬的同学：

您好！

我是哈尔滨体育学院社会体育指导专业 2018 级研究生。为了对目前哈尔滨市少儿参与滑冰运动培训的现状有一个全面的了解，从而进一步科学地分析少儿参与滑冰运动培训的因素，我们设计了这份调查问卷。问卷中的问题是为研究使用的，回答问题采用不记名的方式，不会泄露您的隐私信息。请您在空格处填写合适的信息或者按照要求选择最符合您的观点或最适合您的答案，填写时请不要与他人讨论或相互参与。衷心感谢您的合作与支持！

1. 您的年龄（　　）。

2. 您的性别（　　）。

A. 男　　B. 女

3. 您所在俱乐部或培训机构名称为：________。

4. 您是否经常参与滑冰运动（　　）。

A. 从不参加　　B. 偶尔　　C. 不经常　　D. 经常

5. 您参加滑冰运动学习和训练的原因是（　　）。（可多选）

A. 自己的兴趣　　B. 减少学习压力　　C. 自己的爱好

D. 培养自己的竞争意识　　E. 丰富业余生活　　F. 培养自己的社会交往能力

G. 有利于自己的身体健康　　H. 升学考试需要　　J. 其他

6. 您参加滑冰运动学习和训练的目的是（　　）。（可多选）
A. 学习一项体育运动　B. 能够结识更多的朋友　C. 自己的兴趣爱好
D. 减轻学习压力　E. 增强体质、增进健康
F. 家长强迫学习　G. 其他原因
7. 您每次参加滑冰培训的时间通常安排在（　　）。
A. 周一至周五课余时间　B. 周六周日　C. 寒暑假
D. 无固定时间
8. 您已经学习滑冰运动训练的时间（　　）。
A. 1～6 个月　B. 6～12 个月　C. 1～3 年　D. 3 年以上
9. 您每周参与几次滑冰运动学习和训练（　　）。
A. 每周 1 次　B. 每周 2 次　C. 每周 3 次　D. 每周 3 次以上
10. 您每次参与滑冰运动学习和训练的时间是（　　）。
A. 60 分钟　B. 60～90 分钟　C. 90～120 分钟　D. 120 分钟以上
11. 您对于教练员的授课方式接受程度（　　）。
A. 完全不能接受　B. 比较不接受　C. 一般接受
D. 比较能接受　E. 完全能接受
12. 您对授课的教练员业务素质满意程度（　　）。
A. 非常满意　B. 比较满意　C. 一般满意
D. 比较不满意　E. 非常不满意
13. 您对授课过程中教练员的课程安排满意程度（　　）。
A. 非常满意　B. 比较满意　C. 一般满意
D. 比较不满意　E. 非常不满意
14. 在上课过程中您对自己的安全是否放心（　　）。
A. 非常放心　B. 比较放心　C. 一般放心
D. 比较不放心　E. 非常不放心
15. 您对所在俱乐部提供的场地、设备设施、环境满意程度（　　）。
A. 非常满意　B. 比较满意　C. 一般满意
D. 比较不满意　E. 非常不满意
16. 您参加过的冰雪项目有哪些（　　）。（可多选）
A. 花样滑冰　B. 速度滑冰　C. 其他

附录 B

哈尔滨市少儿滑冰运动培训市场的调查分析家长调查问卷

尊敬的各位家长：

您好！

我是哈尔滨体育学院社会体育指导专业 2018 级的研究生，为了解哈尔滨市少儿滑

冰运动培训市场的现状改善本市少儿滑冰运动培训的市场环境，我们设计了这份调查问卷。本问卷提供研究使用，回答问题采用不记名方式，不会泄露您的隐私信息。您的宝贵意见对我们的研究非常非常重要，希望您在百忙之中抽时间填写，在此向您表示衷心的感谢！

1. 您的年龄（　　）。

2. 您的性别（　　）。

A. 男　　B. 女

3. 您的家庭月收入情况为（　　）。

A. 800 元以下　　B. 800～1500 元　　C. 1500～3000 元

D. 3000～5000 元　　E. 5000 元以上

4. 您对孩子参加滑冰运动培训的态度是（　　）。

A. 非常支持　　B. 一般支持　　C. 一般不支持　　D. 不支持

5. 您愿意对孩子参加滑冰运动培训进行投资吗？（　　）

A. 非常愿意　　B. 很愿意　　C. 一般愿意　　D. 不愿意

6. 您愿意为孩子参与滑冰运动培训支出多少费用（　　）。

A. 30～50 元/小时　　B. 60 元/小时　　C. 80 元/小时

D. 100 元/小时　　E. 100 元以上

7. 您希望孩子参与滑冰运动培训的目的是什么（　　）。（可多选）

A. 为孩子选择一项体育运动　　B. 培养孩子的兴趣

C. 让孩子学会一项体育技能　　D. 让孩子锻炼身体素质

E. 培养滑冰运动后备人才　　F. 其他

8. 您孩子参与滑冰运动培训的主要动机是什么（　　）。（可多选）

A. 发展身体素质　　B. 培养意志品质　　C. 减轻学习压力

D. 掌握运动技能　　E. 融入社会群体

9. 您希望孩子在参与滑冰运动培训过程中得到哪方面的锻炼（　　）。（可多选）

A. 运动技战术方面　　B. 心理方面　　C. 意志品质方面

D. 道德方面　　E. 社会交往方面　　F. 其他方面

10. 您希望孩子每次参加学习和训练的时间是（　　）。

A. 60 分钟　　B. 60～90 分钟　　C. 90～120 分钟　　D. 120 分钟以上

11. 您希望孩子每周参与滑冰运动培训的次数为（　　）。

A. 1～2 次　　B. 2～3 次　　C. 3～4 次　　D. 4 次以上

12. 您的孩子已经学习滑冰运动的时间是（　　）。

A. 1～6 个月　　B. 6～12 个月　　C. 1～3 年　　D. 3 年以上

13. 您对近期孩子参与滑冰运动学习和训练的成绩是否满意（　　）。

A. 非常满意　　B. 比较满意　　C. 一般满意

D. 比较不满意　　E. 很不满意

14. 您对教练员安排的训练内容是否满意（　　）。

A. 非常满意　B. 比较满意　C. 一般满意

D. 比较不满意　E. 很不满意

15. 您对培训机构配备的教练员的教学水平是否满意（　　）。

A. 非常满意　B. 比较满意　C. 一般满意

D. 比较不满意　E. 很不满意

16. 您对培训机构提供的场地、设备、设施、内部环境是否满意（　　）。

A. 非常满意　B. 比较满意　C. 一般满意

D. 比较不满意　E. 很不满意

17. 您对培训机构安排的训练计划、训练时间是否满意（　　）。

A. 非常满意　B. 比较满意　C. 一般满意

D. 比较不满意　E. 很不满意

18. 您希望机构所安排的课程形式是（　　）。

A. 私教授课　B. 分班授课　C. 大班授课　D. 其他

19. 您是通过哪种途径让孩子学习滑冰运动学习和训练（　　）。

A. 广告宣传　B. 亲朋介绍　C. 主动咨询

D. 自己喜爱　E. 孩子兴趣

20. 您对培训机构现有课程收费情况的感觉是（　　）。

A. 费用很高　B. 费用较高　C. 费用一般

D. 费用较低　E. 费用很低

21. 您对培训机构对孩子学习和训练结束后的反馈情况（　　）。

A. 非常满意　B. 比较满意　C. 一般满意

D. 比较不满意　E. 很不满意

22. 您希望培训机构做哪些改进（　　）。（可多选）

A. 提高技战术的能力　B. 加强场地设施建设　C. 增强师资水平

D. 加强制度管理　E. 加大文化传播力

附录 C

哈尔滨市少儿滑冰运动培训市场调查分析教练员调查问卷

尊敬的各位教练员：

您好！

我是哈尔滨体育学院社会体育指导专业 2018 级研究生。为了对目前哈尔滨市少儿参与滑冰运动培训的现状有一个全面的了解，从而进一步科学地分析少儿参与滑冰运动培训的因素，我们设计了这份调查问卷。问卷中的问题是为研究使用的，回答问题采用不记名的方式，不会泄露您的隐私信息。请您在空格处填写合适的信息或者按照要求选择最符合您的观点或最适合您的答案，您的宝贵意见对我们的研究非常重要，希望您在百忙之中抽时间填写，衷心感谢您的合作与支持！

1. 您的年龄（　　）。

2. 您的性别（　　）。

A. 男　　B. 女

3. 您所属俱乐部（区/县）________。

4. 您所在俱乐部教练员的具体人数为（　　）。

A. 3~5人　　B. 5~10人　　C. 10~15人　　D. 15人以上

5. 您所在俱乐部近几年注册运动员人数：男（　　）人，女（　　）人。

6. 您在俱乐部中的任职形式为（　　）。

A. 全职　　B. 兼职

7. 您是兼职教练员，您的主要身份是（　　）。

A. 体育教师　　B. 俱乐部会员　　C. 高校学生

D. 专业运动员　　E. 体校队员　　F. 其他

8. 您是否具有专业运动经历（　　）。

A. 速度滑冰　　B. 短道速滑　　C. 速度轮滑

D. 其他　　E. 无

9. 您的运动员技术等级是（　　）。

A. 国际级　　B. 国家一级　　C. 国家二级　　D. 无等级

10. 您的教练员等级是（　　）。

A. 高级教练员　　B. 中级教练员　　C. 初级教练员　　D. 无等级

11. 您的裁判员等级是（　　）。

A. 国际级　　B. 国家一级　　C. 国家二级　　D. 无等级

12. 您的学历是（　　）。

A. 硕士及以上　　B. 本科　　C. 大专　　D. 其他

13. 您从事教练员年限是（　　）。

A. 1年以下　　B. 1~2年　　C. 3~5年　　D. 5年以上

14. 您从事教练员工作中，每年接受几次专业的岗位培训（　　）。

A. 1次　　B. 2次　　C. 3次　　D. 3次以上

15. 您对现在教授课程所收入水平的评价是（　　）。

A. 很高　　B. 较高　　C. 一般

D. 较低　　E. 很低

16. 您所在的俱乐部多久对教练员进行一次考核评价（　　）。

A. 3个月　　B. 6个月　　C. 12个月　　D. 12个月以上

17. 您所在的俱乐部场地使用情况（　　）。

A. 本俱乐部自有场地设施　　B. 租用公共场地

C. 使用公共场地　　D. 无固定场地

18. 您所在俱乐部场地是否收取费用（　　）。

A. 是　　B. 否

19. 您所在培训机构是否有教学标准（　　）。

A. 统一教学标准　　B. 无固定教学标准

C. 教练员自己对学员设定标准　　D. 无标准

20. 您所在培训机构是否有训练大纲（　　）。

A. 是　　B. 否

21. 您所在培训机构是否有对学员的考核标准（　　）。

A. 是　　B. 否

22. 您所在培训机构的训练计划是（　　）。

A. 周训练计划　　B. 月训练计划　　C. 季度训练计划

D. 年训练计划　　E. 多年训练计划

23. 您所在培训机构使用教材的情况（　　）。

A. 全国统编教材　　B. 高校统编教材　　C. 自编教材

D. 机构内部教材　　E. 没有教材

24. 您所授课的内容有哪些？（　　）（可多选）

A. 基本技术动作　　B. 基础运动素质　　C. 发展体能训练

D. 心理战术训练　　E. 赛前准备训练　　F. 其他训练

25. 您在授课过程中，体能训练与技战术训练的比例情况是（　　）。

A. 技战术训练为主，体能训练为辅　　B. 技战术与体能训练相等

C. 体能训练为主，技战术训练为辅　　D. 根据学员的情况因人施教

26. 您在教学训练过程中使用哪些教学方法（　　）。（可多选）

A. 讲解、示范法　　B. 完整、分解法　　C. 演示、练习法

D. 游戏、竞赛法　　E. 其他

27. 您所教授学员的年龄范围是（　　）。

A. 5～8 周岁　　B. 8～12 周岁

C. 12～15 周岁　　D. 15 周岁以上

28. 您所教授学员的数量是（　　）。

A. 5～10 名　　B. 10～20 名

C. 20～30 名　　D. 30 名以上

29. 您认为影响少儿滑冰运动培训市场的重要因素有哪些？（　　）（可多选）

A. 社会经济发展　　B. 家庭收入水平　　C. 家长对培训的重视程度

D. 青少年的认知水平　　E. 培训机构的分布情况　　F. 教练员的业务水平

G. 场地设施情况　　H. 培训机构之间的相互竞争　　I. 资金

J. 管理者的管理水平　　K. 教学内容的科学性　　L. 其他

附录 D

哈尔滨市少儿滑冰运动培训市场调查分析机构管理员调查问卷

尊敬的机构管理员：

您好！

我是哈尔滨体育学院社会体育指导专业 2018 级研究生。为了对目前哈尔滨市少儿参与滑冰运动培训的现状有一个全面的了解，从而进一步科学分析少儿参与滑冰运动培训的因素，我们设计了这份调查问卷。问卷中的问题是为研究使用的，回答问题采用不记名的方式，不会泄露您的隐私信息。请您在空格处填写合适的信息或者按照要求选择最符合您的观点或最适合您的答案，您的宝贵意见对我们的研究非常重要，希望您在百忙之中抽时间填写，衷心感谢您的合作与支持！

1. 您的年龄是（　　）。

2. 您的性别为（　　）。

A. 男　　B. 女

3. 您的学历为（　　）。

A. 高中及以下　　B. 中专、大专　　C. 本科　　D. 硕士及以上

4. 您的专业是（　　）。

A. 行政管理　　B. 体育教育　　C. 运动训练

D. 社会体育　　E. 其他

5. 贵机构是否通过工商注册（　　）。

A. 是　　B. 否

6. 贵机构的宣传方式是为（　　）。

A. 网络推广　　B. 海报、传单　　C. 横幅、条幅

D. 会员推广　　E. 广告牌　　F. 电视媒体

G. 报刊杂志　　H. 赛事宣传　　I. 其他

7. 贵机构有无分班教学（　　）。

A. 有　　B. 无

8. 贵机构授课计划及内容是如何指定的（　　）。

A. 教练员自行安排　　B. 机构独立设置安排　　C. 借鉴其他机构　　D. 其他

9. 贵机构培训收费的定价方式是（　　）。

A. 自主定价　　B. 参照其他机构的收费

C. 按照本行业相关法规定价　　D. 其他

10. 贵机构的投资渠道是（　　）。

A. 公办机构　　B. 个体经营　　C. 联合经营　　D. 其他

11. 贵机构全职教练员人数（　　）。

A. 3 人以下　　B. 3 ~ 5 人　　C. 6 ~ 10 人　　D. 10 人以上

12. 贵机构兼职教练员人数（　　）。

A. 5 人以下　　B. 5 ~ 10 人　　C. 10 ~ 15 人　　D. 15 人以上

13. 贵机构所采取的营销策略是（　　）。

A. 价格策略　　B. 产品策略　　C. 渠道策略　　D. 促销策略

14. 贵机构的场地是（　　）。

A. 自己的　　B. 租用的　　C. 其他

如果是租用的，租用方式为（　　）。

a. 长期租用　　b. 短期租用　　c. 时间段租用

d. 按次数租用　　e. 其他

15. 贵机构的场地设施规格为（　　）。

A. 室内国标场地　　B. 室外国标场地

C. 室内非国标场地　　D. 室外非国标场地

16. 贵机构的盈利情况是（　　）。

A. 5000 ~ 10000 元/月　　B. 10000 ~ 15000 元/月

C. 15000 ~ 20000 元/月　　D. 20000 元以上

17. 在新冠病毒疫情情况下，贵机构的盈利情况是（　　）。

A. 盈利　　B. 持平　　C. 亏损

18. 贵机构主要培训哪些少儿滑冰运动项目？

19. 您希望政府出台哪些方面的相关政策？

第十四章 社会经济调查实证案例

——粮食补贴政策效果的调查

学习目标

- □ 掌握设计调查问卷的技巧
- □ 掌握处理数据的基本方法
- □ 掌握实际操作多变量统计分析
- □ 学会撰写研究调查报告

基于前述章节中所讲的内容，为了客观反映粮食直接补贴政策的相关问题，需要调查问卷的编写者掌握一些粮食直接补贴政策的理论知识，同时对调查地区的人文社会与经济特征的基本情况有比较翔实的了解。在调查人员的选取方面，调查人员应具备该领域的专业知识，同时对调查地区的基本情况有充分的了解。由于农村地区居民的教育水平相对比较低，一般情况下为了获取更多的有效问卷需要调查人员采取面试调查的方式，记录在问卷中。在数据处理时需要对问卷中的数据录入处理与数理统计分析。问卷的录入处理是个复杂繁琐的过程，为了解决问卷中模糊或者错填的问题，最好由问卷人录入。问卷中定量的问题可以直接录入电脑使其电子化，定性的问题在录入时使其转化为定量的指标。为了对调查对象做客观与翔实的分析，一般需要进行描述性统计分析、相关分析与回归分析。在调查报告方面，把分析结果结合理论知识进行汇总，把汇总的结论反馈给调查地区确保分析结果的真实性与可靠性，在此基础上把撰写的报告提交给相关政府部门，为进一步完善政府政策提供参考依据。

一、粮食直接补贴政策的意义

（一）我国的粮食直接补贴政策及存在的问题

民以食为天，食以粮为先。我国政府为确保粮食的安全生产与种粮农民的积极性，2004 年开始在全国范围内对种粮农民采取收入补贴。早在 2002 年开始实施良种补贴，在此基础上 2004 年对种粮农民给予直接补贴和农机购置补贴，针对农业生产资料价格的上涨，2006 年实施农资综合补贴。由此我国的粮食直接补贴政策（四项补贴）逐步形成。

其中种粮农民直接补贴与农资综合补贴是以种植面积为基准，对农户进行的转移支付。

粮食直接补贴政策作为一项支农惠农政策，自 2004 年实施以来已经成为我国农业财政政策的一个重要组成部分，激发了种粮农民的积极性，确保了粮食产量，为保障国家的粮食安全发挥了重要的作用，同时也有力地保障了种粮农民的收入，对促进城乡协调发展也起到了非常重要的积极作用。但是粮食直接补贴政策在实际的发放过程中出现了一些问题，表现在政策目标不清晰，原则上补贴是按照农户承包地面积，近年来由于农地市场的快速发育，实际种植的农户领取不到补贴，也就是说出现了与种粮农民脱钩的问题。粮食直接补贴是一项具有普惠性质的收入补贴，随着该项措施的常态化，农民对领取粮食直接补贴也已经成为习惯，政策边际效应递减。由于粮食直接补贴有力地激发了农户增加农业生产要素的投入量，化肥与农药的大量使用已经严重影响了农业可持续发展，目前的补贴政策与环境保护型农业的发展趋势相悖。

（二）粮食直接补贴的意义

粮食直接补贴作为政府支持本国粮食生产最常用的政策工具，也是世界各国普遍采用的保护措施。那么，目前在我国，农户作为一个生产单位的现状如何？在兼业化快速发展的过程中，农户的生产行为有什么样的特征？本调查课题希望通过农户微观层面以及农业生产中观层面来说明宏观经济逻辑的研究进度和方法，农户领取粮食直接补贴的情况以及对各生产要素的影响。从微观农户视角来分析宏观政策效果的分析结果为优化我国农业补贴体系提供重要的实证依据。

我国政府每年的一号文件都明确提出确保种粮农民收入，进一步完善我国的农业直接补贴体系。粮食直接补贴作为重要财政支出是否提升了种粮农民的收入？种粮农民作为该项普惠性质的财政支农政策的唯一接收者，其对政策持有什么样的评价，对进一步完善政策体系具有重要的参考意义。

基于以上问题，本项目选取了我国粮食主产区山东省的一个村庄为案例进行分析。山东省是农业大省，独特的地理位置优势及自然环境条件为农业生产提供了不可或缺的条件。我国第一部农书《齐民要术》的写作背景就是以山东寿光为对象创作而成的。目前，山东是我国重要的小麦种植地区，也是全国重要的蔬菜种植基地。粮食直接补贴作为提高种粮农民生产积极性的一项激励机制，有助于确保粮食种植面积，但是一定程度上影响了农户选择其他高收益作物。

二、粮食直接补贴的设计与准备

（一）粮食直接补贴设计的理论依据

在农业调整过程中，为确保农民收入通常实施农业直接补贴。农业直接补贴作为收入性补贴直接增加农业经营性收入，但是随着经济水平的不断提升，农产品市场的消费需求逐渐趋于多样化，农民为增加农业收入，往往以市场为导向种植蔬菜瓜果等其他经济效益相对较高的作物，追求经济利益的最大化。也就是说，农户种植结构也逐渐转向市场经济型。但目前的粮食直接补贴对于种植经济作物的农户来说无法享有这项支农惠农政策。因此，在农产品的商品化以及农户劳动力兼业化不断提升的过程中，不同家庭属性的农户领取粮食直接补贴的情况如何，以及不同农户对粮食直接补贴的评价如何是我们调查的重点。

农户同样也是一个追求利益最大化的经济人，提高家庭收入是他们的重要目标之一。农户作为一个生产单位、经营单位与消费单位为一体的主体，其农业生产活动的决策具有极强的合理性。近年来，农户的家庭收入构成伴随着农村劳动力兼业化的发展，农业经营收入的占比趋于减弱。农户为提升农业经营收入，充分利用有限的耕地资源，种植经济效益相对较高的作物，同时充分利用农闲时间来进一步提高农外收入。基于农户兼业化的发展，即便同一村内由于劳动力资源的配置不同，农户之间发生了明显的分化。不同类型的农户在农业经营方面出现了劳动密集型或者资本密集型的分化现象。农户在劳动力资源质量相对比较低、难以农外就业的情况下，往往充分利用自家劳动力来提升农业收入，从而选择蔬菜或者瓜果类的种植劳动密集型的农业生产；相反农户在劳动力资源质量相对比较高的情况下，有能力农外就业的情况下，往往选择劳动力节约型的粮食作物来进行农业生产，并可以获取粮食直接补贴，一定程度上减少农业经营的收入风险。我们从农业经营学的视角分析目前的粮食直接补贴对收益率、劳动生产率与土地生产率的增长带来怎样的影响。根据分析结果提出针对不同经营类型农户，提出相应的增收政策建议，同时也为政府在指定补贴政策方面提供有针对性的实证依据。

近年来随着农村劳动力兼业化的快速发展，农户间存在明显的收入分化、职业分化与农业经营类型分化。因此，根据资源禀赋、外部市场、制度结构的不同类型分析农户领取补贴的行为，进而可识别出农户做出农业生产决策的可能因素。在此研究的基础上，进一步分析农户对粮食直接补贴的政策评价。特别是随着农外就业机会的增加，青壮年及农村妇女农外就业的人数也趋于逐年增加。劳动力的分配不同对农业经营有直接的影响，对粮食补贴政策的评价存在差异性。

（二）粮食直接补贴设计的研究假设

基于以上理论分析，对小规模农户作为一个合理的经济人在政府支农惠农的政策下，充分利用耕地资源与自己劳动力来从事相应的农业生产，提出以下假设：

第一，高龄者农户由于具有种植粮食作物较为成熟的技术，并且有过提交农业税的经历，对目前的粮食直接补贴的敏感度较高，愿意积极地种植粮食作物。同时由于这些高龄者农户在接受新的种植技术方面存在一定的滞后性，短期内难以大规模地从种植粮食作物转为种植经济作物。这些高龄者农户由于教育水平有限难以从事高收入的农外就业。因此这些高龄者农户选择种植粮食作物的可能性比较大。

第二，农村劳动力受教育水平普遍有限，没有突出的专业技能因而很难找到稳定的农外就业，多数从事不稳定的农外就业，男性劳动力一般在建筑工地，女性劳动力一般在加工企业，就业时间相对比较灵活。因此，小规模农户为提高家庭经营收入，在耕地资源禀赋的约束下，充分利用自己劳动力种植劳动密集型的经济作物，例如蔬菜或者瓜果。因此这部分农户为了获取更多的农业经营收入，选择种植相对高收益的经济作物，而非选择种植收入一般的粮食作物。

第三，在农村劳动力兼业化的快速发展，部分青壮年通过自身的不断学习，长期从事某一项工作后有机会获得稳定农外就业，不但有稳定收入，且享有医疗保险，可以全身心地投入到企业工作中。因此，这部分农户将大量的时间用于农外就业。由于这部分青壮年具有较高的知识文化水平，对政府地方出台的各类新政策也比较关心，对农业政策的解读也比较详细，因此，具有稳定农外就业的农户来说，在农业种植方面选择劳动节约型的小麦作物，从而确保最低限度的农业收入，减少农业风险。

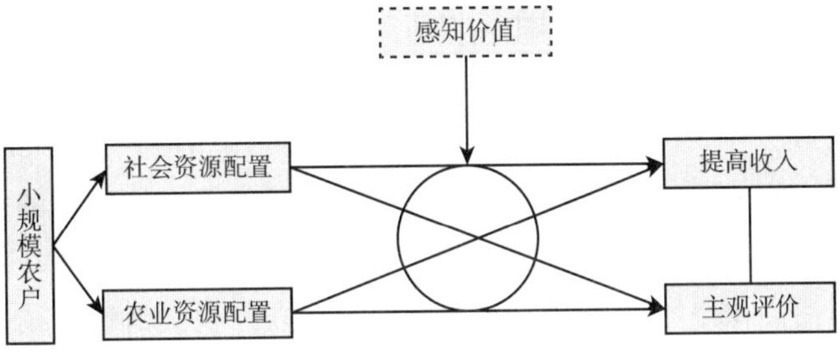

图 14－1　研究框架

（三）粮食直接补贴设计的事前调查

1. 调查地区小麦的种植概况

山东省是农业大省，小麦的种植面积仅次于河南省位居全国第二（见表 14－1），2017 年的种植面积为 4083 千公顷，占全国总面积的 16.7%；总产量为 2495 万吨，占全国总产量的 18.6%。小麦的单产为 6110kg/ha，远远高于全国平均的 5481kg/ha。山东省除了粮食作物的小麦以外也是全国重要的蔬菜种植基地。从 2017 年全国种植面积最多的 5 省数据来看，山东省的种植面积居于全国第二，种植面积为 1462 千 ha，占全国种植面积的 7.3%。

表 14－1　我国小麦种植面积前五位的省份（2017 年）

顺序	市	面积（千 ha）	比例（%）
1	河南省	1736	8.7
2	山东省	1462	7.3
3	江苏省	1407	7.0
4	广西壮族自治区	1399	7.0
5	四川省	1324	6.6

资料来源：作者根据 2017 年《中国统计年鉴》编制。

2. 调查村庄的人口概况

调查村庄为菏泽市单县的一个典型的小规模农业经营为主的村庄，也是调查者的出生地。因此在调查开始之前通过电话的方式与村书记进行了基本情况的咨询。2014 年全村总人口约为 480 人（根据村书记的面谈，并非户籍等级人口），共计 124 户，平均每户为 3.9 人，60 岁以上的人口为 120 人（25%），18 岁以下的人口为 110 人（23%），劳动力是 250 人（52%）。近年来，青壮年升入大学或者外出就业者较多，男性农业劳动力年龄基本为 50 岁以上。由于该村距离县城大约为 5 公里，即便是 50 岁以上的男性劳动力也会利用农闲时间去县城从事建筑业。年轻人一旦外出就意味着不在回村从事农业，农业劳动力的高龄化在这个村庄里快速发展。由于人力资本是农业增长的主要源泉，农村劳动力的外出一定程度上影响农业生产率的提高。

关于调查地区的耕地资源。调查村庄的耕地面积为 750 亩，平均每户耕地面积为 6 亩。1983 年根据家庭人口多少进行分户，由于耕地质量与位置等综合因素的不同，把耕地进行细碎化并且小规模的分配。1992 年为了农业种植与田间管理、提高农业生产效率，对全村原本零碎的耕地进行了二次分配，原则上每户调整为 1 块地，个别农户由于特殊情况耕地为 2 块。

调查地区不同作物的劳动力投入情况。根据对单县农业局负责人的调查结果，小麦作为粮食作物，其机械化率高达 98%，整个生长过程所需劳动力大约为 4 人。特别是近年来，伴随着小麦的商品化率不断提高，农户自己消费以外直接销售，减少了干燥和保存环节。粮食作物作为传统作物，种植面积较大，市场价格相对比较稳定，购买商相对比较多，有利于农户销售。因此，高龄者农户与农外就业的农户比较倾向于选择种植劳动节约型的小麦作物。经济作物相对于小麦来说机械化水平比较低。主要的经济作物有大蒜、洋葱、香菜，从耕地到销售每一个环节都需要劳动力来完成，整个生长周期所需的劳动力相对比较多，田间管理相对比较复杂。不同作物的劳动投入量有所不同，大蒜的劳动力投入大约为 13 天，圆葱所需的劳动力投入大约为 11.5 天，香菜所需的劳动力投入大约为 16 天（见表 14-2）。由于经济作物在种植与收获方面需要大量劳动力，出现了农业雇佣劳动力。调查地区经济作物的种植面积比较少，农户间的产量差异比较大，市场价格波动比较大，购买商相对比较少，农户在销售方面需要独自寻求销售对象。因此，销售环节所需的劳动力相对比较多。由于经济作物的价格不稳定，严重影响劳动力效率。因此，对于劳动力相对比较充足的农户来说，种植劳动密集型经济作物更有利于提高劳动效率。

表 14-2　调查地区不同作物所需的劳动力投入量

单位：天

		耕地	播种	移植	灌溉	追肥	收获	干燥	保存	销售	合计
粮食作物	小麦	1.0	0.5	—	1.0	—	0.5	1.0			4.0
经济作物	大蒜	2.0	3.0	—	0.5	0.5	3.0	2.0	1.0	1.0	13.0
	洋葱	2.0	1.0	3.0	0.5	0.5	2.5	—	—	2.0	11.5
	香菜	1.5	2.0	—	0.5	—	7.0	—	—	5.0	16.0

资料来源：作者根据面试调查整理所得。

(四) 粮食直接补贴问卷的设计

设计粮食直接补贴政策的调查问卷，是为了探究粮食直接补贴对农业经营的经济效果与农户对该项补贴政策的主观评价。有了这个界定的目的后，下一步需要对粮食直接补贴的现象概念化，例如，提高农业生产积极性、增加农业收入等。粮食直接补贴是针对鼓励农户种植小麦采取的支农政策，不同的农户对该项补贴措施做出的反应存在明显的差异。一般高龄者农户对该项政策的反响比较积极，由于他们过去有过缴纳农业税的经历，与目前的收入补贴形成鲜明的对比，获得感更强烈。青壮年农户为了提高农业收入，充分发挥自身掌握新技能的优势，往往选择经济效益相对较高的经济作物，因此，尽管粮食直接补贴是项普惠性支农政策，由于农户自身条件的不同做出的反应明显的不同。

为了厘清粮食直接补贴相关的概念，需要对保护农业经济学、经营学、农业经济等专业知识有清晰的了解。基于粮食直接补贴政策的理论，结合调查地区的事前调查结果，调查问卷的构成有三个部分。

第一部分为家庭属性。伴随着农村的兼业化，同一村内的农户间不存在明显的差异，因此该部分的指标为成员的构成、劳动力的教育水平、家庭收入与专业技术有无情况。其中，家庭成员包括劳动力人数、家庭中赡养者（丧失劳动能力）、抚养者（16 岁以下与 16 岁以上的大学生），以及家庭成员的健康状况；家庭收入包括农业经营收入、个体户经营收入、稳定农外就业收入与不稳定农外就业收入。

第二部分为农业经营。在耕地方面，耕地作为农业生产中不可或缺的稀缺资源，在调查地区租地现象并不明显，调查的所有农户均从事农业生产。尽管族内亲属之间存在农地转让现象，但是地租的替代是提供口粮。问卷中设计了以下选项：①农地经营权的面积；②出租农地面积；③租赁农地面积；④实际种植面积。

由于农作物生产存在生长周期，在这个过程中所需的田间管理不同，因此农业经营相关的指标相对较多。另外，由于调查地区独特的自然因素，一年中任何季节都具备种植粮食作物与经济作物的生产，可以种植两茬或者三茬。因此小规模农户在农业生产决策方面的选择范围相对比较多。调查问卷中分为春夏与秋冬两个季节，秋冬季节的农作物为小麦、大蒜、圆葱、香菜、其他（山药、香芋、油菜花这类经济作物）；春夏季节的农作物为玉米、花生、大豆、棉花、其他（西瓜）。

农业生产过程的投入要素为土地（自家与租地）、劳动力（自家劳动力与雇佣劳动力）、种子、化肥、农药、灌溉、机械；农业产出相关的指标为总产量、销售价格、销售量、自家消费。另外，农业生产所需的搬运车辆以及维护的费用、灌溉设施的费用。

第三部分为粮食直接补贴的相关问题。根据事前调查发现，农户的文化水平与就业类型存在明显的差异，因此在问卷中设计了对农业政策的认知度：小麦补贴政策的信息渠道、当年是否领取了小麦直接补贴、过去是否领取过小麦直接补贴。关于小麦直接补贴的效果主要包括四个方面，即提升农业收入、填补成本、提高生产积极性、有利于小麦种植。问卷的最后问题为关于小麦直接补贴的其他意见，采用定性分析的方式。

确认问卷中的问题与模拟测试。为了确保问卷中的问题能够确实反映所要研究的内容，问卷在语言方面是否通俗易懂、敏感问题如何获取更为真实的回答、问题是否重复出现等方面进行了确认。为了控制问卷的时间成本，对问卷进行了模拟测试，注意每份问卷所需的时间，如果设计的问题过于繁琐，占用调查对象的时间过长，可能会严重影响调查问卷的质量。因此，调查问卷的制定需要反复修改以确保调查问卷的有效回收，节省问卷的时间成本。

三、粮食直接补贴问卷的实施

样本的抽取采取随机抽样方式。为了尽可能多地获取调查样本，调查人员提前与村长进行了面试访谈，得知全村的人口及其分布情况，全村共计 124 户，平均每户人数为 2.98 人，我国平均每户人数为 2.92 人，山东省每户平均人数为 2.74 人，因此可以说调查村庄是我国极其典型的村庄。

考虑到农村人口教育水平有限，采取面试的方式进行调查。根据对村长的面试调查，了解了全村农户的家庭收入、农业生产与地理位置的情况后，决定从村庄的东西两边开始对村内的农户逐一发放问卷进行面试调查。调查人员为本文作者、本村出生的大学生 2 人、中专生 1 名，共计 4 人。由于调查人员对本村的农业生产情况有一定的了解，整个调查进行得比较顺利。由于调查时间为春节之后，有相当多的务工人员在老家过春节，为本次问卷的有效进行提供了非常有力的帮助。为了确保调查资料的准确性、完整性、真实性和一致性，调查人员每天在提交问卷之前先进行自查，调查负责人再进行核实，把遇到的问题进行确认与讨论，对于有些模糊的问题及时进行确认。

图 14－2　调查现场

资料来源：作者拍摄于 2014 年 2 月。

四、粮食直接补贴调查数据的录入与统计分析

（一）粮食直接补贴调查数据的录入

1. 对调查数据的整理

为了检查原始资料的真实性和准确性，纠正其中的偏差，需要通过数字编码输入电脑，为统计分析做好准备。调查人员首先对调查问卷进行标号，方便对问卷答案进行审核和数据输入，方便后续的分析处理所使用的数据能够有据可循。基于此，对 64 份调查问卷从 1 ~ 64 进行了编号（见表 14 – 3），同时也对问卷中的所有问题进行编码，例如 Q2 – 1 – 1，与户主的关系。可以直接在 Excel 和 SPSS 软件中输入数据，Excel 录入后可以导入 SPSS 软件，也可以在 SPSS 软件中录入直接用于统计分析。

表 14 – 3　问卷编码

问题 问卷	Q2 – 1 – 1 与户主的关系	Q2 – 2 – 1 是否在村常住	Q2 – 3 – 1 性别	Q2 – 4 – 1 年龄	Q2 – 5 – 1 户口
1	1	1	1	37	1
2	1	1	1	79	1
3	1	1	1	42	1
4	1	2	1	35	1
5	1	1	1	66	1
6	2	1	2	66	1
⋮	⋮	⋮	⋮	⋮	⋮
64					

资料来源：作者根据调查数据整理。

2. 对变量进行处理

这个过程需要注意几点问题：第一，确认问卷中问题的准确性，例如户主的年龄为 16 岁的话，显然是存在问题的。第二，确认问卷中问题的完整性。即确认调查项目的资料是否完整无缺，例如问卷中最后一题：关于农户对粮食直接补贴意见的主观问题，有的农户可能不知道怎么回答，很容易被遗漏，这种情况要对农户进行二次回访。第三，确认问卷中问题的真实性。有些敏感的问题受访者出于各种原因并非回答真实情况，例如农业收入，有的过高有的过低。第四，确认问卷中问题的一致性。主要是计量单位，农作物的产量有的是烘干后的产量，有点是烘干前的产量，需要统一。

3. 对录入电脑中的调查数据进行审核

数据录入的过程中难免会出现一些差错，尽管不是很多也要及时进行纠正。例如性别

男、女分别为1和2，如果出现了3或者4的话需要进行改正。还有种植2亩小麦，其产量为20000斤，与实际情况不吻合，此时需要对原始问卷进行核实，如果原始问卷中没有错误的话，那就要与被调查对象进行核实。即便通过反复的核实确认，仍不能完全杜绝原始数据中存在的问题，特别是一些逻辑方面的问题，根据生活常识去判断变量之间的逻辑关系，有些变量关系虽然符合生活逻辑，但是实际上是数据输入时产生的差错，还是难以发现。例如，Q2-2-1是否在村常住，在村常住（编码值=1），有可能在原始问卷中是表示不在村常住（编码值=2），但是在输入时输入为1，同样的错误也会发生在其他变量上，这就很难发现。

为了尽可能减少上述出现的各种问题，可以采取以下几项措施：首先，调查员本人录入电脑，可以及时纠正在调查时模糊不清、误写、错写的问题，对难以确定的回答可以通过回忆的方式或者电话回访的方式进行处理。其次，审核人员为同时参与调查的成员，也就是参与调查的人员之间相互确认。同一问题的问法不同可能获取的信息有所不同，彼此间可以相互确认。最后，调查员自己对其他成员确认的数据进行再确认。即：在这个过程遵循审核三遍的原则：第一遍为问卷调查人员本人，第二遍为参与调查的其他成员，第三遍为问卷调查人员本人。

（二）粮食直接补贴调查数据的统计分析

1. 调查问卷的描述性统计分析

（1）对问卷的问题进行分类。根据变量的特征以及变量之间的内在关系，对问卷中的全部变量进行分类。其中根据事物的属性将户主年龄（岁）、户主教育水平、家庭人员（人）、家庭平均年龄（岁）、家庭平均教育水平、户主资格证明书有无、户主健康情况、家庭平均健康状况归纳为家庭属性。在此基础上为进一步分析家庭内部成员的构成，对变量进行了加工，合成的新变量有抚养率（%）、赡养率（%），这两个变量意味着家庭经济支出的负担。另外，还有代表家庭劳动力专业技能的家庭资格证明书持有率（%）以及女性占比（%）。

（2）描述性统计分析。将调查数据分组为家庭属性、劳动力、农户收入三部分，描述性统计结果如表14-4所示。其中劳动力设定为16岁以上的人员，由于在农村只要身体健康都会参与到农业生产中，因此没有设定劳动力人员年龄的上限。平均每个家庭的人数为3.0人，同全国平均水平相同，平均劳动力人数为1.7人。家庭人数的变动系数为0.37，劳动力人数的变动系数为0.76，因此农户之间人员的差距相对较小。

劳动力的就业情况，平均每户农业就业人数为1.7人，所有的家庭劳动力参与农业活动。农外就业人数为0.8人，劳动力中有47%（农外就业人数/劳动力=(0.8/1.7)×100）的人员农外就业。平均每个个体户的就业人数为0.2人，占劳动力人数的12%（个体户/劳动力=(0.2/1.7)×100）。根据面试调查结果得知，男性劳动力一般利用农闲时间在县城从事短期的建筑业。农业就业人员的变动系数为0.33，相对于农外就业与个体经营的变动系数分别为1.01与2.85来说，农户间的差距不大。

表 14－4　描述性统计分析　n＝64

	变量	最小值	最大值	平均值	标准偏差	变异系数
家庭属性	户主年龄（岁）	26.00	81.00	50.234	15.158	0.302
	户主教育水平	1.00	5.00	2.266	1.116	0.493
	家庭人员（人）	1.00	6.00	3.016	1.105	0.367
	家庭平均年龄（岁）	16.75	78.50	42.927	19.207	0.447
	抚养率（%）	0.00	0.50	0.149	0.183	1.228
	赡养率（%）	0.00	1.00	0.243	0.326	1.338
	家庭平均教育水平	1.00	3.75	2.084	0.892	0.428
	户主资格证明书	0.00	1.00	0.125	0.333	2.667
	家庭资格证明书持有率（%）	0.00	1.00	0.078	0.206	2.634
	户主健康情况	1.00	3.00	2.891	0.403	0.139
	家庭平均健康状况	2.00	3.00	2.910	0.260	0.089
	女性占比（%）	0.20	0.75	0.469	0.133	0.285
劳动分配	户主个体经营时间（月）	0.00	10.00	0.844	2.483	2.943
	家庭个体从业人员（人）	0.00	2.00	0.172	0.490	2.849
	个体从业人员占比（%）	0.00	1.00	0.068	0.194	2.867
	个体从业人员平均年龄（才）	0.00	65.00	5.703	15.595	2.734
	平均个体从业时间（月/人）	0.00	10.00	0.930	2.542	2.734
	个体从业女性占比（%）	0.00	0.50	0.023	0.107	4.545
	户主农外就业时间（月）	0.00	12.00	4.906	5.188	1.057
	户主从事建筑业	0.00	1.00	0.359	0.484	1.346
	家庭中农外就业人员（人）	0.00	3.00	0.750	0.756	1.008
	农外就业人员占比	0.00	1.00	0.311	0.295	0.947
	农外就业人员的平均年龄（岁）	0.00	66.00	23.818	21.710	0.912
	农外就业人员的平均时间（月）	0.00	12.00	6.184	5.332	0.862
	农外就业人员中女性占比（%）	0.00	0.50	0.057	0.155	2.706
	户主稳定农外就业情况	0.00	1.00	0.141	0.350	2.492
	户主农业就业时间（月）	0.00	11.00	4.594	4.158	0.905
	家庭内的农业就业人员（人）	0.00	3.00	1.734	0.570	0.329
	农业就业人员占比（%）	0.00	1.00	0.746	0.251	0.337
	农业就业人员平均年龄（岁）	0.00	78.50	49.138	16.277	0.331
	户主农外从事其他行业	0.00	1.00	0.016	0.125	8.000
	农业就业人员平均时间（月/人）	0.00	10.00	6.156	2.816	0.457

续表

	变量	最小值	最大值	平均值	标准偏差	变异系数
家庭收入	户主的农外收入（元）	0.00	80000.00	17453.125	20512.427	1.175
	家庭农外收入（元）	0.00	100000.00	24828.125	25746.971	1.037
	农业收入占比（%）	0.00	1.00	0.498	0.367	0.736
	户主个体经营收入（元）	0.00	3.50	0.336	0.980	2.918
	家庭个体经营收入（元）	0.00	70000.00	5156.250	15196.302	2.947
	家庭的个体经营收入占比（%）	0.00	0.94	0.086	0.238	2.756
	小麦收入（元）	0.00	16000.00	2748.734	2871.664	1.045
	小麦收入占比（%）	0.00	0.72	0.212	0.203	0.957
	小麦收入与家庭总收入比例（%）	0.00	0.50	0.094	0.126	1.334
	农业总收入（元）	0.00	123327.50	19743.197	19131.903	0.969
	家庭总收入（元）	0.00	123327.50	49102.572	29710.482	0.605
	雇佣收入比例（%）	0.00	6.66	0.489	0.867	1.773
直接补贴金领取与否		0.00	1.00	0.703	0.460	0.655
直接补贴金领取金额（元）		0.00	2000.00	325.742	347.142	1.066
认知度		1.00	3.00	1.891	0.715	0.378
评价	提高农民收入	0.00	1.00	0.531	0.503	0.947
	填补生产成本	0.00	1.00	0.359	0.484	1.346
	提高生产积极性	0.00	1.00	0.328	0.473	1.442
	促进小麦种植	1.00	4.00	2.422	1.152	0.476

资料来源：作者根据调查问卷整理所得。

农户的家庭收入由农业收入、农外就业收入与个体经营构成。调查对象村庄的平均年收入为 49727.6 元，其中农业收入为 19743.2 元（40%），农外收入为 24828.1 元（50%）、个体经营收入为 5156.3 元（10%）。农外就业是家庭收入的主要来源，已经超过了农业收入。因此，可以说农户的兼业化程度相当高了。从变异系数来看，农户总收入为 0.60，农业收入与农外就业收入的变动系数为 1.04，个体经营收入为 2.95。因此可以推断，从农户收入构成来看，农户间存在一定的差距。

2. 调查对象农户的特征分析

家庭属性、劳动力分配、农户收入作为独立变量，分别从多个观测变量中抽取出来，进行主成分分析并进行标准化处理，构成新的变量。

（1）家庭属性。家庭属性是由 12 个变量构成，并从中抽取 3 个主成分，可以说明的累计百分比为 75.2%（见表 14－5）。

第一主成分中，负荷量为高龄者占比、抚养者占比是正向并且系数较高，互助年龄是负向并且较高，因此该主成分表示为“多代家庭指标”。也就是说户主的年龄越年轻、教育水平越高，家庭人数较多，抚养率也高，并且全家人的教育水平也相对较高的多代人。

第二主成分中有两个变量：户主持有资格证书持有情况，家庭成员持有资格证书的占比（资格证书的持有者/家庭人数）的负荷量是正的并且较高，因此第二主成分命名为“资格指标”。也就是说户主持有资格证书的家庭其家庭成员持有资格证书的比率也相对较高。

第三主成分中包含户主的健康状况、家庭成员的平均健康状况这两个变量，其负荷量是正的并且较高，命名为“健康状况指标”。也就是说户主的健康状况比较好的家庭其家庭成员的健康状况也有相对比较好的倾向。

表 14-5　　家庭属性相关变量的主成分分析

变量	多代家庭指标	资格指标	健康状况指标
户主年龄（岁）	-0.901	-0.167	-0.166
户主教育水平	0.798	0.114	0.139
家庭成员（人）	0.742	0.078	0.019
家庭平均年龄（岁）	-0.927	-0.191	-0.177
幼儿率（%）抚养率（%）	0.904	-0.046	-0.038
高龄者率（%）赡养率（%）	0.868	-0.025	-0.039
家庭平均教育水平	0.631	0.355	0.170
户主资格证书证明	0.120	0.956	0.053
家庭资格证书持有率	0.198	0.910	0.009
户主健康状况	0.184	-0.017	0.906
家庭平均健康状况	0.143	0.058	0.943
女性比重（%）	0.317	-0.295	-0.349
固有值	5.037	2.046	1.946
方差百分比	41.978	17.052	16.214
累计百分比	41.978	59.030	75.244

注：户主资格证书有无：1. 有，0. 无；户主健康状况：1. 不好，2. 普通，3. 好；
女性占比：女性人数/家庭人数。
资料来源：作者根据问卷调查资料整理所得。

（2）劳动力分配。劳动力分配由 21 个观测变量构成（见表 14-6）。从这些变量抽取了 5 个主成分，累计可以解释变异量为 77.9%。

表 14-6　　劳动力分配相关变量的主成分分析

变量	个体经营指标	不稳定农外就业指标	农业就业指标	稳定农外就业指标	其他农外就业指标
户主个体经营时间（月）	0.905	-0.199	-0.023	-0.094	-0.051
家庭个体经营人员（人）	0.973	-0.130	-0.018	0.021	-0.031
个体经营就业率（%）	0.951	-0.122	-0.025	0.036	-0.026

续表

变量	个体经营指标	不稳定农外就业指标	农业就业指标	稳定农外就业指标	其他农外就业指标
个体经营就业人员的平均年龄（岁）	0.910	-0.187	-0.072	-0.033	-0.045
平均个体经营就业时间（月/人）	0.928	-0.171	-0.068	-0.011	-0.04
个体经营就业女性比重（%）	0.749	-0.048	0.072	0.028	-0.011
户主农外就业时间（月）	-0.191	0.679	-0.569	0.209	0.113
户主从事建筑业	-0.196	0.612	-0.241	-0.618	0.043
家庭成员中农外就业人员（人）	-0.201	0.906	-0.008	0.003	-0.141
农外就业人员比率（%）	-0.214	0.918	-0.212	0.037	-0.074
农外就业人员的平均年龄（岁）	-0.233	0.770	-0.184	-0.086	0.417
农外就业人员的平均就业时间（月）	-0.269	0.745	-0.319	0.265	0.117
农外就业的女性比重（%）	-0.056	0.636	0.222	-0.008	-0.544
户主稳定的农外就业状况	-0.045	0.159	-0.309	0.876	-0.026
户主的农业就业时间（月）	-0.118	-0.424	0.796	-0.085	0.005
家庭成员中农业就业人员（人）	0.092	0.029	0.842	-0.085	0.109
农业就业人员占比（%）	-0.125	-0.054	0.807	-0.002	0.134
农业就业人员的平均年龄（岁）	-0.129	-0.342	0.634	-0.217	0.322
户主农外就业以外的情况※	0.045	0.158	0.187	0.043	0.513
农业从业人员的平均时间（月/人）	-0.238	-0.272	0.298	-0.053	0.560
固有值	5.349	4.631	3.447	1.554	1.375
方差百分比	25.472	22.053	16.416	7.401	6.547
累计百分比	25.472	47.525	63.941	71.341	77.888

注：户主农外就业：户主从事建筑行业及正规合同雇佣以外的就业情况。例如父亲帮助儿子做农活。

资料来源：作者根据调查资料整理。

第一主成分由6个变量构成，分别为户主个体经营时间、家庭个体从业人员、个体从业人员占比（家庭个体从业总人数/家庭劳动力）、个体从业人员的平均年龄、个体从业者的平均时间、个体从业者女性占比（女性个体从业者/个体从业者）。这6个变量的负荷量为正并且较高，因此命名为“个体经营指标”。也就是说户主的个体经营从业时间越长，个体从业者占比以及女性个体经营者的占比也比较高，其结果是家庭平均个体经营时间长的家庭，在个体经营中投入的劳动力也相对较多。

户主是个体经营的农户在调查对象中共计7户，劳动力有17人，其中10人（59%）从事个体经营，并且有3人为女性。另外，个体经营中包括养殖或者经营商店。个体经营中养殖户有3户，夫妻共同参与，同企业签订合同的基础上养鸡或者养猪，养鸡的情况每圈可以达到2000~2500只，一年可以出栏5次左右。

第二主成分由7个变量构成，包括户主农外就业时间、户主是否从事建筑业、家庭中农外就业人数、农外就业人数的占比（农外就业人数/家庭劳动力）、农外就业人数的平均年龄、农外就业人员的平均从业时间、农外就业从业人员中的女性占比（农外就业女性人数/农外就业人数）。也就是说，户主从事不稳定的建筑业较多的农户，家庭成员中有农外就业的倾向，农外就业人员的平均年龄、女性占比较高。

第三主成分中户主的农业从业时间、家庭中农业从业者数量、农业从业者的占比（农业从业者数量/劳动力）、农业从业者的平均年龄的负荷量为正向且较高，户主从业时间的负荷量为负且较高，因此，该指标命名为“农业从业指标”。也就是说户主的农业从业时间较长的，农外就业时间较少，另外家庭中农业从业者较多，家庭中的农业从业者占比较高，农业从业人员的年龄相对较高。

第四主成分是户主稳定农外就业的负荷量为正且较高，户主从事不稳定建筑业的负荷量是负向且较高，因此命名“稳定农外就业指标”。也就是说，户主有稳定且收入较高的情况，其从事专业技能工作的倾向较大。

第五主成分中含有两个变量，即户主从事建筑业以及正规农外就业时间与家庭全体农业从业人员的平均时间（农业就业人员的工作时间/农业从事人员），变量的负荷量是正向的且较高，农外就业女性占比的负荷量是负向且较高，该主成分为“其他农外就业指标”，也就是说户主的农外就业地是其他类型的农外就业的农户。这些农户中农业就业人员的平均时间较多，并且女性农外就业率的倾向较大。

（3）农户收入。农户收入由12个观察变量构成（见表14－7）。从这些变量中抽出4个主成分，占全分散的83.9%。

表14－7 农户收入相关的主成分分析

变量	农外就业收入指标	个体经营收入指标	小麦收入指标	农业收入指标
户主农外收入（元）	0.824	－0.257	－0.048	－0.068
家庭农外收入（元）	0.916	－0.259	0.032	0.142
农业收入占比（%）	－0.803	－0.365	0.212	0.089
户主的个体经营收入（元）	－0.148	0.870	－0.010	－0.075
家庭个体经营收入（元）	－0.054	0.936	－0.001	0.070
家庭的个体经营收入占比（%）	－0.067	0.969	0.017	－0.004
小麦收入（元）	－0.115	－0.031	0.907	0.237
小麦收入占比（%）	0.293	0.176	0.824	－0.277
小麦收入与家庭总收入的占比（%）	－0.485	－0.187	0.760	－0.259
农业总收入（元）	－0.274	－0.151	－0.059	0.893
家庭总收入（元）	0.571	0.183	－0.033	0.786
农外收入占比（%）	0.471	－0.261	0.08	－0.296
固有值	3.148	3.032	2.139	1.748
方差百分比	26.237	25.271	17.825	14.565
累计百分比	26.237	51.507	69.332	83.898

资料来源：作者根据问卷调查资料整理得出。

第一主成分是户主农外收入，家庭农外收入的2个变量，其负荷量是正向且较高，农业收入占比（农业收入/家庭总收入）的负荷量是负向且较高，该主成分为“农外就业收入指标”。也就是说，该主成分表示农外就业收入的情况，户主以及家庭农外就业不同，收入越高的农户，家庭总收入中农业收入的占比越少的倾向较大。

第二主成分由3个变量构成，即户主的个体经营收入、家庭的个体经营收入与家庭的个体经营收入占比（家庭的个体经营收入/家庭总收入），这三个变量的负荷量是正向且较高，该主成分命名为“个体经营收入指标”。这个主成分表示个体经营为主要收入来源的家庭中，户主的个体经营收入越多，在家庭总收入中个体经营收入以及个体经营收入的占比也越高。

第三主成分是由3个变量构成，即小麦收入、小麦收入占比（小麦收入/农业总收入）、小麦收入与家庭总收入的占比（小麦收入/家庭总收入）。这3个变量的负荷量是正向且较高，该主成分命名为“小麦收入指标”。也就是说，小麦收入较多的农户中，小麦收入在农业总收入与家庭总收入中的占比相对较多。

第四主成分由2个变量构成，即农业总收入、家庭总收入。由于这两个变量的负荷量是正向且较高，因此该主成分命名为“农业收入指标”。也就是说，农业总收入较高的农户中家庭总收入也相对较高的可能性越大。

3. 粮食直接补贴的实际情况与影响农户主观评价的因素

（1）粮食直接补贴的实际情况与农户对该项补贴的认知情况。为了详实地分析粮食直接补贴的领取情况，调查人员对是否领取补贴金以及补贴金额进行了统计分析（见表14-8）。结果表明，领取粮食直接补贴的农户有45户，占调查对象的70%。平均领取金额为463.28元/户，没有领取补贴的农户有19户，占调查对象的30%。也就是说有超过一半以上的农户领取了粮食直接补贴金。这里粮食直接补贴金为被说明变量同时也是中介变量，即粮食直接补贴金额。

表14-8　粮食直接补贴的实际情况

补贴金额	农户（户）	占比（%）	平均金额（元/户）
有	45	70	463.28
无	19	30	0
共计	64	100	—

资料来源：作者根据问卷调查资料整理。

农户对粮食直接补贴金的认知度相关的问题分析：19户回答“知道”（占全体被调查农户30%）；30户回答“大体知道”（占全体被调查农户47%）；15户回答“不太知道”（占全体被调查农户23%）。该项问题作为一个被说明变量（认知度），同时作为中介变量。

（2）农户对粮食直接补贴金的主观评价。调查对象64户中有33户（52%）认为粮食直接补贴促进农业收入，22户（34%）认为填补生产成本，20户（31%）认为有利于提升农业生产积极性。不同回答结果分别作为被说明变量，即“提高农户收入”“填补生产成本”“提高生产积极性”。农户对粮食直接补贴金综合评价的问题为有关“粮食直接补贴金是否有利于小麦的种植”。其中 21 户（33%）认为“完全没有促进作用”；4 户（6%）回答“不清楚”；23 户（36%）回答为“多少有些帮助”；11 户（17%）回答“非常有帮助”。

（3）农户对粮食直接补贴的主观评价的影响因素。检验抽出的主成分对粮食直接补贴领取金额、认知度、农户的主观评价的关系，通过路径分析，选定稳健性较好的模型（图 14－3）。根据分析结果 RMSEA = 0.000、CMIN = 24.919、IFI = 0.976、CFI = 0.976、AIC = 72.919，从统计学来看属于稳健型模型。图中的路径系数（标准化回归系数）表示变量间具有显著影响，并用箭头作标注。

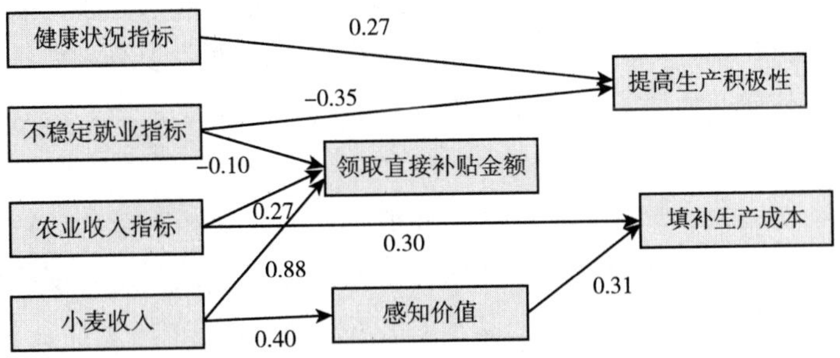

图 14－3　感知价值下农户对粮食直接补贴的评价

（4）影响粮食直接补贴金领取金额以及认知度的主要因素分析。“农业收入指标”对“粮食直接补贴金领取金额”的影响系数为 0.27（$p = 0.000$），为直接正向的影响。也就是说农业总收入较多的农户，家庭总收入也越多，领取的补贴金也有较多的倾向。

“小麦收入指标”对“粮食直接补贴金领取金额”与“感知价值”产生直接的正向影响，影响系数分别为 0.88（$p = 0.000$）、0.40（$p = 0.000$）。小麦作为补贴作物，收入越多的农户领取的补贴金金额也越多。也就是说小麦收入越多的农户一定程度上对粮食直接补贴金的认知度相对较高一些。“小麦收入指标”仅仅对“认知度”具有 16%（$R^2 = 0.16$）的说明强度，意味着存在其他的因素有待进一步研究。

（5）影响农户主观评价粮食直接补贴金的主要因素分析。农户对粮食直接补贴金的主观评价的相关分析中，对“生产成本填补评价”有直接影响的因素为“农业收入指标”与“感知价值”，影响系数分别为 0.30（$p = 0.007$）、0.31（$p = 0.005$）。也就是说，家庭总收入以及农业收入越多的农户认为粮食直接补贴金对填补农业生产成本的作用越高，而且农户对粮食直接补贴金的认知度越高，这些农户对填补生产成本的评价也越高。但是，这两个变量对“填补生产成本的评价”的解释强度为 19%（$R^2 = 0.19$），其他因素的影响相对要大很多，需要进一步深入研究。

对“提高生产积极性的评价”有直接影响的因素为“健康状况指标”与“不稳定农外就业指标”，影响系数分别为 0.27（$p = 0.014$）、－0.35（$p = 0.002$）。也就是说家庭成员健康状况良好的农户认为粮食直接补贴金对提高种粮积极性有帮助。相反，对从事不稳定的建筑行业等工作的农户来说，粮食直接补贴对种粮积极性没有产生影响。但是，这两个变量对“提升生产积极性的评价”的解释强度仅为20%（$R^2=0.20$），其他因素的影响相对要重要得多，有待进一步深入研究。

五、粮食直接补贴调查结论

根据以上分析结果发现，关于农户生产经营当中粮食直接补贴金的作用、农户对该项补贴的认识度与评价可以从以下三个方面进行阐明：

第一，“农业收入指标”以及“小麦收入指标”对“粮食直接补贴领取金额”与“填补生产成本的评价”产生正向的影响来看，农业收入与小麦收入越多的农户领取粮食直接补贴的也越多，对由补贴金填充生产成本的评价也越高。进一步分析发现，这类农户可以分为两类，稳定农外就业农户与农业专业农户，并且这两类农户为调查对象地区的主要农家经营类型。

首先，稳定农外就业农户（9户）尽管种植小麦的收益相对较低，产量和销售价格比较稳定，粮食直接补贴作为现金收入，确保一定的农业收入，一定程度缓解农业生产资料价格上涨的压力。另外，种植小麦对于从事稳定农外收入的农户来说是非常有利的行为，小麦的机械化水平相对较高，节省劳动力，确保农外就业时间。因此，稳定农外就业的农户通过兼业获得农外收入的同时，选择种植小麦可以节约劳动力并能规避农业风险。

其次，农业专业农户（25户）选择种植具有熟练种植技术的小麦作物，在家庭劳动可能的范围内种植其他作物。这些农户的户主年龄相对较大，受教育水平不高，农外就业机会受到限制，专业从事农业生产。因此，确实可以增加农业经营性收入的小麦作物和收益率相对较高的经济作物混合经营，稳定农业经营的基础上，追求农业收入的最大化。

第二，不稳定农外就业指标对粮食直接补贴领取金额与提高生产积极性的评价是负向的结果表明，不稳定农外就业农户（23户）没有领取粮食直接补贴金，对提高生产积极性的评价没有直接的相关性。根据面试调查的结果发现，粮食直接补贴金是以小麦种植面积为支付标准，每亩的支付金额为125元。对于不稳定农外就业的农户来说为了提高家庭收入，往往根据市场需求，选择种植经济收益相对较高的蔬菜作物，而不是种植小麦作物。

这些农户的户主年龄平均为40岁以上，健康状况比较好，以农业为主利用农闲时间从事农外就业，以获取更多的经济收入。因此，这类农户在获取一定的农外收入的基础上，投入大量的劳动力从事劳动密集型农业生产以获取更多的农业收入。以资源的有效利用与农业收入最大化的原理来看，农户的农业生产趋于多样化，即由传统的谷物转向经济作物的发展战略。需要特别指出的是，尽管粮食直接补贴的政策目标是提高种粮农民收入与确保小麦种植面积，但是小麦的收益低，从农户的观点来看，政策目标并未达到预期的效果。

第三，所有的变量并未对提高农户收入的评价与有利于种植小麦产生显著的影响。也就是说的64户农户没有对粮食直接补贴金促进农户收入与农业生产做出积极的评价。因此可以说，从农户来看粮食直接补贴金的目标为确保产量与提高种粮农民收入的作用并未充分发挥出来。另外，大部分的小麦种植户明确知道种植小麦可以领取收入补贴，对于领取的时间以及具体金额却没有确切的信息，不清楚银行账户中是否有补贴金的农户大有人在。因此，可以说粮食直接补贴金的支付方面的透明性问题，是影响农户对粮食补贴金评价较低的因素之一。

六、粮食直接补贴调查的建议

根据以上的分析，家庭属性、劳动力分配与农户收入对粮食直接补贴领取金额、认知度、农户的主观评价等的分析结果表明，农业收入与小麦收入较多的农户领取的粮食直接补贴金也越多，认知度也高，并且粮食直接补贴金对填补生产成本发挥作用。另外，不稳定农外就业的农户对粮食直接补贴金的领取比较消极，也没有对提高农业生产积极性做出评价。并且，家庭成员的健康状况比较好的农户认为，粮食直接补贴金对提高生产积极性有促进作用，调查的所有农户没有对粮食直接补贴对小麦生产以及提高农户收入产生促进作用做出评价。

粮食直接补贴开创了我国从农民手中征税到支付收入性补贴的重大转变，政策目标为确保粮食安全和提高种粮农民收入发挥积极影响。2004年“一号文件”《中共中央 国务院关于促进农民增加收入若干政策的意见》中明确提出，将粮食补贴制度作为重要的农业支持政策在全国范围内推广。但是，根据调查结果表明，从农户的视角来看，粮食直接补贴对稳定粮食生产与提高农户收入没有明显的促进作用。另外，关于粮食直接补贴的透明性问题应作为政府改革的重要问题之一。

尽管本次调查对象为典型的小麦主产区一个村的小样本，研究结果是否适合于我国的其他地区有待进一步检验。但是，结合已有研究，本研究认为，粮食直接补贴金对农户经济行为与农业生产的作用会持续产生影响，如何在微观农户层面对这些影响做出评价有必要深入地研究。本研究结果也表明，在中国农业兼业化的进程中，在确保农村劳动力就业，改善支付粮食直接补贴金的方式方面有待政府做出相应的政策调整。

参考文献

1. 孙大强，郑日昌．心理测量理论［M］．北京：开明出版社，2012.

2. （美）Lewis R. Aiken．心理测量与评估［M］．张厚粲，黎坚，译．北京：北京师范大学出版社，2006.

3. （英）约翰・罗斯特，苏珊・格伦博．现代心理测量学［M］．李晓，谬晶晶，译．3版．北京：中国人民大学出版社，2011.

4. 郑日昌，蔡永红，周益群．心理测量［M］．北京：人民教育出版社，1999.

5. 邱章乐．思维命题与测量［M］．北京：中国文史出版社，2004.

6. 王孝玲．教育测量（修订版）［M］．上海：华东师范大学出版社，2005.

7. 吴增基，吴鹏森，苏振芳．现代社会调查方法［M］．5版．上海：上海人民出版社，2018.

8. 谢俊贵．社会调查理论与实务［M］．北京：清华大学出版社，2014.

9. 于莉，邓恩远．社会调查方法与实务［M］．2版．北京：北京大学出版社，2015.

10. 谭雪祖，周炎炎．社会调查研究方法［M］．2版．北京：清华大学出版社，2020.

11. 水延凯，江立华．社会调查教程［M］．6版．北京：中国人民大学出版社，2014.

12. 水延凯．社会调查案例教程［M］．北京：中国人民大学出版社，2008.

13. 孟雪晖，朱静辉．社会调查与统计分析实验教材［M］．杭州：浙江大学出版社，2016.

14. 侯牧典．社会调查研究方法［M］．北京：北京大学出版社，2014.

15. 郝大海．社会调查研究方法［M］．4版．北京：中国人民大学出版社，2019.

16. 风笑天．现代社会调查方法［M］．5版．武汉：华中科技大学出版社，2014.

17. 风笑天．社会调查中的问卷设计［M］．3版．北京：中国人民大学出版社，2014.

18. 杜智敏．社会调查方法与实践［M］．北京：电子工业出版社，2014.

19. 仇立平．社会研究方法［M］．重庆：重庆大学出版社，2008.

20. 艾尔・巴比．社会研究方法［M］．邱泽奇，译．北京：华夏出版社，2006.

21. 島崎哲彦．社会調査の実際―統計調査の方法とデータの分析［M］．12版．学文社，2017.

22. 刘江涛，刘立佳．SPSS数据统计与分析应用教程（基础篇）［M］．北京：清华大学出版社，2017.

23. 荏開津典生・鈴木宣弘．農業経済学［M］．岩波書店，2015.

24. 黄宗智. 华北的小农经济与社会变迁 [M]. 北京: 中华书局出版, 1986.

25. 小塩新司. SPSSのAmosによる心理・調査データ解析—因子分析・共分散構造分析まで [M]. 東京図書, 2011.

26. 豊田秀樹. 共分散構造モデリング [M]. 朝倉書店, 2006.

27. 华中农业大学乡村振兴研究院. 为乡村振兴提供制度保障和政策支撑 [M]. 北京: 中国农业大学出版社, 2021.

28. 白素香. 中国山東省小麦生産地ぶおける農家の労働配分・所得構成と食料直接補助金に対する農家の評価 [J]. 地域研究, 2019, 48 (2): 187-202.